淘宝天猫
网店运营从入门到精通

视频指导版

王涛 李想 ◎ 主编

任珍珍 姚元芳 ◎ 副主编

人民邮电出版社

北京

图书在版编目（CIP）数据

淘宝天猫网店运营从入门到精通：视频指导版 / 王
涛，李想主编. -- 北京：人民邮电出版社，2018.7（2023.9重印）
ISBN 978-7-115-47407-0

Ⅰ. ①淘… Ⅱ. ①王… ②李… Ⅲ. ①网店－运营管
理 Ⅳ. ①F713.365.2

中国版本图书馆CIP数据核字(2017)第303364号

内 容 提 要

本书全面而详细地讲解了淘宝、天猫网店运营的相关知识。首先以淘宝、天猫开店准备为切入
点，使读者对淘宝、天猫开店流程有一个基本的了解；其次讲解店铺的日常经营操作，包括货源的
选择、网店商品的选择与拍摄、网店的设计与装修等操作；接着讲解手机淘宝店铺的开设及推广，
提高商品销量的店内推广、数据分析、店铺排名技巧；最后讲解网店物流与客服管理的相关知识，
为做好网店售后打下坚实的基础。本书每章均以案例导入，详细阐述在淘宝、天猫平台开店的相关
知识，深度解析实际案例，引导读者逐步掌握淘宝、天猫网店运营的基本操作。

本书内容全面，将理论与开店运营实务紧密结合，既适合院校电子商务专业学生、淘宝天猫网
店店主、各类电商培训机构使用；同时也适合大学生、初创业者、兼职人员阅读参考。

- ◆ 主　　编　王　涛　李　想
　　副 主 编　任珍珍　姚元芳
　　责任编辑　许金霞
　　责任印制　焦志炜
- ◆ 人民邮电出版社出版发行　　北京市丰台区成寿寺路 11 号
　　邮编　100164　电子邮件　315@ptpress.com.cn
　　网址　https://www.ptpress.com.cn
　　北京盛通印刷股份有限公司印刷
- ◆ 开本：787×1092　1/16
　　印张：18　　　　　　　　　　2018 年 7 月第 1 版
　　字数：449 千字　　　　　　　2023 年 9 月北京第 6 次印刷

定价：52.00 元

读者服务热线：(010)81055256　印装质量热线：(010)81055316
反盗版热线：(010)81055315
广告经营许可证：京东市监广登字 20170147 号

前言 PREFACE

随着电子商务产业的蓬勃发展，越来越多的人开始加入电子商务市场来创业。淘宝作为电商的主流平台之一，由于流量庞大的优势，已经成为众多卖家的必争之地。据不完全统计，2017年淘宝卖家数量已超过1 000万，其中真正有成交量的店铺大概只占1/3，剩余的部分商家甚至无法维持网店的正常经营，由此可见，淘宝、天猫创业早已不是轻而易举的事。

为了更好地帮助读者认识和了解淘宝网，掌握淘宝、天猫开店流程和经营方法，我们着手编写了本书。本书从淘宝、天猫平台入手，详细介绍淘宝和天猫网店的开店、装修、推广、物流和客服等知识，帮助读者从零基础入门到精通淘宝、天猫网店的运营方法与技巧。

本书共12章，分为以下4个部分，具体内容和学习目标如下表所示。

全书内容和学习目标

章节	学习目标	主要内容
第1章	1. 淘宝、天猫开店概述 2. 注册淘宝会员并开通支付宝 3. 申请淘宝店铺 4. 入驻天猫商城 5. 店铺基本设置	该部分主要讲解店铺开张的一些必备知识，包括了解淘宝、天猫开店特点和流程，掌握淘宝店铺申请的方法，入驻天猫商城，完成店铺的基本设置等
第2~5章	1. 网店商品的选择与拍摄 2. 商品图片的处理、管理与发布 3. 店铺管理 4. 网店的设计与装修	该部分主要讲解店铺的日常经营操作，包括商品的进货、图片的拍摄处理与发布、与买家交流、订单发货、退款处理、商品上下架、店铺页面装修等操作
第6~10章	1. 免费推广店铺 2. 店内推广与促销 3. 手机端店铺装修与推广 4. 网店数据分析 5. 搜索引擎排名与优化	该部分主要讲解提高商品销量的一些站内、站外推广、数据分析、店铺排名技巧，包括免费推广店铺、店内推广与促销、手机端店铺免费推广、网店数据分析、搜索引擎排名与优化
第11~12章	1. 网店物流与仓储 2. 网店客服与售后服务	该部分主要讲解网店物流的管理方法，以及网店客服服务管理的方法与技巧

本书内容主要有以下特点。

● **知识系统，结构合理**：本书针对淘宝和天猫开店、装修、推广、物流、客服的全过程，一步步深入地介绍了淘宝、天猫开店与运营涉及的知识，由浅入深，层层深入。与此同时，本书按照"案例导入＋知识讲解＋疑难解答＋课后实训"的方式讲解，让读者在学习基础知识的同时，同步进行实战练习，从而加强对知识的理解与运用。

- **案例实用性强**：本书的案例均来源于网上开店的真实案例，完全符合网店的真实需求，因此具有很强的可读性和实用性，可以帮助读者快速理解与迅速掌握相关知识。

- **可操作性强**：本书知识讲解与实际操作同步进行，以步骤加配图的方式快速引导读者完成相关操作，降低了读者学习的难度，因此可操作性强。

- **知识拓展性强**：书中的"经验之谈"小栏目是与淘宝天猫开店、装修、推广、物流、客服相关的经验、技巧与提示，能够帮助读者更好地梳理知识；课后的"疑难解答"作为正文知识的补充，以提问的形式将一些难点、容易产生困惑的地方罗列出来，帮助读者更好地学习。

- **教学资源丰富**：本书通过二维码的方式提供给读者配套的视频学习资料，读者直接扫描二维码即可观看。相关素材和效果文件可登录人邮教育社区（www.ryjiaoyu.com）进行下载。

本书由王涛、李想担任主编，任珍珍、姚元芸担任副主编，在编写中得到了众多皇冠店店主的支持，在此表示衷心的感谢。由于时间仓促和作者水平有限，书中难免存在不足之处，欢迎广大读者批评指正。

编者

2018年1月

目录

CONTENTS

01

网上开店的准备

　　网上购物是一种十分方便快捷的购物模式，随着电子信息技术的逐渐发展和普及，网上购物的范围和方式也在不断地丰富和完善。网上开店是基于网上购物这个大时代背景而快速发展起来的行业，具有成本低、方式灵活等特点，经营得当，可为经营者带来非常可观的利润，淘宝、天猫开店是当下十分流行的主流网上开店方式，本章将针对淘宝、天猫讲解网上开店的一些基础知识与准备工作，包括淘宝、天猫开店的概念，淘宝、天猫开店的特点和流程，注册淘宝会员，开通支付宝，申请淘宝店铺，入驻天猫商城，店铺基本设置等知识。通过本章的学习，读者可以对淘宝、天猫开店有较为详尽的认识，并做好开店的准备工作。

- 淘宝、天猫开店概述
- 注册淘宝会员并开通支付宝
- 申请淘宝店铺
- 入驻天猫商城
- 店铺基本设置

本章要点

案例导入

找准市场定位，轻松发展网店

张晓在淘宝网上销售女装有半年时间了，然而一直销量平平，网店发展非常缓慢。

张晓大学学的是兽医专业，毕业后与朋友看到电子商务发展势头很好，果断投身电商大军，选择了非常热销的服装类目，紧锣密鼓地开起了自己的店铺。然而前期市场调查不足、准备不充分等因素，为店铺埋下了发展困难的引线。

店铺不仅点击率低于同行业平均水平，转化率不高，并且由于同类型店铺比较多，竞争非常激烈，商品的复购率也比较低。

"成本投入有限，不了解淘宝服装行业，各种问题都让我步履维艰。在服装类目中，我一直没有找到和发挥出我的优势。"张晓在仔细思考过店铺的发展情况后，终于决定放弃服装类目。

放弃了服装类目后，张晓决定重新选择自己熟悉的行业，由于学过兽医专业，张晓这次便瞄准了宠物用品。首先自己更了解这个行业，可以更好地组织网店的运作；其次对于熟悉的类目，张晓有信心比其他店铺更专业，在销售产品的选择上也有更大的空间和针对性。张晓的淘宝宠物用品店就这样开张了。

宠物用品店开始运营的前两天，带来了不少的流量，比之前服装店的情况好很多，这给了张晓很大的信心。由于她非常了解宠物，清楚宠物需要的营养、宠物生病护理、宠物用品选择等知识，于是针对宠物主人比较关心的问题，优化了商品主图和详情页，慢慢地，店铺的点击率和转化率都有了非常大的提升。买家非常信任这位身为"宠物医生"的掌柜，购买商品后感觉不错，纷纷给出好评，甚至很多客户收藏了店铺，固定在张晓的店里购买宠物用品。

店铺的综合评价好了，店铺信用等级上去了，淘宝小二主动联系张晓，让她参报宠物类目下的活动。在做淘宝女装的时候，为了参报活动，挤破头都未必申请得上，现在竟然由淘宝小二直接出面邀请，张晓有点受宠若惊。

借着活动的"东风"，张晓的宠物用品店越办越好，销售额逐步提升。张晓说，"现在店铺的规模还比较小，我对淘宝开店的经验积累也还不够多，还需要继续观察和分析市场，销售更多宠物主人需要的宠物商品。"

【案例思考】

随着淘宝卖家数量的增加，淘宝店铺的竞争越来越激烈。如何在竞争激烈的淘宝市场脱颖而出呢？行业选择、货品选择如何才能更佳呢？

扫一扫

案例解析参考

1.1 淘宝、天猫开店概述

与实体店相比，网店在成本、范围和适应性等方面都具有一定的优势，因此网上开店也成为时下十分流行的开店模式。网上开店不同于常规实体开店，因此在开店前，了解网上开店的一些基础知识。下面以淘宝、天猫为例，介绍网上开店的方式、平台与流程等知识。

↘ 1.1.1 了解淘宝、天猫开店方式

淘宝、天猫开店属于网上开店的一种，是通过互联网建立一个虚拟商店，并通过该商店出售商品的销售方式。它是一种基于互联网快速发展背景下的新型销售方式。在网上店铺中，购买者无法直接接触商品，只能通过商家图片、商品描述、买家评论等了解商品。确认购买后，再由商家通过邮寄等方式将商品寄给购买者。图1-1所示为骆驼女鞋官方旗舰店的商品页面。在该页面中，买家可挑选各种风格、尺码大小的鞋子购买。

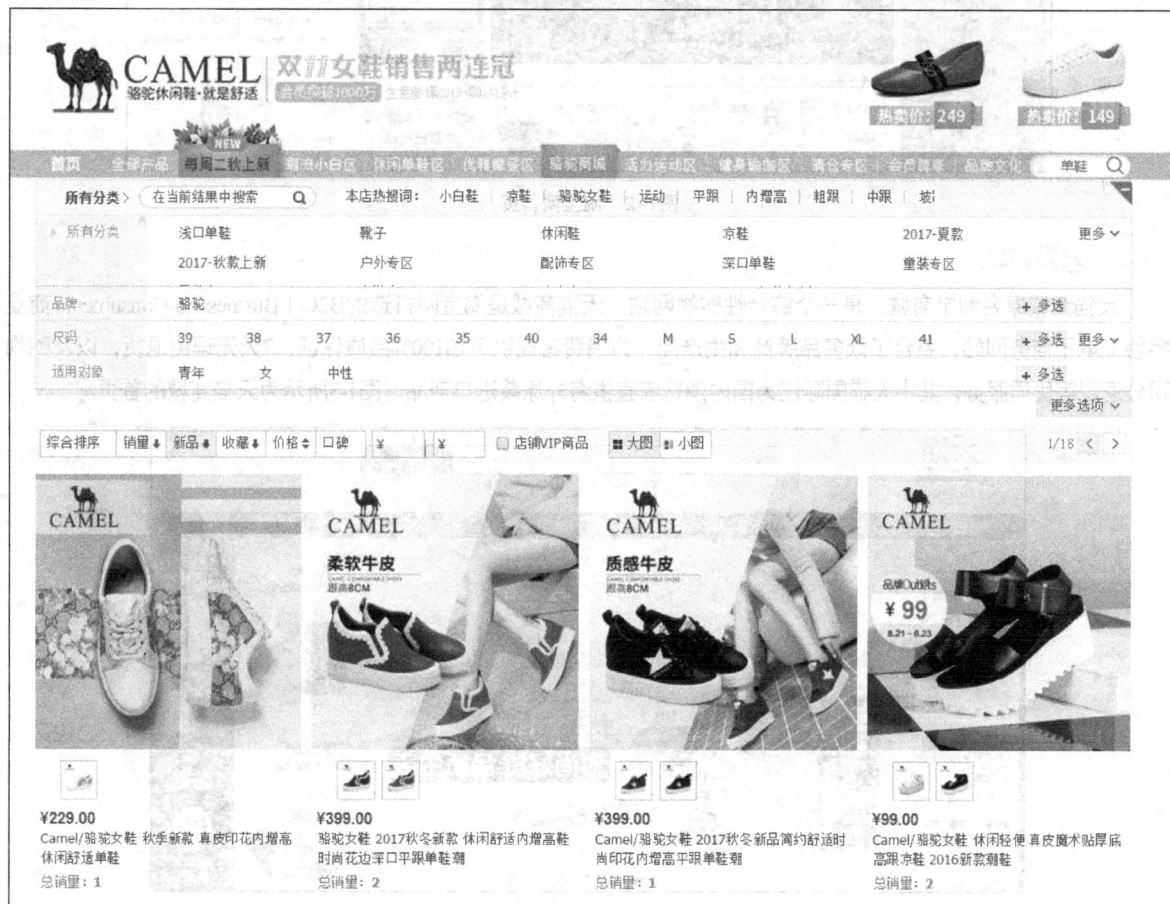

图1-1　骆驼女鞋官方旗舰店的商品页面

↘ 1.1.2 淘宝、天猫平台的特点

经营者需根据实际需要来选择网上开店平台，下面将对淘宝、天猫的特点，以及对应适合开设网络店铺的卖家进行介绍。

1. 淘宝网

淘宝网由阿里巴巴集团在2003年5月创立，是中国受众非常大的一个网购零售平台。近几年，随着规模的不断扩大和用户数量的快速增加，淘宝网逐渐由原本的C2C网络集市变成了集C2C、团购、分销、拍卖等多种电子商务模式于一身的综合性零售商圈。

淘宝网为淘宝会员打造了非常全面和完善的网上交易平台，操作也比较简单，非常适合想要开设网络店铺的个人卖家。图1-2所示为淘宝首页。

图1-2　淘宝网首页

2. 天猫商城

天猫商城原名淘宝商城，是一个综合性购物网站。天猫商城是淘宝网打造的B2C（Business-to-Consumer，商业零售）电子商务网站，整合了众多品牌商和生产商，为消费者提供了如100%品质保证、7天无理由退货，以及购物积分返现等优质服务，其中天猫国际还为国内消费者直供海外原装进口商品。图1-3所示为天猫商城的首页。

图1-3　天猫商城的首页

经验之谈：

B2C 是一种企业对消费者的电子商务类型，即企业直接面向消费者销售产品和服务的商业零售模式。B2C 电子商务一般以网络零售业为主，主要借助于互联网开展在线销售活动。

C2C 是一种个人对个人的电子商务类型。C2C 电子商务平台一般会为交易的双方提供网上在线交易平台，卖方将商品信息提供给交易平台，由交易平台展示商品，买方可选择需要的商品进行购买。

天猫店铺的类型有3种，分别是：旗舰店、专卖店、专营店。开店需要提供企业营业执照副本复印件、企业税务登记证复印件、商标注册证及授权书等资质，不同类型的店铺需要的资质不同。图1-4所示为旗舰店、专卖店、专营店的资质区别。

店铺类型	旗舰店	专卖店	专营店
开店企业资质	1、企业营业执照副本复印件（根据2014年10月1日生效的《企业经营异常名录管理暂行办法》，需确保未在企业经营异常名录中且所售商品属于经营范围内）； 2、企业税务登记证复印件（国税、地税均可）； 3、组织机构代码证复印件； 5、银行开户许可证复印件； 5、法定代表人身份证正反面复印件； 6、联系人身份证正反面复印件； 7、商家向支付宝公司出具的授权书。	1、企业营业执照副本复印件（根据2014年10月1日生效的《企业经营异常名录管理暂行办法》，需确保未在企业经营异常名录中且所售商品属于经营范围内）； 2、企业税务登记证复印件（国税、地税均可）； 3、组织机构代码证复印件； 4、银行开户许可证复印件； 5、法定代表人身份证正反面复印件； 6、联系人身份证正反面复印件； 7、商家向支付宝公司出具的授权书。	1、企业营业执照副本复印件（根据2014年10月1日生效的《企业经营异常名录管理暂行办法》，需确保未在企业经营异常名录中且所售商品属于经营范围内）； 2、企业税务登记证复印件（国税、地税均可）； 3、组织机构代码证复印件； 4、银行开户许可证复印件； 5、法定代表人身份证正反面复印件； 6、联系人身份证正反面复印件； 7、商家向支付宝公司出具的授权书。
品牌资质	1、由国家商标总局颁发的商标注册证或商标注册申请受理通知书复印件； 2、若由权利人授权开设旗舰店，需提供独占授权书（如果商标权人为自然人，则需同时提供其亲笔签名的身份复印件）； 若商标权人为境内企业或个人，请下载中文版独占授权书。若商标权人为境外企业或个人，可选择下载中文版或英文版独占授权书。（如果商标权人为境内自然人，则需同时提供其亲笔签名的身份证复印件。如果商标权人为境外自然人，则需同时提供其亲笔签名的护照复印件）； 3、若经营出售多个自有品牌的旗舰店，需提供品牌为同一实际控制人的证明材料。此类店铺主动招商。 4、若申请卖场型旗舰店，需提供服务类商标注册证或商标注册申请受理通知书。此类店铺主动招商。	1、由国家商标总局颁发的商标注册证或商标注册申请受理通知书复印件； 2、商标权人出具的授权书（若商标权人为自然人，则需同时提供其亲笔签名的身份证复印件）； 3、品牌属于同一实际控制人的证明材料（出售多品牌的专卖店），此类店铺主动招商。	1、自有品牌：商标注册证或商标注册申请受理通知书复印件； 2、代理品牌：（1）商标注册证或商标注册申请受理通知书复印件；（2）以商标持有人为源头的完整授权（详见各类目对授权的级别要求），若授权的授权方为自然人，则需同时提供其亲笔签名的身份证复印件。

图1-4　旗舰店、专卖店、专营店的资质区别

经验之谈：

与天猫类似的网上开店平台有很多，如京东、易趣网、当当网、苏宁易购、国美在线等。

↘ 1.1.3　淘宝、天猫开店的流程

淘宝、天猫开店与线下实体店的开店流程比较类似，都要经历从店铺策划到售后服务，这个过程十分漫长。以淘宝网为例，由于淘宝集市店铺的门槛较低，因此开店的前期准备工作较天猫之类的B2C类电子商务平台更简单。下面介绍集市店铺从策划到售后的开展过程。

● 开店前期准备： 开店前期准备主要是指根据对市场的分析，选择和确定适合自己用于网上销售的商品，并找好合适的供应商和物流公司。选择适合网上销售，且具有特色的物美价廉的商品是网上开店的基本前提。同时，还需提前准备在网上购物平台开店所要求的相应资料。

● 选择开店平台：不同类型的平台，对入驻商家的要求也不相同。此外，根据开店用户的实际情况，也面临自主创建网店和使用自助式网站开店的选择。一般来说，淘宝网、易趣网等网络交易服务平台对成本、资质等要求较低，基本属于全民可选模式，只需使用有效证件进行注册和申请即可拥有自己的店铺。而天猫商城、京东商城等B2C网站，则对商家入驻的要求较高，普通个体户不能申请。

● 开设店铺并完成装修：申请店铺成功后，即可开始店铺的装修和管理。装修和管理店铺是个烦琐的过程，包含的内容非常多，如店铺名称设置、店铺招牌设置、图片管理、商品分类、商品导航、岗位管理、物流管理等。其中店铺名称的确定和商品类目的选择是该阶段比较重要的工作之一，好的名字可以给消费者留下好的印象，且方便消费者记忆，而商品类目的选择则与店铺日后的经营成效息息相关。

- **进货**：对于进货这一阶段而言，低价进货、控制成本是非常重要的，而要做好这一点，就要选择好的进货渠道，并与供应商建立良好的合作关系。网上商品的进货渠道很多，阿里巴巴等很多批发网站都提供商品批发服务。此外，也可选择线下实体批发市场进货，或选择厂家直接进货等。

- **商品拍照**：拿到商品以后，即可为商品拍摄好看的照片，如图1-5所示。由于消费者无法直接接触和检查网上商店中的商品，因此通常顾虑较多。为了一定程度地打消这种顾虑，商家需要向消费者展示商品的实拍图片。网上商店中商品的实拍图一般都要求美观，但美观的前提保证是图片不失真，否则容易产生极大的售后问题。

图1-5　商品的拍摄

- **上传商品**：上传商品是指把商品的名称、产地、所在地、性质、外观、数量、交易方式、交易时限等信息填写到网站中。上传商品的过程也比较烦琐，如上传主图、选择二级类目、设置商品名称、设置商品属性、上传商品详情页、设置价格等。该阶段的商品名称是非常重要的，与店铺的流量相关，要提前进行分析和确定，商品的主图和详情页也要提前在Photoshop中制作。此外，商品价格的设置也是商品销售成功与否的重要因素之一。

- **店铺营销和推广**：在店铺开设初期，人气会比较低，此时就需要适当地进行营销推广。网上商店营销和推广的方式与实体店是不一样的，网上商店的推广主要是通过网络渠道进行的，例如通过淘宝网自身推广平台进行推广，或通过其他自媒体平台推广。图1-6所示为淘宝网自身提供的推广工具。

图1-6　淘宝网自身提供的推广工具

- **商品售中服务**：通过网上商店消费的消费者，在消费过程中会与卖家进行一些必要的沟通，比如提出某些问题或要求，此时需要卖家能快速、妥善、及时地回复消费者并处理相关问题。需要注意的是，很多平台对消费者信息的保密要求非常严格，严禁卖家向第三人透露买家的相关信息，否则将给予处罚。

- **发货**：消费者确认购买商品后，卖家要在自己设定的时间内寄出货物，包括通过快递公司揽件、填写订单号以及更新订单信息等。发货速度也是消费者在网上购物时非常关心的问题，因此卖家应尽量早发货，选择正规的快递公司，保证商品寄送的速度和质量。

- **处理评价和投诉**：店铺信用是网上商店非常重要且直观的一个评价因素，在完成交易之后，淘宝网买卖双方都可以对对方做出评价。淘宝网中买家对卖家的评价是可以更改的，如果遇到买家差评或投诉，需尽快联系买家解决问题。如果遇到恶意投诉，卖家也须向网站投诉，以减少损失。

- **售后服务**：售后服务也是商品价值的一种体现，好的售后服务不仅可以为商品增值，还能扩大商品影响力。售后服务包括技术支持、退换货服务等。好的售后服务可以留住更多的回头客，会直接影响商品销量。

1.2　注册淘宝会员并开通支付宝

淘宝网是网上商店交易平台之一，要想在淘宝网上开店，首先需要成为淘宝会员。注册成为淘宝会员后，即可使用该账号登录淘宝网并激活支付宝。

1.2.1　注册成为淘宝会员

淘宝网注册主要以手机号码注册的方式为主，同时，手机号码注册也是淘宝的默认注册方式。注册淘宝会员的操作比较简单，只需根据注册系统的提示进行相关操作即可，下面介绍在淘宝网中注册会员的方法，其具体操作如下。

扫一扫

操作演示

STEP 01 在浏览器的地址栏中输入淘宝网首页的网址，按"Enter"键进入淘宝网页面，单击"免费注册"超链接，如图1-7所示。

STEP 02 打开"用户注册"页面，此时将打开"注册协议"对话框，必须同意该协议才能进行注册，单击 同意协议 按钮，如图1-8所示。

图1-7　单击"免费注册"超链接

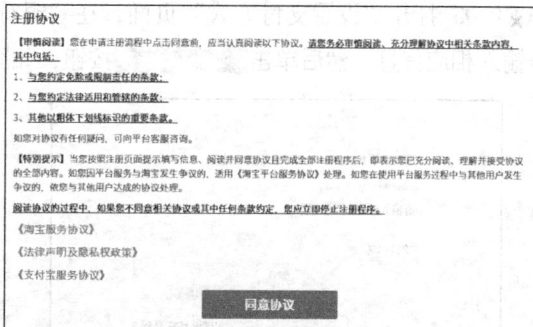

图1-8　同意协议

STEP 03 淘宝账户注册分为个人账户和企业账户，个人账户一般使用手机号码进行注册，企业账户注册可通过邮箱进行注册。这里默认为个人账户注册，在该注册页面填写注册手机号码，如图1-9所示。

STEP 04 按住鼠标左键拖动"验证"栏中的滑块至最右边完成验证，然后单击 下一步 按钮，如图1-10所示。

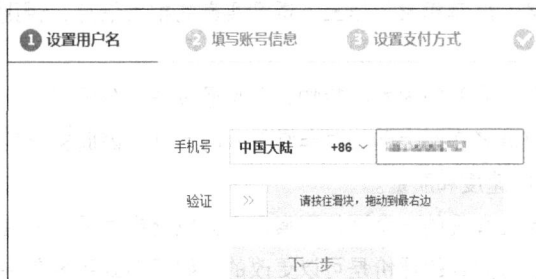

图1-9 输入注册手机号码

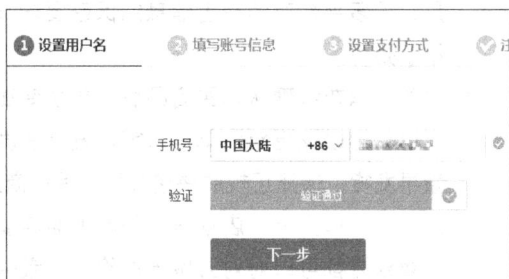

图1-10 完成验证

STEP 05 此时，淘宝注册系统将向所填写的手机号码发送验证码，在打开的"验证手机"页面的"验证码"文本框中输入收到的验证码，单击 确认 按钮，如图1-11所示。

STEP 06 打开"填写账号信息"页面，分别在"登录密码""密码确认"文本框中输入账户密码，在"登录名"文本框中输入账户名称，然后单击 提交 按钮，如图1-12所示。

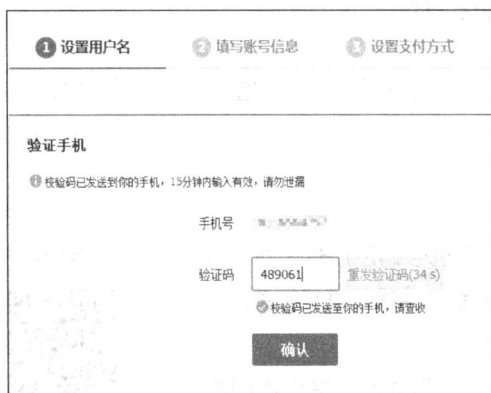

图1-11 输入验证码

图1-12 输入注册信息

STEP 07 此时，将打开登录验证页面，单击 手机短信验证 按钮，在打开的页面中单击 免费获取验证码 按钮获取验证码，然后输入验证码再次进行验证，验证完成后单击 确定 按钮，如图1-13所示。

STEP 08 打开"设置支付方式"页面，在"银行卡号""持卡人姓名""证件""手机号码"文本框中输入相应信息，然后单击 同意协议并确定 按钮，如图1-14所示。

图1-13 登录验证

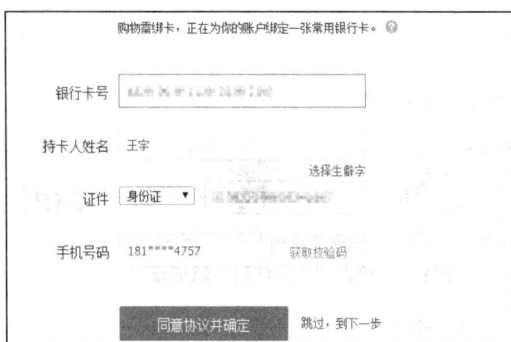

图1-14 设置支付方式

STEP 09 上述操作完成后，即可完成淘宝账户的注册，并会在打开的页面中显示注册成功的信息，如图1-15所示。

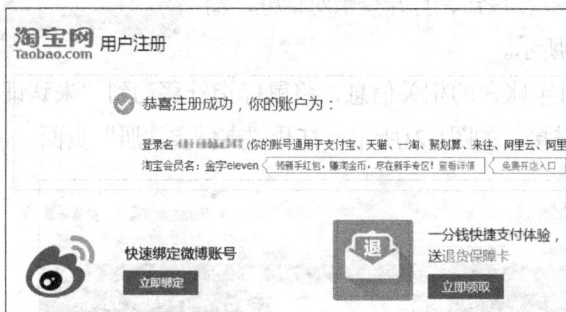

图1-15 完成注册

1.2.2 登录淘宝账户

完成淘宝账户的注册后，即可使用注册好的账号和密码登录到淘宝网站。下面介绍登录淘宝账户的方法，其具体操作如下。

STEP 01 打开淘宝网首页，在页面上方单击"请登录"超链接，打开淘宝登录页面，如图1-16所示。

STEP 02 淘宝登录方式默认为扫码登录，需要通过手机淘宝客户端的扫码功能进行登录。单击右上角的🖥图标，可切换至账户登录模式，如图1-17所示。

图1-16 打开淘宝网首页

图1-17 切换登录方式

STEP 03 在账户登录页面的文本框中分别输入账户名称和密码，单击 登录 按钮，如图1-18所示。

STEP 04 开始登录时，淘宝将对当前登录环境进行检查，检查无误后可直接完成登录。如果检查出当前登录环境出现异常，则会要求用户进行验证，如图1-19所示，输入验证码并单击 确定 按钮即可完成登录。

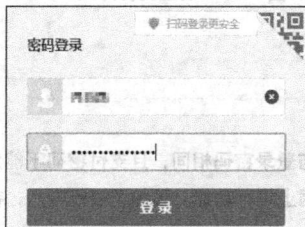

图1-18 输入登录信息

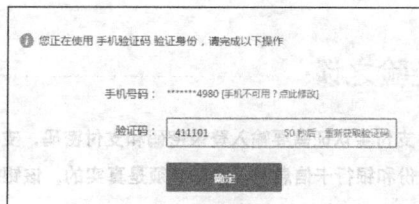

图1-19 登录验证

↘ 1.2.3 开通支付宝认证

支付宝是淘宝主流的支付形式，要想成为淘宝卖家，必须开通支付宝认证。注册淘宝账户后，使用该账户即可登录支付宝。下面在支付宝中开通认证，其具体操作如下。

STEP 01 在IE浏览器的地址栏中输入支付宝网站的网址，按"Enter"键，打开支付宝页面，单击 [我是个人用户] 按钮，在打开的页面中单击 [登录] 按钮，打开登录对话框，输入账号与密码进行登录，单击 [登录] 按钮，如图1-20所示。

STEP 02 进入支付宝个人页面，在其中可查看支付宝账户的相关信息，将鼠标指针移动到"未认证"超链接上，在出现的提示框中单击"立即认证"超链接，如图1-21所示，打开"支付宝注册"页面。

图1-20　登录支付宝　　　　　　　　　　图1-21　立即认证

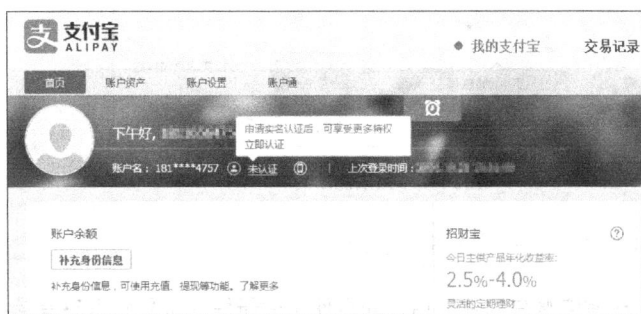

STEP 03 在"设置身份信息"页面中输入支付密码和身份信息，输入完成后单击 [确定] 按钮，如图1-22所示。

STEP 04 打开"设置支付方式"页面，输入银行卡号、持卡人姓名、证件、手机号等信息，然后单击 [获取校验码] 按钮获取验证码，输入验证码后单击 [同意协议并确定] 按钮即可完成支付宝认证，如图1-23所示。

图1-22　设置身份信息　　　　　　　　　图1-23　设置支付方式

经验之谈：

支付宝认证需要输入登录密码和支付密码，支付密码不能与登录密码相同，且支付密码不能为纯数字。在填写身份和银行卡信息时，信息必须是真实的，该银行卡需开通网上银行功能。添加了银行卡后，在支付宝个人页面右侧可对银行卡进行管理。

1.3 申请淘宝店铺

为了能够更好地经营店铺，淘宝网店经营者在开店前应该先做好开店准备，然后才能申请成为淘宝卖家。申请淘宝店铺一般需要对支付宝和淘宝进行实名认证，然后等待淘宝官方审核，审核通过即可创建自己的店铺。

1.3.1 前期准备

在淘宝网申请店铺之前需提前做一些准备工作，下面简单介绍主要的准备工作。

- **身份证**：申请店铺时，需要进行支付宝和淘宝开店的实名认证，这两项认证都需要使用身份证。
- **手机**：在淘宝网中进行很多操作时都需要通过手机接收验证码。不仅如此，在申请淘宝店铺时，其中的大部分验证工作也都需要通过手机来完成，且手机必须具备可以扫描二维码和安装相关App的功能，如安装手机支付宝和阿里钱盾等。
- **银行卡**：开设淘宝店铺必须办理一张开通了网银功能的银行卡。
- **商品资料**：为了方便开店后快速发布商品，建议卖家提前准备好商品资料，包括商品详细属性信息及商品图片等。

1.3.2 申请店铺

申请淘宝店铺的操作比较简单，登录淘宝网后根据提示即可完成申请操作。下面介绍申请店铺的方法，其具体操作如下。

STEP 01 登录淘宝网首页，将鼠标指针移动到网页上方"卖家中心"超链接上，在打开的下拉列表中选择"免费开店"选项，如图1-24所示。

STEP 02 进入淘宝卖家中心的"免费开店"页面，在该页面中选择店铺类型，这里单击 个人开店 按钮，如图1-25所示。

图1-24 免费开店

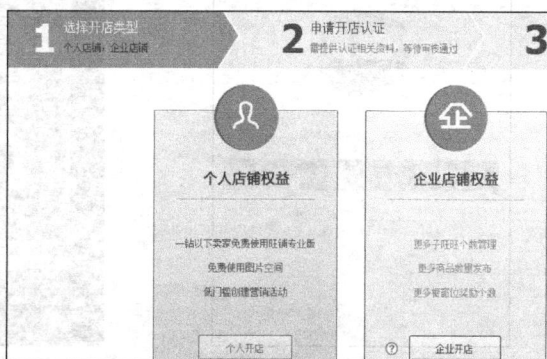

图1-25 个人开店

STEP 03 进入"开店条件检测"页面，在该页面中可查看未通过认证的选项，单击"支付宝认证"后的"立即认证"超链接，如图1-26所示。

STEP 04 进入"支付宝身份校验"页面，在该页面中可上传身份证照片，也可使用手机扫描右侧二维码，通过手机进行验证，如图1-27所示。

图1-26　检测未通过认证的选项　　　　　　　　　　图1-27　支付宝实名认证

STEP 05 使用手机支付宝App扫描二维码进行验证，在手机上打开"身份校验"页面，单击 拍二代身份证 按钮，如图1-28所示。

STEP 06 在打开的页面中直接拍摄身份证，将身份证放置到手机镜头之下，点击屏幕即可拍摄，如图1-29所示。

STEP 07 拍摄完成后单击 下一步 按钮，在打开的页面中可以查看拍摄后的证件图片，单击 确认并提交 按钮提交验证，如图1-30所示。

📢 **经验之谈：**

> 在拍摄身份证时，需要拍摄正反两面，同时必须跟随提示进行拍摄，头像和国徽必须放入拍摄系统预设的头像框和国徽框中。

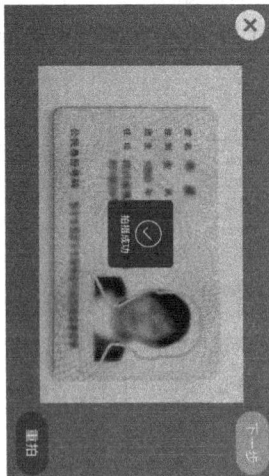

图1-28　身份校验　　　　　　　　图1-29　拍摄身份证　　　　　　　　图1-30　提交验证

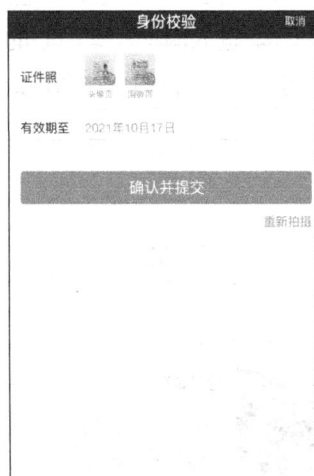

STEP 08 提交完成后，再次进入申请店铺页面，可看到支付宝实名认证已通过。在"开店条件检测"页面单击"淘宝开店认证"后的"立即验证"超链接，在打开的页面中单击 立即认证 按钮，进行淘宝开店的身份验证，如图1-31所示。

STEP 09 进入"淘宝身份认证资料"页面，在该页面中介绍了身份验证的相关步骤。淘宝身份认证需要使用阿里钱盾，单击 扫码安装 按钮，使用手机扫描该下拉列表中的二维码，如图1-32所示。

图1-31 淘宝开店身份验证

图1-32 安装阿里钱盾

STEP 10 在手机中打开阿里钱盾的下载安装页面,安装完成后打开阿里钱盾,使用阿里钱盾扫描图1-32中的二维码,在打开的"人脸验证"页面中单击 开始验证 按钮,如图1-33所示,并根据系统提示做出相应动作。

STEP 11 完成人脸验证后,进入"拍摄照片"页面,按照系统提示和要求拍摄身份证,拍摄完成后系统将显示所拍摄照片,单击 提交 按钮提交申请,如图1-34所示。

STEP 12 提交完成后,在打开的页面中将提示开店申请已提交,等待审核,如图1-35所示。淘宝开店审核的时间一般为48小时,审核通过后即可进入店铺。

图1-33 人脸验证

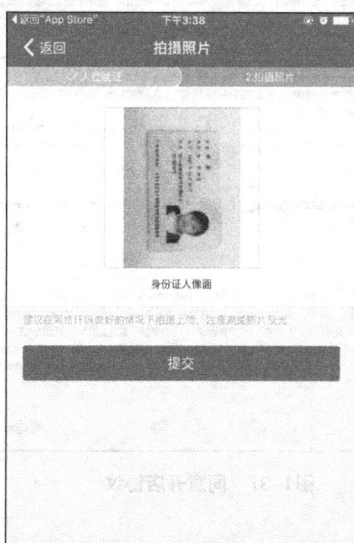

图1-34 提交申请

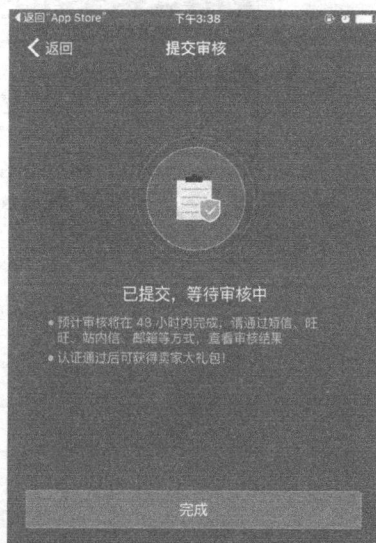

图1-35 等待审核

STEP 13 审核通过后,进入淘宝卖家中心即可查看认证结果,单击 创建店铺 按钮,进入卖家中心后台,如图1-36所示。

图1-36　创建店铺

STEP 14 第一次进入卖家中心后台，淘宝网将打开"签署开店协议"对话框，单击 同意 按钮同意开店协议后即可在后台进行开店操作，如图1-37所示。

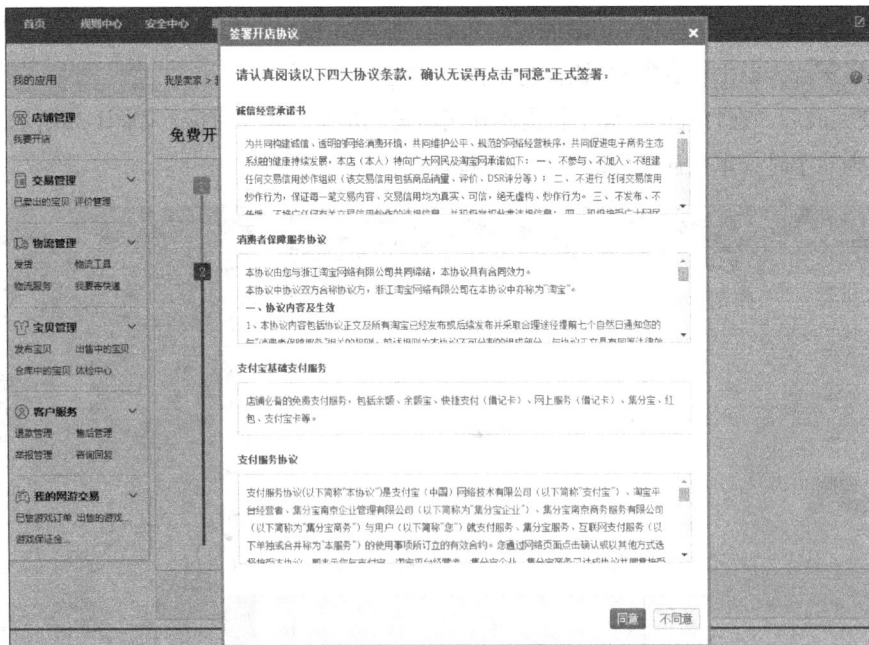

图1-37　同意开店协议

经验之谈:

前文中讲解了淘宝店铺的申请方法，同理，进入天猫商城的"商家入驻"页面可进行天猫商城店铺的申请。

1.4 入驻天猫商城

在天猫商城开店之前，需要先了解天猫商城与淘宝网的区别，再掌握天猫商城的基本知识。

↘ 1.4.1 天猫商城与淘宝网的区别

天猫商城与淘宝网虽然都属于阿里巴巴集团的购物平台，但二者之间存在一定的区别，下面分别进行介绍。

● 开店区别：天猫商城属于企业或品牌商城，开店审核比淘宝网更严格，需要营业执照、企业相关证明资料等，而且需要缴纳开店费用和保证金，与淘宝网开店相比，成本更高。而淘宝网可以是个人开店和企业开店，个人开店占比较高，开店流程较简单，只需要通过身份证验证身份就可免费开通淘宝网店铺。

● 卖家与商家的区别：天猫商城与淘宝网都属于购物平台，而天猫商城属于商家销售平台，基本上是以企业或公司直销形式销售商品，是众多品牌商品的销售商城。淘宝网的商品多为个人卖家通过批发商进货的方式销售商品。

● 产品及服务的区别：天猫商城成本比淘宝网高，因此产品的价格比淘宝网稍高，但信誉也相对较好，有完整的售后服务流程，且产品经过严格审核，能保证产品为正规品牌，无假冒伪劣产品。淘宝网属于集市产品，产品多样化，相对于天猫商城而言，产品销售价格较低，因此，消费者在淘宝网店铺选购产品时应该更注重挑选信誉度高的卖家购买。

↘ 1.4.2 入驻天猫商城的要求

在天猫商城中，不同的品牌和店铺类型，其要求的入驻要求也不同，如女装的入驻要求为：

（1）注册资本不低于人民币100万元；

（2）需具备一般纳税人资格；

（3）"女装/女士精品"类目自荐品牌需提供商标注册证（即R标）；

（4）经营进口商品，需提供近一年内合法渠道进口证明；

（5）商品必须符合法律及行业标准的质量要求；

（6）所有提交资料需要加盖开店公司公章（鲜章）。

酒类的入驻要求为：

（1）注册资本不低于人民币100万元；

（2）依法成立一年及以上；

（3）需具备一般纳税人资格；

（4）白酒类目自荐品牌需提供商标注册证（即R标）；其他二级类目的自荐品牌需提供商标注册证（即R标）或申请日起已满半年的商标注册受理通知书；

（5）专营店申请经营葡萄酒二级类目以及白酒二级类目的53度Moutai/茅台飞天、52度五粮液（普五）、洋河蓝色经典系列、泸州老窖国窖1573系列、剑南春52（水晶剑）商品，需提供商标权人的直接授权书；申请经营酒类其他类目商品（啤酒、洋酒除外）需提供以商标权人为源头的二级以内授权；

（6）申请经营啤酒、洋酒，需提供以商标权人为源头三级授权书；

（7）开店公司需取得《食品流通许可证》或《食品经营许可证》；

（8）经营国产酒类，生产厂商需取得《食品生产许可证》或《食品卫生许可证》；

（9）如经营进口商品，需取得近半年内合法渠道进口证明（进口红酒和洋酒（预调鸡尾酒除外）可放宽至近5年）；

（10）所有提交资料需要加盖开店公司公章（鲜章）。

具体入驻的商品类型，可在天猫商城的入驻要求中进行查看。

1.4.3 入驻天猫商城的资费标准

天猫商城资费有保证金、软件服务年费、软件服务费组成。

● 保证金：商家在天猫经营必须缴存保证金，保证金主要用于保证商家按照《天猫服务协议》、天猫规则经营，且在商家有违规行为时根据《天猫服务协议》及相关规则规定用于向天猫及消费者支付违约金。续约商家须在当年续签要求的时间内一次性缴存次年保证金，新签商家在申请入驻审核通过后一次性缴存当年的保证金。

● 软件服务年费：商家在天猫经营必须缴纳年费，年费缴纳及结算详见《天猫2017年度软件服务年费缴纳、折扣优惠及结算标准》。

● 软件服务费：商家在天猫经营需要按照其销售额一定百分比（简称"费率"）缴纳软件服务费。天猫各类目软件服务费费率标准详见《2017年天猫各类目年费软件服务费一览表》。

不同的店铺其资费不同，如手机店铺的资费为：保证金5万元、软件服务年费3万元、软件服务费费率2%。手机号码/套餐/增值业务类店铺的资费为：保证金1万元、软件服务年费1万元、软件服务费费率0.5%~3%。具体的资费标准，可在天猫商城的资费标准页面中选择产品类型进行查看。

> **经验之谈：**
>
> 不同的商家权人类型，其资费也可能不同，如彩妆/香水/美妆工具，R标的保证金为5万元，TM标的保证金为10万元。

1.4.4 天猫商城开店步骤

准备好开店所需的资料后，便可在天猫商城申请自己的店铺，其具体操作步骤如下。

STEP 01 进入天猫商城首页，将鼠标指针移动至页面右上角的"商家支持"超链接上，在打开的下拉列表中单击"商家入驻"超链接，如图1-38所示。

STEP 02 进入"商家入驻"页面，单击 `立即入驻` 按钮，如图1-39所示。

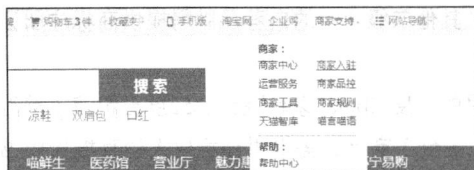

图1-38 单击"商家入驻"超链接

图1-39 商家入驻

STEP 03 进入"天猫招商入驻申请"页面，该页面显示了入驻天猫商城的流程，以及每个流程所需完成的事情。单击选中下方的四个复选框，打开"考核承诺函"页面，阅读完相关条款后，单击 `我已阅读以上协议，立即签署` 按钮，返回"天猫招商入驻流程"页面，单击 `立即入驻` 按钮，如图1-40所示。

STEP 04 进入"选择店铺类型/品牌/类目"页面，选择店铺的类型、品牌与类目，这里单击选中"专营店"单选项和"所有类目"单选项,然后设置品牌为"**DUSTO/大东**",完成后单击 下一步 按钮,如图1-41所示。

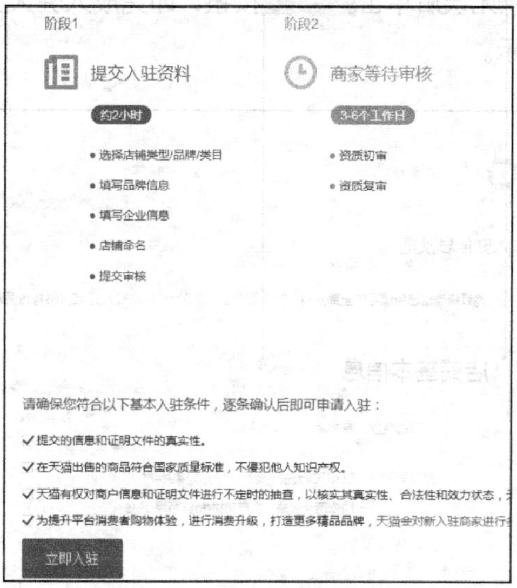

图1-40 天猫招商入驻申请

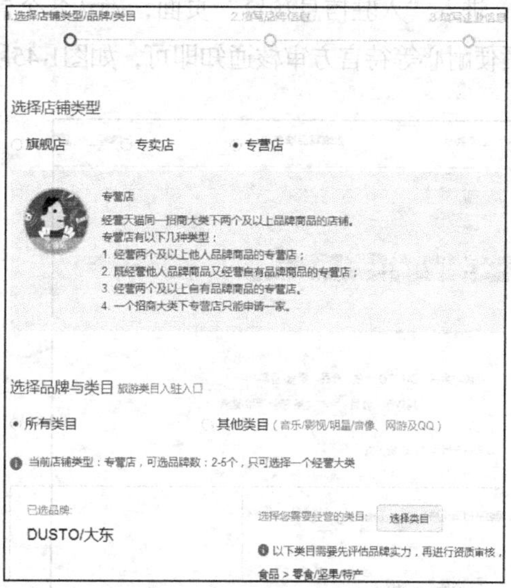

图1-41 选择店铺类型/品牌/类目

STEP 05 进入"填写品牌信息"页面,填写品牌信息,包括商标信息、商标资质,然后单击 下一步 按钮,如图1-42所示。

STEP 06 进入"填写企业信息"页面,填写企业基本信息和申请联系人信息等内容,填写完成后单击 下一步 按钮,如图1-43所示。

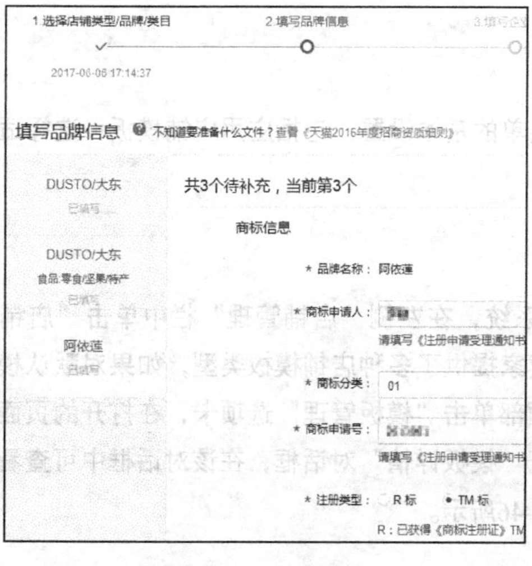

图1-42 填写品牌信息

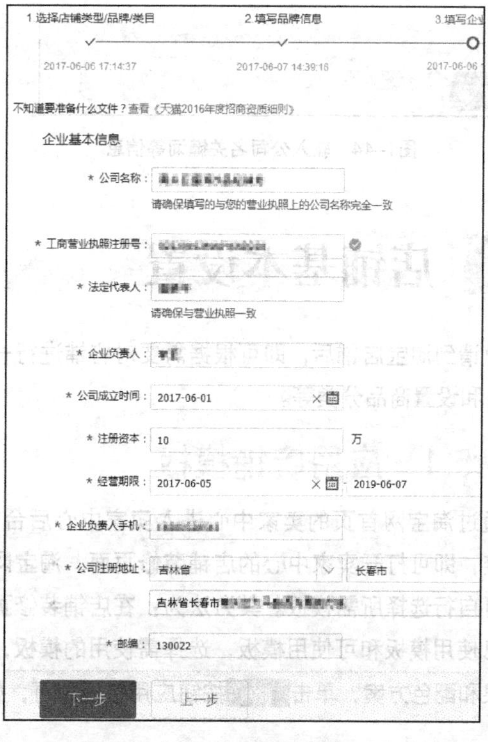

图1-43 填写企业信息

STEP 07 在打开的页面中输入公司名关键词、公司名关键词全拼、可选关键词等信息，单击 下一步 按钮，如图1-44所示。

STEP 08 进入"入驻信息预览"页面，确认各个信息无误后单击 确认无误提交 按钮，即完成入驻天猫商城流程，然后便耐心等待官方审核通知即可，如图1-45所示。

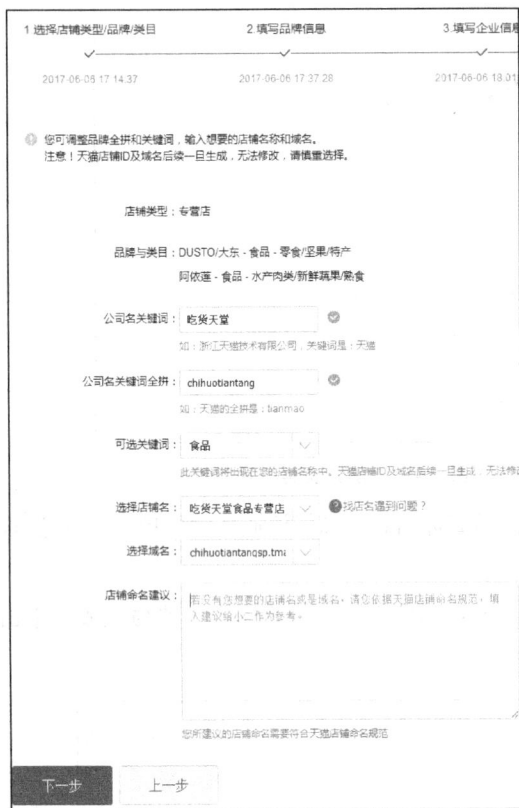

图1-44 输入公司名关键词等信息

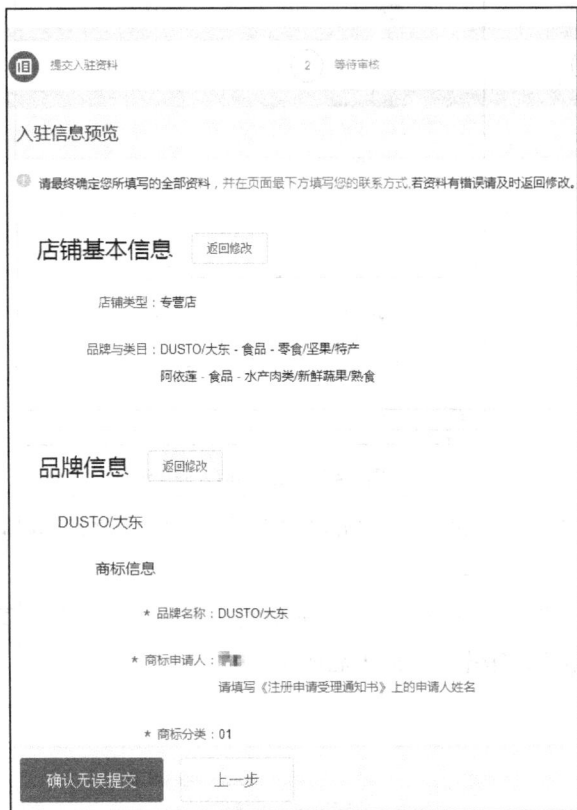

图1-45 入驻信息预览

1.5 店铺基本设置

申请到淘宝店铺后，即可根据需要对店铺进行一些简单的基本设置，包括应用店铺模板、选择适合店铺的风格和设置商品分类等。

↘ 1.5.1 应用店铺模板

通过淘宝网首页的卖家中心进入卖家中心后台管理系统，在左侧"店铺管理"栏中单击"店铺装修"超链接，即可打开卖家中心的店铺装修页面。淘宝网为卖家提供了多种店铺模板类型，如果对默认模板不满意，可自行选择所需模板。其方法为：在店铺装修页面顶部单击"模板管理"选项卡，在打开的页面中即可查看已使用模板和可使用模板，选择需使用的模板，打开"模板详情"对话框，在该对话框中可查看模板预览效果和配色方案，单击 应用 按钮应用模板即可，如图1-46所示。

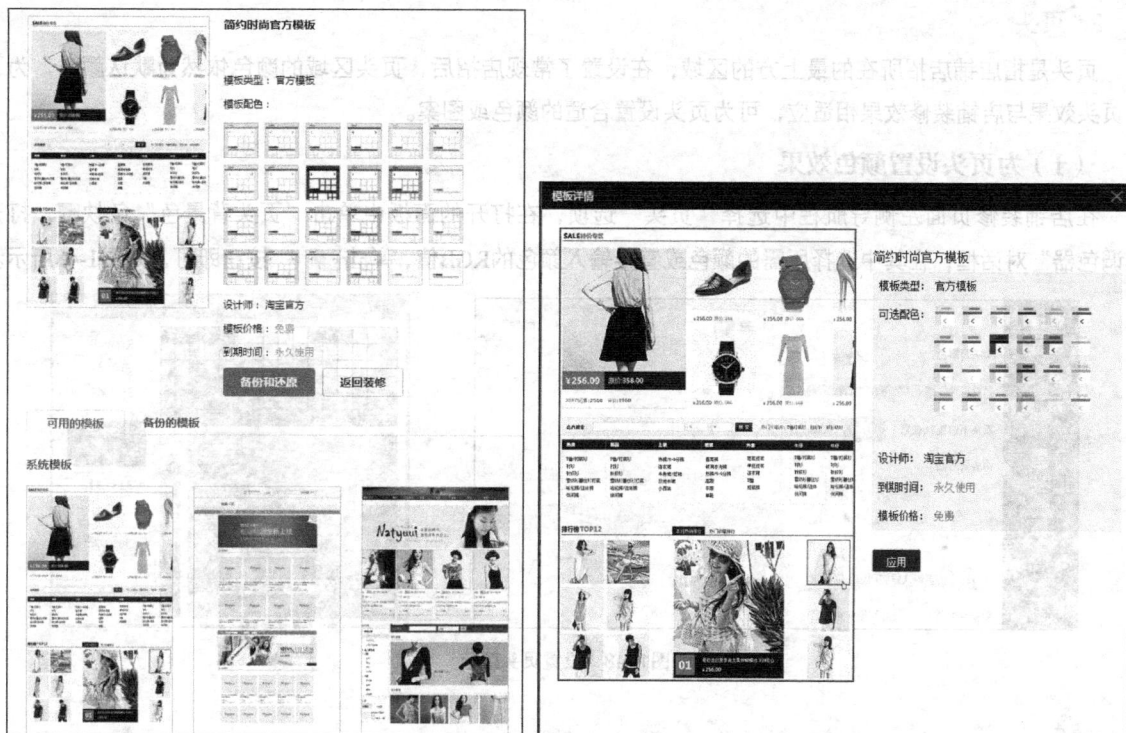

图1-46 应用模板

↘ 1.5.2 选择适合的店铺风格

店铺的颜色风格是店铺的主要基调，一般需与店铺所经营商品的属性相适应。在淘宝网中，主要可通过配色、页头、页面等对店铺风格进行设置。

1. 配色

配色是指对店铺模板的颜色进行设置，选择不同的模板类型，其配色方案也是不一样的。设置配色方案的方法很简单，进入卖家中心，在左侧"店铺管理"栏中单击"店铺装修"超链接，打开店铺装修页面，在左侧导航栏中选择"配色"选项，在打开的面板中选择所需选项即可，如图1-47所示。

图1-47 配色

2. 页头

页头是指店铺店招所在的最上方的区域，在设置了常规店招后，页头区域的颜色依然为默认颜色，为了使页头效果与店铺装修效果相适应，可为页头设置合适的颜色或图案。

（1）为页头设置颜色效果

在店铺装修页面左侧导航栏中选择"页头"选项，在打开的面板中单击"页头背景色"色块■，打开"调色器"对话框，在其中选择所需的颜色或直接输入颜色的RGB值，单击 确定 按钮即可，如图1-48所示。

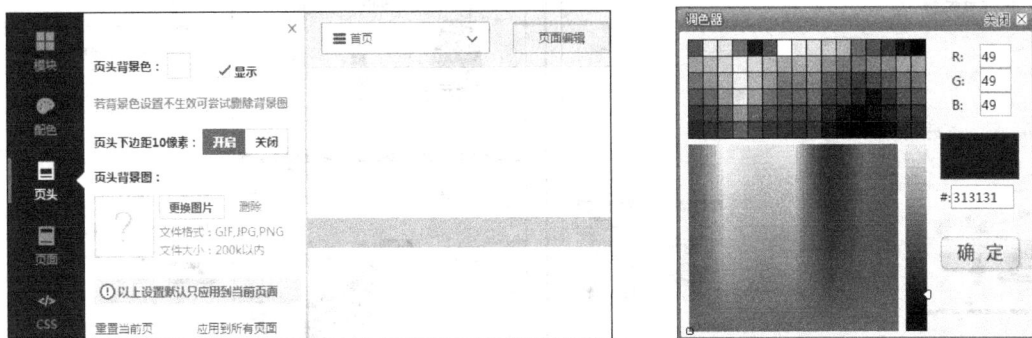

图1-48　设置页头颜色

> **经验之谈：**
>
> 为了保证店铺的美观性，页头颜色的设置建议与模板风格统一。如果不需要显示页头效果，可撤销选中"显示"复选框。

（2）为页头设置图案效果

在店铺装修页面左侧导航栏中选择"页头"选项，在打开的面板中单击 更换图片 按钮，打开"打开"对话框，选择需要设置为页头背景的图片，单击 打开(O) 按钮将图片添加到页头背景。此时"页头"面板中将打开"背景显示"栏和"背景对齐"栏，在其中可对页头背景的显示和对齐效果进行设置，如图1-49所示。

图1-49　设置页头图案效果

3. 页面

页面指页头正下方的区域，页面的设置方法与页头一样，可设置为颜色，也可设置为图案。一般来说页面与页头效果应该保持一致，即页头设置为什么颜色，页面最好也是相同或相似的颜色，页头为图案效果，则页面最好是相同或相似的图案效果。图1-50所示即为页面与页头相统一的店铺效果。

图1-50 页面效果

经验之谈：

　　在店铺装修页面设置的效果为店铺的首页效果，为了使首页更加美观，在设置页头、页面效果之前，可以先构思和确认店铺的整体颜色基调。

1.5.3 店铺名称设置

　　店铺名称需要在卖家中心进行设置，店铺名称设置是店铺基本设置的必要操作，它对店铺的流量具有很大的影响，下面讲解设置店铺名称的方法，其具体操作如下。

STEP 01 进入淘宝卖家中心，在"店铺管理"栏中单击☑按钮，展开"店铺管理"栏的全部内容，然后单击"店铺基本设置"超链接，如图1-51所示。

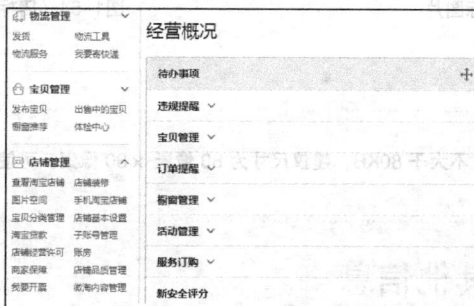

扫一扫

操作演示

图1-51 单击"店铺基本设置"超链接

STEP 02 进入店铺基本设置页面，在"店铺名称"文本框中输入店铺名称，单击 保存 按钮，如图1-52 所示。

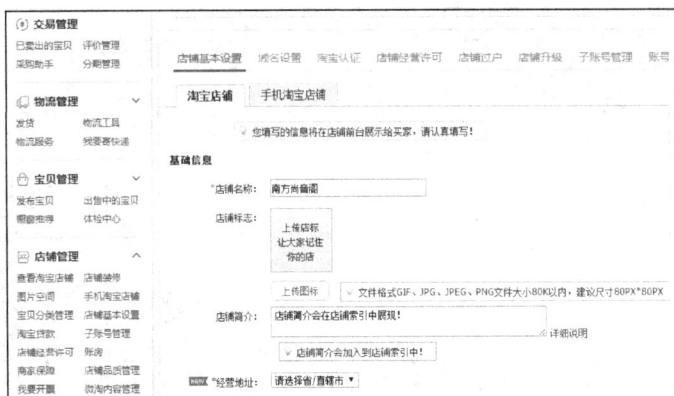

图1-52　输入店铺名称

1.5.4　上传店铺标志

店铺标志作为一个店铺的形象参考，可以给人最直观的感受。它可以代表店铺的风格、产品特性等，也能起到宣传店铺的作用。下面将店铺标志上传至网店中，其具体操作如下。

STEP 01 进入店铺基本设置页面，单击"店铺标志"栏的 上传图标 按钮，打开"打开"对话框，选择店标图片，然后单击 打开(O) 按钮，如图1-53所示。

STEP 02 返回店铺设置页面，即可看到店标已成功上传到页面中，如图1-54所示。

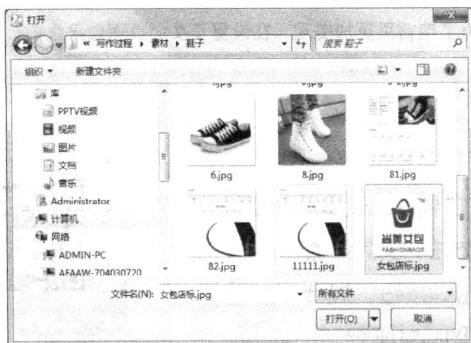

图1-53　选择店标图片

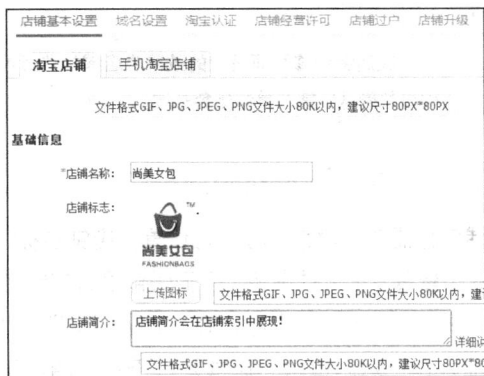

图1-54　店标已成功上传到页面

经验之谈：

店铺标志的大小要求不大于80KB，建议尺寸为80像素×80像素，可使用Photoshop制作。

1.5.5　设置店铺其他信息

在店铺基本设置页面中还包括店铺简介、经营地址、主要货源、店铺介绍等信息的设置。

STEP 01 在"店铺简介"文本框中输入店铺简介，因为店铺简介会在店铺搜索中进行展现，所以应该填写具有实际意义的内容，如图1-55所示。

STEP 02 在"经营地址"栏中单击▽按钮，设置店铺经营地址，在"主要货源"栏中设置货源，在"店铺介绍"栏中填写店铺简介，然后单击 保存 按钮，如图1-56所示。

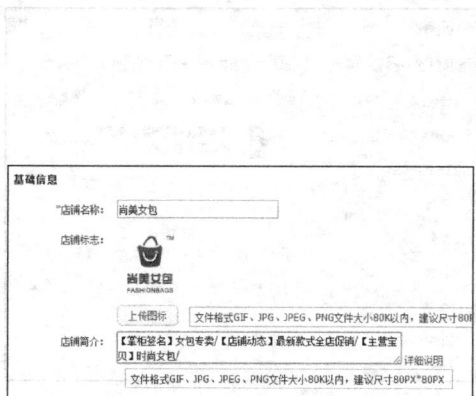

图1-55 输入店铺简介

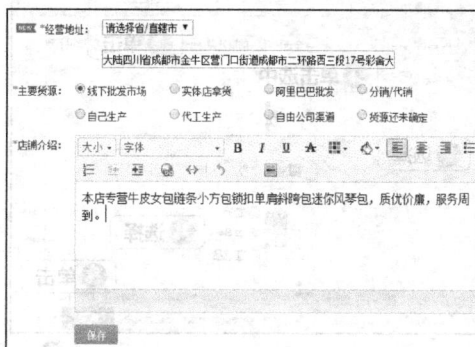

图1-56 设置店铺经营地址等信息

经验之谈：

在"店铺简介"栏后单击"详细说明"超链接，可查看店铺简介填写方法。

1.5.6 宝贝分类管理

宝贝分类管理是对店铺内要出售的宝贝进行分类管理，通过将宝贝分配到正确的分类中，能使店铺结构更清晰、简洁，有利于买家搜索浏览，下面对宝贝分类管理的方法进行介绍，其具体操作如下。

STEP 01 进入淘宝卖家中心，在"店铺管理"栏中单击▽按钮，展开"店铺管理"栏的全部内容，然后单击"宝贝分类管理"超链接。在打开的页面中单击 ✚添加手工分类 按钮，如图1-57所示。

STEP 02 添加分类后在其中输入分类名称，单击 添加子分类 按钮，完成后在子分类中输入内容，单击右侧的 保存更改 按钮可保存分类设置，如图1-58所示。

图1-57 添加分类

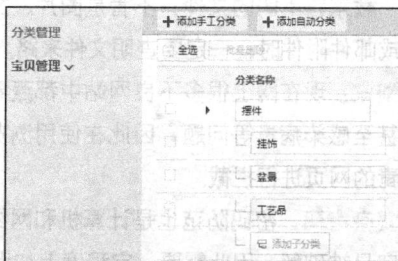

图1-58 输入分类名称

STEP 03 在左侧选择"宝贝管理"选项，单击"未分类宝贝"选项卡，单击选中未分类宝贝前的复选框，

单击 批量分类 ▾ 按钮，在打开的下拉列表中选择需要的分类，单击 应用 按钮，即可完成批量分类，如图1-59所示。

STEP 04 分类完成后，宝贝将在所属分类下显示分类，单击"编辑分类"栏下的"添加"超链接，可单独设置其分类，如图1-60所示。

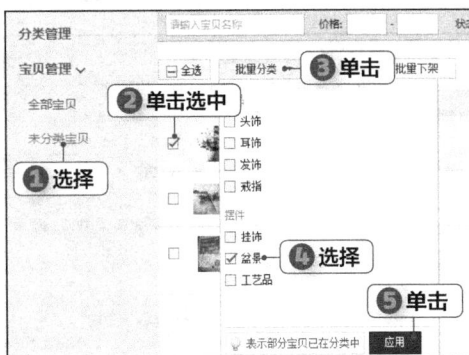

图1-59　宝贝分类管理

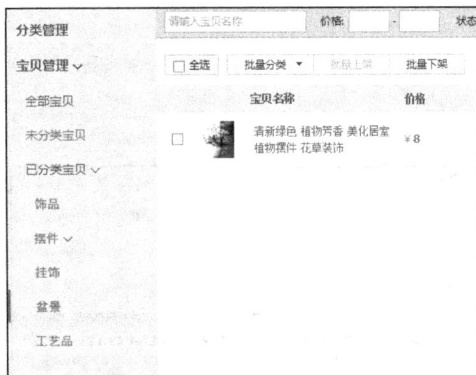

图1-60　显示分类

经验之谈：

若有多个宝贝属于同一个类别，可单击选中宝贝信息前具有相同类别的多个复选框，再单击 批量分类 ▾ 按钮即可批量设置宝贝的类别。

1.6　疑难解答

淘宝网注册和店铺基本设置都是较为基础的操作，读者比较容易掌握。下面将简单对店铺注册和店铺设置的一些常见问题进行介绍。

1. 网上商品交易怎么保证交易安全？

答：在进行网上交易时，安全性是个非常重要的问题。为了保证网络环境和计算机的安全，用户必须做好相关保护措施。

- 系统补丁：很多木马、病毒侵入计算机的常见途径就是系统漏洞，因此必须及时安装系统补丁。安装系统补丁的方法很多，可以通过Windows自动更新功能更新补丁，也可使用安全防护软件进行更新。
- 不要下载来路不明的文件：不管是图片、文本，还是音乐文件，都可能变成病毒的载体，因此在下载文件或邮件附件时，一定要查明文件来路。同时在下载一些软件时，也应该到正规网站下载。
- 安全浏览：现在网上很多不良网站中都藏着一些陷阱，不慎中招之后就可能面临主页被篡改、弹出广告，甚至感染病毒等问题，因此在使用浏览器浏览网页时，可以采用安全浏览模式，对恶意广告和潜藏病毒的网页进行拦截。
- 设置复杂密码：密码防范也是计算机和网络安全防范中的重要一环，简单的生日、身份证号等密码往往很容易被破解，因此需要一定程度上加大密码的复杂性，防止密码被破解，避免造成严重损失。
- 定期查杀病毒：使用杀毒软件定期对系统进行扫描，删除可疑文件和恶意插件，保证计算机环境的干净和安全。

- **移动存储设备的保护**：U盘、可移动硬盘等移动存储设备也是病毒传播的主要途径，因此一定要经常检查可移动储存设备的安全。
- **保护重要区域**：病毒是一段恶意的程序，一般都具有明确的目的性，如窃取网游中的装备或金钱、窃取账户密码和隐私等。因此要对一些重要账户或数据实施密码保护，不要轻易泄露相关信息。
- **设置计算机开机密码**：如果计算机位于公共区域，或者可能被其他人接触，为了保护计算机安全和重要文件信息，可以为计算机设置开机密码。

2. 网上开店有哪些经营方式？

答：网上开店的开放性和自由性，使其可以适应相当广泛的人群，比如实体企业、供应商、拥有实体店的个体户都可以通过网上开店进一步拓展自己的经营方式和范围，而创业者、自由职业者和大学生等，也可以通过网上开店来开创自己的新事业，或者利用空余时间赚取业余利润。因此总结起来，网上开店的经营方式不外乎网店与实体店结合经营、全职经营和兼职经营3种方式。

- **网店与实体店结合经营**：当经营者拥有实体店铺的支持，则在经营经验、销售技巧、商品价格设置等方面都会有一定的基础，此时开设网店，也会具有一定的优势。如果是知名品牌的实体店，或者已经拥有一定忠实客户的实体店，则开设网店即是锦上添花，更容易取得消费者的认可。
- **全职经营**：该经营方式比较适合创业者、自由职业者、拥有货源的经营者等，需将全部精力投入到网店经营中，网店收入即是个人主要收入。新手卖家在全职经营网上店铺时，一定要有一个充分的学习和积累过程，不要盲目投放，网店在经营到一定规模之后，也可以发展成线下实体店。
- **兼职经营**：该经营方式适合空闲时间较多的大学生、自由职业者和上班族等，主要利用空余时间打理店铺。这种方式的网店规模一般都较小，主要用于出售一些季节性、时效性、虚拟性的商品。

3. 怎样更好地优化和完善店铺信息？

答：店铺基本设置中比较重要的信息主要包括名称、店标和店铺简介等。

- **名称**：淘宝店铺分为个人店铺和企业店铺，一般来说，个人店铺名称的自由度比较高，但需遵循简洁、便于记忆、与商品相关、具有特点等原则。企业店铺比较固定，通常与企业名称相同。
- **店标**：店标是店铺的标志，代表店铺的形象，大小为80像素×80像素。店标的设计需要凸显店铺或产品的特点，彰显店铺或产品的文化内涵。店标必须醒目、易于辨识，且具有一定的视觉冲击力，可以给买家留下深刻的印象。
- **店铺简介**：店铺简介中的内容会被淘宝搜索引擎抓取，即其中的关键词是可以被搜索的，可以在店铺搜索结果页中显示。在填写店铺简介时，主要填写掌柜签名、店铺动态和主营宝贝3个信息：掌柜签名是指店铺的签名或者店铺梦想展示，可以设计一些个性化的短语；店铺动态是指店铺最近的促销信息，比如全场包邮、打折等；主营宝贝指店铺经营的主要宝贝的类型、风格等，比如民族风的羽绒服。主营宝贝信息的填写必须真实、客观，不能直接堆砌无用或与店铺无关的关键词，否则不仅会影响相关性，还会影响买家的用户体验。

4. 开设网店需要考虑哪些成本？

答：开设网店一般都需要结合成本、运营策略等问题综合进行考虑，卖家应该在可承受的成本范围内定位目标消费人群。一般来说，网店成本主要需考虑生产成本、机会成本、销售成本和储运成本几个方面的内容。

- **生产成本**：生产成本指企业生产过程中所支付的成本，企业规模越大、设备越精良、管理越完善，生产成本就越低。同时，生产成本还要考虑库存数量，在合理的库存条件下进行有规划的生产，才能保持生产成本的合理性。

- 机会成本：机会成本指卖家在出售商品并获得收益后用于其他投资可能产生的额外收益。
- 销售成本：销售成本指在商品销售过程中产生的费用，如推广费用、促销费用等。推广是商品销售中非常重要的环节，在商品成本中所占的比例越来越高。卖家在定位商品和确定商品价格时，都需慎重考虑销售成本这一因素。
- 储运成本：储运成本指商品在储存和运输过程中所产生的成本。网店商品通常都需要经历储存和运输的过程，因此储运成本是商品综合价值的一部分，包含在商品定价中。

1.7 课后实训

↘ 1.7.1 实训一：查看天猫商城入驻信息

【实训目标】

本实训要求进入天猫商城的商家入驻页面，查看入驻指南、入驻要求、热招品牌、资费标准等相关信息。

【实训思路】

根据实训目标，需要先进入天猫商城页面，然后通过"商家支持"超链接查看。

【步骤提示】

STEP 01 在淘宝页面中单击"天猫"超链接进入天猫页面。

STEP 02 在右上角单击"商家支持"超链接，在打开的下拉列表中选择"商家入驻"选项。

STEP 03 在打开的页面中查看商家入驻信息，包括查看入驻指南、入驻要求、热招品牌、资费标准等相关信息。图1-61所示为天猫商城入驻指南，图1-62所示为天猫商城入驻要求页面。

图1-61 查看天猫商城入驻指南

图1-62　查看天猫商城入驻要求

↘ 1.7.2　实训二：计划并开设淘宝店铺

【实训目标】

本实训要求策划好店铺的相关信息后，在淘宝中进行注册账户等开设店铺前的相应准备工作，为后期的产品上架做准备。

【实训思路】

根据实训目标，本实训包括线下和线上操作两部分，线下操作部分主要是进行前期的准备工作。线上操作部分的目的就是开设一个店铺。在淘宝网中开店，首先需要注册一个淘宝账户，然后开通支付宝认证，接着申请店铺，完成店铺的开设。

【步骤提示】

STEP 01 准备资料。准备开店所需的材料，包括身份证、手机、开通网银的银行卡等。

STEP 02 注册淘宝会员。登录淘宝网，单击网页上方的"免费注册"超链接，打开"用户注册"页面，然后根据提示，将手机号码注册为淘宝账号。

STEP 03 开通支付宝认证。打开支付宝网站，单击 我是个人用户 按钮，在打开的页面中单击 登录 按钮，打开登录对话框，在其中输入账号与密码进行登录。进入支付宝个人页面，单击"未认证"超链接，然后根据提示，绑定银行卡号，进行支付宝实名认证。

STEP 04 申请店铺。登录淘宝网首页，将鼠标指针移动到网页右上方的"卖家中心"选项上，在打开的下拉列表中选择"免费开店"选项，然后根据提示进行操作，主要是身份校验，完成店铺的开设工作。

↘ 1.7.3　实训三：完善店铺基本信息

【实训目标】

本实训要求对实训二申请的店铺进行基本美化，让其拥有一个店铺的基本特征。图1-63为完善后的店铺参考效果。

【实训思路】

根据实训目标，要让一个店铺拥有基本特征，至少应先套用一个合适的店铺模板、然后根据店铺的情况设置店铺名称、店标、店铺简介等基本信息。

图1-63　完善后的店铺参考效果

【步骤提示】

STEP 01 设置模板。进入卖家中心后台管理系统，打开店铺装修页面，单击顶部的"模板管理"选项卡，选择一个与店铺类型相关的模板，单击 应用 按钮应用该模板。

STEP 02 设置店铺风格。进入卖家中心，在左侧"店铺管理"栏中单击"店铺装修"超链接，打开店铺装修页面。在左侧导航栏中选择"配色"选项，在打开的面板中选择粉红色。

STEP 03 设置页头颜色。在店铺装修页面左侧导航栏中选择"页头"选项，与店铺风格一致，选择粉红色。

STEP 04 设置店名。进入店铺基本设置页面，在"店铺名称"文本框中输入店铺名称。

STEP 05 设置店标。输入店名后，单击"店铺标志"栏的 上传图标 按钮，选择需上传的店标图片。

STEP 06 设置店铺简介。在"店铺简介"文本框中输入店铺简介。

CHAPTER

02 网店商品的选择与拍摄

　　与实体店经营一样，在经营网店之前，也需要先对店铺的顾客群、商品等进行定位，清晰恰当的定位可以提高网店的竞争力。完成商品定位后，即可着手进货、商品拍摄等网店开设的前期工作。本章主要介绍选择商品、网上商品进货渠道、进货技巧，以及对进货后的商品进行拍摄等知识。通过本章的学习，读者能够熟悉网店商品的选择、进货与拍摄方法。

- 选择合适的商品
- 寻找优质货源
- 掌握相机的基本使用方法
- 在室内拍摄商品
- 在室外拍摄商品

本章要点

案例导入

严把质量关，成功上皇冠

杨文原是某小城镇里的一名出租车司机，每月工作收入不高，听人说开网店在家里待着就能赚钱，就想辞了工作开个网店，卖家乡特产的茶叶。网店开了大半年，好不容易将店铺的信用等级升到3个钻，但是店铺的生意却一直不温不火。看着同行越来越多的店铺都变成了皇冠卖家、金牌卖家，杨文心里暗暗有些羡慕。

店铺销售额一直驻足不前，杨文也不是没考虑过自身原因，都说卖商品就是卖服务，杨文也在服务质量和服务方式上狠下了一番功夫，又是送小礼品，又是送红包，奈何收效甚微。直到遇到一个买家，在购买了杨文店铺的茶叶后，评价说"茶叶没有别家好，价格却跟别家一样，店家不实诚"。

面对这项"指控"，杨文无法淡定了。究竟是哪里比不上别人的茶叶？杨文决定亲自搞清楚原因。杨文的家乡是一个自己种茶、自己采茶、自己炒茶的小城市，出于对制茶厂的信任，杨文并未对茶叶质量有过质疑，通常是买家一下单，自己就直接包装厂家的茶叶邮寄。等到买家投诉之后，杨文才打开自家茶叶查看，又光顾了同行中销量比较好的店铺，把买回来的茶叶跟自己的茶叶对比了一下，发现自家茶叶确实存在问题。人家的茶叶颗粒饱满，泡开之后多为三瓣茶叶，自家茶叶颗粒较小，泡开之后多为一些单瓣茶叶。

家乡茶叶在质量上竟然输给了对手，杨文不得不承认这是自己的重大失误。

找到原因之后，杨文决定换一种进货渠道。他直接走访茶园，请教种茶制茶经验足的茶农，亲自甄选茶叶，记录采茶、炒茶、制茶的过程，让消费者明明白白看到茶叶的制作工艺，以获取消费者的信任。茶叶质量上去了，信誉慢慢好了，店铺的顾客越来越多，关键是回头客也越来越多。不到5个月的时间，杨文的店铺信誉就升到了皇冠。

这次进货方式和进货渠道的改变，直接扭转了杨文店铺的命运。杨文说："原本以为开网店很简单，客人来了就回复，订单提交了就发货，没想到每个环节都有这么大的学问，有些买家在买到差强人意的商品时，往往不会告诉我们，只是下次就再也不会光顾了，让我们有时候无法清楚地看到自己的不足。开网店是个不断累积提高的过程，我还需要努力。"

【案例思考】

优质的货源是商品质量的保障，如今商品的货源是良莠不齐，作为卖家，应该如何挑选适合自己的货源，严把质量关呢？

扫一扫

案例解析参考

2.1 选择合适的商品

选择合适的商品，是网上开店非常重要的一个步骤。对于店主而言，选择合适的商品不仅是指选择适合在网上销售的商品，还指选择自己熟悉且感兴趣的商品。网上商品的促销很多时候会采取"价格战"，因此，选择合适的产品可以更好地控制成本，更好地满足客户的各种需求。

2.1.1 电子商务市场分析

近几年，中国电子商务市场的发展呈现大幅度上升趋势。艾瑞咨询最新数据显示，2016年中国电子商务市场交易规模已经达到了20.2万亿元，增长率23.6%，如图2-1所示。其中B2B电子商务占比最高，网络购物、在线旅游也发展很快，本地生活服务O2O增长率28.2%，是推动电子商务市场发展的重要力量。根据艾瑞咨询分析，2016年中国网络购物市场交易规模达4.7万亿元，较上年增长23.9%，电商企业不断扩充品类、优化物流及售后服务、积极发展跨境网购，将使购物市场继续保持稳定的增长水平，如图2-2所示。

图2-1　2012—2019年中国电子商务市场交易规模

图2-2　2012—2019年中国网络购物市场交易规模

2016年中国网络购物市场中B2C市场交易规模为2.6万亿元，在中国整体网络购物市场交易规模中的占比达到55.3%。C2C市场由于市场体量大、品类齐全，未来也仍有一定的增长空间。

以淘宝网为例，目前网上交易量比较大的商品主要为女装、手机、美容护肤、数码配件、男装、箱包、女鞋、零食、汽车用品、计算机配件、玩具、床上用品、内衣等。表2-1所示为淘宝网2016年某月销量前10的商品。

表 2-1　淘宝网 2016 年某月销量前 10 的商品

排名	商品	排名	商品
1	女装	6	箱包
2	手机	7	女鞋
3	美容护肤	8	零食
4	数码配件	9	汽车用品
5	男装	10	计算机配件

经验之谈：

网络购物市场的商品销售额和销量排名并不是固定不变的，时间、环境、消费观念、流行趋势、热门话题等都会对网上销售的产品产生影响。因此，选择好好商品并不一定就能保证销量，在选择好商品的基础上提高竞争力才是成功营销的关键。

2.1.2 网店商品的共同特征

由于买家在购买网上商品时无法直接接触商品，在购买部分商品时会心存顾虑，质疑商品的质量或价格等，因此并不是所有商品都能适应网上销售的模式。一般来说，适合网上销售的商品都具有以下特点。

● 便于运输：网上商品一般通过物流的方式实现从卖家到买家的所有权转移，因此体积合适、质量适中，且运输成本不高的商品适合于网上销售。首先，体积庞大、运输困难、运输成本过高的商品则不适合网上销售，如大型体育器械。其次，易碎品、液体非标准瓶装的产品，如玻璃器皿、瓷器等也不建议网上销售。

- **价格优惠**：由于网店商品的成本一般低于实体店商品的成本，因此在价格方面具有一定的优势，可以低于实体店的价格进行销售。如果网上商品在价格上不具备优势，则难以吸引买家前来购买。
- **利润空间合适**：如果商品的采购、储存、管理和运输成本高于商品本身的价值，则不适合网上销售。一般来说，应优先考虑毛利在30%以上的商品，毛利低于10%的商品不足以支撑网店的初期运营。针对日常用品等利润空间不大的商品，可以采取组合、满减包邮等方式进行促销。
- **商品标准**：标准商品指产品质量、性能等具有一定可靠性，售后服务容易开展，不容易出现产品质量纠纷或者出现质量纠纷也容易解决的产品。买家在网上购买这类产品时相对较为放心，会少一些顾虑，卖家的销售过程也会比较顺利。
- **实体店不方便销售**：外贸订单产品、国外代购产品、个性化设计、DIY产品等，相较于实体店而言，网上销售的方式更方便。

根据国家法律的相关规定，以下商品不能用于网上销售。

- 国家法律法规禁止销售的商品，如管制刀具、武器弹药、淫秽物品、毒品、受保护的文物、走私物品、偷盗品和其他来源非法的物品等。
- 假冒伪劣产品，及其他不适合网上销售的商品，如部分医疗器械和药品、股票、债券、抵押品等。
- 不具备所有权或支配权的物品。

2.1.3　选择商品前的分析准备

选择具有良好市场和竞争力的产品，是网店成功的重要因素。近几年，随着网上商店的快速增加，商店类型也越来越多样化，但是盲目地选择商品非常不利于网店的后续发展。3C定位分析是目前商品定位分析的有效方式之一，3C定位分析是指对顾客群（consumer）、公司/个人（company/personal）、竞争对手（competitor）进行定位和分析。下面将进行具体介绍。

1. 分析顾客群

网上商店是基于互联网开设的，因此在运营网店前，有必要对互联网用户进行分析，包括客户群，以及客户群的特征、特点、需求、消费趋势、消费能力等。以2016年双11当天消费为例，从网购人群性别分布看，女性人群占比69%，是男性人群的2倍多；从年龄段分布看，25—29岁人群占比超过1/3，达到35%，30—34岁人群占比18%，35—39岁人群则占比17%，由此可知，25—39岁消费者是中坚力量，如图2-3所示。

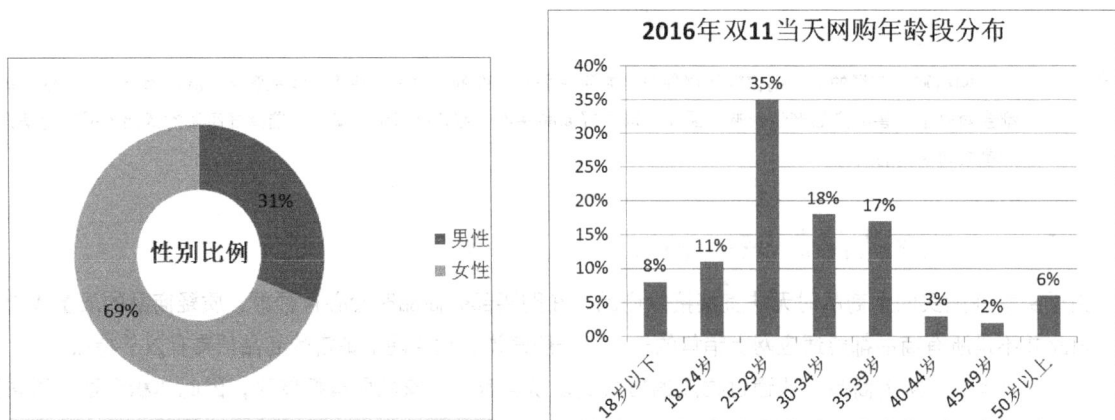

图2-3　2016年双11当天消费人群分析

2. 分析竞争状况

现在的网店各行各业都有，竞争非常激烈。分析竞争力，需要对行业行情进行了解，包括了解该行业的行业前景、了解热门程度、选择该行业中的竞争对手等。

● 行业态势分析：行业态势分析是指通过调查，了解行业现状、竞争格局以及发展趋势，从而制定出行业发展战略和策略。卖家可以借助一些工具，如生意参谋、百度指数等来查看选择商品的行业态势。如输入"index.baidu.com"即可进入百度指数平台，在搜索引擎中输入商品核心关键字"空调"，即可显示搜索指数，从中可以看出移动搜索指数远大于计算机搜索指数。单击"移动趋势"按钮，设置分析时间段为"全部"，将显示2011年至今的统计数据，从中可看出，随着生活品质的提高，空调的搜索指数在逐年攀升，空调的需求量不断增长，行业态势良好，并且集中在每年的5—8月，如图2-4所示。

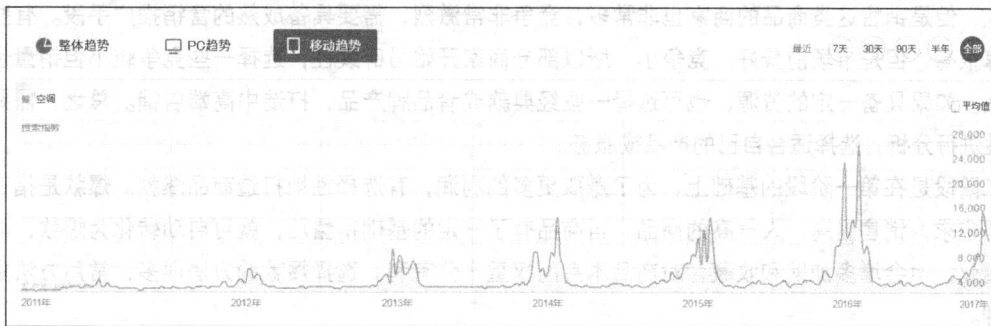

图2-4 空调行业态势分析

● 行业热门程度分析：热门程度常常与总销售额关系密切。以淘宝网商品的销售情况为例，女装作为热门行业，不管是销售额、成交量、关注度，还是搜索量都比较大，而乐器类商品的销售额、成交量、关注度、搜索量则低于女装类。当然热门类目并不代表肯定可以成功，选择冷门类目也不代表没有发展前景。如女装虽然是热门类目，由于竞争对手多，同类型产品多，因此竞争激烈程度也会远远高于乐器类。如图2-5所示，同为女装连衣裙类的商品，但销售量却存在很大的差异。卖家需要全面地分析行业行情，在做出商品选择的决策时，也需要有一定的市场敏感度，究竟是选择热门行业的商品参与竞争，还是选择非热门行业的商品来打造自己的特色，都需要卖家谨慎果断地做决定。

图2-5 女装连衣裙类的商品

● 竞争单品分析：卖家通常可以将与自家商品相近的商品（或者行业的前几名）作为竞争单品，对比分析出该商品与自家商品的优劣，然后取长补短，不断增强自身竞争力。

3. 分析商家自身

卖家需要就店铺拥有的资源、未来的目标，以及其他店铺自身存在的优势，对店铺所经营的商品的特征、行业特点、商品的成本、优缺点等进行分析，对自身情况做到心里有数。

↘ 2.1.4　商品的选择

完成网上商店的客户群体与市场行情的分析后，即可考虑网店需要销售的商品。一般来说，商品选择主要包含两个阶段：第一阶段是选择商店所经营的产品；第二阶段是从已有商品中继续选择商品，将其打造为爆款。

1. 商品的选择方法

第一阶段的商品选择，一般是指选择具有一定市场潜力的商品。在众多商品类型中，有些商品的总成交量非常大，但是销售这类商品的商家也非常多，竞争非常激烈，需要具备成熟的营销推广手段。有些商品成交量不算很高，但是市场前景好，竞争小，所以部分商家开始另辟蹊径，选择一些竞争较小但销量也比较可观的商品。如果具备一定的资源，也可选择一些经典款或者品牌产品，打造中高端店铺。总之，需要结合市场竞争性进行分析，选择适合自己的产品或服务。

第二阶段是在第一阶段的基础上，为了赚取更多的利润，有选择性地打造商品爆款。爆款是指在商品销售中供不应求，销售量高、人气高的商品。当商品有了一定的基础销量后，就可自动转化为爆款，即使短时间没有转化，也会增多加购和收藏，对商品本身的权重十分有利。选择爆款的方法很多，常用方法主要包括以下几种。

- 按销量选择款式：该选择方式是一种比较简单的选款方式，按照销量选择出来的商品，通常都是热销款式，受大众欢迎，竞争力比其他商品更强。但是这类产品同款也会比较多，竞争会比较激烈。
- 搜索选款：搜索选款指根据消费者搜索的热门关键词来分析和判定商品，并选择爆款。搜索选款和销量选款区别较大，销量选款注重产品之前的销售数据，而搜索选款则着眼于产品未来的数据。
- 直通车选款：与销量选款类似，直通车选款首先需要选定一个主要关键词，便于在淘宝首页搜索。直通车选款需要分析直通车产品。找出直通车前100的产品，分析并筛选上架时间短但收藏数高于2 000的产品，这些产品既是受大众喜欢的商品，也会是一些大型店铺的主推款式，具有爆款潜力。
- 活动选款：活动选款指根据活动的销售数据来选款。进行活动选款时，首先需关注各个活动中本类目的产品，并找出销量达到2 000的商品，然后使用数据分析工具查看竞争对手的销量，最后选择出适合且销量可观的产品。

从商品选择到打造爆款有一个过程，在选定产品后，首先，需对该产品的访问量、收藏量和购买量等进行分析，观察其是否可以成为爆款。其次，还需对产品的总成交率、点击转化率等进行观测，对产品的实际销售状态进行测试。最后，将销量表现良好、转化率理想，以及评价不错的产品确定为主推款。

经验之谈：

> 商品不同，其盈利效果就不同；针对的人群不同，适于销售的产品类型也不同。如对于女性而言，美妆、减肥、美白、祛痘等商品市场比较可观；对于老人而言，各种保健品、保健器具则更具市场。

2. 商品选择的注意事项

为了保持较好的利润空间和发展空间，在选择商品时还需分析以下问题。

- 出售的商品是否为消费者必需品或准必需品，是不是大众商品，持续购买和持续生产能力如何。
- 与线下商品相比，其价格优势和利润优势如何，运输是否便利。
- 是否容易被仿制，是否容易贬值。
- 是阶段性商品还是非阶段性商品。
- 售后服务难度如何。

商品的性质不同，营销和推广策略就不一样。对于从事电子商务的商家而言，商品的选择，销售策略的制定，对商品的规模、风险和利润等都会产生非常大的影响。

2.2 寻找优质货源

网上商品的进货渠道很多，如通过阿里巴巴进货、通过分销网站找货源、通过线下厂家进货等，除此之外，通过寻找品牌积压库存、寻找换季处理商品、寻找拆迁与转让的清仓商品等途径也可以获得货源。

2.2.1 在阿里巴巴批发进货

阿里巴巴是国内最大的网上采购批发市场，很多淘宝店家喜欢通过阿里巴巴进货。阿里巴巴对各类商品均进行了详细的分类，并且提供了搜索功能，可以帮助买家快速准确地找到所需的商品，如图2-6所示。

图2-6 阿里巴巴批发网

1. 进货前的准备

在各类电子商务平台中进行活动时，需要注册，注册流程一般比较简单，根据提示操作即可。阿里巴巴的账户与淘宝账户可以通用，因此拥有淘宝账户的用户可以直接使用淘宝账户登录阿里巴巴。

此外在阿里巴巴寻找货源时，为了保证商品的质量，需要事先对供货商做一些分析。

- 查看供货商的资质、联系方式、厂家信息等。
- 查看供货商的"诚信通"年份，诚信指数高的商家可信度更高。
- 查看商品的图片、销量及评价，也可事先小额订货，了解其供货速度。

2. 搜索商品

在阿里巴巴批发网中搜索商品的操作比较简单，可以通过"货源市场"列表搜索商品，也可直接搜索所需商品。

（1）通过"货源市场"列表搜索商品

阿里巴巴的"货源市场"列表对各种类型的商品进行了详细的分类，用户可直接选择所需商品，进入该类商品的搜索结果页面。下面通过"货源市场"列表搜索"帆布鞋"，其具体操作如下。

STEP 01 在浏览器地址栏中输入阿里巴巴网址，或通过百度搜索"阿里巴巴"，进入阿里巴巴批发网首页。在左侧的"货源市场"列表中选择所需商品类型，这里单击"鞋靴/箱包/配饰"类目下的"鞋靴"超链接，进入鞋靴市场，如图2-7所示。

STEP 02 在鞋靴市场页面左侧的"鞋靴导购"类目列表中选择需要搜索的商品，这里单击"童鞋"类目下的"婴儿鞋"超链接，如图2-8所示。

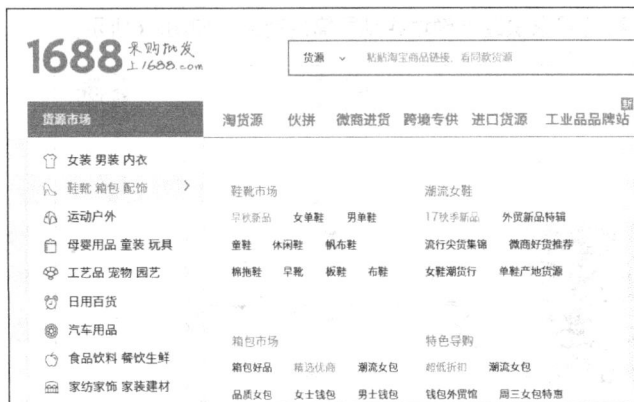

图2-7　进入鞋靴市场

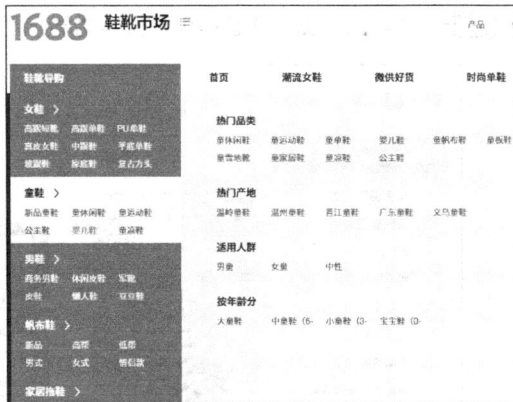

图2-8　选择婴儿鞋

STEP 03 打开"婴儿鞋"的搜索结果页面，查看搜索结果，如图2-9所示。

图2-9　查看搜索结果

经验之谈：

将鼠标指针移动到"行业市场"列表上，将展开当前类目下的二级类目，如"鞋靴/箱包/配饰"类目下还包括"女鞋""男鞋""童鞋"等二级类目。单击这些类目的超链接，也可进入相应的市场选择商品。

新手试练

在阿里巴巴批发网的"货源市场"中搜索运动户外类目中的"健身服"商品。

（2）直接搜索商品

直接搜索商品也是非常简单且常用的一种搜索方式。通过阿里巴巴的搜索文本框输入关键词，可以快速搜索到所需的商品，其方法是：在阿里巴巴批发网首页的搜索文本框中输入关键词，如"婴儿鞋"，此时搜索文本框下方将自动弹出与"婴儿鞋"相关的下拉列表，下拉列表中列举了所搜索商品的相关分类，如图2-10所示。选择所需选项或直接单击 搜索 按钮，即可打开"婴儿鞋"的搜索结果页面，如图2-11所示。

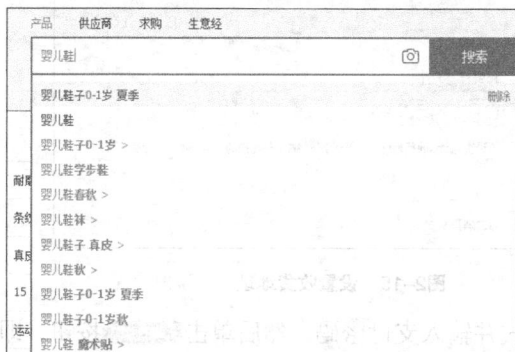

图2-10 输入商品关键词

图2-11 查看搜索结果页面

3. 选购商品

阿里巴巴批发网上的商品非常丰富，买家可充分地进行"货比三家"后再进行购买。下面在阿里巴巴批发网上选购"婴儿鞋"，其具体操作如下。

STEP 01 在"婴儿鞋"搜索页面中对婴儿鞋进行了非常详细的分类，包括"适用性别""分类""价格"等。如单击"适用性别"栏后的"男"超链接，将价格设置为"40~60"，此时在"所有类目"栏中将显示已设置选项，如图2-12所示。

STEP 02 查看根据设置搜索出来的婴儿鞋结果，如图2-13所示。

操作演示

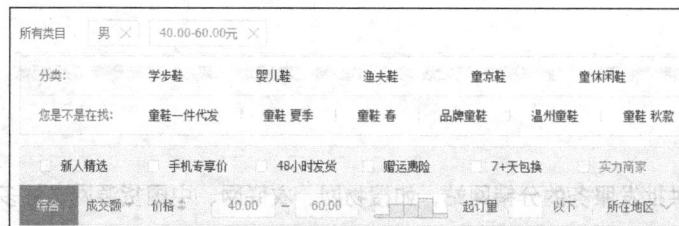

图2-12 设置婴儿鞋的适用性别和价格

图2-13 查看搜索结果

STEP 03 单击商品主图或商品名称，进入商品详情页面，滚动鼠标滚轮查看商品的图片、价格、材质等具体信息。浏览并对比各个供货商的商品，确认选择后，在该商品的详情页中设置商品的颜色、尺码等订购信息，然后单击 立即订购 按钮，如图2-14所示。

STEP 04 在打开的页面中设置收货地址、联系电话等信息，设置完成后单击 确认收货信息 按钮，如图2-15所示。在该页面的下方，还将显示已订购商品的信息、运费金额等，确认无误后单击 提交订单 按钮。

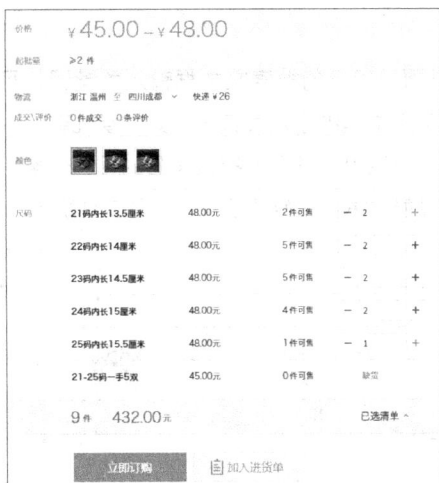

图2-14 订购产品信息

图2-15 设置收货地址

STEP 05 此时将打开支付页面，在该页面中选择支付方式并输入支付密码，然后单击 确认付款 按钮，即可完成交易，如图2-16所示。

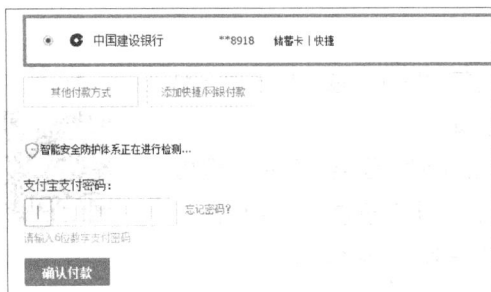

图2-16 支付货款

经验之谈：

阿里巴巴的购买操作与淘宝网非常相似，单击 加入进货单 按钮可以将所选商品添加至进货单，完成商品的选购之后，再进入"进货单"页面对所有选购商品的费用进行一次性支付，简化购买流程。

新手试练

在阿里巴巴中搜索关键词"雪纺连衣裙"，查看并分析搜索结果，然后选购不同花色和尺码的连衣裙。

↘ 2.2.2 通过分销网站进货

除了阿里巴巴之外，网络上还有很多提供批发服务的分销网站，如搜物网、衣联网、中国货源网、好多鞋等，其中衣联网主要提供女装批发，好多鞋主要提供女鞋批发，其批发流程与阿里巴巴大同小异。首先需要在对应分销网站中进行注册，然后选择所需商品，设置订购信息并支付金额。图2-17所示为搜物网首页，在搜索文本框中直接输入商品关键词进行搜索即可。

图2-17　搜物网首页

2.2.3　通过供销平台进货

供销平台是淘宝网为商家提供代销、批发的平台，通过该平台商家可以快速找到分销商或成为供货商。分销平台由代销和批发两部分组成，代销是指供货商与代销商达成协议，将商品的品牌授予代销商，为其提供商品图片等数据，而不提供实物，并与代销商协议价格，代销商赚取差价。批发则与其他批发网站相似。要成为供销平台的代销商，首先需要申请，然后才能通过供销平台选择供货商进行代销。图2-18所示为天猫供销平台首页。

图2-18　天猫供销平台首页

经验之谈：

网络代销的资金投入比较少，比较适合新卖家或小卖家，同时网络代销操作过程要简单一些，不需要仓库，商品照片、商品描述等基本都由供应商准备，甚至不需要自己邮寄，只需将定金和资料提供给供应商即可。但由于不直接接触商品，所以很难把控商品质量，因此在选择供应商时一定要选择正规公司。

2.2.4 通过线下批发市场进货

与线下商店进货方式一样，线上商店也可通过线下批发市场进货。批发市场的商品价格比较便宜，而且可以查看商品的质量、样式等，因此受到很多经营者的青睐。线下批发市场一般具有以下几个特点。

- 本地货源成本更低，还可以节约部分运输和仓储成本。
- 商品数量更丰富，品种更齐全，可选择范围更大。
- 进货时间和进货量都比较自由，补货时间更短。

经营者如果与本地批发市场的供应商建立了良好的供求关系，通常可以拿到更便宜、更新、质量更好的货品，甚至可以等网上商店的商品售出以后再前往取货，不必占用过多的资金，也不会积压商品。

除了亲自前往本地批发市场选择货品之外，经营者也可以通过登录阿里巴巴产业带网（ye.1688.com）查询不同类型商品的产地以及本地的产业带。如要查询本地产业带时，可在网站首页的搜索文本框中输入产地名称，单击 🔍 按钮，在打开的页面中即可显示该产地的产业带，如图2-19所示。

图2-19 查询产业带

2.2.5 其他进货渠道

线上商店的进货渠道非常多，除了阿里巴巴、分销网站、供销平台和线下批发市场外，还可以通过寻找品牌积压库存，寻找换季、拆迁与转让的清仓商品来获得货品，或者通过二手闲置与跳蚤市场、外贸尾单货、国外打折商品等途径获得货品。

- 寻找品牌积压库存：品牌积压库存一般是指当季未售完的品牌商品，对于很多买家而言，品牌商品更具有吸引力，也更值得信任。品牌商在当季商品未售完时，为了清理积压库存，可能会选择低价出售或选择代销商进行代销。如果经营者有条件或者途径，即可寻找可靠的品牌积压商品通过网店进行销售。

- **寻找换季、拆迁与清仓商品**：线下很多商店在换季、节后、拆迁或者清仓的时候，都会大量低价出售库存商品，通常价格较低，品种也较为丰富。经营者亦可买进这些低价商品，通过网上商店进行销售。需要注意的是，清仓商品大多参差不齐，注意检查商品质量、有效期等，注意辨别是否为促销手段，以赢得尽可能大的价格空间。
- **二手闲置与跳蚤市场**：二手闲置与跳蚤市场也是获得货源的一种途径，但是二手闲置与跳蚤市场商品的不确定性太大，可能不合时宜，或者品质得不到保证。
- **外贸尾单货**：外贸尾单货是指厂家在生产外贸订单时的多余货品。商品生产过程中，难免会出现次品，而为了保证外贸订单中货的质量，厂家一般会多生产一些商品以备需要，而这些剩下的尾单就变成了线上商店获得货源的一种途径。外贸货单性价比一般都较高，但可能颜色、尺码不齐全。此外，还需要在外贸市场中仔细辨认外贸尾单货的真伪，确保商品质量。
- **寻找国外打折商品**：寻找货源并非仅仅局限于国内，很多国外一线品牌在换季、节日期间，可能会打折出售，经营者也可通过国外代购来获得货源。

↘ 2.2.6　进货的技巧

对于店主而言，货品并不是盲目选择的，进货时不仅需要考虑货品的热度、质量等因素，还需要考虑成本、库存等问题。基本的进货要领一般如下。

- **选择好商品**：好商品一般需具备顾客喜爱、质量好、价格合理等特点，因此店家在进货时，要注意辨别商品是否热门、是否有市场、是否价格合理，以能满足顾客需求为准。为了保证商品质量，可以"货比三家"后再建立合作关系。
- **合理进货**：对于新产品而言，试销时进货量不宜过大。对于畅销商品而言，则需要检查和分析库存，提前进货，保证供应量，但库存亦不建议过大。对于季节性商品而言，季初可以多进，季中少进，季末补进。此外，还需要注意进货时机，一般大部分商品都需要提前进货。
- **控制成本**：成本高低对盈利高低产生直接影响，同时成本高低也直接影响着价格策略的实施。为了合理控制成本，需要充分了解商品和市场，还可以与供货商建立良好的长期合作关系，尽量以最低价格拿到商品。

2.3　掌握相机的基本使用方法

在网上购物的买家主要是通过商品图片来查看商品的外观、颜色等，因此卖家在进货之后、商品上架之前需要将商品真实清晰地拍摄和展现出来。而要拍摄出符合要求的图片，则需对相机功能、相机设置以及拍摄方法有一个基本的了解。

↘ 2.3.1　相机需具备的功能

相机的种类十分丰富，对应的功能也各不相同。用于拍摄商品的相机，最好具备以下功能。

- **合适的感光元件**：感光元件又叫图像传感器，是相机的成像感光器件，也是相机最核心的技术。感光元件的大小是直接影响相机成像质量的因素，感光元件的尺寸越大，成像越大，感光性能越好。在其他条件相同的情况下，感光元件越大，能记录的图像细节越多，各像素间的干扰越少，成像质量越高。
- **具备设置功能**：数码相机通常具备很多种拍摄模式，包括手动曝光（M）模式、快门优先自动曝光模式、光圈优先自动曝光模式、全自动曝光模式、程序自动曝光模式，以及多种场景模式等，如图2-20所示。在拍摄网上商品时，为了可以任意设置光圈大小、快门速度与感光度等拍摄参数，灵活控制光线，使所拍摄照片更具清晰性和真实性，最好选择具有手动模式的相机。

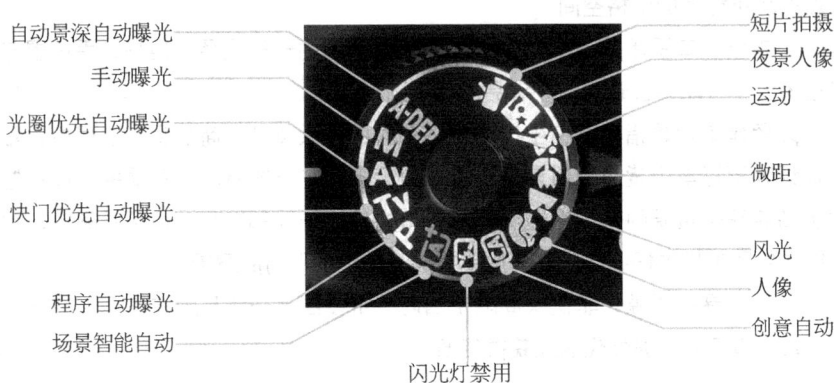

图2-20　数码相机拍摄模式

- 微距功能：微距功能是将商品主体的细节部分全面清晰地呈现在买家眼前。使用微距功能拍摄出来的图像一般较实物原始尺寸比例更大，因此在拍摄体积较小的商品时，可以使商品的细节特写放大呈现。微距功能在拍摄拉链、针脚、标签和质感等商品细节时有较大的优势。
- 具备外接闪光灯的热靴插槽：热靴插槽是数码相机连接各种外置附件的一个固定接口槽，主要用于与闪光灯进行连接，用于拍摄补光。热靴插槽一般位于照相机机身的顶部，附设两个或数个触点。借助热靴插槽来外接闪光灯比数码单反相机内置闪光灯的闪光指数更高，且使用起来更灵活。
- 可更换镜头：一般相机的镜头因为拍摄的范围较小，无法将所有的景物拍下来，或使用一般的镜头在微距模式下拍摄时，会出现图像变形或在商品的光面上留下相机阴影的情况，此时就需要更换广角性能好的镜头。数码单反相机和微单都具有通过更换镜头来满足拍摄需求的功能。

↘ 2.3.2　相机的设置

对商品拍摄而言，光圈、快门、感光度是非常重要的3个参数，这3个参数都与光线有关，直接关系着商品拍摄的好坏，在商品拍摄的过程中设置得非常频繁。

1. 光圈

光圈是照相机上用来控制镜头孔径大小的部件，它通常位于镜头的中央，呈环形，拍摄者可以根据需要控制圆孔的开口大小，如图2-21所示。光圈的作用在于控制镜头的进光量，光圈大小常用f值表示。当需要大量的光线进行曝光时，就开大光圈的圆孔，让大量光线进入。而当仅需少量的光线来进行曝光时，就缩小圆孔，让少量的光线进入。常见的光圈值有f1.0、f1.4、f2、f2.8、f4、f5.6、f8、f11、f16、f22、f32、f44、f64。图2-22所示为不同数值的光圈与孔径大小的关系。

在快门不变的情况下，f的数值越大，光圈越小，进光量越少，曝光越低；f的数值越小，光圈越大，进光量越多，曝光越高。白天在户外或在光线充足的环境下，可尽量使用小光圈进行拍摄；在夜晚或光线不足的环境中进行拍摄，以及拍摄人像或特写时，应尽量使用大光圈，扩大进光量。在拍摄小商品时，更需通过小光圈来展示商品的细节。

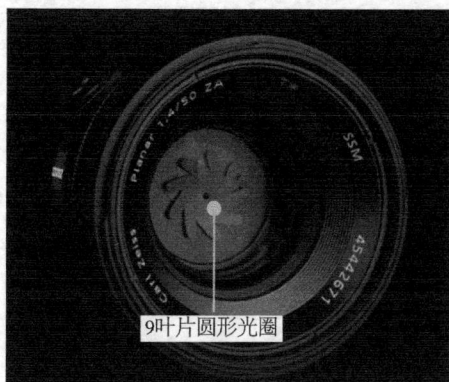

图2-21 光圈

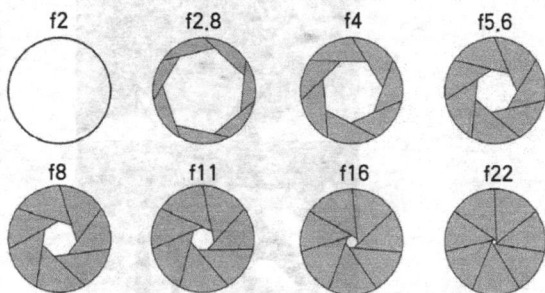

图2-22 不同数值的光圈与孔径大小的关系

2. 快门

快门是相机用来控制感光片曝光时间的装置，快门速度的单位是"秒"，一般用S表示。数码单反相机常见的快门速度范围是30s~1/8000s，即30s、15s、8s、4s、2s、1s、1/2s、1/4s、1/8s、1/15s、1/30s、1/60s、1/125s、1/250s、1/500s、1/1000s、1/2000s、1/4000s、1/8000s。相邻两档快门速度的曝光量相差一倍。

快门的主要功能是控制相机的曝光时间，数值越小，曝光时间越短，相机的进光量就越少，反之则越多。在光线较差的环境下进行拍摄时，使用低速快门，可增加曝光量。但最好使用三脚架进行稳定，防止快门速度较低时可能会引起的相机抖动。在拍摄移动速度快的对象时，使用较快的快门速度可对移动瞬间进行抓拍，而使用较慢的快门速度则会拍出具有动感的画面。

3. 感光度

感光度是指感光元件对光线反映的明暗程度，常用ISO表示。ISO数值越小，感光度就越低；ISO数值越大，感光度则越高。感光度可以根据拍摄环境的光线进行设置。

在光源充足的情况下，如阳光明媚的户外，可将感光度ISO数值设置为100左右；在户外阴天的环境下，最好将感光度ISO数值设置为200~400；在室内有辅助灯的环境下，建议感光度ISO数值设置为100~200。

经验之谈：

在拍摄主体物时，被摄对象前后有一段清晰的范围，该范围叫景深。景深越小表示可看到的清晰范围越小，景深越大则可看到的景物的清晰范围越大。调节景深最简单的方法是调节光圈的大小，光圈越小，景深越深，背景越清晰；光圈越大，景深越浅，背景越模糊。

2.3.3 拍摄方法

在拍摄照片时，正确的持机姿势能够保证相机的平稳，防止出现手抖的现象，有助于拍摄出更加清晰的画面。一般来说，可以通过横向或纵向的方式进行拍摄，具体操作如下。

STEP 01 右手抓握相机机身的右侧部分，右手食指轻放于快门上。左手托住镜头下部，左手手肘靠近身体做稳固支撑。将相机贴紧面部，双臂和双肘轻贴身体，两脚略微分开站立，保持稳定的姿态。图2-23所示为相机的横向握法。

STEP 02 右手将相机竖起，食指轻放于快门上。左手从底部托住相机镜头，让相机的重心落于左手上。拍摄时，注意不要挡住镜头。图2-24所示为相机的竖向握法。

图2-23　相机的横向握法　　　　　　　图2-24　相机的竖向握法

STEP 03 把相机腕带挂在脖子上，或将腕带缠在右手臂上，再通过横向或竖向持机的方法握住相机进行拍摄，可以起到一定的防摔和稳定作用。图2-25所示为相机腕带的使用。

STEP 04 相机底部的螺丝孔安装了一个快装板，将三脚架稳定地放在地面上，调节到适当的高度，然后将相机固定在三脚架上，这样拍摄更加平稳。图2-26所示为相机固定在三脚架上的效果。

图2-25　相机腕带的使用　　　　　　　图2-26　相机固定在三脚架上的效果

经验之谈：

　　通过倚靠墙壁、柱子、树木等物体，拍摄者可保持身体平衡。当拍摄低矮的物体时，拍摄者还可通过蹲、坐等方式来协调身体的重心，如下蹲时，可用膝点地，用腿支撑手臂，以获得稳定的支撑。

2.4　在室内拍摄商品

　　室内摄影是网上商品十分常用的一种摄影方式，室内摄影需要同时考虑光影、色彩和角度等多个因素。要想在室内拍摄出优秀的照片，不仅需要一个合适的相机，还需要为商品搭建一个最佳的拍摄环境。

↘ 2.4.1 室内摄影的基本要求

由于室内空间的限制，拍摄者通常需使用广角镜头进行拍摄，对摄影师的要求也较高。在进行室内摄影时，为了布置出适合拍摄的环境，一般需要借助遮光罩、三脚架、静物台、柔光箱、闪光灯、无线引闪器、照明灯、反光板、反光伞、背景纸等辅助工具。下面主要对室内摄影的一些基本要求进行介绍。

- 补光和布光：补光是室内拍摄的主要工作之一，室内补光的手段比较多，如闪光灯、照明灯、反光板、反光伞等都可以用于补光。反光板是室内和室外摄影必备的摄影配件之一，主要用于对被摄物在外部光源难以涉及的部分进行光线补偿，使被摄物整体受光均衡。室内摄影主要有顺光、逆光、侧光、顶光和底光之分，摄影者需根据不同的光线变化进行补光。闪光灯能在短时间内发出很强的光线，可用于光线较暗的场合瞬间照明，也可用于光线较亮的场合给拍摄对象进行局部补光。布光是指通过主光线和辅助光有效的配合应用，营造有质感的光影效果，完美呈现商品的材质和细节。

- 室内背景：室内拍摄背景主要是指对背景色进行选择，不同的背景色呈现出的拍摄效果也会存在很大的差异。一般来说，室内拍摄背景主要可分为单色背景和题材背景。对于单色背景而言，背景色要与被摄物有颜色上的对比，增强被摄物的光感。为了达到良好的拍摄效果，也可通过灯光辅助拍摄出明暗、虚实对比明显的图片。此外，背景色的选择最好能与被摄物的风格接近。

- 相机设置：室内摄影的快门速度一般是1/125s，ISO的感光范围一般设置为低感光度，或者统一ISO值为100，曝光方式设置为M档手动，光圈则根据摄影灯的闪光系数，以及与被摄物的距离远近来进行调整，大概的光圈范围一般为f7～f13。

- 镜头：进行室内摄影时，如果没有广角镜头，则在拍摄全身角度的照片时可能难以实现，因此采用标准广角变焦镜头比较合适。

↘ 2.4.2 不同角度的光线变化

光线在立体空间中的变化非常丰富，是室内景物造型的主要条件，要拍摄出光影充分、清晰真实的照片，一定要对光线有一个基本的了解。

1. 光位

光位即光线的方向，指光源位置与拍摄方向之间形成的光线照射角度，光线的照射方位不同，所产生的画面效果也不同。根据照射的方向不同，光线大致可分为顺光、逆光、侧光、顶光和底光。

- 顺光：顺光是指从被摄物体的正前方打光。顺光是最常用的照明光线，光线直线投射，照明均匀，阴影面少，可将商品的色彩和表面细节非常充分、细腻地表现出来。但顺光拍摄不易表现出商品的层次与线条结构，缺乏立体感，如图2-27所示。

- 逆光：逆光是指从被摄物体后面打光，被摄物体与背景存在着极大的明暗反差，光源会在被摄物体的边缘勾画出一条明亮的轮廓线。在逆光的条件下，被摄物体大部分处在阴影之中，物体表面的细节与纹理不够清晰，如图2-28所示。

- 侧光：侧光是指在被摄物体的左侧或右侧打光。侧光会在被摄物上形成明显的受光面、阴影面和投影。画面有强烈的明暗对比，有利于展现被摄物体的空间深度感和立体感，如图2-29所示。在侧光光线下拍摄人像时，会产生半明半暗的效果，此时可考虑使用反光板对暗部进行补光，来减轻脸部的明暗反差。

- 顶光：顶光是指从被摄物体的上方打光，与相机成 90°的光线。顶光会在被摄物体的下方产生较重的阴影，且阴影很短，如图2-30所示。顶光多用作修饰光。

- 底光：底光是指从被摄物体下方打光。这种光线形成自下而上的投影，产生非正常的造型和强烈的气氛，一般用于表现透明物体或营造气氛，如图2-31所示。使用底光拍摄人像会产生诡异阴险之感。

图2-27　顺光　　　　图2-28　逆光　　　　图2-29　侧光　　　　图2-30　顶光　　　　图2-31　底光

2. 光型

光型是指各种光线在拍摄时对被摄物体所起的作用。光型主要可分为主光、辅光、轮廓光、装饰光和背景光5种。

- 主光：主光是被摄物体的主要照明光线，对物体的形态、轮廓和质感的表现起主导作用。拍摄时，一旦确定了主光，则确定了画面的基础照明和基调。被拍摄物只能有一个主光，若同时将多个光源作为主光，那么被摄物体受光均匀，画面就会显得平淡；多个主光同时在被摄物体上产生阴影，还会使画面杂乱无章。
- 辅光：辅光的主要作用是提高因主光而产生的阴影部位的亮度，使阴暗部位也能呈现出一定的质感与层次，同时减小被摄物体与阴影之间的反差。辅光的强度要比主光小，否则容易在被摄物体上呈现明显的辅光投影，造成"夹光"现象。
- 轮廓光：轮廓光主要是用来勾划被摄物体轮廓的光线。轮廓光能体现被摄物体的立体感与空间感。逆光与侧逆光常用作轮廓光，轮廓光的强度往往比主光的强度高。使用深暗的背景有助于突出轮廓光。
- 装饰光：装饰光主要用来对被摄物体的局部进行装饰或显示被摄物体细部的层次。装饰光大多是窄光，如人像摄影中的眼神光，以及商品摄影中首饰的耀斑等都属于典型的装饰光。
- 背景光：背景光是照射背景的光线，主要用于突出被摄物体、营造环境气氛以及丰富画面的影调对比。背景光的运用要考虑到背景的色彩、距离与照明的角度，因此需对背景光进行反复调整才能得到不错的效果。

经验之谈：

在室内拍摄的光线布置上，为了突出被摄物的细节、质感等，最好采用主光与辅光相结合的方式，即在被摄物前上方45°角处放置主光，再在正前方放置光线弱一些的辅光，用于淡化主光的阴影，还可以在被摄物背面放一个辅光，用于照亮背景。

↘ 2.4.3　商品的摆放和组合

为了展现出更好的拍摄效果，在拍摄商品之前，需对商品进行合理的摆放和组合，设计最佳的拍摄角度，从而刺激消费者的视觉感受和购买欲。

1. 摆放

对于网上商品而言，拍摄时商品摆放的方式即是该商品照片的基本构图方式，也是商品表现的陈列效果。商品的摆放方式和角度不同，呈现的商品重点就不一样。为了让消费者更多地了解商品细节，拍摄者应该在拍摄前设计出最佳的摆放角度，对拍摄的构图和取景做好准备。

- 多角度摆放商品，完整拍摄商品的正面、背面、45°角、内部结构、细节局部、标识、说明书、防伪标签等。
- 多角度摆放商品包装，完整拍摄包装正面、背面、45°角以及商品和包装的组合。
- 多件商品的组合摆放。
- 商品的摆放拍摄符合逻辑、搭配效果好，则照片的美观度也会相应提升。原则上来讲，在拍摄时应尽量做到完善，以减少后期处理工作。

2. 商品的二次设计

商品的二次设计即在商品原有形态的基础上，美化商品的外形、线条、组合等，使商品更具有美感，如图2-32所示。二次设计需要充分发挥拍摄者的创造力和想象力，尽可能展现出商品的特点。

图2-32　商品的二次设计

商品的二次设计很多时候涉及商品的摆放问题，特别是小商品的摆放，更应该注意摆放的疏密感和序列感。在摆放多件商品时，需同时考虑构图的合理性和摆放的美观性，这样不仅可以使画面显得饱满丰富，具有节奏感与韵律感，而且还能避免画面内容无序导致的杂乱，如图2-33所示。

图2-33　小商品的摆放

3. 商品搭配

为了提高商品图片的美观性，在进行商品拍摄时，可添加一些饰品，对主体商品进行点缀和烘托，以增强视觉感染力。图2-34所示为出售花朵时用花盆进行的搭配和装饰。商品搭配不仅是商品的二次包装，在很多时候也能侧面体现商品的使用环境，更多地展示出商品的实用性。图2-35所示为展示花藤的使用环境。

图2-34　花朵的搭配

图2-35　展示花藤的使用环境

2.5　在室外拍摄商品

为了使商品更贴近实际的使用状态，显得更真实，在很多时候拍摄者都会选择户外拍摄。相对于室内拍摄的人造光而言，户外拍摄都是自然光拍摄，一般来说，对颜色要求不苛刻的商品都可以在户外进行拍摄。

2.5.1　了解室外拍摄

由于室外的自然光线十分多变，且不易把握，因此户外拍摄也需要借助其他道具进行布光，如反光板、反光伞等都可以用于布光。在进行室外拍摄时，光线会随着时间的变化而发生变化，根据光线性质可将其分为直射光、散射光和反射光3种类型。

- 直射光：发光的光源照射到被摄物体上，能产生清晰投影的光线，叫作直射光。直线光线下，受光面和阴影面之间有一定的明暗反差，很容易表现出被摄物体的立体感与质感，自然光中的太阳、人工光中的聚光灯等均属于直射光。

- 散射光：阴天的时候，阳光被云彩遮挡，不能直接投向被摄物体，被摄物体依靠天空反射的散射光线照明，这种光叫作散射光。散射光下，不会形成明显的光面、阴影面和投影，光线效果较平淡柔和，因此也叫作柔光。

- 反射光：反射光的光线并不是由光源直接发出照射到被摄物体上，而是先对具有一定反光能力的辅助道具进行照明，然后由反光体的反射光对被摄物体进行照明，如反光板或反光伞。反射后的光线与散射光一样，比较柔和。

拍摄物品最重要的一点即是对光线的把握，户外自然光是不断变化的，因此在不同的时段，通常需要采取不同的拍摄方向和方式。下面对户外自然光拍摄时的一些要求进行介绍。

- 拍摄时间：在户外自然光条件下进行拍摄时，尽量避免阳光直射的情况。阳光直射时不仅受光面和阴影面会存在明暗反差，还可能在被摄物上形成不均匀光斑，影响商品图片的整体效果。一般来说，上午9—11点和下午3—5点这个时间段比较适合户外拍摄。

- 拍摄用光：室外拍摄多依靠散射光和反射光，通过自然光加反光板补光的方式拍摄出来的照片效果更好。另外，室外拍摄需要对光圈、快门、感光度进行恰当掌握，可以通过不断调整来捕捉最好的光影效果。

- **背景选择**：商品是拍摄的主体，背景主要起到烘托装饰的作用。一般来说，户外背景的选择主要以不喧宾夺主、不杂乱无章为原则，可以选择反差相对大一些的背景，使主体更突出；也可以通过拍摄角度和方式的改变，来淡化背景的效果；还可以选择一些趣味背景，增加照片的亮点和特点。

- **拍摄角度**：由于户外自然光的不可控，所以选择角度就更加重要。角度不同，拍摄出来的商品效果就不同。如在清晨或傍晚时分拍摄时，逆光拍摄的照片可以呈现出一种日式的写真风格，而顺光方位拍摄出来的照片光影感则更加真实。

经验之谈：

在进行室外拍摄时，由于光线比较充足，一般不使用闪光灯，需要补光的部分尽量通过辅助工具来实现。

↘ 2.5.2　室外拍摄场景布置

通过外景拍摄大件商品时，一般选择风景优美的环境作为背景，合理利用自然光和反光板对光线进行调节，拍摄出来的照片风格将更加明显，能形成独有的个性特色并营造出商业化的购物氛围。此外，室外大件商品拍摄可根据商品特性选择相应的场景，如夏威夷风格的衣服可在海边拍摄；时尚潮流的服装可在临街的商场、街道等地方拍摄，运动用品可在运动过程中拍摄等，如图2-36所示。

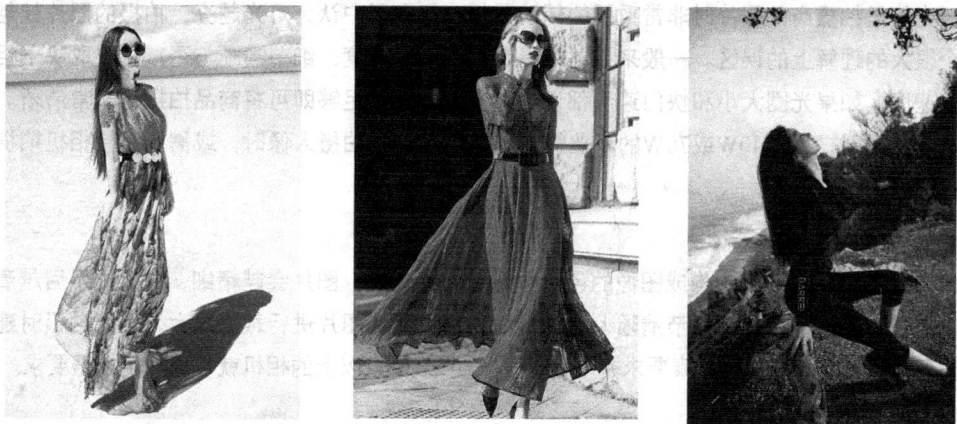

图2-36　大件商品的室外场景

小件商品适合在单纯的环境里拍摄，因此网上商店的小件商品多以室内拍摄为主，如果要通过外景拍摄小件商品。可以为商品选择一个好看的参照物和装饰物，对商品环境进行设计，比如将商品的环境塑造成文艺风等风格。为了凸显商品主体，背景应该尽量干净简单。此外也可为商品选择一些使用环境作为背景，如拍摄足球时，可以选择草地作为外景背景。

2.6　疑难解答

进货和商品拍摄都是网上开店前最基本的步骤，关系着网店的后续发展，因此需要妥善地处理好各种细节问题。下面主要对进货和商品拍摄过程中的一些注意事项进行说明。

1. 怎样进货才能保证一定的利润空间？

答：进货并不仅仅是单纯的购买和储存商品，在进货的过程中，进货的数量、质量、品种的选择，补货时机和补货数量都有一定的规则性。

- 选择商品：选择商品是进货的第一步，要选择销量好、口碑好的商品，首先就需要对店铺的经营方向有明确的定位；其次需要对经营领域中的顾客群体、顾客喜好偏向性进行分析，才能保证货品各方面的质量。
- 确定商品的数量、品种：确定了商品类型后，接下来需要确定商品的数量、品种等，为了使进货价格合理，一般可以同时咨询多家供货商，对比并挑选出最经济实惠的商品。此外，不能为了压低成本，一味提高进货数量，货品积压不仅不利于资金周转，还会增加库存、维护等成本。投入资金较少、经营种类齐全、加快商品周转才是网上商店理想的经营状态。但是不积压库存，则代表着卖家需要根据商品各方面的情况，及时了解交易状态、库存信息、货源状态，选择合理的进货方式，从而保证商品及时供给，不出现断货的情况。
- 选择合适的供货商：不管是在批发市场进货，还是在网上批发平台进货，都需要与供货商保持良好的关系。在网上批发平台选择货品时，最好选择商品实拍的卖家。如果不敢保证供货商的供货质量，第一次进货时尽量少进。
- 警惕价格陷阱：合理进货是一项需要不断积累经验的工作，卖家在进货过程中要警惕价格陷阱，洞悉市场动向。只有经验丰富，才能以最划算的价格拿到最优质的商品。

2. 摄影光线是不是越亮越好？

答：日光灯是拍摄商品图片时非常重要的辅助器材，很多用户认为灯光越亮，拍摄的照片就越清晰，其实这是一个很大的理解上的误区。一般来说，商品照片的明暗程度、细节清晰与否，主要取决于相机的光圈大小和快门速度，如果光圈大小和快门速度都设置得合理，光线足够即可将商品拍摄得非常清晰。一般的小产品在摄影棚拍摄时，两个40W或70W的专业灯泡就足够了。在拍摄人像时，或需要手持相机拍摄时，建议选择更亮的光线。

3. 使用多少像素拍摄合适？

答：像素是图片单位面积中构成图像的色点数量。像素越大，图片会越精细，放大显示后越清晰。一般来说，网店中使用的商品图要求细节清晰，特别是后期很可能对图片进行裁剪放大，因此拍摄时建议使用最大像素。很多网站对商品图片的像素要求并不高，一般500万像素以上的相机就可以满足拍摄要求。

4. 商品图片有哪些拍摄技巧？

答：要拍出好看的商品图片，拍摄者首先应该具备基本的拍摄知识，除此之外，还可依靠一些小技巧使商品图片更美观。

- 保持相机稳定：为了拍出清晰的照片，拍摄者在进行拍摄时不仅可以通过正确的拍摄姿势来稳定相机，还可以借助三脚架等物件来保持相机的稳定和平衡。
- 调整角度感受光影效果：光影是摄影必须考虑的因素，在拍摄商品时，必须保证有足够的光线照射在被拍摄物品上；同时为了使商品更有质感，也可以通过轻微的角度调整来呈现不同的阴影效果。
- 调整拍摄距离：在拍摄商品时，需要根据实际情况来调整拍摄距离，有时候距离近一些，可以拍摄出更好的效果。在拍摄商品细节时，也可以拉近拍摄距离。一般来说，远景拍摄主要用于表现气势、强调整体，而商品拍摄更注重近景拍摄和特写拍摄，可以突出表现主要部分，刻画细节。
- 合理利用景深：景深效果可以让主体商品更具有立体感，特别是当背景比较复杂时，景深效果可以使商品更突出。
- 构图：商品的拍摄构图应该遵循画面简洁、排列平衡、主题突出的原则，可适当留白，注意避免出现画面太复杂、重心不稳定、主题不明显等情况。

2.7 课后实训

↘ 2.7.1 实训一：在阿里巴巴网上订购"连衣裙"

【实训目标】

本实训要求在阿里巴巴网中搜索并选购"连衣裙"商品，将搜索价格区间设置为50~100元，如图2-37所示。然后设置商品的数量和颜色，加入订货单中。

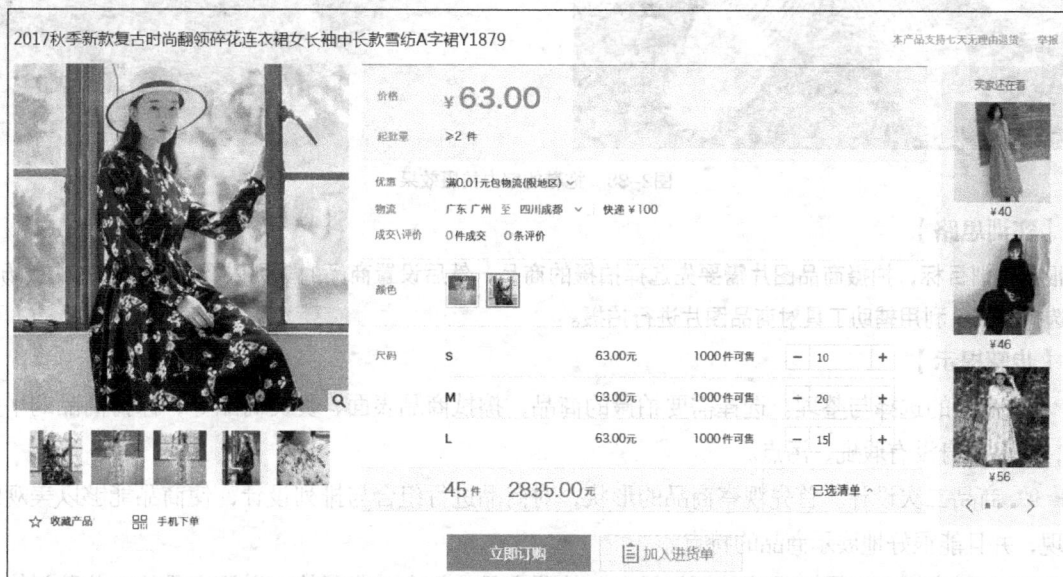

图2-37 在阿里巴巴网中订购"连衣裙"

【实训思路】

根据实训目标，首先需要进入阿里巴巴网搜索符合要求的连衣裙，然后选择比较中意的连衣裙，最后设置订购颜色、尺码与订购数量进行订货。

【步骤提示】

STEP 01 打开阿里巴巴网站"https://www.1688.com"。

STEP 02 商品搜索。在首页的文本框中输入"连衣裙"，单击 搜索 按钮。

STEP 03 设置搜索条件。在页面顶端的价格区间文本框中分别输入50、100，单击 确定 按钮。

STEP 04 设置订购数量。进入需要订购的商品的页面，选择颜色，再分别设置不同尺码的订购件数。

STEP 05 订购商品。单击 立即订购 按钮，在打开的页面中设置收货地址、联系电话等信息，完成订购操作。

↘ 2.7.2 实训二：完成室内商品照片的拍摄

【实训目标】

本实训要求了解室内拍摄的相关知识，对小商品进行合理的摆放和搭配，拍摄出适用于网店销售的商品图片。图2-38所示为拖鞋的室内拍摄效果。

图2-38　拖鞋的室内拍摄效果

【实训思路】

　　根据实训目标，拍摄商品图片需要先选择拍摄的商品，然后设置商品的陈列以及布置商品的拍摄场景，最后选择相机，利用辅助工具对商品图片进行拍摄。

【步骤提示】

STEP 01 商品的选择与整理。选择需要拍摄的商品，擦拭商品表面，熨烫商品等，保持商品的平整、有型，商品本身没有瑕疵、污点。

STEP 02 商品二次设计。首先观察商品的形状，对商品进行组合与排列设计，使商品能够以美观的方式呈现，并且能很好地展示商品的特点。

STEP 03 场景布置。布置商品的拍摄场景，如放置商品的柜台、桌子等，以及商品的一些陪衬物，如花瓶、茶杯、杂志、树叶等。

STEP 04 相机选择与设置。选择合适的相机，设置感光范围、曝光方式和光圈等参数。

STEP 05 商品图片的拍摄。借助遮光罩、三脚架、静物台、柔光箱、闪光灯、无线引闪器、照明灯、反光板、反光伞、背景纸等辅助工具，选择合适的角度与距离对商品进行拍摄。

CHAPTER

03

商品图片的处理、管理与发布

　　拍摄商品图片后可能出现图片昏暗、有污点、不够清晰、有色差等问题，为了使商品图片更加吸引人，需要选择合适的图像处理软件对图片进行处理。处理后的商品图片可分类放入淘宝的图片空间中，方便随时调用。也可直接用于商品发布，发布商品到淘宝店铺后，消费者才能浏览到商品，才能下单购买商品，因此发布商品是网上开店关键的一步。本章将对商品图片的处理、管理与商品发布的相关知识进行介绍。

- 商品图片的处理
- 使用图片空间管理商品图片
- 发布并修改商品

本章要点

案例导入

商品美化，成就销量神话

作为一名出售保温杯的网店卖家，小赵深知商品美化的重要性。

小赵刚创建自己淘宝店铺的时候，深信质量才是王道，对于店铺中的每一件商品，他都详细描述了参数、性能、功能等数据，巨细无遗。他相信买家在看过了商品的信息后，一定会信任自己的商品，并购买自己的商品。

但是结果却出乎他的意料。数据显示，小赵商品的转化率远低于业内同行，买家在商品详情页停留的平均时长也非常短，跳失率很高。这一点让小赵非常不解，保温杯不同于服装等"以貌取胜"的商品，小赵觉得对于这类商品，买家应该更注重商品的实用性和功能性，自己的主图和商品详情页都很好地迎合了买家的需求，为什么无法得到好的效果。

不得已，小赵决定从同行的优秀店铺中"取取经"。经过一番对比，小赵终于找到了原因。同行做得好的店铺，不管是主图还是详情页图片，图片的美化效果都非常好，不仅商品清晰明亮，连页面排版都有条有理，简洁大气，文案搭配恰到好处，一上来就吸引了买家的目光。引起了买家的兴趣后，再慢慢讲述商品的参数和性能，让买家一点点逐渐了解到所需的信息，甚至通过场景拍摄，还向买家展示了商品的使用环境，增加了买家购买的理由。反观自己的商品，图片清晰度不高，美化程度不够，而且参数太多，非常影响买家的阅读体验，从第一眼的印象上就被对手比了下去。

吸取了教训后，小赵很快对主图和详情页图片进行了美化，改善了店铺的情况，将店铺销量提了上去，销售额甚至远超其他同行的店铺。

【案例思考】

几乎淘宝上的所有商品都进行过美化处理，那么商品图片美化真的有那么重要吗？是不是图片越美观越吸引客户呢？

3.1　商品图片的处理

为了使拍摄的照片更加美观、更具有吸引力，通常都要使用图像处理软件美化处理图片。在处理图片前，可以先选择一款适合自己使用的图形图像处理软件。下面介绍常用的图像处理软件和常见的图像处理操作。

↘ 3.1.1　选择合适的图像处理软件

提供图像处理功能的软件很多，一般比较常用的软件是Photoshop、光影魔术手、美图秀秀等。其中Photoshop的功能比较强大，操作也稍复杂一些，光影魔术手和美图秀秀的操作较简单，卖家可根据实际情况来选择。下面简单地介绍这些图形图像软件。

- Photoshop：Photoshop是一款功能强大、使用范围广泛的图形图像处理软件。Photoshop提供了非常多样化的图片处理功能，如修改图片大小、裁剪图片和修改图片色彩等；也可设计图片海报，制作店铺个性Logo、分类按钮、宣传广告、商品详情页等，充分满足卖家的不同需要。

- **光影魔术手**：光影魔术手是一款操作比较简单的图形图像处理软件，其功能也非常丰富，图片的基本处理和后期调色、美化等都能通过它实现。光影魔术手的操作界面十分简洁、一目了然，直接选择相应的功能按钮，即可进行相应的操作，是进行图片辅助处理的较好选择。
- **美图秀秀**：美图秀秀与光影魔术手较为类似，也是一款简单易上手的图片辅助处理软件，它除了能对图片进行各种处理外，还提供了很多的设计元素和美化元素，可以帮助用户快速制作出具有各种美化效果的图片。

3.1.2　调整图片大小

使用数码相机拍摄的图片所占用的存储空间一般都较大，而网店商品图片由于上传要求和空间存储量的限制，需要适当地调整图片的大小，使其符合需要。Photoshop中调整图片大小的方法为：启动Photoshop CS6，并在其中打开需要调整的图片，然后选择【图像】/【图像大小】菜单命令。打开"图像大小"对话框，在"像素大小"栏中的"宽度"数值框后的下拉列表框中选择"像素"选项，在"宽度"数值框中输入具体数值，如"500"，单击 确定 按钮完成设置，如图3-1所示。返回Photoshop即可看到图片变小了，选择【文件】/【存储为】菜单命令，在打开的对话框中存储图片即可。

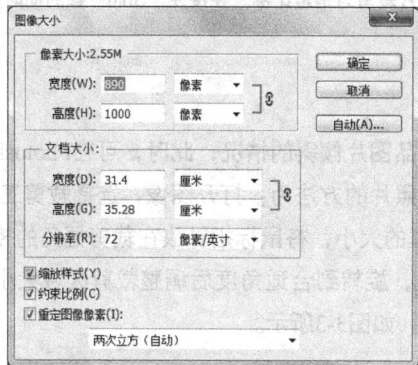

经验之谈：

在调整图片大小时，为了保持图片的比例不发生变化，需单击选中"约束比例"复选框，此时调整宽度时，高度将根据原图片的比例自动缩放。

图3-1　调整图片大小

3.1.3　裁剪图片

在处理网店商品图片时，经常会根据需要裁剪图片，如裁剪为指定大小、裁剪为指定形状、构图裁剪和裁剪细节等。下面介绍在Photoshop CS6中裁剪商品图片的方法。

1. 直接裁剪

在Photoshop中，使用裁剪工具可以裁剪出图像的选定区域。其方法为：选择裁剪工具 ，此时在图像边缘将出现8个控制点，用于改变选区的大小。将鼠标指针移动到图片边缘处拖动，裁剪图像，之后双击保留的图片区域，或按"Enter"键即可完成裁剪。

2. 裁剪为指定大小

淘宝中很多图片都是限制了大小的，通过Photoshop可以将图片裁剪为指定大小，如将图片裁剪为800像素×800像素的主图大小。其方法为：选择裁剪工具 ，在裁剪工具属性栏的下拉列表中选择"大小和分辨率"选项，打开"裁剪图像大小和分辨率"对话框，在其中的"高度"和"宽度"数值框中输入"800"，在其后的下拉列表中选择"像素"选项，单击 确定 按钮，返回裁剪区域，将鼠标指针移动到保留的图片区域中，按住鼠标左键不放，拖动调整需保留的图片区域，然后双击图片区域即可完成裁剪，如图3-2所示。

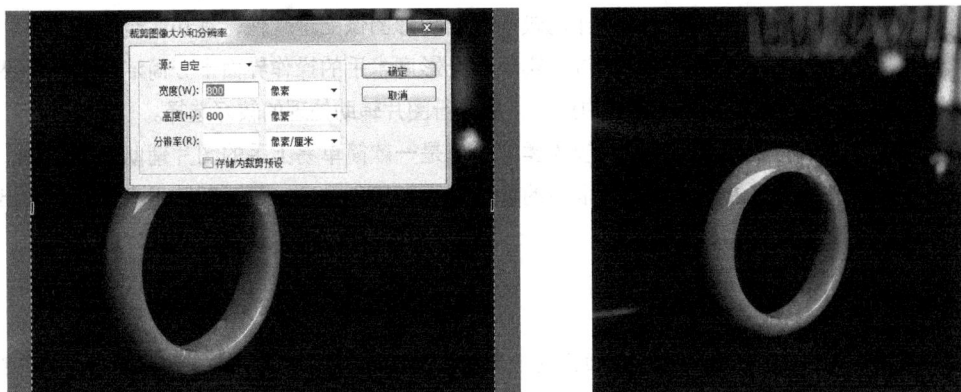

图3-2　裁剪为指定大小

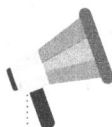

经验之谈：

在裁剪工具属性栏的下拉列表中提供了"1×1（方形）""4×5(8×10)""8.5×11""4×3""5×7""2×3(4×6)"和"16×9"等选项，选择相应的选项即可将图片裁剪为指定比例。在按住"Shift"键的同时拖动鼠标绘制一个裁剪区域，可裁剪出正方形的图像。

3. 裁剪校正角度倾斜的图片

在拍摄照片时，很可能会出现由于相机角度倾斜造成拍摄商品图片倾斜的情况，此时，可在Photoshop中利用裁剪工具对倾斜商品进行调整。使用裁剪工具校正角度倾斜照片的方法为：打开图像，选择裁剪工具 ⬚ 或按"C"键，在图像中拖动鼠标绘制一个裁剪区域，调整裁剪框的大小，将鼠标指针放在裁剪框角的控制手柄外，此时指针会变为旋转图标，按住鼠标左键拖动旋转裁剪框，旋转到合适角度后调整裁剪区域大小，然后双击裁剪保留区域或按"Enter"键，即可完成图像的裁剪调整，如图3-3所示。

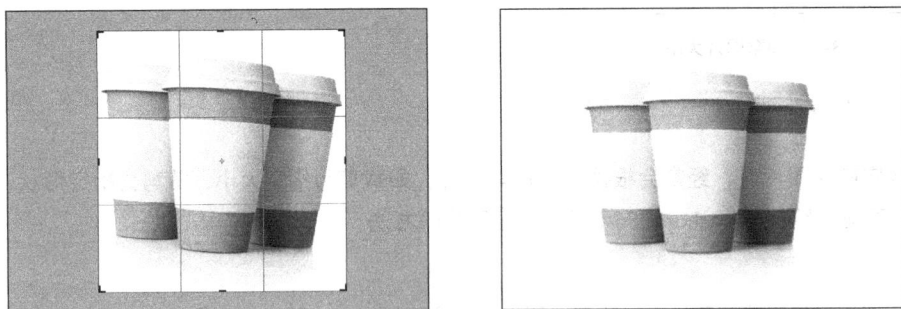

图3-3　矫正倾斜图片

4. 构图裁剪

在拍摄商品的过程中，有时候为了得到更好的光影效果，构图上可能不尽如人意，如背景过大、主图商品不够突出等，此时可通过裁剪对商品照片进行重新构图。Photoshop提供了很多种构图方法，如三等分、对角、三角形、黄金比例、网格、金色螺线等。其使用方法很简单，选择裁剪工具 ⬚ ，在裁剪工具属性栏中的"视图"下拉列表中选择相应的选项即可。下面介绍这些常用的构图裁剪方法。

- 三等分：三等分构图法又称九宫格构图法，主要将整个截图区域划分为横竖3等分9个方块，其中4个交叉点就是视觉中心点。裁剪构图的时候，把主题展现的事物放在交叉点上，如图3-4所示。
- 对角：对角线构图与三等分构图类似，都是对图片区域进行划分，然后将主体图片裁剪至中心点上，调整裁剪区域时，中心点的位置也将发生变化。图3-5所示即为对角构图的效果。

图3-4　三等分构图的效果

图3-5　对角构图的效果

● 三角形：三角形构图是一种可以使画面产生生动感的构图方式，还能重点凸显图片的主体部分。图3-6所示为三角形构图的效果。

● 黄金比例：黄金比例是一个美学比例，和九宫格构图法类似，黄金比例构图中的四个交叉点就是黄金比例点，也就是图片的中心，图片主体部分即可放置在该位置。图3-7所示为黄金比例构图法的效果。

图3-6　三角形构图的效果

图3-7　黄金比例构图法的效果

● 网格：网格构图主要用于裁剪时对齐图像中的水平垂直的参照物，起到参考线的作用，裁剪时旋转会自动加载网格。图3-8所示即为网格构图的效果。

● 金色螺线：金色螺线构图被誉为自然界中最美的神秘法则。1、1、2、3、5、8、13、……，以此类推，后面的数值都等于前面两个数值的和。同时，越靠后临近2个数的比值越接近黄金比例"0.618"。图3-9所示即为金色螺线构图的效果。

图3-8　网格构图的效果

图3-9　金色螺线构图的效果

5. 裁剪细节

细节图在网店中是十分常见的，主图、详情页等都可以放置细节图。细节图可以体现商品的细节和质量，从不同方面表现商品的外观和性能，增加商品的可信度。细节图的好坏是影响商品成交的最主要因素之一，因此，精美的商品细节图是网店商品图片展示的必备内容。细节图的来源一般有两种方式，一种是直接使用微距拍摄出细节特写照片，另一种是对拍摄后的原图细节部分进行裁剪和放大。裁剪细节图的方法为：打开商品图片，选择裁剪工具 ，在图像中拖动鼠标绘制一个矩形裁剪框，对原图的细节部分进行裁剪，按"Enter"键完成裁剪，然后将图片放大即可，效果如图3-10所示。

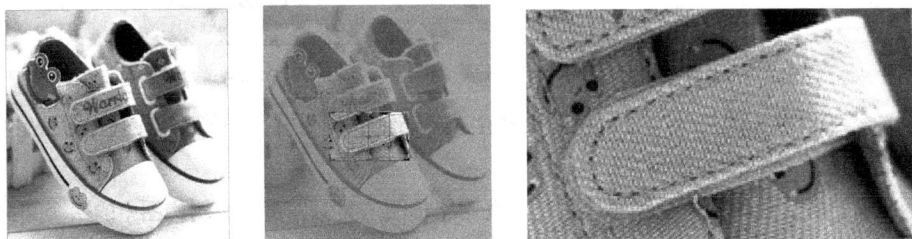

图3-10　裁剪细节

经验之谈：

在裁剪商品细节图时，需使用高像素的原图，如果原图不够清晰，在裁剪细节并放大后，细节图会非常模糊，影响图片效果。

3.1.4　旋转图片

在处理商品图片时，可以根据需要旋转操作，改变图片的角度，使其更适应实际要求。在Photoshop中旋转图片的方法很简单，只需打开图片，选择【图像】/【图像旋转】菜单命令，在打开的子菜单中选择任意一个菜单命令即可旋转图片。图3-11所示为水平翻转图片后的效果。Photoshop为用户提供了多种旋转选项，在选择"任意角度"菜单命令后，可任意对图片进行旋转。

图3-11　水平翻转图片后的效果

3.1.5　变换图片

变换图片是指对图片的形状进行调整，使图片效果更多样化，在制作详情页时可能会用到。变换图片的方法是：在Photoshop中打开图片后，在"图层"面板中的背景图层上双击鼠标，在打开的对话框中单击 确定 按钮，将图片默认的背景图层转换为普通图层，然后选择【编辑】/【变换】菜单命令或按

"Ctrl+T"组合键，使图片处于自由编辑状态，此时可以通过图片四周的控制点对图片进行调整，包括调整大小、旋转图片、变形或扭曲图片等操作。图3-12所示为图片变形后的效果。

图3-12 图片变形后的效果

↘ 3.1.6 调整曝光不足或曝光过度的图片

当由于各种客观拍摄原因导致图片的曝光度过度或不足时，可通过Photoshop进行调整。其方法为：在Photoshop CS6中打开图片，选择【图像】/【调整】/【曝光度】菜单命令，打开"曝光度"对话框，设置"曝光度""位移"和"灰度系数校正"的值，然后单击 确定 按钮即可。图3-13所示为调整曝光度后的效果。

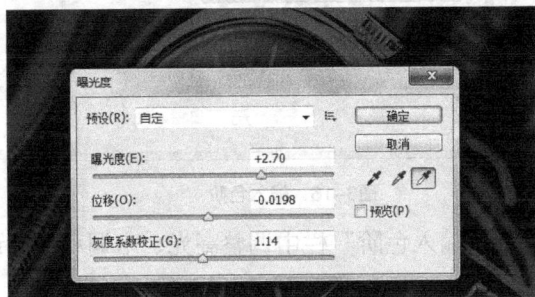

图3-13 调整曝光度后的效果

↘ 3.1.7 调整图片亮度和对比度

如果拍摄的商品图片偏暗或偏亮，可以通过Photoshop对图片的亮度/对比度进行调整，使其恢复正常。其方法为：选择【图像】/【调整】/【亮度/对比度】菜单命令，打开"亮度/对比度"对话框，在"亮度"和"对比度"数值框中分别进输入参数，完成后单击 确定 按钮。图3-14所示为调整图片亮度和对比度后的效果。

图3-14 调整图片亮度和对比度后的效果

↘ 3.1.8 调整图片颜色

当拍摄的商品图片出现偏色现象时，可以通过Photoshop调整图片的色彩，使其恢复原始的效果。在Photoshop中调整图片颜色主要可以通过色阶、曲线等方式实现。

1. 色阶

当商品图片颜色不够饱满，或颜色存在偏差时，可通过色阶对颜色进行调整和矫正。下面介绍在Photoshop CS6中通过色阶调整图片颜色的方法，其具体操作如下。

STEP 01 在**Photoshop**中打开素材文件（配套资源:\素材文件\第3章\衣服.jpg），如图3-15所示。

STEP 02 选择【图像】/【调整】/【色阶】菜单命令，打开"色阶"对话框，在其中的"输入色阶"栏可分别对高光、暗调和中间调的分布情况进行调整，如图3-16所示。

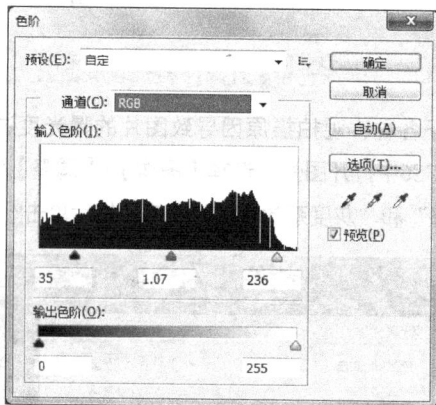

图3-15　图片素材

图3-16　输入色阶

STEP 03 在"通道"下拉列表中选择"红"选项，在"输入色阶"栏中调整高光、暗调和中间调的值，设置完成后单击 确定 按钮，如图3-17所示。

STEP 04 返回Photoshop即可查看设置后的图片，可以明显看到图片的颜色更加饱满，如图3-18所示（配套资源:\效果文件\第3章\衣服.jpg）。

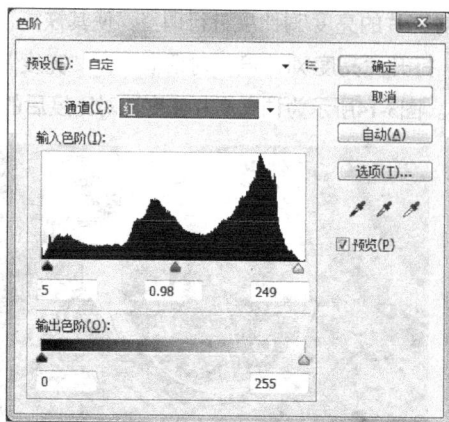

图3-17　调整红色通道色阶

图3-18　查看调整色阶后的效果

2. 曲线

通过Photoshop的曲线菜单命令可以调整图片的色彩、亮度和对比度等，使图片颜色更具质感。下面使用Photoshop的曲线命令调整图片，使其色彩变得更加鲜明，其具体操作如下。

STEP 01 在Photoshop中打开素材文件（配套资源:\素材文件\第3章\鞋子.jpg），如图3-19所示。

STEP 02 选择【图像】/【调整】/【曲线】菜单命令，打开"曲线"对话框，在"通道"下拉列表中选择"RGB"选项，在"输入""输出"对话框中输入数值，或直接拖动曲线进行调整，如图3-20所示。

图3-19　打开素材图片

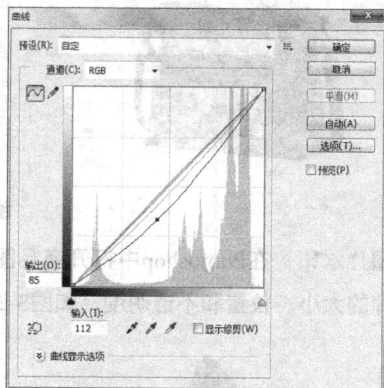

图3-20　调整RGB通道曲线

经验之谈:

在"曲线"对话框中单击选中"预览"复选框，可预览设置后的效果，撤销选中即可查看原素材效果，用户在进行设置时可通过该复选框对比设置效果。

STEP 03 在"通道"下拉列表中选择"绿"选项，在"输入""输出"对话框中输入数值，或直接拖动曲线进行调整，调整后单击 确定 按钮，如图3-21所示。

STEP 04 返回Photoshop界面即可查看调整曲线后的图片效果，可以明显看到图片的颜色更加鲜明，如图3-22所示（配套资源:\效果文件\第3章\鞋子.jpg）。

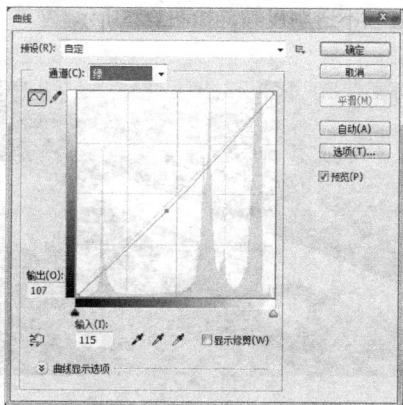

图3-21　调整绿色通道曲线

图3-22　查看调整曲线后的效果

↘ 3.1.9　为图片添加水印

如果担心自己的商品图片被盗用，可以为图片添加水印，水印主要分为文字水印和图片水印两种模式，下面分别进行介绍。

- 文字水印：在Photoshop的工具箱中选择文字工具，在商品图片中输入水印内容，然后选择文字图层，在"图形样式"对话框中设置文字的样式，在"图层"面板中设置不透明度，完成后调整水印的位置，如图3-23所示。

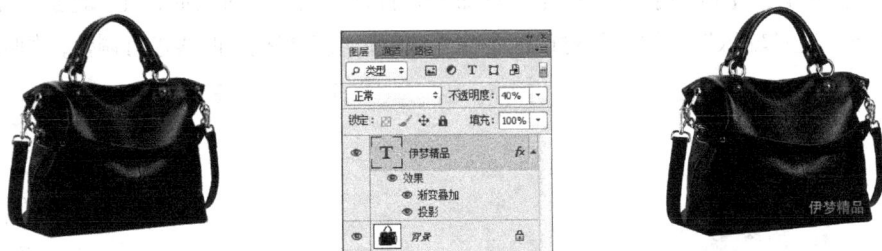

图3-23　设置文字水印

- 图片水印：在Photoshop中打开商品图片和水印图片，将水印图片拖动到商品图片中，并调整水印图片的大小、位置和不透明度，如图3-24所示。

图3-24　设置图片水印

↘ 3.1.10　为商品图片添加边框

为商品图片添加边框的方法为：双击"图层"面板中的商品图层缩略图，打开"图层样式"对话框，单击选中"描边"复选框，在"填充类型"下拉列表中选择描边类型，如"颜色""渐变""图案"等，再进行相应设置即可。如选择"图案"选项，再在"图案"下拉列表中选择所需图案，并通过"缩放"数值框调整图片的缩放比例，最后通过"结构"栏调整描边的大小、位置和不透明度等，如图3-25所示。

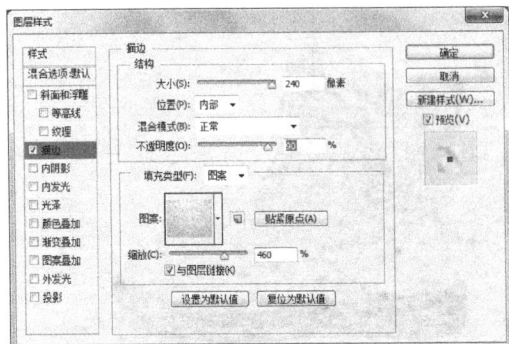

图3-25　添加边框

↘ 3.1.11 使图片更加清晰

各种客观拍摄原因使商品图片不够清晰时，我们可以通过Photoshop对图片进行处理，使图片更加清晰。下面使用Photoshop处理图片清晰度，其具体操作如下。

STEP 01 在Photoshop中打开素材文件（配套资源:\素材文件\第3章\饰品.jpg），如图3-26所示。

STEP 02 按"Ctrl+J"组合键复制背景图层，设置图层混合模式为"柔光"，不透明度为"50%"，如图3-27所示。

图3-26 打开素材文件

图3-27 复制图层并进行设置

STEP 03 按"Ctrl+Alt+Shift+E"组合键快速盖印图层，选择【滤镜】/【其他】/【高反差保留】菜单命令，打开"高反差保留"对话框，在"半径"数值框中输入"4.5"，单击 确定 按钮。如图3-28所示。

STEP 04 在"图层"面板中选择该图层，设置其混合模式为"柔光"，再次按"Ctrl+Alt+Shift+E"组合键盖印图层，如图3-29所示。

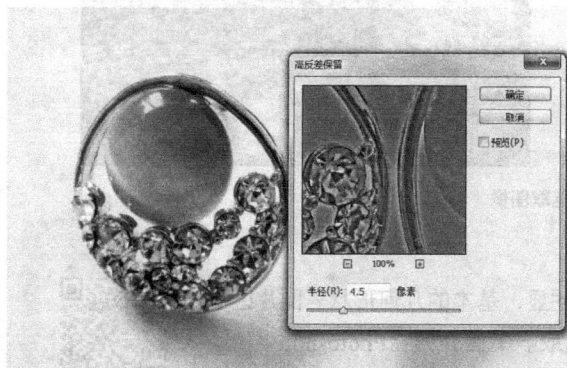

图3-28 设置高反差保留

图3-29 设置图层样式

STEP 05 若边缘效果依然不够清晰，还可以选择【滤镜】/【锐化】/【USM锐化】菜单命令，打开"USM锐化"对话框，在其中设置锐化参数，单击 确定 按钮，如图3-30所示。设置完成后即可查看图片效果。

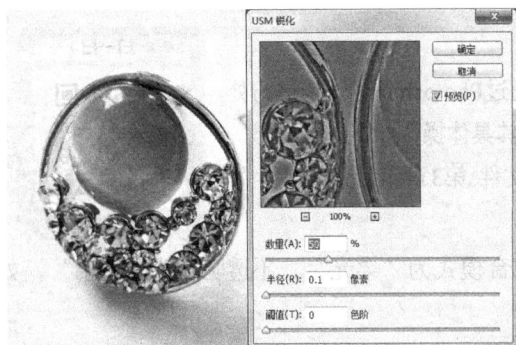

图3-30 设置USM锐化

3.1.12 抠图

抠图是在制作网店商品主图、海报或详情页内容时经常会使用的操作，为了商品图片的美观，通常需要将商品主体从单调的背景中抠取出来，放置到其他好看合适的背景中，从而提高商品的美观度和买家的购买欲。

1. 使用快速选择工具抠图

当需要抠取的商品主体图颜色单一且和背景差别明显时，直接使用快速选择工具 即可完成抠图。其方法为：选择快速选择工具 ，单击需要抠取的图片部分或拖动鼠标选择需要抠取的图片区域即可，如图3-31所示。在使用快速选择工具抠图时，可通过其属性栏设置画笔的大小、硬度与间距等，如果少抠取了一部分图像区域或抠取了多余的选区，可以在其属性栏中单击"添加到选区" 、"从选区减去" 按钮来增加或减少选区。

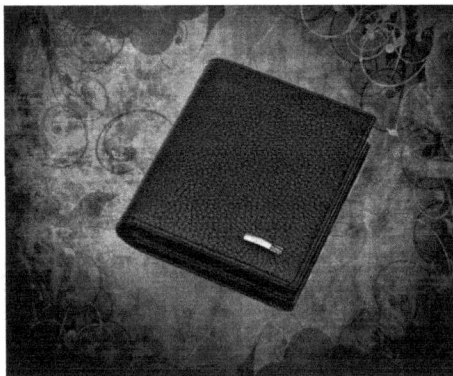

图3-31 快速抠取图像

2. 使用套索工具抠图

套索工具是一种非常便捷的抠图工具，对于边界较明显、基本的几何形状等图片区域，则可以通过磁性套索工具和多边形套索工具进行抠取。下面介绍在Photoshop中使用套索工具抠图的方法，其具体操作如下。

STEP 01 在Photoshop中打开素材文件（配套资源:\素材文件\第3章\笔记本.jpg、笔记本背景.jpg），如图3-32所示。

STEP 02 选择磁性套索工具 ，在笔记本左侧边缘处单击，然后沿着笔记本的边拖动鼠标，此时磁性套索工具将自动吸附笔记本边缘位置，如图3-33所示。

扫一扫

操作演示

图3-32　查看素材文件

图3-33　使用磁性套索工具抠取笔记本

STEP 03 在使用磁性套索工具的过程中，可以单击鼠标左键确定锚点，如果图像区域的边缘是直线，可以按住"Alt"键并单击，将磁性套索工具切换为多边形套索工具，用于创建直线选区。在创建直线选区时，移动鼠标到下一个锚点的位置并单击即可，如图3-34所示。

STEP 04 按照相同的方法选择合适的套索工具继续完成选区的创建，然后单击起始点锚点，将选区闭合，如图3-35所示。

图3-34　使用多边形套索工具抠取笔记本

图3-35　完成选区的创建

STEP 05 选择移动工具 ，将鼠标光标移动到笔记本选区上，拖动选区到"笔记本背景.jpg"文件中，调整笔记本的大小、位置，还可以根据实际情况细微变形图片。为了使图片与背景更和谐，建议为图片添加倒影、投影或阴影等效果，如图3-36所示（配套资源:\效果文件\第3章\笔记本.psd）。

图3-36　更换背景

3. 使用背景橡皮擦工具抠图

　　背景橡皮擦工具是一种非常智能的擦除工具，具有自动识别图像边缘的功能，被擦除的部分将变为透明区域，当商品主要区域与背景颜色差异明显，边缘清晰时，即可用背景橡皮擦工具擦除背景。边缘与背景的对比度越高，擦除效果越好。下面介绍在Photoshop中使用背景橡皮擦工具抠取图像并替换背景的方法，其具体操作如下。

STEP 01 在Photoshop中打开素材文件（配套资源:\素材文件\第3章\网球.jpg、网球背景.jpg），如图3-37所示。

STEP 02 在Photoshop工具箱中选择背景橡皮擦工具 ，在其工具属性栏中设置"画笔大小"为"150像素"，将"容差"设置为"25%"，单击"取样：一次"按钮 ，拖动或单击鼠标去除图片的背景，如图3-38所示。

图3-37　打开素材

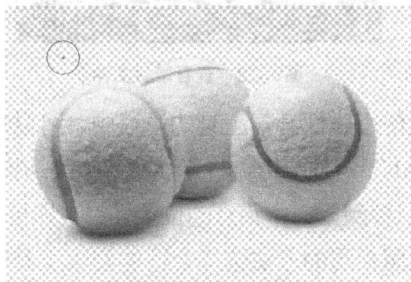

图3-38　去除背景

STEP 03 使用相同的方法将背景橡皮擦的容差调整为"13%"，再次擦除网球下方的阴影部分，如图3-39所示。

STEP 04 如发现网球被擦除了需要保留的图像部分，选择历史记录画笔工具 ，将画笔大小调整为"20像素"，在误擦除的部分涂抹，恢复原图像部分，如图3-40所示。

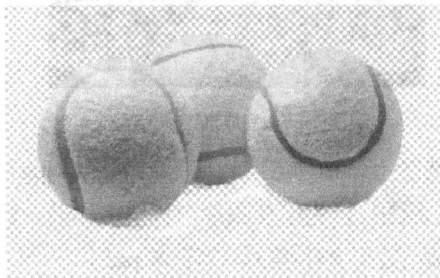

图3-39　擦除阴影部分

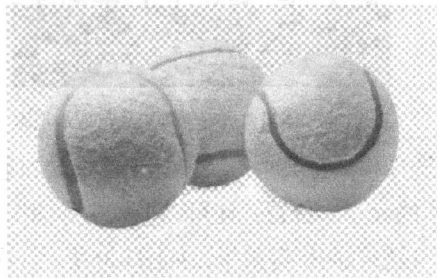

图3-40　恢复误擦除部分

STEP 05 如果图像边缘阴影颜色比较重，可以选择仿制图章工具 ，按住"Alt"键并单击鼠标，对临近的区域进行取样，然后单击需要应用取样区域图像效果的地方，对图像细节进行修复，如图3-41所示。

STEP 06 处理完成后，使用移动工具 将网球选区拖动到"网球背景.jpg"文件中，调整网球图片的大小、位置，添加投影，效果如图3-42所示（配套资源:\效果文件\第3章\网球.psd）。

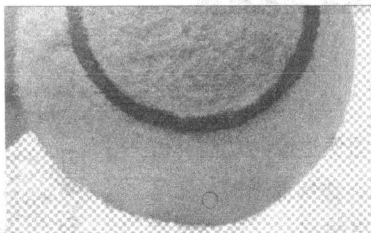

图3-41　修复图像细节

图3-42　更换背景

4. 抠取背景单一的图片

对于背景单一的图片，可以选择很多种抠取方式，比如通过"色彩范围"命令抠取、使用魔棒工具抠取，或者使用魔术橡皮擦工具抠取等，下面介绍在Photoshop中使用"色彩范围"命令和魔棒工具的方法，其具体操作如下。

STEP 01 在Photoshop中打开素材文件（配套资源:\素材文件\第3章\电吹风.jpg），在工具箱中选择魔棒工具 ，在图片背景中单击鼠标左键，即可选择整个背景区域，如图3-43所示。

STEP 02 选择【选择】/【反向】菜单命令，将选区转换为图片主体。如果发现漏选或多选的部分，可在其工具属性栏中单击"添加到选区"按钮 、"从选区减去"按钮 对选区进行增加或减少的操作，如图3-44所示。

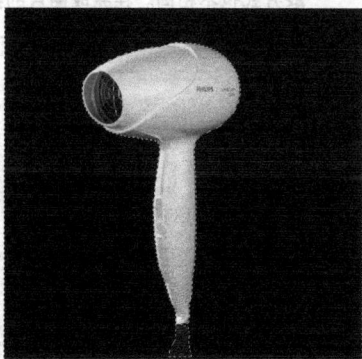

图3-43 选择背景区域   图3-44 调整选区

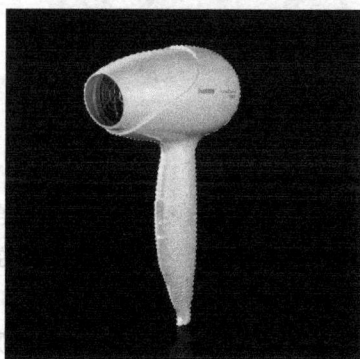

STEP 03 在Photoshop中继续打开素材文件（配套资源:\素材文件\第3章\电吹风1.jpg），选择【选择】/【色彩范围】菜单命令，打开"色彩范围"对话框，在其中单击"吸管工具"按钮 ，然后再单击图片的背景区域进行取样，并拖动"颜色容差"栏的滑块来调整颜色容差，如图3-45所示。

STEP 04 设置完成后单击 确定 按钮，返回Photoshop中对选区进行增加和减少操作，并使用"反向"命令将选区转换为图片主体部分，如图3-46所示。

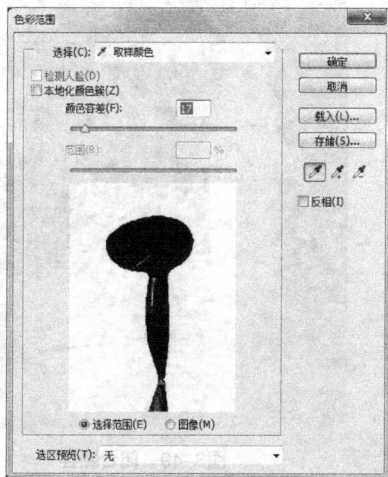

图3-45 选择颜色范围   图3-46 调整选区

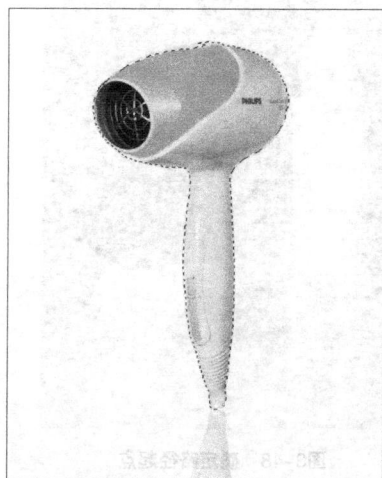

STEP 05 处理完成后，在Photoshop中打开背景素材文件（配套资源:\素材文件\第3章\电吹风背景.jpg），使用移动工具 将两个电吹风的选区拖动到"电吹风背景.jpg"文件中，调整电吹风的大小、位置，并添加投影，效果如图3-47所示（配套资源:\效果文件\第3章\电吹风.psd）。

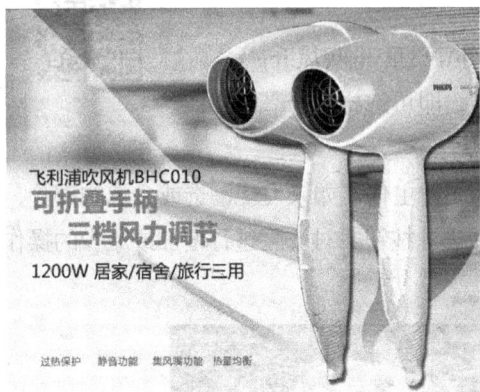

经验之谈：

在抠取图像时，注意对图片进行分析，不同形状、不同背景、不同性质的图像，所使用的抠取方式也不相同。在完成图片的抠取后，为了保持边缘的真实感，还可适当设置一下羽化效果。

图3-47　更换背景

5. 使用钢笔工具抠图

钢笔工具是一种十分精确的抠图工具，非常适合抠取边缘清晰平滑的对象，适用范围比较广，是常用的图像抠取方式之一。下面介绍在Photoshop中使用钢笔工具的方法，其具体操作如下。

STEP 01 在Photoshop中打开素材文件（配套资源:\素材文件\第3章\唇膏.jpg、唇膏背景.jpg），在工具箱中选择钢笔工具 ，在其工具属性栏的下拉列表中选择"路径"选项，然后在图片中选取一个边缘点进行单击，确定所绘路径的起点位置，如图3-48所示。

STEP 02 沿着唇膏图片的边缘依次单击，为图片添加锚点，添加到起始点时，再次单击起始点锚点，即可闭合路径，如图3-49所示。在添加锚点时，尽量在放大图片的情况下进行添加，并尽量将锚点添加在边缘靠内的位置。

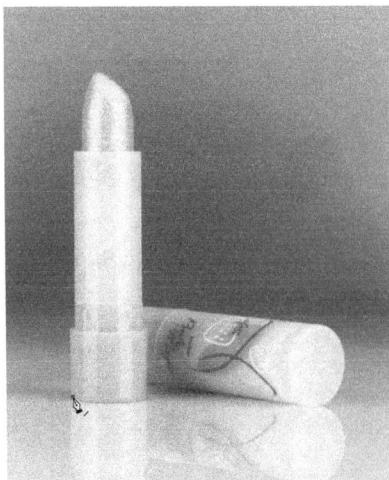

图3-48　确定路径起点

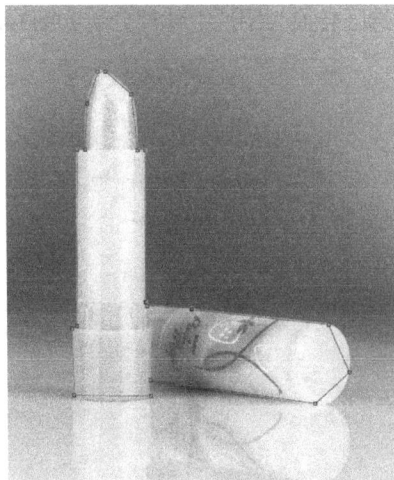

图3-49　闭合路径

STEP 03 闭合路径之后，选择转换点工具 ，单击锚点为其添加控制柄，拖动控制柄调整路径的平滑度，如图3-50所示。控制柄两端的锚点分别用于调整当前路径两侧线段的平滑度。

STEP 04 按照该方法依次调整所有路径线段的平滑度，完成后按"**Ctrl+Enter**"组合键或在"路径"面板中单击"将路径作为选区载入"按钮，将路径转换为选区，如图3-51所示。

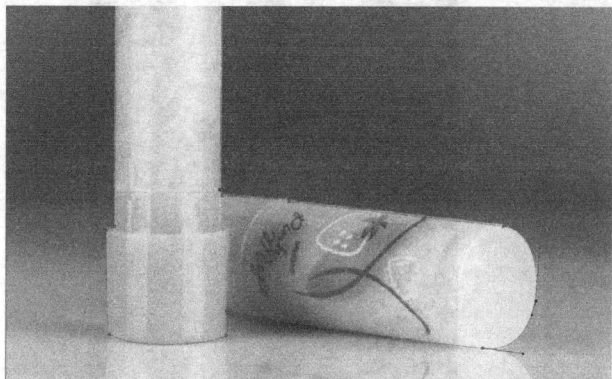

图3-50 调整路径平滑度

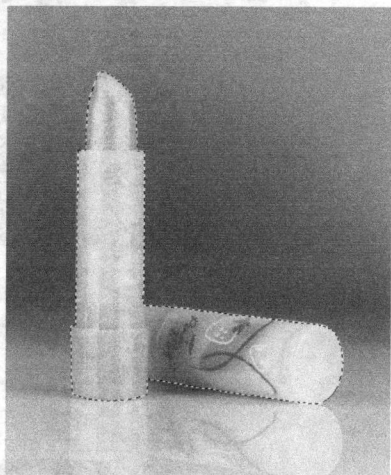

图3-51 将路径转化为选区

STEP 05 使用移动工具 将唇膏选区拖动到"唇膏背景.jpg"文件中，调整其大小、位置，并为其添加投影，效果如图3-52所示（配套资源:\效果文件\第3章\唇膏.psd）。

图3-52 更换背景

经验之谈:

在使用钢笔工具抠图时，也可以边绘制路径边调整路径，绘制锚点后，按住"**Alt**"键切换到转换点工具进行调整。为了更好地确定抠取部分的边界，在确定锚点时通常需要将图片放大，按"**Ctrl++**"组合键或"**Ctrl+–**"组合键即可快速放大或缩小图片。

新手试练

选择一张合适的图片，使用钢笔工具对其进行抠取，抠取完成后放入其他背景中。

6. 使用通道进行抠图

通道抠图是指利用图像的色相差别或者明度差别来建立选区的一种方法，通道抠图通常比较精细，但会花费更多的时间。如抠取发丝时，一般都会使用通道进行抠取。下面介绍在Photoshop中抠取发丝的方法，其具体操作如下。

STEP 01 在Photoshop中打开素材文件（配套资源:\素材文件\第3章\美妆.jpg、美妆背景.jpg），打开"通道"面板，选择"蓝"通道，将其拖动到面板下方的"创建新通道"按钮 上，复制一个蓝通道，如图3-53所示。

扫一扫

操作演示

STEP 02 选择复制的蓝通道，选择【图像】/【调整】/【反相】菜单命令，反相显示图像，如图3-54所示。

图3-53　复制蓝通道

图3-54　反相

STEP 03 选择【图像】/【调整】/【色阶】菜单命令，或按"Ctrl+L"组合键打开"色阶"对话框，在其中对相关参数进行调整，将背景调整为纯黑色，如图3-55所示。

STEP 04 在工具箱中选择画笔工具　，设置画笔样式为"硬边圆"，将不透明度和流量都设置为"100%"，然后将前景色设置为白色，拖动鼠标将所要抠取的人物部分涂抹为白色，如图3-56所示。

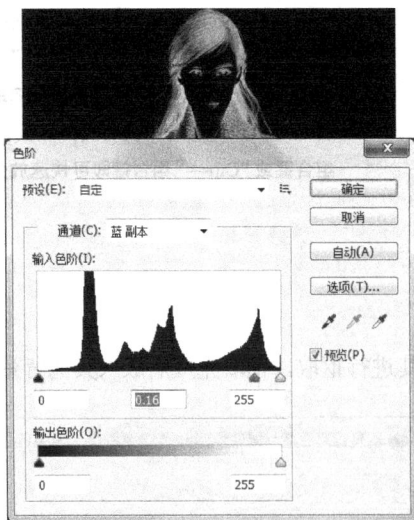

图3-55　调整色阶

图3-56　使用画笔工具涂抹

STEP 05 完成涂抹后，按住"Ctrl"键并单击该通道，载入选区。选择"RGB通道"图层，再返回"图层"面板，可发现已为人物部分建立了选区，如图3-57所示。

STEP 06 按"Ctrl+J"组合键复制选区到新图层中，使用移动工具　　将新建的图层拖动到其他背景中，调整其大小、位置，并为其添加投影，效果如图3-58所示（配套资源:\效果文件\第3章\美妆.psd）。

图3-57 建立选区

图3-58 更换背景

经验之谈:

　　在选择通道时，可分别查看3个通道的对比，选择对比最明显的通道，这样更方便涂抹和抠取。在涂抹人物部分时，如果想抠取得更精确一些，可以将画笔缩小再进行涂抹，特别是在涂抹细节和头发丝部分时，可以边涂抹边与RGB通道的图层进行对比，使涂抹部分更加精确。

3.1.13 批处理图片

　　由于网店商品非常多，单独处理特别浪费时间，如果需要对多张图片进行相同的操作，可以通过Photoshop的图片批处理功能来实现。下面介绍在Photoshop中创建动作并批处理图片的方法，其具体操作如下。

STEP 01 使用Photoshop打开一张素材图片（配套资源:\素材文件\第3章\女包\），选择【窗口】/【动作】菜单命令，打开"动作"面板，单击"创建新动作"按钮🔲，打开"新建动作"对话框，在"名称"文本框中输入该动作的名称，如"调整图片色调"，在"功能键"下拉列表中可以设置动作的快捷键，然后单击 记录 按钮，如图3-59所示。

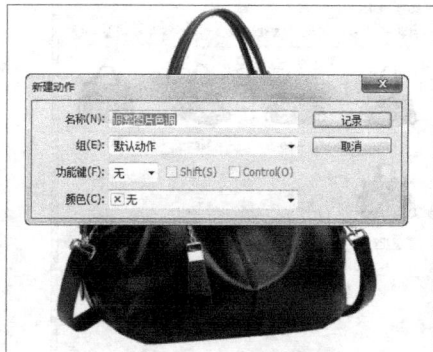

扫一扫

操作演示

图3-59 新建动作

经验之谈:

　　在Photoshop CS6中已经默认提供了很多批处理的动作，为了便于区分，在设置动作名称时，可设置为当前操作的名称。

STEP 02 记录动作之后，在"动作"面板中将显示正在录制的红色按钮。此时即可开始进行相应操作，如选择【图像】/【自动色调】菜单命令，如图3-60所示。

STEP 03 操作结束后，在"动作"面板中单击"停止播放/记录"按钮■，停止动作的录制，在"动作"面板中可查看该动作。选择【文件】/【自动】/【批处理】菜单命令，打开"批处理"对话框，在"动作"下拉列表中选择动作，在"源"下拉列表中选择需要处理的图片类型，单击 选择(C)... 按钮设置图片的来源，在"目标"栏中设置图片处理后保存的方式和位置，如图3-61所示。

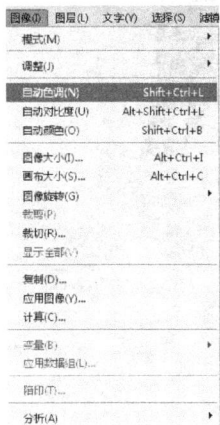

图3-60　记录动作

图3-61　设置图片来源和保存位置

经验之谈：

在批处理图片时，建议将图片单独保存在另外的文件夹中，不要覆盖原文件夹中的图片，以免误操作而丢失源图片文件。

STEP 04 单击 确定 按钮，Photoshop将自动对源文件夹中的图片进行批处理。在处理过程中，将打开一个对话框，提示对图片进行保存设置，在其中可设置图片的品质等，设置后单击 确定 按钮即可保存图片到目标文件夹中，如图3-62所示。

STEP 05 依次完成所有图片的处理后，打开目标文件夹即可查看所有图片的大小已被调整（配套资源\效果文件\第3章\女包\），如图3-63所示。

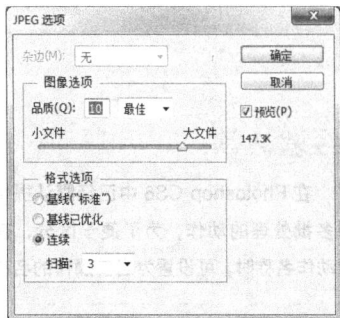

图3-62　保存图片

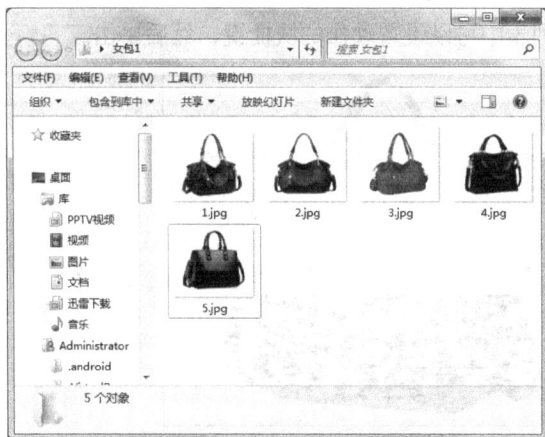

图3-63　查看处理的图片

3.2 使用图片空间管理商品图片

完善、充足的图片空间可以提升图片管理的效率，提高商品图片的展示速度和消费者的购物体验。

↘ 3.2.1 使用图片空间

装修店铺、宝贝图片等会使用大量的图片素材，这些素材都放置于卖家的图片空间中，图片素材越多，占用的空间越大。很多平台都会为卖家提供免费的图片存储空间，比如淘宝网为全网卖家免费提供20GB的图片空间。进行装修或发布宝贝前，卖家可将需要使用的图片上传到图片空间，当需要使用时即可直接从中选取。下面将在淘宝网中的图片空间中上传图片，其具体操作如下。

STEP 01 登录淘宝卖家中心，在左侧的列表框的"店铺管理"栏中单击"图片空间"超链接，如图3-64所示。

STEP 02 进入图片空间，在页面上方单击 上传图片 按钮，打开"上传图片"对话框，在其中的"通用上传"栏中单击 点击上传 按钮，如图3-65所示。

图3-64 进入图片空间

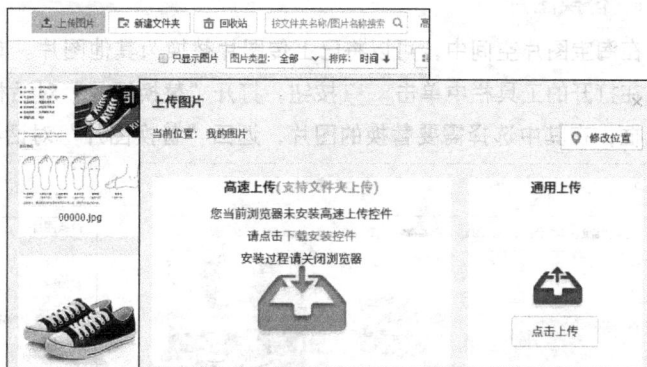

图3-65 上传图片

STEP 03 打开"打开"对话框，在其中选择需要上传的图片，单击 打开(O) 按钮，如图3-66所示。

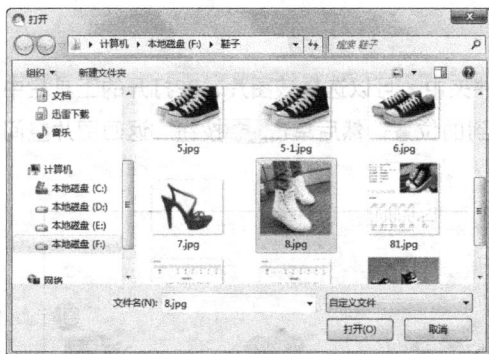

图3-66 选择图片

经验之谈：

淘宝网中上传的图片类型很多，可以新建图片文件夹对同类型图片进行分类。其方法是：在图片空间页面上方单击 新建文件夹 按钮，打开"新建文件夹"对话框，在文本框中输入"800×800"，单击 确定 按钮即可。

STEP 04 此时，将打开图片上传提示框，并显示图片上传进度，上传完成后，自动返回图片空间，即可查看上传的图片，如图3-67所示。

图3-67　查看上传的图片

3.2.2　管理图片空间

在上传图片时，如果没有对图片的类别进行设置，图片会默认存放在"默认分类"下。为了便于区分不同的图片，可以对图片进行管理。

1. 替换图片

在淘宝图片空间中，可以将已上传图片替换为其他图片。其方法为：在图片空间中选择需要替换的图片，在打开的工具栏中单击 替换 按钮，打开"替换图片"对话框，在其中单击 选择文件 按钮，打开"打开"对话框，在其中选择需要替换的图片，返回"替换图片"对话框，单击 确定 按钮即可完成替换，如图3-68所示。

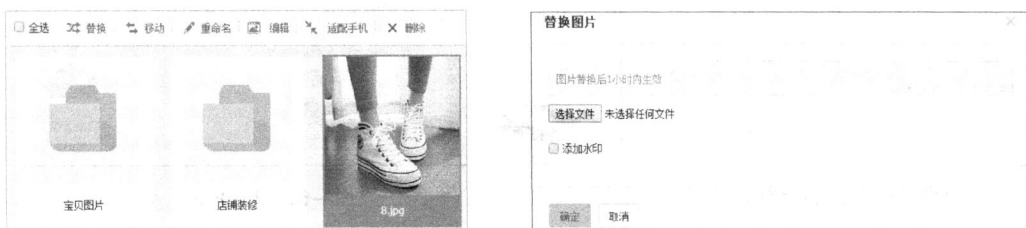

图3-68　替换图片

2. 移动图片

如果需要将默认上传到图片空间中的图片移动到其他文件夹中，可以选择该图片，在打开的工具栏中单击 移动 按钮，打开"移动到"对话框，在其中选择需要移动到的位置，然后单击 确定 按钮。返回图片空间，打开相应的文件夹即可查看被移动的图片，如图3-69所示。

图3-69　移动图片

3. 查看引用

图片空间中已被引用的图片右上角将显示"引"字，如果对引用的图片效果不满意或引用图片不正确，可对图片进行替换。其方法为：选择被引用的图片，在打开的工具栏中单击 ✂ 查看引用 按钮，打开"查看引用"对话框，在其中可查看引用该图片的位置，单击 替换 按钮，打开"替换图片"对话框，单击 选择文件 按钮，打开"打开"对话框，选择需要替换的图片，返回"替换图片"对话框，单击 确定 按钮，如图3-70所示，即可替换所选择位置的图片。

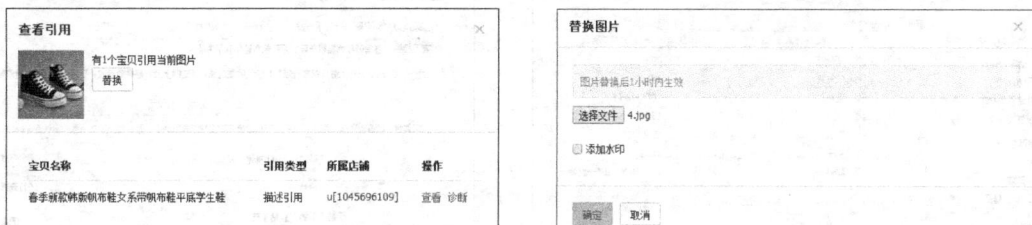

图3-70 查看引用

经验之谈：

适配手机是指将图片尺寸自动调整为适应手机端大小，可以方便卖家对移动端店铺进行装修。在图片空间中选择图片，在打开的工具栏中单击 ✍ 适配手机 按钮，即可将图片自动裁剪成可以适应手机端的尺寸。对于不需要的图片，可单击 ✕ 删除 按钮删除。

3.3 发布并修改商品

发布商品是指将商品信息上传至网上商店中。完成商品的发布之后，还可根据实际情况对商品信息进行修改。

3.3.1 发布一口价商品

在网上商店发布商品的流程基本类似，在发布商品之前都需要做一些准备工作，如了解商品信息、准备商品图片等。下面在淘宝网中发布一款帆布鞋，其具体操作如下。

STEP 01 在淘宝网首页单击"卖家中心"超链接，登录并进入卖家中心。在"卖家中心"首页的"宝贝管理"栏中单击"发布宝贝"超链接，如图3-71所示。

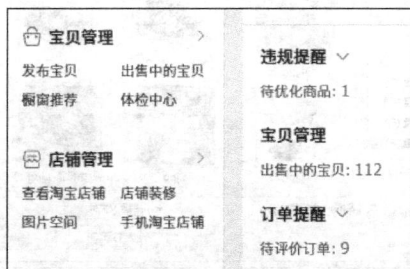

扫一扫
操作演示

经验之谈：

卖家的后台管理基本都可以通过卖家中心来进行操作，其中包括交易管理、物流管理、宝贝管理、店铺管理、营销管理、货源中心等。卖家不仅可以通过后台发布商品、装修店铺，还可选择营销工具推销商品、分析店铺等。

图3-71 登录卖家中心

STEP 02 进入商品发布页面，在左侧列表框中选择商品类目，如"女鞋"，在右侧打开的列表中选择商品的二级类目，如"帆布鞋"，再在右侧打开的列表中选择商品的品牌，单击 我已阅读以下规则，现在发布宝贝 按钮，如图3-72所示。

STEP 03 在打开的页面中继续填写商品的标题、卖点、属性等信息，如图3-73所示。

图3-72　选择商品类目

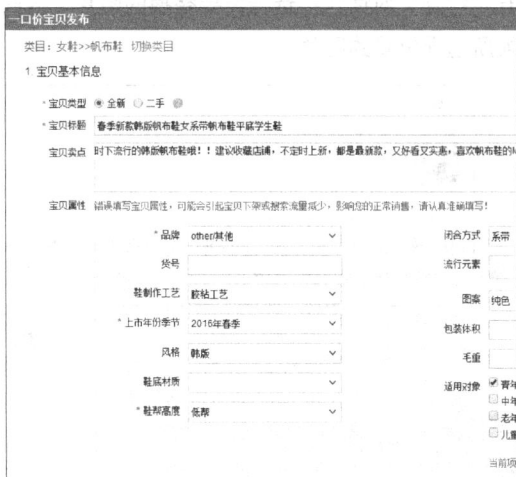

图3-73　填写商品信息

STEP 04 滑动鼠标滚轮，上传商品图片。单击"宝贝主图"的图片框，打开"图片空间"对话框，如图3-74所示。

图3-74　上传商品图片

经验之谈：

在设置商品类目时，也可直接搜索商品类型，然后在打开的列表中选择商品类目和二级类目。

STEP 05 在"图片空间"对话框中单击"上传新图片"选项卡，单击 点击上传 按钮，如图3-75所示。

STEP 06 打开"打开"对话框，在其中选择需要上传的商品图片，再单击 打开(O) 按钮，如图3-76所示。

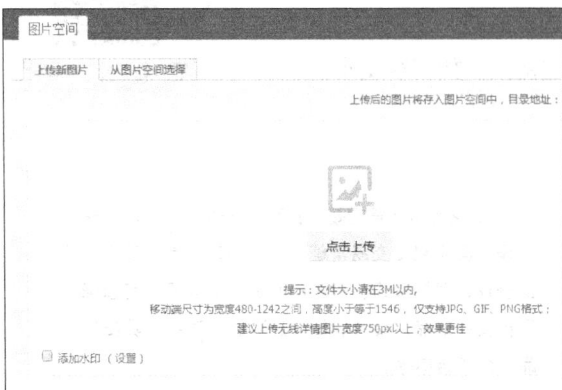

图3-75　选择本地上传

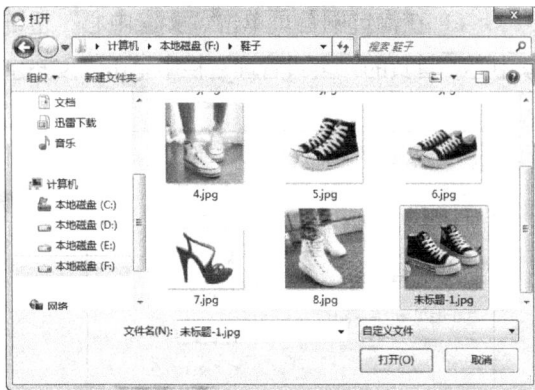

图3-76　选择商品图片

STEP 07 按照该方法，依次上传其他商品主图，效果如图3-77所示。

STEP 08 在"手机端宝贝图片"栏中单击选中"上传新图片"单选项，上传手机端商品主图，如图3-78所示。

图3-77 上传所有商品主图

图3-78 上传手机端商品主图

STEP 09 在"宝贝规格"的"颜色分类"栏中单击选中文本框前的复选框，将鼠标光标定位到文本框中，在打开的下拉列表中选择颜色，如图3-79所示。

STEP 10 单击文本框后的 上传图片 按钮，在打开的"图片空间"文本框中设置所选颜色的商品图片，然后依次设置商品的其他颜色，并上传图片，如图3-80所示。

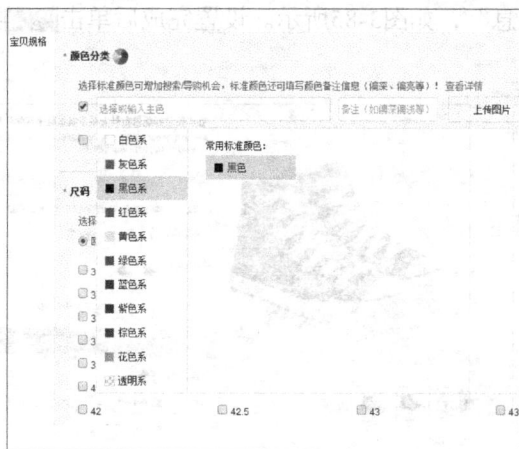

图3-79 设置商品颜色

经验之谈：

在设置商品颜色时，可以选择颜色，也可以手动输入颜色。在上传不同颜色的商品图片后，如果图片上传错误，可以单击其后的"删除图片"超链接删除图片，然后单击 上传图片 按钮重新上传。

图3-80 设置其他颜色

STEP 11 在"尺码"栏中设置商品的尺码，如图3-81所示。

STEP 12 在"宝贝销售规格"栏中输入商品的价格和数量，如图3-82所示。如果商品价格一样，可直接在"批量填充"栏中输入统一的价格和数量，单击 确定 按钮。

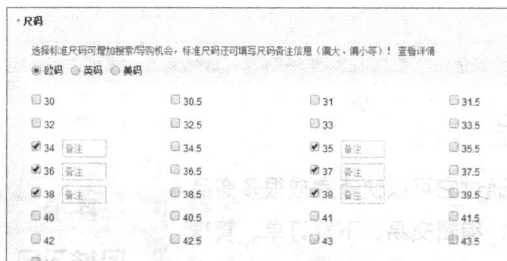

图3-81 设置商品尺码

图3-82 设置商品销售规格

STEP 13 在"电脑端描述"栏中设置商品详情描述。这里单击"添加图片"按钮 ，在打开的"图片空间"对话框中上传商品详情图片，效果如图3-83所示。

STEP 14 在"宝贝物流服务"栏中设置商品的物流方式，如图3-84所示。

经验之谈:

如果已经提前设置了物流方式，可直接在"运费模板"下拉列表中进行选择。如果未设置物流模板，可单击 新建运费模板 按钮新建物流模板，其新建方法将在第12章第2节详细讲解。

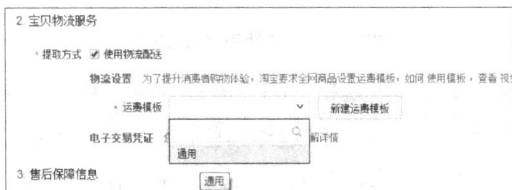

图3-83 编辑电脑端描述 　　　　　　　　图3-84 设置物流方式

STEP 15 依次设置"售后保障信息"和"宝贝其他信息"，如图3-85所示。设置完成后单击 发布 按钮，即可发布商品，效果如图3-86所示。

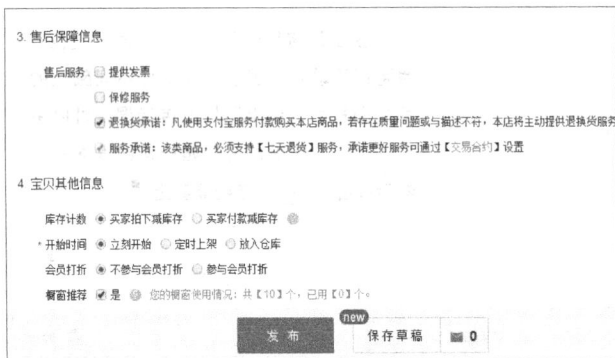

图3-85 设置信息 　　　　　　　　图3-86 发布商品

新手试练

根据实际需要，选择一款商品进行发布，发布时需要先准备好相关的资料，并将发布中遇到的问题记录下来。

↘ 3.3.2 使用淘宝助理批量发布商品

淘宝助理是一款功能十分强大的淘宝商品管理软件，通过它可以快速完成很多商品的管理操作，如快速创建商品、上传商品、批量编辑商品、编辑交易、下载订单、管理订单等。下面主要介绍使用淘宝助理创建并上传商品、批量编辑商品等操作。

1. 创建并上传商品

在使用淘宝助理之前首先需要下载并安装该软件，并通过淘宝账户和密码登录。下面介绍通过淘宝助理创建商品的方法，其具体操作如下。

扫一扫

操作演示

STEP 01 登录淘宝助理，在其工作界面中单击"宝贝管理"选项卡，在打开的界面中单击"创建宝贝"按钮⊞，如图3-87所示。

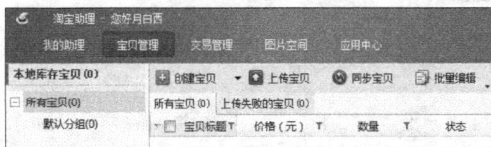

图3-87 创建宝贝

经验之谈：

在淘宝助理中创建宝贝时，选择类目、填写基本信息以及上传图片的方法与在"卖家中心"后台操作基本类似。同时，在"卖家中心"设置的各类模板，在淘宝助理中也可以直接选择。

STEP 02 打开"创建宝贝"对话框，在"基本信息"选项卡下单击"类目"文本框右侧的 选类目 按钮。打开"选择类目"对话框，在其中选择商品类目，然后单击 确定 按钮，如图3-88所示。

STEP 03 在"类目属性"栏中设置商品的品牌、工艺、材质、风格、上市年份等属性，然后在右侧的"宝贝标题""宝贝卖点""一口价""数量"文本框中输入相关内容，并设置"所在地"和"运费模板"，如图3-89所示。

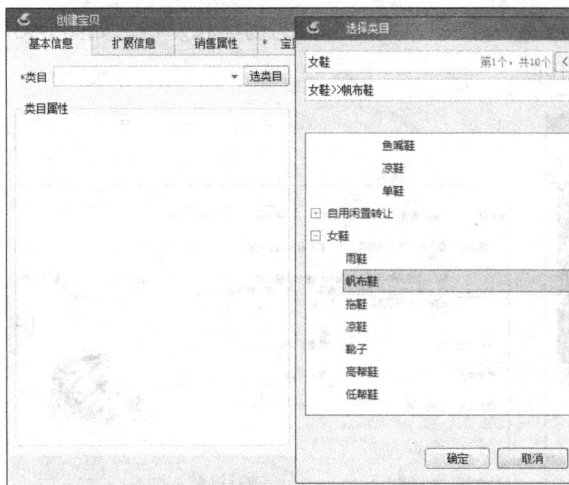

图3-88 设置商品类目

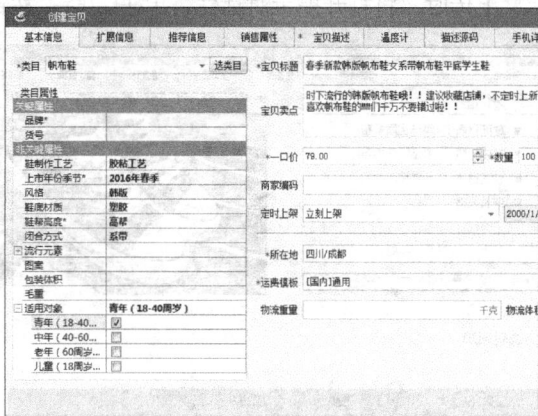

图3-89 设置商品属性

经验之谈：

在设置商品的类目属性时，应尽可能全面、准确和真实，不可随意设置。对于虚假不实的商品信息，淘宝网会对相关店铺进行惩罚，这样会严重影响店铺的健康运营。该要求同样适用于标题、主图和详情页的设置。

STEP 04 在"创建宝贝"对话框右侧单击"宝贝图片"选项卡，然后单击⊞添加图片按钮，打开"选择图片"对话框，在其中选择上传的商品图片，单击 插入 按钮，确认上传商品主图，如图3-90所示。

STEP 05 在"创建宝贝"对话框中单击"销售属性"选项卡，在左侧列表框中设置商品的颜色和尺码，然后在右侧设置商品的价格和数量，如图3-91所示。

图3-90　上传商品主图

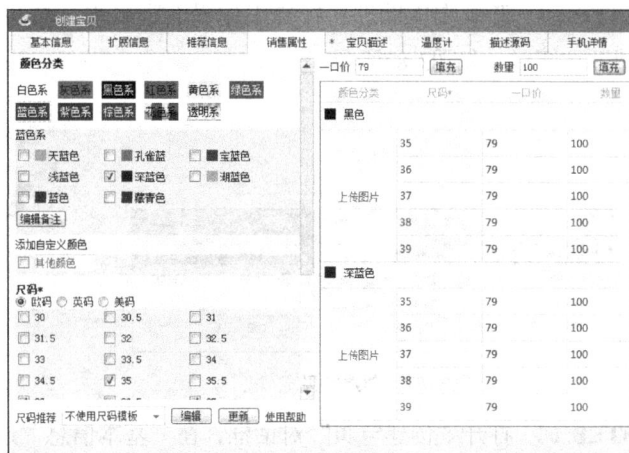

图3-91　设置商品颜色、尺码和价格

STEP 06 在"创建宝贝"对话框中单击"宝贝描述"选项卡，在其中编辑商品描述，或直接单击"插入图片空间图片"按钮，打开"选择图片"对话框，选择并上传商品描述页的图片，如图3-92所示。

STEP 07 设置完成后返回"宝贝管理"页面，单击 保存并上传 按钮，完成宝贝的创建和发布，如图3-93所示。上传时，将打开提示对话框，单击 上传 按钮即可。

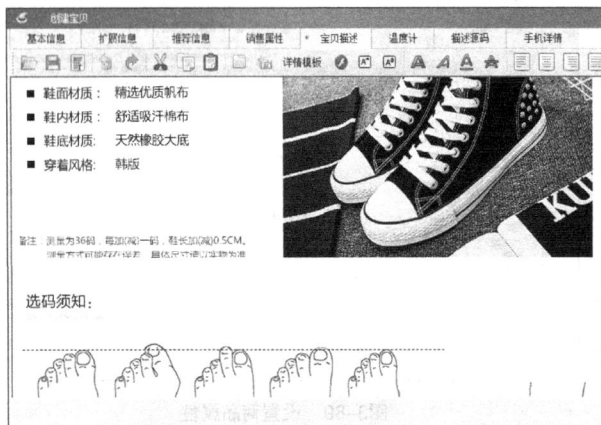

图3-92　设置商品详情

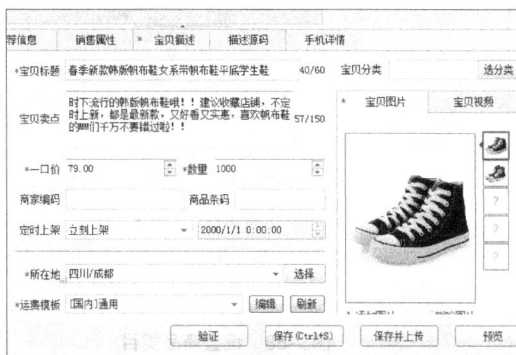

图3-93　保存并上传宝贝

2. 批量编辑商品

淘宝助理提供了批量发布宝贝的功能，可以帮助经营者快速发布商品。对于同一类型的商品，可以创建和应用统一的模板，省去商品创建过程中的重复操作。下面介绍批量发布商品的方法，其具体操作如下。

STEP 01 在淘宝助理的工作界面中单击"宝贝管理"选项卡，在左侧列表框中选择"宝贝模板"选项，在右侧单击 创建模板 按钮，如图3-94所示。

STEP 02 打开"创建模板"对话框，在左侧列表框中设置商品的类目和类目属性，在右侧列表框中设置宝贝标题、一口价、数量、运费模板等，如图3-95所示。

扫一扫

操作演示

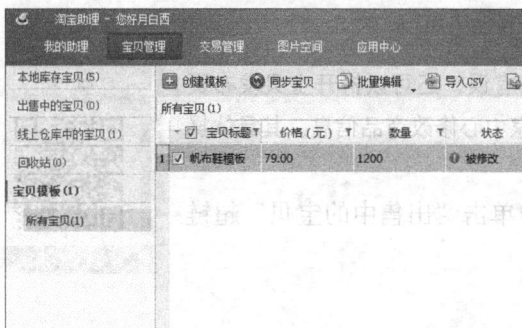

图3-94 创建模板

图3-95 填写商品基本信息

经验之谈：

> 在设置商品信息时，带 * 号的选项为必填选项，如果出现必填选项未填写的情况，在保存商品信息时，淘宝助理会给出相关提示。

STEP 03 单击"销售属性"选项卡，在其中设置商品的颜色和尺码；单击"宝贝描述"选项卡，在其中编辑商品描述。设置完成后单击 保存(Ctrl+S) 按钮，如图3-96所示。

STEP 04 在淘宝助理工作界面左侧列表框中选择"所有宝贝"选项，单击 创建宝贝 按钮右侧的下拉按钮 ，在打开的下拉列表中可以查看新建的模板，如图3-97所示。

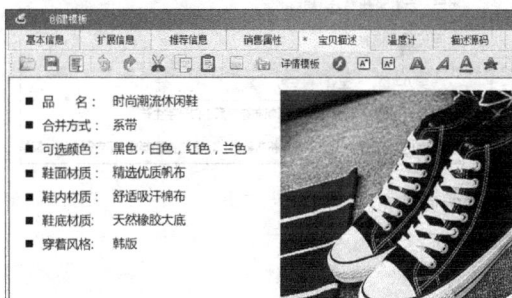

图3-96 编辑商品描述

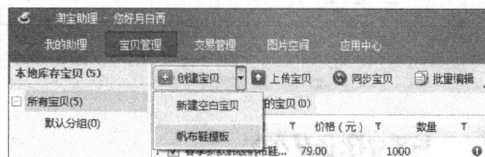

图3-97 查看模板

STEP 05 选择该模板，将打开"创建宝贝模板"对话框，在其中可对模板信息进行更改，更改完成后单击 保存(Ctrl+S) 按钮，即可将该商品信息保存到本地库存宝贝中。单击选中需要上传的商品前面的复选框，再单击 上传宝贝 按钮上传商品，如图3-98所示。

图3-98 批量上传商品

经验之谈：

> 淘宝助理的功能非常丰富，除了创建和上传商品之外，还可以进行交易管理、图片管理等。在"交易管理"选项卡中，可以查看和下载订单、打印快递单和发货单等。在"图片空间"选项卡中可以上传图片、查看店铺装修等。

↘ 3.3.3　修改商品信息

商品发布上架之后，如果发现商品信息不完善或者有误，还可以打开宝贝发布页面，重新编辑商品价格、名称、描述等。下面在淘宝卖家中心修改商品信息，其具体操作如下。

STEP 01 进入淘宝卖家中心，在"宝贝管理"栏中单击"出售中的宝贝"超链接，打开出售中的宝贝页面，如图3-99所示。

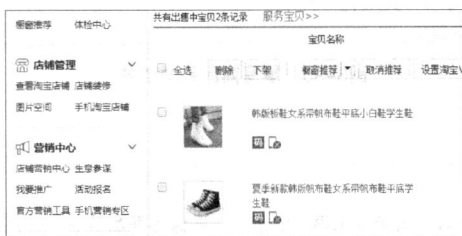

扫一扫

操作演示

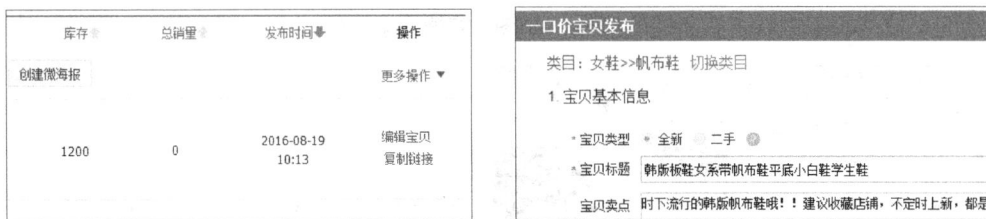

图3-99　进入出售中的宝贝页面

经验之谈：

在商品名称和价格后单击□按钮，可快速修改商品名称和价格。在修改名称时，可根据商品颜色和尺码的不同分别设置。

STEP 02 单击选中需要修改的商品前的复选框，并单击相应按钮，可对其进行下架、删除和橱窗推荐等操作。单击商品后的"编辑宝贝"超链接，可打开商品发布页面，在其中即可修改商品信息，如图3-100所示。

图3-100　修改商品信息

3.4　疑难解答

商品图片的美化是图片优化的重要内容，直接关系到商品的点击率和转化率。美化商品图片的目的是吸引用户查看和了解，在优化商品图片的同时，还应该保证图片的清晰度和真实性。下面主要针对一些常见的图片美化知识给出相应的解答和建议。

1. 哪一类商品图片需要调色？

答：一般来说，由于光线、拍摄器材等客观原因造成的商品照片与实际商品存在色差时，需要对图片颜色进行调整，还原图片本身颜色，使图片更具真实性。如果是使用正规拍摄方式和方法，在布光合理的环境中拍摄出来的商品图片基本都是不需要调色的，但有时候可根据主图背景、详情页风格等进行色调处理，使其与主图色调相融合。

2. 淘宝网店图片的尺寸要求是什么？

淘宝网对上传的图片大小有一定的要求，因此在制作和上传图片之前，首先需了解图片的大小。表3-1所示为淘宝网中常见的图片尺寸及具体要求。

表 3-1 淘宝网中常见的尺寸及具体要求

图片名称	尺寸要求	文件大小	支持图片格式
店标	建议：80 像素 ×80 像素	建议：80KB	GIF、JPG、PNG
宝贝主图	建议：800 像素 ×800 像素	小于 3MB	GIF、JPG、PNG
店招图片	默认：950 像素 ×120 像素 全屏：1920 像素 ×150 像素	建议：不超过 100KB	GIF、JPG、PNG
全屏海报	建议：1920 像素 ×400~600 像素	建议：小于 50KB	GIF、JPG、PNG
轮播图片	默认：950 像素 ×460~650 像素	建议：小于 50KB	GIF、JPG、PNG
分类图片	宽度小于 160 像素，高度无明确规定	建议：小于 50KB	GIF、JPG、PNG
导航背景	950 像素 ×150 像素	不限	GIF、JPG、PNG
页头背景	不限	小于 200KB	GIF、JPG、PNG
页面背景	不限	小于 1MB	GIF、JPG、PNG

3.5 课后实训

3.5.1 实训一：调整商品图片

【实训目标】

本实训要求使用Photoshop CS6的图片调整功能调整颜色灰暗、对比度较弱的素材图片（配套资源:\素材文件\第3章\玉.jpg），使图片色调更饱满，颜色更鲜明，效果如图3-101所示（配套资源:\效果文件\第3章\玉.jpg）。

图3-101 调整图片曝光度、对比度和色调

【实训思路】

根据实训目标，可依次使用图片调整中的"曝光度""亮度/对比度""色相/饱和度"菜单命令对图片进行调整，调整过程中可使用预览功能，预览调整的效果。

【步骤提示】

STEP 01 增加曝光度。打开素材，选择【图像】/【调整】/【曝光度】菜单命令调整曝光度。

STEP 02 增加对比度与亮度。选择【图像】/【调整】/【亮度/对比度】菜单命令调整亮度/对比度。

STEP 03 增加图像颜色饱和度。选择【图像】/【调整】/【色相/饱和度】菜单命令增加图片饱和度。

↘ 3.5.2 实训二：抠图并更换背景

【实训目标】

本实训要求在Photoshop中打开素材图片（配套资源:\素材文件\第3章\茶具.jpg、茶具背景.jpg），抠取茶碗并移动到茶具背景中，效果如图3-102所示（配套资源:\效果文件\第3章\茶具.psd）。

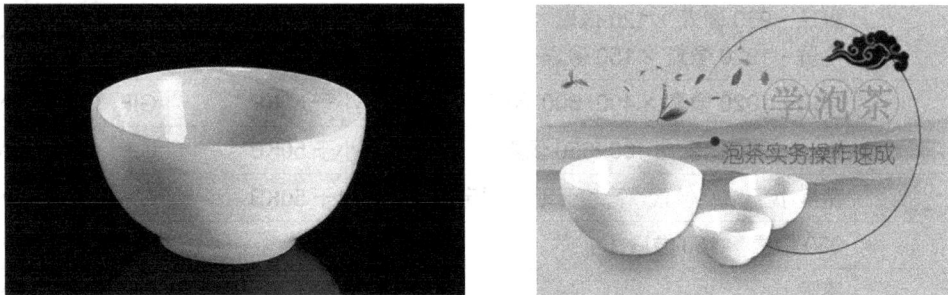

图3-102　抠图并更换背景

【实训思路】

根据实训目标，首先使用魔棒工具抠取茶碗，然后使用移动工具将其放入"茶具背景.jpg"文件中，调整茶碗的大小、位置，调整图片的亮度和饱和度，使图片颜色与背景更融合，然后为其添加投影效果。

【步骤提示】

STEP 01 为背景创建选区。使用魔棒工具单击选择黑色背景区域。

STEP 02 反选选区。按"Ctrl+Shift+I"组合键反选选区，为茶碗创建选区。

STEP 03 羽化选区。按"Shift+F6"组合键，在打开的对话框中设置羽化值为"1像素"。

STEP 04 移动选区。使用移动工具拖动选区到背景文件中，复制茶碗，按"Ctrl+T"组合键调整茶碗大小和位置，完成后按"Enter"键，双击茶碗图层，在打开的对话框中为茶碗添加投影效果。最后保存文件，完成抠图并更换背景的操作。

↘ 3.5.3 实训三：发布商品

【实训目标】

本实训要求将完成图片处理后的商品图片发布到淘宝店铺中，并设置商品信息。

【实训思路】

根据实训目标，首先需要将商品图片上传到淘宝图片空间，然后登录淘宝卖家中心、发布商品、设置商品类目，再依次制定商品的标题、价格、数量、物流等关键信息，设置完成后将其上传并发布到淘宝店铺中。

【步骤提示】

STEP 01 将商品图片上传到淘宝图片空间。登录淘宝卖家中心，在左侧列表框的"店铺管理"栏中单击"图片空间"超链接，进入图片空间，在页面上方单击 ⬆上传图片 按钮上传商品图片。

STEP 02 发布宝贝。在"卖家中心"首页的"宝贝管理"栏中单击"发布宝贝"超链接，进入商品发布页面。在左侧列表框中选择商品类目、品牌，单击 我已阅读以下规则，现在发布宝贝 按钮，在打开的页面中继续填写商品的标题、卖点、属性等信息，上传商品图片，设置商品颜色、尺码、物流等信息，设置完成后单击 发布 按钮，即可发布商品。

CHAPTER

04 店铺管理

商品从上架到售后这个过程比较漫长，为了更快、更稳定地出售商品，在卖家与买家交易的前后都需要对店铺进行各种管理。本章主要介绍店铺管理的相关知识，包括推荐商品、与买家交流、商品交易管理、店铺相关数据的分析和账目管理等。通过本章的学习，读者可以掌握交易过程中的管理知识。

- 推荐优势商品
- 使用千牛工作台与买家交流
- 商品交易管理
- 用千牛工作台管理店铺数据
- 用支付宝管理账目

本章要点

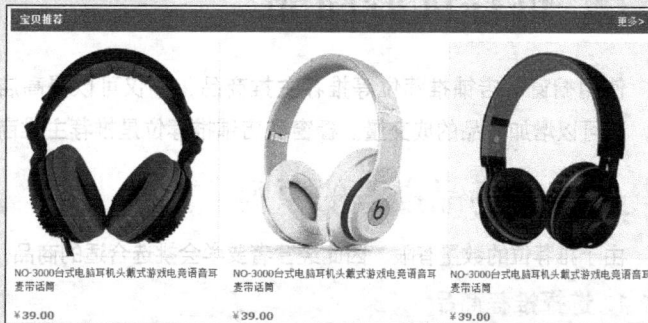

案例导入

及时沟通买家，避免投诉和差评

随着电子商务的快速发展，现在很多线下实体店纷纷选择开设网上店铺，多渠道销售自己的商品。尼瑞旗舰店也是这样一家由线下发展起来的网上店铺，主要出售饮水机、饮水桶等商品。

最近，尼瑞遇到一个难题。客服在处理售后问题时，不断收到买家的差评和投诉，店铺的综合评分明显下降，商品点击率虽然没有变少，但是销售额却下降了一大截。原来尼瑞为了保证每一台饮水机的质量，在将饮水机邮寄给买家之前，都进行了出水测试，仔细测验了饮水机是否漏水、出水口是否堵塞等问题，确定没问题之后才发货。但是在进行出水测试时，饮水机中难免会残留水渍，买家收到商品后，发现了这些水渍，以为卖家寄了使用过的饮水机，一怒之下直接给了差评。

这结果让卖家哭笑不得，原本是为了保障买家利益的一项举措，结果反而引起不知情的买家的差评。尼瑞知道，这是由于与买家沟通不足和沟通不及时造成的。为了避免这种"冤枉"的差评，尼瑞的客服在出售饮水机时，主动联系买家告知水渍的原因，让买家放心使用，还在饮水机上贴上贴心的小便签加以说明。果然，关于饮水机水渍的差评再也没有出现过。买家觉得这家店非常负责任，质量有保证，店铺评价逐渐变好。

"吃一堑，长一智。"尼瑞从这个差评事件中，深刻地认识到沟通不足带来的隐患。此后，贴心小便签上的内容越来越多，怎么正确安装饮水机、出水变小怎么办、饮水机使用注意事项等纷纷加入其中。为了更好地解决买家的各种问题，尼瑞还在小便签上留下了店铺微信公众号的二维码，邀请买家关注，为买家实时解决各种问题。

【案例思考】

在店铺经营过程中，可能遇到商品质量有问题，或买家使用不当产生的问题，及时有效地与买家沟通，可以降低店铺的中差评，赢得买家的好感。那么该如何进行及时有效的沟通呢？与买家沟通应该通过什么工具实现呢？

4.1 推荐优势商品

使用橱窗、店铺推荐位等推荐主推商品，不仅可以提高店铺的流量，使主推商品从众多商品中脱颖而出，还可以增加商品的成交量。橱窗和店铺推荐位是推荐主推商品时十分常用的一种营销手段。

↘ 4.1.1 商品推荐的原则

由于推荐位的数量有限，因此经营者要学会挑选合适的商品，在合适的时间，以合适的方式将其推荐出来。

1. 选择推荐商品

网上店铺的橱窗功能等同于实体店中的橱窗，不仅可以起到展示商品的作用，还能为店内带来更多的潜在顾客，提高其他商品的浏览量，因此选择适合的产品进行推荐非常重要。一般来说，选择推荐商品时需遵循以下内容。

● **性价比高的商品**：选择性价比高的商品是指将同类中具有一定优势的商品推荐到橱窗中，简而言之就是选择物美价廉的商品。

● 人气高的商品：很多买家在网上购物时都非常关注商品的人气和销量。人气高的商品更容易被消费者信任，因此选择人气高的商品不仅可以吸引到顾客，也更容易留住顾客。

● 命名完善的商品：在网上商店进行购物的消费者，很大一部分都是通过搜索关键词的方式寻找自己所需的商品。命名完善，符合消费者搜索习惯，商品卖点和特色又被概括出来的商品更容易被买家搜索和关注，同时，命名完善的商品也会获得更多的展示机会。

● 图片精美的商品：图片是消费者了解商品的主要途径，精美的图片更容易获得消费者的关注，从而提高商品被浏览的概率。此外，图片也与消费者的后续购买行为息息相关。

经验之谈：

> 除了上述原则外，在橱窗中也可以推荐低价商品，喜欢买便宜商品的买家在进行搜索时，低价格的商品更容易展示在前面。

2. 选择合适的方式

既然是放入橱窗位进行推荐，就一定要表现出商品值得推荐的亮点，并将其展示给消费者看。对于橱窗展示商品而言，主图精美和卖点突出是比较重要的。

主图精美是指主图必须符合展示要求，具体为图片大小符合要求，图片内容符合要求，图片清晰度符合要求，文案符合要求；突出卖点则是指在深刻剖析消费者需求后，充分结合商品特征，将商品卖点明确展示出来，牢牢吸引特定顾客群体。

3. 选择合适的时间

商品的上下架时间是网上开店中十分重要的一项知识，将其与橱窗推荐结合起来，即快下架的商品优先设置为橱窗推荐。按照淘宝规则，下架时间越近，其推荐位越靠前，获得展示的机会越大。如将商品上架时间设置为7天一个周期，则上架7天的商品可设置为橱窗推荐。

4.1.2 使用橱窗推荐商品

橱窗推荐是展示和推荐商品的常用途径之一，橱窗推荐的商品会集中显示在橱窗推荐中，根据店铺的级别和销售情况，橱窗推荐的位置在数量上会存在一些差异，合理利用好橱窗推荐位，可以大大提高商品的展示率和点击率。下面在淘宝卖家中心为商品设置橱窗推荐，其具体操作如下。

STEP 01 登录淘宝网首页，在"卖家中心"下拉列表中单击"出售中的宝贝"超链接，打开出售中的商品页面，如图4-1所示。

STEP 02 打开出售中的商品页面，单击选中需要推荐的商品前的复选框，在上方的工具栏中单击 橱窗推荐 按钮，如图4-2所示。推荐成功后，在商品前将显示"已推荐"字样。

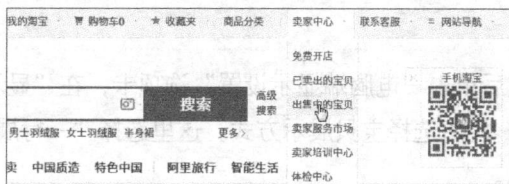

图4-1 查看出售中的商品

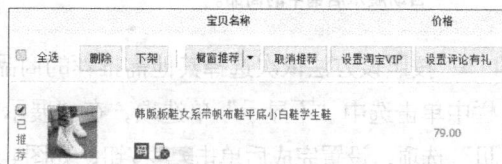

图4-2 设置橱窗推荐

STEP 03 将鼠标指针移至 橱窗推荐 按钮上，在打开的下拉列表中选择"橱窗设置"选项，打开"橱窗设置"对话框，在"宝贝推荐顺序"下拉列表中可设置推荐顺序，如"按人气"，设置完成后单击 确定 按钮。如图4-3所示。

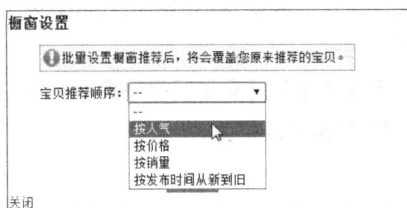

图4-3 设置橱窗推荐顺序

4.1.3　通过店铺推荐位展示商品

除了可以用橱窗推荐商品外，卖家也可以通过店铺推荐位展示商品，其具体操作如下。

STEP 01 在淘宝装修页面中添加"宝贝推荐"模块，在该模块上单击 ✐编辑 按钮，打开"宝贝推荐"对话框，单击选中"手工推荐"单选项，在下方的下拉列表中选择商品分类，在下方显示的商品中选择需要推荐的商品，并单击其后的"推荐"超链接，如图4-4所示。

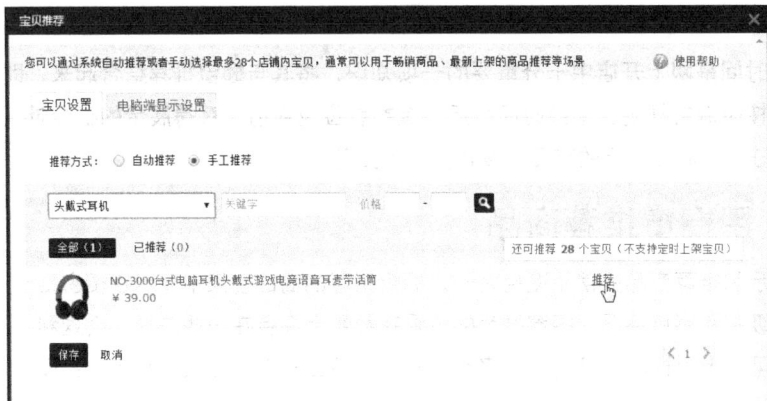

图4-4 选择需推荐的商品

STEP 02 按照该方法依次选择其他需推荐的商品，然后单击"电脑端显示设置"选项卡，在"显示标题"栏中单击选中"不显示"单选项，在"展示方式"栏中选择宝贝展示方式。这里选择"一行展示3个宝贝"选项，设置完成后单击 保存 按钮，如图4-5所示。

STEP 03 设置完成后，返回装修页面即可查看设置后的效果，如图4-6所示。

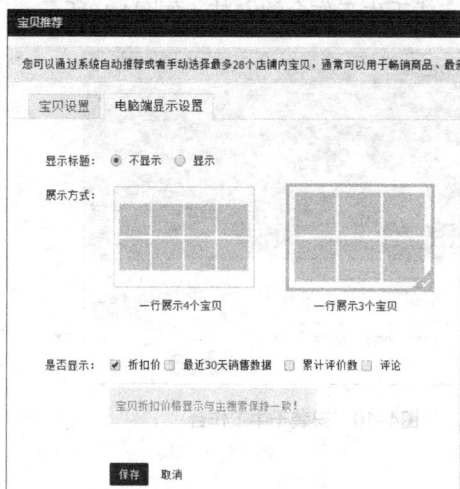

图4-5 设置展示方式

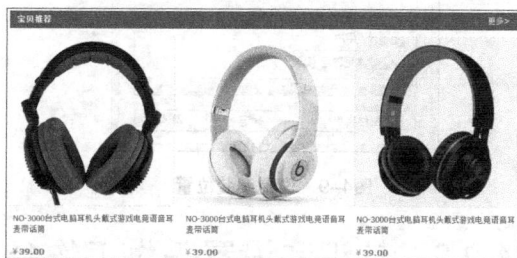

图4-6 宝贝推荐效果

4.2 使用千牛工作台与买家交流

　　交流与沟通是促进交易成功的前提，买卖双方在很多情况下都需要互相交流，如当买家拍下宝贝并未付款时、买家申请退款和取消订单时，或买家所提供信息不完整时。卖家只有及时了解买家的实际需求，才能更快地促成交易的顺利完成。千牛工作台是淘宝卖家与买家沟通的主要工具，可以在同一个窗口中并列显示多个买家聊天窗口，快速与不同的买家交流。

↘ 4.2.1 安装千牛工作台

　　在使用千牛工作台之前，首先要进行下载和安装。千牛工作台有PC端和移动端两种模式，这里主要安装PC端的千牛工作台。下面在阿里巴巴客户端产品族官网下载千牛Windows版的安装文件，然后进行安装，其具体操作如下。

STEP 01 打开阿里巴巴客户端产品族官网，在"我是卖家"栏中单击千牛的图标，打开千牛下载页面，单击 Windows版 按钮，下载软件，如图4-7所示。

STEP 02 打开下载对话框，设置下载文件的保存位置并开始下载。下载完成后双击千牛工作台安装软件，打开"千牛—卖家工作台安装向导"对话框，单击右下角的 自定义安装 按钮，如图4-8所示。

图4-7 下载千牛工作台

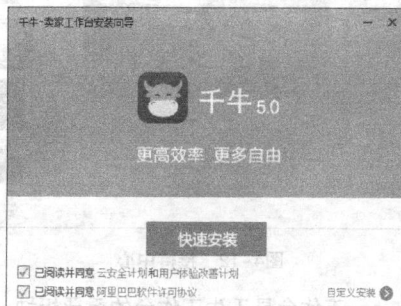

图4-8 打开安装向导对话框

STEP 03 在打开的对话框中单击 [浏览] 按钮，打开"浏览文件夹"对话框，在其中设置安装路径，如图4-9所示。设置完成后单击 [下一步] 按钮，按照安装向导的提示完成千牛工作台的安装，如图4-10所示。

图4-9　设置安装位置

图4-10　安装千牛工作台

↘ 4.2.2　认识和设置千牛工作台

安装完成后，通过淘宝的账号和密码即可登录千牛工作台。登录千牛工作台时将默认打开工作台首页，当然用户也可根据需要打开其他页面，为了更好地操作，还可以对千牛工作台进行一些基本设置。

1. 认识千牛工作台

千牛工作台主要包括4个板块，分别是接待中心、消息中心、工作台和搜索，如图4-11所示。下面简单地对每个板块的作用进行介绍。

- 接待中心：接待中心的功能类似于阿里旺旺，即通过这个板块可以接收和查看买家消息、与买家进行沟通交流。此外，还可以查看订单状态，如未完成、完成、关闭订单等，以及商品信息，如足迹、推荐、热销、橱窗等，如图4-12所示。

- 消息中心：消息中心是一个用于查看和阅读系统消息和服务号消息的板块，在该板块中卖家可以查阅旺旺系统消息、交易消息、安全提醒和商品消息等，还可查看千牛和淘宝官方发布的一些新闻资讯，如图4-13所示。

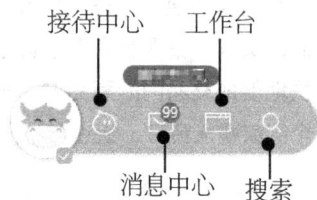

图4-11　千牛工作台的4个板块

图4-12　接待中心

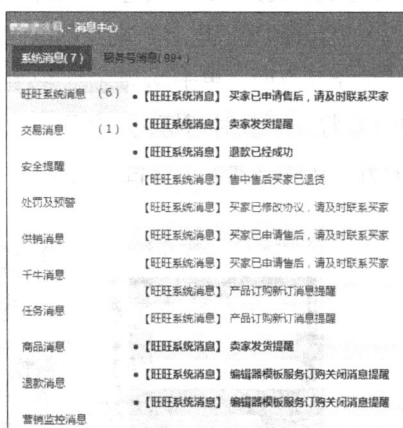

图4-13　消息中心

- 工作台：工作台是千牛工作台的重要板块，工作台首页中的"生意参谋"是一款用于分析店铺数据的非常实用的应用，可以查看店铺的访客、支付金额、支付买家数、退款金额、待处理订单等重要信息。在左侧提供了"常用网址""客户运营""服务""头条""火牛—限时打折"选项，如图4-14所示。其中，"常用网址"用于跳转到店铺管理与店铺装修的对应页面；通过"客户运营"选项可以对店铺的访客进行分析；"服务"选项用于设置千牛提供的店铺装修模板、数据分析工具等；"头条"用于查看店铺装修与营销的一些咨询与技巧软文，若订购了"火牛—限时打折"服务，将显示在左侧列表的下方。

图4-14 工作台

● 搜索：主要用于对插件的搜索，在文本框中输入相关插件，在打开的下拉列表中即可显示相关插件的名称。

2. 千牛工作台的系统设置

千牛工作台的系统设置主要包括基本设置、消息中心、聊天设置、个性设置、安全设置和客服设置等内容，在任务栏的系统通知区域的千牛图标上单击鼠标右键，在弹出的快捷菜单中选择"系统设置"命令，打开"系统设置"对话框，在其中即可进行相关设置。其设置方法比较简单，单击需设置的选项卡，在右侧单击选中相应的单选项或复选框即可。如要设置自动回复的客服短语，可在"客服设置"选项卡下选择"自动回复设置"选项，在右侧的界面中单击"自动回复短语"选项卡，单击 新增 按钮添加自动回复的短语，然后单击"设置自动回复"选项卡，单击选中需要设置自动回复选项前的复选框，在下拉列表中选择所需的回复短语即可，如图4-15所示。

图4-15 设置客服自动回复

4.2.3 联系人管理

联系人管理是网店客户管理中十分重要的一环，完善的联系人管理可以为店铺发展更多的忠实客户和老客户，提高店铺的回购率。当联系人数量较多时，也需分别对其进行分类管理，便于区分。

1. 查找和添加联系人

对于经常在店铺中浏览或购买商品的顾客，可以将其添加为好友，主动与其沟通，将其发展为长期顾客。下面使用千牛工作台查找并添加好友，其具体操作如下。

STEP 01 登录千牛工作台，单击 按钮打开接待中心界面，在左上方的搜索文本框中输入好友名称，如图4-16所示。

STEP 02 在打开的下拉列表中单击"在网络中查找"超链接搜索好友，搜索结果将显示在搜索下拉列表中，单击好友名称后的+按钮，如图4-17所示。

STEP 03 此时，将打开添加好友成功的提示框，在"选择组"下拉列表中为好友设置分组，设置完成后单击 完成 按钮完成添加，如图4-18所示。也可单击 发送消息 按钮打开聊天界面，向好友发送消息。

图4-16　输入好友名称	图4-17　搜索好友	图4-18　添加好友

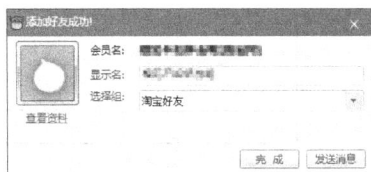

2. 联系人管理

好友数量较多时，建议对好友进行管理，将联系人分别放置于不同分组中，以便更好地进行区分、查看和管理。在千牛工作台中可以新建组，并将好友从一个组移动到另一个组，也可以对好友的备注名称进行修改。其方法为：在接待中心界面上单击"我的好友"图标 ，在打开的联系人列表的组名称上单击鼠标右键，在弹出的快捷菜单中选择"组管理"命令，打开"组管理"对话框，在其中单击 添加组 按钮新建一个组，并输入组名称，新建完成后单击 关闭 按钮关闭对话框，如图4-19所示。返回千牛工作台的接待中心界面，在需移动的好友名称上单击鼠标右键，在弹出的快捷菜单中选择"移动好友"命令，打开"选择组"对话框，在其中选择需要移动到的组，然后单击 确定 按钮即可移动好友，如图4-20所示。

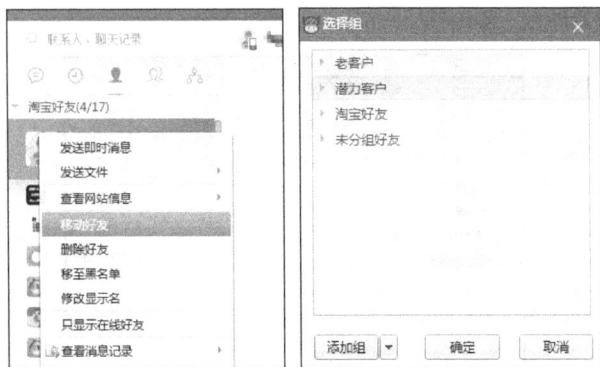

图4-19　新建组	图4-20　移动好友

4.2.4　与买家交流

千牛工作台是卖家与顾客沟通的主要平台，提供了同时与多个买家聊天的功能，还可以实时查看当前聊天对象的信息，包括客户信息、商品信息和订单信息等。

1. 发送文字消息

与买家交流主要通过聊天窗口进行，卖家可以在窗口中输入文字并对文字进行编辑。下面在千牛工作台中编辑文字格式并发送消息，其具体操作如下。

STEP 01 在千牛工作台的接待中心界面中选择好友，打开与该好友的聊天界面，单击聊天框上方的 T 按钮，在打开的字体下拉列表中设置聊天字体，在"字号"下拉列表中设置字号，也可根据需要单击 **B**、*I*、U 按钮，分别为文字添加加粗、倾斜、下划线效果，如图4-21所示。

STEP 02 单击"颜色"按钮，在打开的下拉列表中选择文字的颜色，如图4-22所示。设置完成后再次单击 T 按钮，隐藏字体格式设置栏。

图4-21　设置文字格式

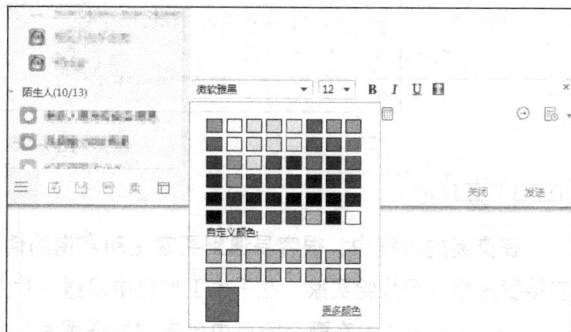

图4-22　设置文字颜色

STEP 03 设置好字体格式后，即可在下方的输入栏中输入文本信息，输入完成后单击 发送 按钮或按"Enter"键发送消息，如图4-23所示。

STEP 04 发送后，即可在上方的聊天内容显示框中查看发送的消息，如图4-24所示。

图4-23　输入信息

图4-24　查看发送的消息

2. 发送表情

适当地发送表情，可以使买家感觉更加亲切，拉近与买家的距离，促进交流的顺利完成。发送表情的方法是：单击聊天窗口中的"表情"按钮☺，在打开的列表框中可选择"基本表情""我的表情""淘公仔"和"天猫"4个选项卡中不同的表情，完成选择后单击 发送 按钮或按"Enter"键发送即可，如图4-25所示。

图4-25　发送表情

3. 发送图片

在交易的过程中，很容易遇到买家主动咨询的情况，当遇到文字不容易表述或不方便表述的情况时，可直接发送相应图片给买家。在千牛工作台中发送图片主要分为传送图片和屏幕截图两种模式。

● 传送图片：在聊天窗口中单击"发送图片"按钮☐，打开"打开"对话框，在其中选择需要的图片后单击 打开(O) 按钮。此时图片被插入聊天窗口中，单击 发送 按钮发送即可，如图4-26所示。

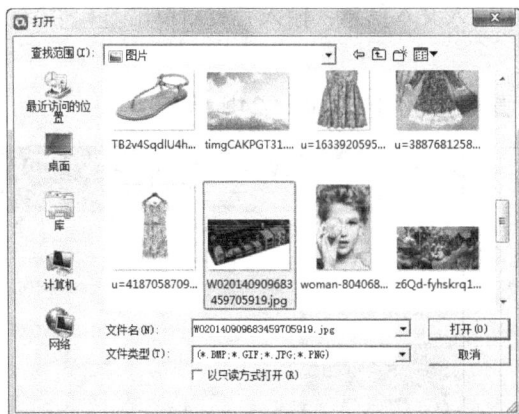

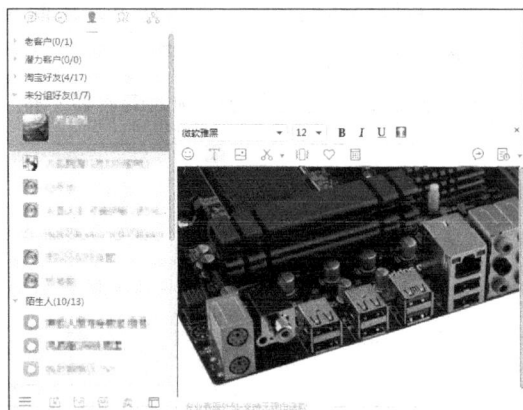

图4-26　传送图片

● 屏幕截图：在聊天窗口中单击"屏幕截图"按钮⊠，此时鼠标指针将变为十字形状，拖动鼠标截取需要的屏幕图片，完成后双击鼠标即可将图片插入到聊天窗口，按"Enter"键发送即可。图4-27所示为将宝贝的评价板块截图给买家，增强商品的说服力。

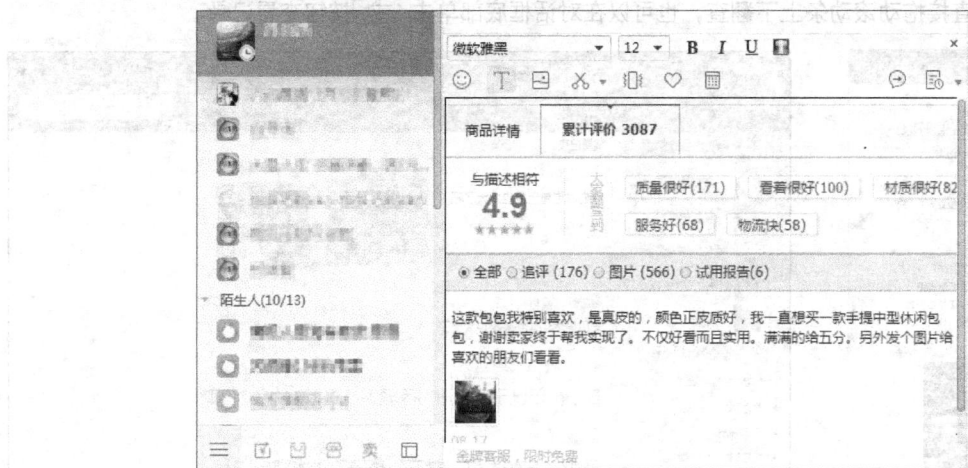

图4-27　插入屏幕截图

经验之谈：

使用千牛工作台可以同时对多个客户发送消息。其方法是：在需要进行群发消息的组上单击鼠标右键，在弹出的快捷菜单中选择"向该组成员群发即时消息"命令，打开"群发即时消息"对话框，在其中输入需要的内容后，单击 发送 按钮即可。

4. 回复买家信息

当买家主动给卖家发送消息时，千牛工作台将发出声音提醒，同时在任务栏中显示消息提示，如图4-28所示。单击任务栏的提示图标，再单击发出消息的联系人的名称，即可查看消息，在输入栏中输入回复信息，输入完成后单击 发送 按钮发送消息即可。

图4-28　回复买家信息

5. 管理聊天信息

在千牛工作台中可以管理与买家交流的信息，如查看聊天记录、导入与导出消息等。

● 查看聊天记录：在好友聊天界面的工具栏中单击"查看消息记录"按钮，在右侧打开的页面中将显示与该买家交流过的信息，在该页面下方单击"打开消息管理器"按钮，打开"消息管理器"对话框，在其中选择相应的联系人，即可查看与该联系人的交流信息，如图4-29所示。在查看消息记录时，可以直接拖动滚动条上下翻查，也可以在对话框底部单击◁或▷按钮查看记录。

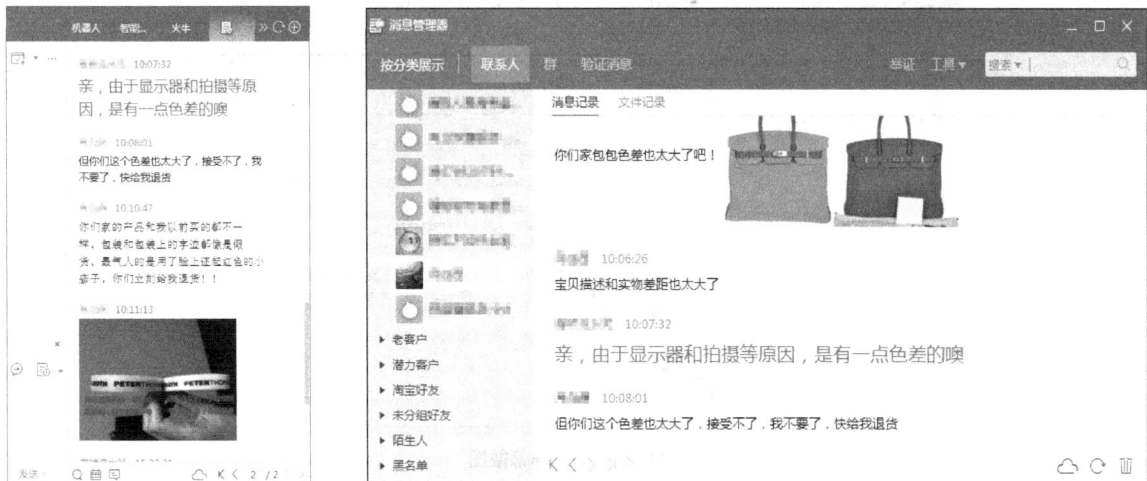

图4-29　消息管理器

● 导入消息：打开"消息管理器"对话框，单击顶部的 工具 按钮，在打开的下拉列表中选择"导入"选项，在打开的对话框中选择需要导入的消息，单击 打开(O) 按钮即可。千牛工作台支持导入.wmd、.bak、.ind后缀名文件类型的消息。

● 导出消息：打开"消息管理器"对话框，单击顶部的 工具 按钮，在打开的下拉列表中选择"导出"选项，在打开的对话框中设置导出的时间范围和需要导出的消息类型，单击 确定 按钮，打开"导出"对话框，在其中设置导出的路径和名称后，单击 保存(S) 按钮即可。

4.3　商品交易管理

千牛工作台是一个非常实用的淘宝店铺管理工具，通过千牛工作台可以直接对淘宝店铺的商品上下架、商品信息、订单发货、退款管理、关闭交易、评价买家等交易相关内容进行管理，而不需要通过浏览器登录淘宝账户进行操作。

4.3.1　商品上下架

商品的上下架可以通过淘宝卖家中心的"出售中的宝贝"页面进行管理，也可以通过千牛工作台进行管理。下面在千牛工作台中进行商品的上下架管理，其具体操作如下。

STEP 01 登录千牛工作台，打开接待中心界面，在界面左下角单击"出售中的宝贝"按钮，在打开的对话框中单击 确定 按钮，如图4-30所示。

STEP 02 在千牛工作台中打开"出售中的宝贝"页面，单击选中需下架的商品前的复选框，单击 下架 按钮将商品下架，如图4-31所示。

扫一扫

操作演示

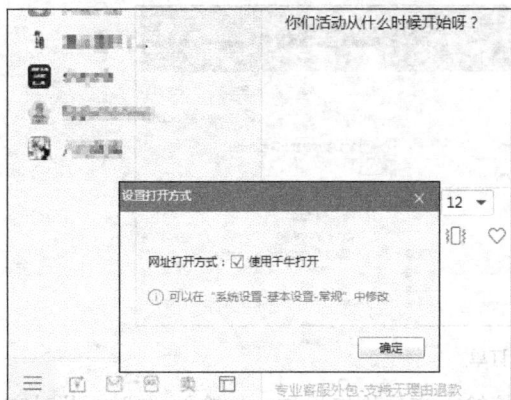

图4-30　打开出售中的宝贝

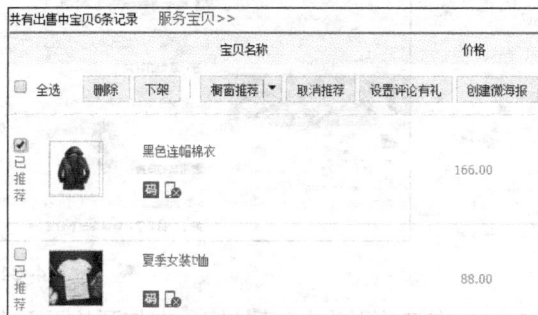

图4-31　下架商品

STEP 03 在"宝贝管理"栏单击 按钮展开宝贝管理列表，单击"仓库中的宝贝"超链接，查看下架后存放于仓库中的宝贝，如图4-32所示。

STEP 04 单击选中仓库中需重新上架的商品前的复选框，单击 上架 按钮，即可重新上架所选商品，如图4-33所示。

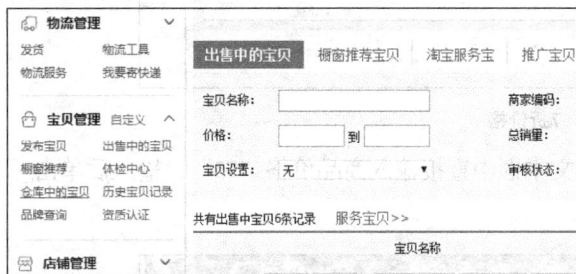

图4-32　查看仓库中的宝贝

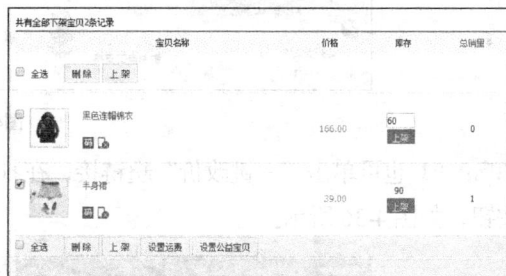

图4-33　重新上架商品

经验之谈:

淘宝店铺中的商品，一般不建议删除，可将商品下架放入仓库中，等到需要时再重新上架。如果不再售卖该商品，确实需要将其删除时，可在"出售中的宝贝"页面或"仓库中的宝贝"页面中通过 删除 按钮进行删除。

4.3.2　商品信息修改

买家在店铺中浏览商品并提交订单后，在千牛工作台中即可查看订单信息。如果买家与卖家交流后，卖家需要修改订单商品的价格、地址等，也可以通过千牛工作台实现。下面介绍使用千牛工作台修改交易中商品信息的方法，其具体操作如下。

STEP 01 登录千牛工作台，进入接待中心界面，在页面右侧单击"订单"选项卡，该选项卡下方包含"全部""未完成""已完成""已关闭"4个选项卡，单击"未完成"选项卡查看订单商品，如图 4-34 所示。

扫一扫

操作演示

图4-34　查看订单

STEP 02 在订单下单击改价按钮，在打开的页面中可直接输入商品价格折扣，如输入"7"，此时商品价格将自动按 7 折价格显示，如图 4-35 所示。

图4-35　7折价格

STEP 03 也可单击"一键改价"超链接，在打开的文本框中直接输入商品价格"75"，输入后单击确定按钮，如图 4-36 所示。

图4-36　一键改价

STEP 04 修改完成后单击保存按钮，返回即可查看到商品价格已完成修改，如图 4-37 所示。

图4-37　查看一键改价效果

STEP 05 在商品信息下方单击 催付 按钮，在打开的下拉列表中可以选择催付信息，也可以单击 编辑 按钮，自定义催付内容，如图 4-38 所示。

图4-38 催付

STEP 06 在商品信息下方单击 备注 按钮，在打开的下拉列表中可以填写备注信息，如图 4-39 所示。

图4-39 添加备注信息

STEP 07 当买家完成付款之后，在千牛工作台可查看到买家已付款，如图 4-40 所示。

图4-40 买家已付款

STEP 08 完成付款后，如需修改收货地址，可单击 地址 按钮，查看买家地址、联系方式等信息，在右下角单击 发送地址 按钮，可将地址发送到聊天框中供买家确定。若需要修改，可单击"修改"超链接，在打开的页面中修改收货地址、联系方式等信息，修改完成后单击 保存 按钮即可，如图 4-41 所示。

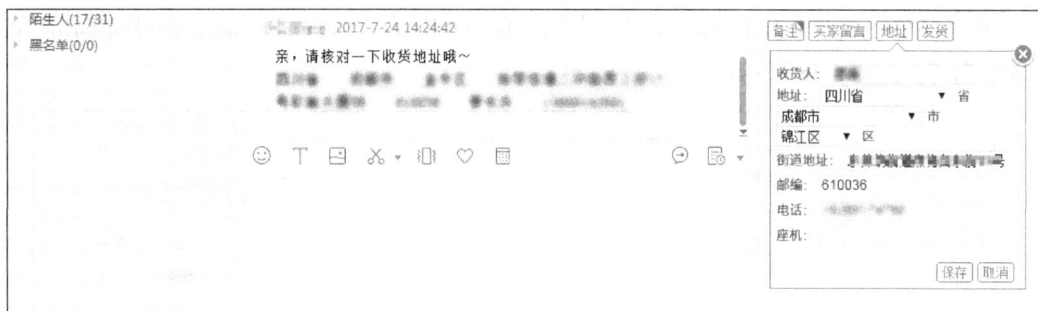

图4-41　修改收货地址

↘ 4.3.3　订单发货

买家完成付款后，如果商品需要邮寄，则需要卖家联系快递，填写快递单号并发货。下面在千牛工作台中发货，其具体操作如下。

STEP 01 确认信息无误后，即可发货。在接待中心页面底部单击"卖家中心"按钮，打开卖家中心页面，在"交易管理"栏中单击"已卖出的宝贝"超链接，查看已卖出的宝贝，然后单击 发货 按钮，如图4-42所示。

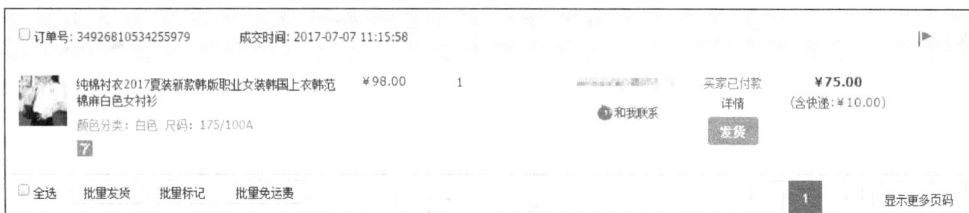

图4-42　发货

STEP 02 打开发货页面，选择发货方式。这里单击"在线下单"选项卡，在选择的快递公司后单击 选择 按钮，并输入运单号码，再单击 确认 按钮，继续根据提示完成发货操作，如图4-43所示。

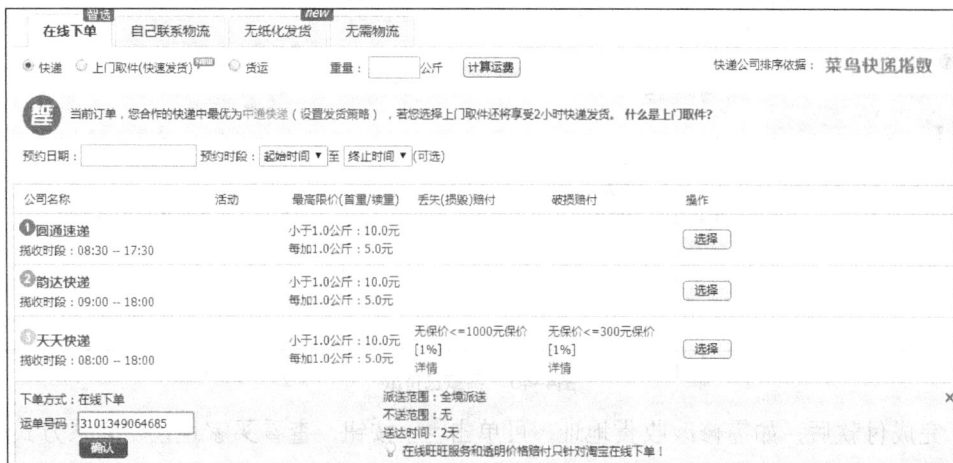

图4-43　选择快递公司并输入订单号码

STEP 03 若是无需发货的商品或同城交易商品，也可以在发货页面选择无需物流直接发货，即无需填写快递单号即可完成发货，如图4-44所示。

图4-44 发货成功

4.3.4 退款处理

在商品交易的过程中，当买家不需要已购买的商品，或由于某种原因申请退货或者退款时，一般会向卖家提出退款申请，买卖双方协商一致即可进行退款操作。下面通过千牛工作台进入"退款管理"页面，进行退款操作，其具体操作如下。

STEP 01 在千牛工作台接待中心页面底部单击"卖家中心"按钮卖，打开卖家中心页面，在"客户服务"栏中单击"退款管理"超链接，进入退款管理页面，在该页面中即可查看买家申请退款的商品，如图4-45所示。

图4-45 查看买家申请退款的商品

STEP 02 单击"退款待处理"超链接，即可查看退款商品的信息，如果同意退款，即可单击 同意退款申请 按钮，完成退款申请，如图4-46所示。同意退款后，在打开的页面中输入支付宝密码即可完成退款。若是拒绝退款申请，则可单击"拒绝退款申请"超链接，在打开的页面中，卖家需要填写拒绝退款申请的理由，如图4-47所示。

图4-46 同意退款

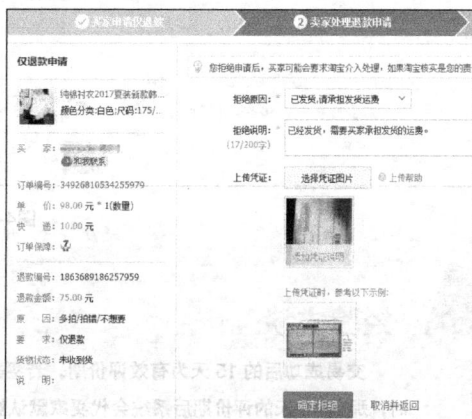

图4-47 拒绝退款申请

经验之谈：

　　处理退款申请时，主要有同意退款申请、拒绝退款申请和申请介入 3 个选项，卖家一般可先与买家沟通，了解具体情况后再做出决定。一般来说，退款申请建议买卖双方协商解决，寻求淘宝介入后，若是判定卖家责任，则会影响店铺的退款纠纷率。

4.3.5　关闭交易

　　当商品订单出现买家取消购买、买家重新下单等情况时，可以在"已卖出的宝贝"页面取消该订单。其方法为：在千牛工作台接待中心页面中单击"卖家中心"按钮 卖，打开卖家中心页面，在"交易管理"栏中单击"已卖出的宝贝"超链接，打开"已卖出的宝贝"页面，在需要关闭交易的商品的"交易状态"栏中单击"关闭交易"超链接，在打开的提示框中设置交易关闭的原因，单击 确定 按钮即可，如图4-48所示。

图4-48　关闭交易

4.3.6　评价买家

　　完成订单之后买家可以对商品做出评价，同样卖家也可以对买家进行评价。其方法为：在"已卖出的宝贝"页面中需评价的商品的"评价"栏中单击"评价"超链接，打开评价页面，在其中设置"好评""中评""差评"，并输入评价内容，然后单击 发表评论 按钮，如图4-49所示。

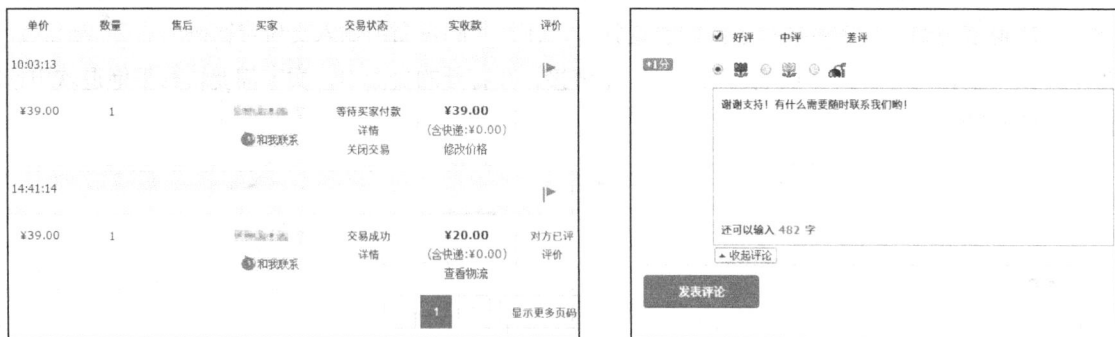

图4-49　评价买家

经验之谈：

　　交易成功后的 15 天为有效评价期，若买家在评价期内未作出评价，卖家可先对交易作出评价且卖家作出好评时，那么 15 天的评价期后系统会代买家默认给出好评。

4.4 用千牛工作台管理店铺数据

通过千牛工作台的接待中心可以与买家交流，可以进行交易和商品管理。而通过工作台，则可以查看和分析店铺的销售数据，实时了解店铺的流量、访客等。

4.4.1 查看店铺数据

使用生意参谋查看店铺数据，有利于卖家实时掌控店铺销售环境，并根据数据分析情况做出相应决策。下面在生意参谋中查看店铺营销数据，提取指定日期的销售数据，并查看淘宝课程，其具体操作如下。

STEP 01 在千牛工作台缩略界面中单击"工作台"按钮 打开工作台，在首页的"生意参谋"栏中查看实时数据和经营状况，如图4-50所示。

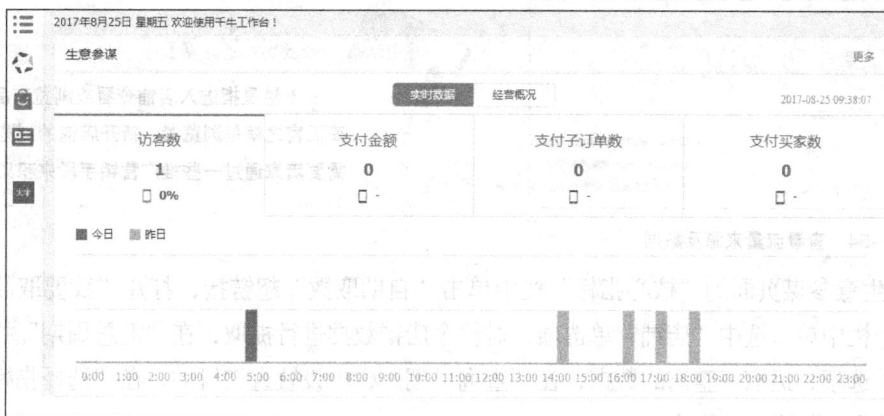

图4-50 查看实时数据和经营状况

STEP 02 在"生意参谋"栏中单击"更多"超链接，打开"生意参谋"页面，在其中查看实时数据，如图4-51所示。

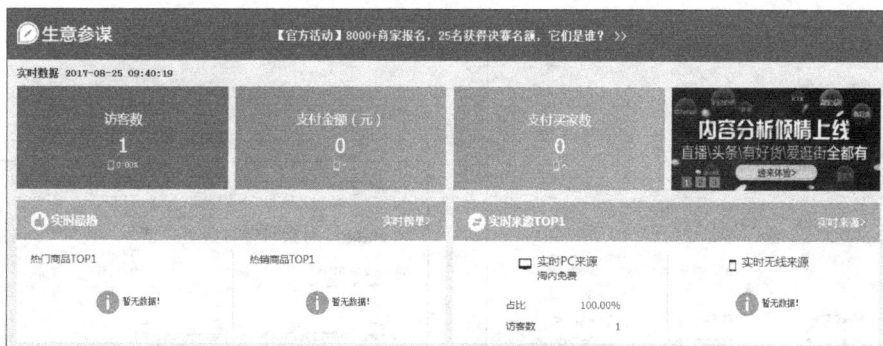

图4-51 打开生意参谋

STEP 03 在生意参谋首页的"实时最热"栏中单击"实时榜单"超链接，在打开的页面中可以查看店铺热卖商品和商品榜单，如图4-52所示。

STEP 04 在"实时榜单"页面中单击某商品后的 按钮，可以查看该商品的具体访问数据趋势图，如图4-53所示。

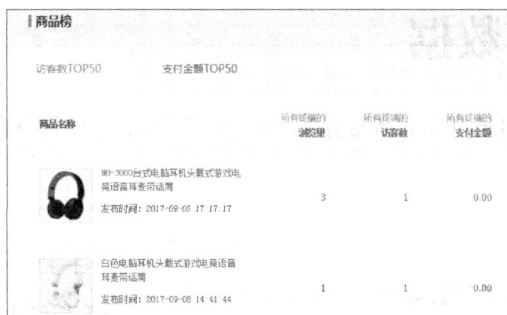

图4-52　实时榜单

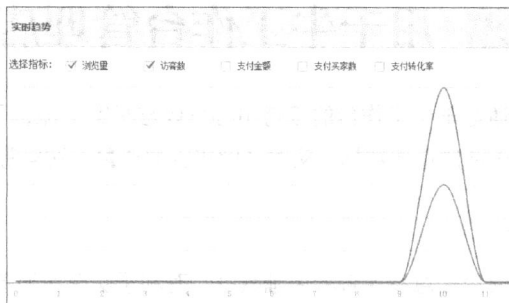

图4-53　查看商品访客实时趋势图

STEP 05 在生意参谋首页的"实时来源TOP1"栏中单击"实时来源"超链接，在打开的页面中可以查看店铺流量的来源，如图4-54所示。

图4-54　查看流量来源及数据

> **经验之谈：**
>
> 流量是指进入店铺查看或浏览产品的独立IP，简而言之就是浏览量。新开店铺的浏览量一般较少，需要卖家通过一些推广营销手段来积累流量。

STEP 06 在生意参谋页面的"核心指标"栏中单击"自助取数"超链接，打开"我要取数"页面，在"分析维度"栏中单击选中"店铺"单选项，对整个店铺数据进行提取，在"汇总周期"栏中单击选中"自然周"单选项，提取一整周的数据，在"查询日期"栏中设置查询日期，在"选择指标"栏中选择需要提取的数据，如图4-55所示。

STEP 07 所提取的数据将显示在列表框下方，并显示提取数据的数量。若需删除已提取的数据，可单击数据选项后的×按钮，确定所需提取的数据无误后，单击 预览数据 按钮，在打开的页面中即可预览提取的数据，如图4-56所示。

图4-55　提取数据

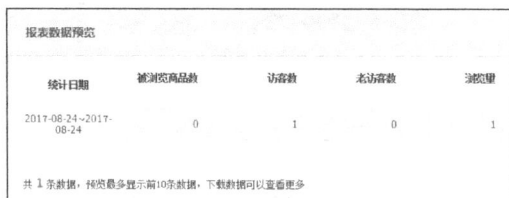

图4-56　查看报表数据

STEP 08 在"我要取数"页面中单击 加入我的报表 按钮，打开"完善报表信息"对话框，在其中可对报表信息进行设置，设置完成后单击 确认加入 按钮，可将该数据生成报表并保存到"我的报表"中，如图4-57所示。保存完成后，用户可通过"我要取数"页面的"我的报表"选项卡随时进行查看。

STEP 09 按照该方法，依次对商品概况、服务、交易、营销、行业大盘等数据进行查询。此外，在千牛工作台左侧单击"常用网址"选项卡，在打开的界面中单击"生意参谋"超链接，打开"生意参谋"页面，单击导航栏中的"学院"选项卡，在打开的页面还可选择讲师，学习淘宝店铺装修和运营方面的知识，如图4-58所示。

图4-57　保存报表

图4-58　查看课程

新手试练

登录自己的淘宝账号，进入生意参谋，在其中查看并分析自己的商品数据。

4.4.2　查看物流数据

千牛工作台中的菜鸟物流管家为卖家提供了物流监控、物流绩效监控等功能，通过该功能，卖家可以实时查看和分析物流数据。进入智选物流的方法为：在工作台左下角单击"全部应用"按钮⊞，在打开的应用页面中选择"菜鸟物流管家"选项即可。下面对智选物流的常用功能页面进行介绍。

● 首页：菜鸟物流管家的首页主要显示所有快件的物流概况，包括已发货未揽收、已揽收未中转、已中转未派件、已派件未签收、已签收、揽收超时、快件反馈异常，如图4-59所示。单击需要管理的物流信息，即可进入独立页面对相应的物流详细情况进行查看和管理。

图4-59　物流监控数据

● 包裹管理：用于显示和查询具体的物流信息，在左侧列表中选择需要查询的快件类型，在右侧页面中即可查看快件详情、运单号、包裹状态等信息，如图4-60所示。

图4-60　物流监控

● 物流绩效：用于分析店铺物流绩效，查看商家物流指数、线路时效对比以及菜鸟快递指数等，如图4-61所示。

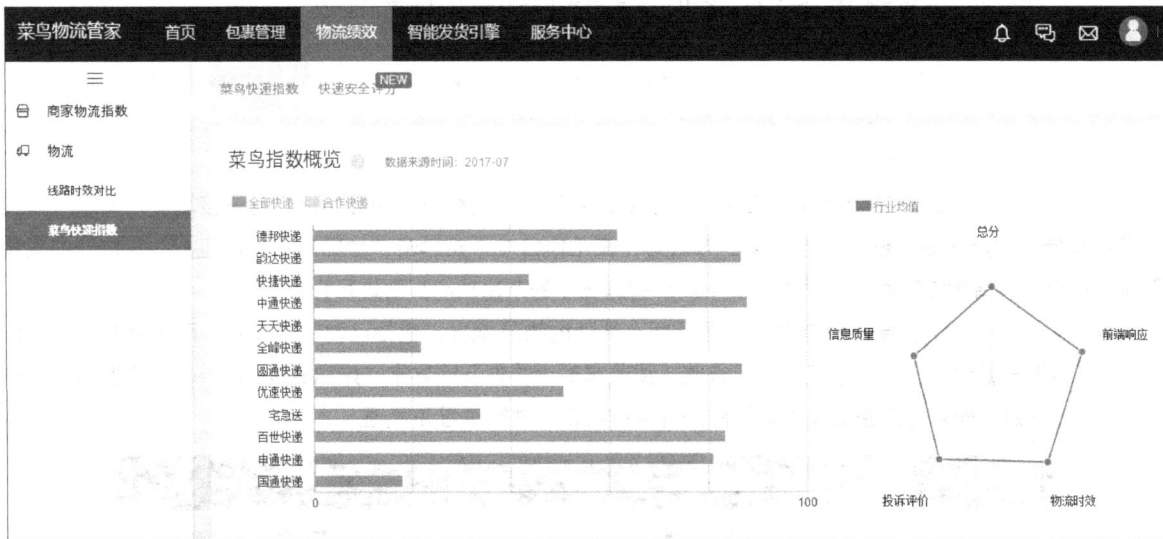

图4-61　物流绩效

4.4.3　用支付宝管理账目

当店铺中的商品交易逐渐增多时，就需要对自己的支付宝账目进行管理。在支付宝中，卖家可以进行查询账户余额、查看账单明细、申请提现等操作。

1. 查询账户余额

店铺的商品在交易成功后，销售金额将直接转至卖家绑定的支付宝账户中，并显示账目的具体明细。下面在支付宝中查询账户余额，其具体操作如下。

STEP 01 在千牛工作台主界面中单击"常用网址"选项卡，在打开界面的"资金管理"栏中单击"支付宝"超链接，在打开的界面中单击"进入支付宝"超链接，进入支付宝页面，如图4-62所示。

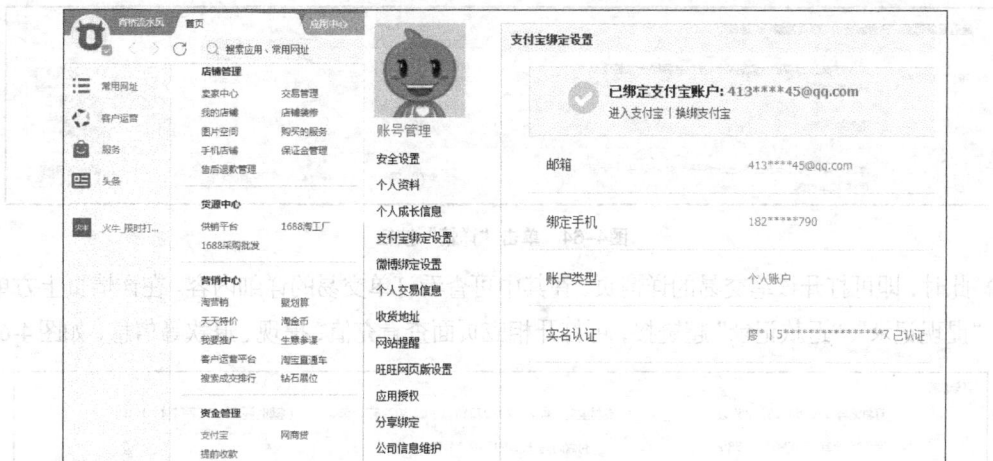

图4-62　进入支付宝页面

STEP 02 在该页面中，即可查看支付宝的账户余额，同时在"交易记录"栏中将显示近期支付宝的交易记录，若是店铺中有待付款商品，也将显示在其中，如图4-63所示。

图4-63　查看账户余额和交易记录

📢 **经验之谈：**

支付宝一般都是与银行卡绑定的，通过余额查询页面可以对银行卡进行管理。其方法为：在"其他账户"栏中的"银行卡"选项后单击"管理"超链接，在打开的页面中将显示支付卡绑定的银行卡，选择"添加银行卡"选项可继续添加银行卡，单击已绑定银行卡后的"管理"超链接，在打开的页面中可取消该银行卡的绑定。

2. 查看账单明细

支付宝会详细记录每一笔交易的详细情况，包括交易时间、交易原因、交易金额、交易状态等。下面查看支付宝的交易账单明细，其具体操作如下。

STEP 01 在支付宝主界面下方的"交易记录"栏中查看交易记录，单击需要查看记录的交易信息中的 详情 按钮，如图 4-64 所示。

扫一扫

操作演示

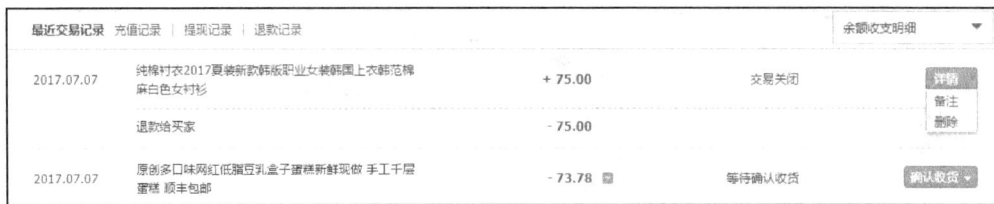

图4-64 单击"详情"按钮

STEP 02 此时，即可打开该笔交易的详情页，在其中可查看订单交易的详细内容。在详情页上方单击"充值记录""提现记录""退款记录"超链接，可打开相应页面查看充值、提现、退款等信息，如图4-65所示。

图4-65 查看详细内容

3. 申请提现

当卖家想将支付宝中的金额提取至绑定银行卡中时，可通过支付宝的提现功能来实现，其方法为：在支付宝首页的余额栏中单击 提现 按钮，打开支付宝提现页面，在"选择银行卡"栏中选择提现账目转入的银行卡，在"提现金额"文本框中输入提现金额，在"到账时间"栏中设置到账时间，单击 下一步 按钮，然后在打开的页面中输入支付宝密码并单击 确认提现 按钮即可，如图4-66所示。

图4-66 申请提现

4.5 疑难解答

店铺管理是经营网店的过程中既基本又重要的一项工作，新手卖家在经营店铺的过程中经常会遇到各种各样的问题和误区，下面将针对店铺管理中的部分疑难问题提出适当的解决办法。

1. 怎么实时查看库存呢？

答：库存是卖家需要时刻关注的一个问题，一般来说，通过卖家中心的"宝贝管理"栏进入"出售中的宝贝"页面或"仓库中的宝贝"页面，在其中的商品"库存"栏和"销量"栏即可查看当前商品的库存和销量。

2. 有可以供卖家互相学习交流的地方吗？

答：淘宝网为广大卖家提供了非常丰富的学习平台，如淘宝论坛、淘宝大学、阿里智库等网站，除此之外，卖家也可以选择加入旺旺交流群，与其他卖家进行交流。加入旺旺交流群的方法是：在接待中心页面的搜索框中搜索群号并添加。

3. 有没有什么工具能快速进行商品交易管理？

答：普云交易是一款用于快捷管理商品交易的软件，通过该软件可以快速对商品的价格、运费等进行管理，还可以对商品评价、退款等进行管理，如图4-67所示。

图4-67 普云交易

4.6 课后实训

4.6.1 实训一：使用橱窗推荐商品

【实训目标】

本实训要求将店铺中的热卖商品设置为橱窗推荐商品，并通过"宝贝推荐"模块继续展示和推荐店内商品。

【实训思路】

根据实训目标，本实训包括橱窗推荐商品和通过"宝贝推荐"模块展示商品两部分。橱窗推荐商品主要通过"出售中的宝贝"页面完成，"宝贝推荐"模块展示商品需要在店铺装修页面完成。

【步骤提示】

STEP 01 使用橱窗推荐商品。打开"出售中的宝贝"页面，单击选中需要推荐的商品前的复选框，在上方的工具栏中单击 橱窗推荐 按钮。

STEP 02 设置橱窗推荐。打开"橱窗设置"对话框，在"宝贝推荐顺序"下拉列表中可设置推荐顺序，如按销量推荐。

STEP 03 添加与编辑"宝贝推荐"模块。进入淘宝装修页面，拖动"宝贝推荐"模块到页面中，在该模块上单击 编辑 按钮。

STEP 04 手工推荐宝贝。打开"宝贝推荐"对话框，单击选中"手工推荐"单选项，在下方的下拉列表中选择商品分类，在下方显示的商品中选择需要推荐的商品，并单击其后的"推荐"超链接。

STEP 05 选择宝贝展示方式。在"展示方式"栏中选择"一行展示3个宝贝"选项，单击 保存 按钮。

4.6.2　实训二：使用千牛工作台与买家交流并修改订单

【实训目标】

本实训要求使用千牛工作台查找在店铺中下单的买家，将其添加为好友，并发送消息与买家交流，将订单商品的价格修改为9折，等待买家付款后再根据买家需求更改其地址和联系方式。

【实训思路】

根据实训目标，本实训包括交流和订单修改两部分，都是通过千牛工作台来完成的。根据实训目标，首先需要登录千牛工作台，然后搜索并添加客户为好友，与客户交流，根据客户需要修改订单信息。

【步骤提示】

STEP 01 查找和添加联系人。登录千牛工作台，单击 ◎ 按钮打开接待中心界面，搜索客户并将其添加到好友列表中。

STEP 02 联系人管理。将添加的客户移动到新建的"新开发客户"组中。

STEP 03 与买家进行交流。选择好友，在窗口中输入文字，并插入表情和图片等信息，发送信息与买家交流，促进买家下单。

STEP 04 修改订单价格。根据交流结果，为买家优惠9折，当买家下单后，单击"未完成"选项卡查看订单商品，在订单下单击 改价 按钮，为买家设置9折优惠。

STEP 05 添加商品备注。在商品信息下方单击 备注 按钮，在打开的下拉列表中可以填写备注信息。

STEP 06 核对订单地址。在商品信息下方单击 地址 按钮，可以查看买家地址、联系方式等信息，在右下角单击 发送地址 按钮，可将地址发送给买家确认。

STEP 07 发货。当买家完成付款之后，在千牛工作台可查看到买家已完成付款。确认订单信息无误后，打开卖家中心页面，在"交易管理"栏中单击"已卖出的宝贝"超链接，查看已卖出的宝贝，然后单击 发货 按钮进行发货。

CHAPTER

05

网店的设计与装修

设计与装修网店是网上开店必不可少的一步，好的店铺装修不仅可以体现店铺风格，方便买家操作，还能获得买家的好印象和认同感，是店铺成功经营中非常重要的一个因素。本章主要介绍店铺装修准备、制作店招和导航、制作详情页和其他店铺模板等内容，通过本章的学习，让读者能熟练掌握店铺设计和装修的相关知识。

两届VGP金奖音质

个性时尚听觉 静享清晰高音

惊爆价：**99**元

立即抢购

- 店铺装修前期准备
- 设置店招和导航
- 设置分类导航
- 添加店铺其他装修模块
- 设计商品详情页

本章要点

细节展示
THE DETAIL SHOW

01 时尚简约

设计风格简约大方 三音扣握合系
方案，进口用优质Ⅱ1单元，精细的声
无损音质造成的音质

02

采用里三明柔软高弹性耳包，高端
敷话，柔软贴适，全封闭式声耳设
计，长时间使用，耳塞零压力

图片展示
THE PICTURE SHOW

案例导入

店铺装修成就大生意

韦一满是淘宝大学讲师，淘宝优秀店铺设计师，独立研发并教授了《宝贝图片处理美化》《店铺装修的功能和使用》等多门淘宝大学课程，为成千上万的淘宝卖家设计了店铺装修方案，在网店装修这个行业中是名副其实的皇冠级金牌卖家。

然而刚开始经营淘宝的时候，韦一满却并没有这么"志得意满"。

韦一满最初决定成为淘宝卖家的时候，选择了服装行业，因为姐姐在做批发生意，自己刚好可以搭个顺风车。韦一满的店铺名称叫"格格坞"，负责网店装修的是她自己，她的老公杨格则负责网页技术。店铺虽然开始经营了，但生意却很不景气，加上夫妻二人平时也有工作要做，无法投入太多精力到店铺中，这种现状难免让人有点泄气。

不过一次偶然的机缘巧合，让"格格坞"终于迎来了柳暗花明。

韦一满的店铺装修都是自己亲自操刀设计的，花了很多功夫，店铺形象在同行业中显得非常独特别致，就是这份独特，将一个淘宝卖家带到了韦一满面前。这个卖家非常欣赏韦一满的店铺装修，想委托她为自己的店铺进行设计，结果经由韦一满设计的这家店铺，短短一个多月就从2心升到了2钻。这让韦一满意识到网店设计对网店人气拉动所起到的巨大作用，同时这个巨大的商机，也让韦一满下决心将"格格坞"转型为网店装修设计。

韦一满搜索了当时在淘宝网做网店装修设计的卖家，发现只有寥寥几人。最先委托她装修店铺的那位卖家也给她介绍了不少生意。"格格坞"的生意慢慢做起来了，但很快新问题又出现了。韦一满的店铺装修是定制设计，做了一段时间后发现要按照客户的要求不停修改方案，不仅非常耗时，并且价格也比较贵，为了能够及时交出设计方案，她经常通宵加班，但依然无法很好地满足客户的需求。韦一满在认真考虑之后，决定对"格格坞"进行二次转型，将定制设计转变成了以成品设计为主。

直接提供成品设计让客户自己选择喜欢的方案，不仅价格降低了，所耗时间也更少。两年后，"格格坞"从同行中脱颖而出，成了淘宝名副其实的皇冠级卖家。韦一满说："设计是一个需要靠脑力吃饭的行业，设计不仅需要敏锐的思路，最重要的就是要有创造力"。现在的"格格坞"拥有了自己的设计室，创办了公司，不仅线上装修设计声名远播，线下设计也做得红红火火。

【案例思考】

店铺装修是网店经营必不可少的一个环节，精美、独特的网店页面无疑可以吸引更多的顾客进店消费。那么，店铺装修要进行哪些装修工作呢?怎样才能让店铺装修得与众不同呢?

5.1 店铺装修前期准备

为了打造出具有自己特色的店铺，在装修店铺前，一定要提前做好准备。例如需要根据自己的商品确定店铺的风格，然后收集与店铺风格相关的素材。除此之外，还可在淘宝网上浏览其他店铺的装修，吸收优秀店铺的优点，以便更好地规划自己的店铺。

5.1.1 确定店铺类型和风格

店铺所出售的商品不一样，店铺风格就会有很大的差异。例如服装类的店铺，其装修风格一般都比较华丽，多以模特图片为主，非常注重美观性。家具、装修等店铺，则比较注重物品的搭配和摆放。运动、数码、五金等类型，则更注重实用性和功能性。图5-1所示为现在比较主流的首屏为全屏图片轮播海报，其他屏为商品图片组合的家具店首页效果。

图5-2所示为数码产品的店铺首页，主要包括全屏海报、轮播图片、产品类别和参数，更体现产品的功能性。

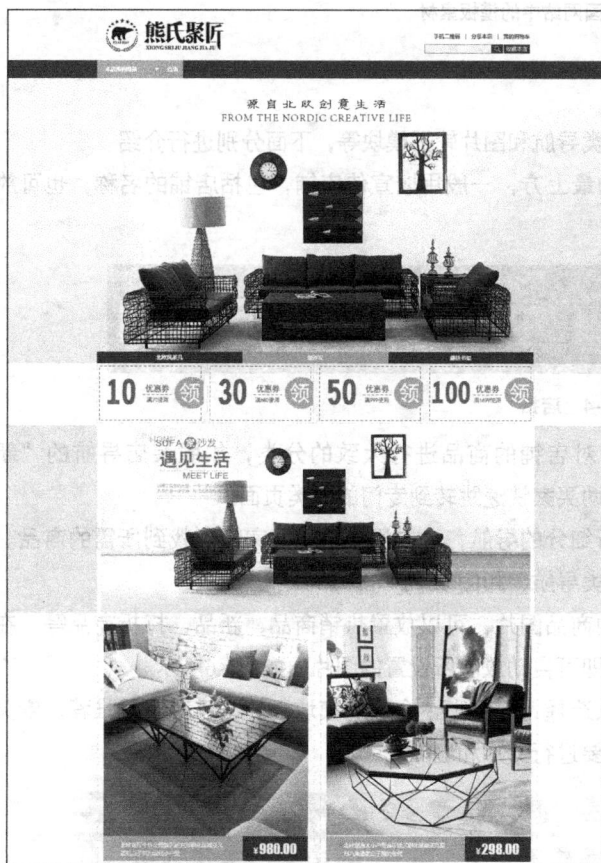

图5-1 家具店装修风格

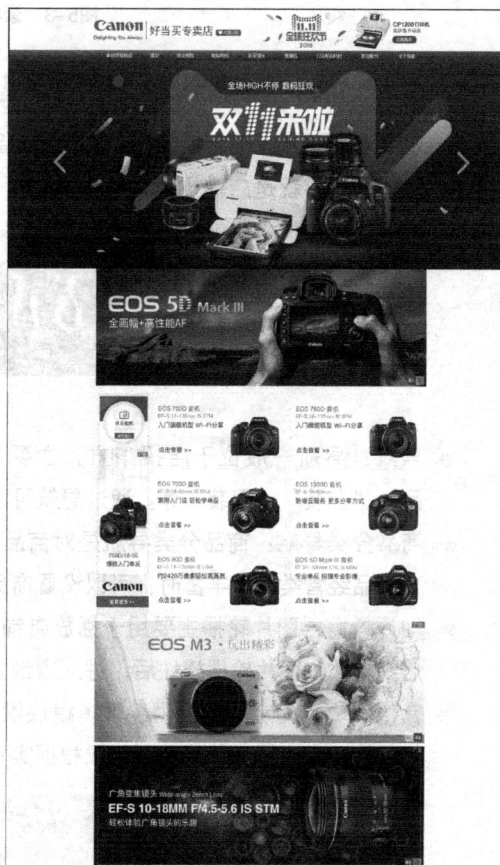

图5-2 数码产品装修风格

5.1.2 收集素材

收集素材也是装修店铺的一项重要工作，可以简化装修过程。在明确了店铺的类型和装修方向之后，就可以通过各种素材网寻找与自己店铺风格相适应的素材。主流的素材网一般包括素材中国、昵图网、千鸟网、花瓣网等。图5-3所示为素材中国网站中的模板素材。

图5-3　素材中国网站中的模板素材

↘ 5.1.3　认识店铺装修的模块

淘宝店铺中的模块一般包括店招、导航、商品分类导航和图片轮播模块等，下面分别进行介绍。

- 店招：店招就是店铺招牌，位于店铺页面的最上方，一般用以宣传店铺，包括店铺的名称，也可放置少量文案和商品图片，如图5-4所示。

图5-4　店招

- 导航：导航一般位于店招下方，主要用于对店铺的商品进行大致的分类，如服装店导航的"新品""上装""下装"等。通过导航可以帮助买家快速跳转到专门的分类页面。
- 商品分类导航：商品分类导航是对商品进行细分的导航，主要用于方便买家精确找到所需的商品。当商品经营类目较丰富时，可以设置商品分类导航，如图5-5所示。
- 图片轮播：图片轮播主要用于播放店铺中的商品图片，可以放置热销商品、新品、打折商品等。在店铺中添加图片轮播模块后，进入店铺主页即可自动放映所设置的图片，如图5-6所示。
- 其他模块：淘宝网中提供了很多模块供商家选择，除了上述介绍的模块之外，还有宝贝推荐、宝贝排行榜、本店搜索等模块，可以根据实际需要进行添加和删除。

图5-5　商品分类导航

图5-6　图片轮播

↘ 5.1.4　文案的策划与写作

文案体现在网上商店的各个方面，如品牌文案、商品文案、主图文案、商品详情页文案、推广文案等。好的文案可以更好地宣传店铺或品牌，提高品牌形象，增加消费者对品牌的好感和信任度。

1. 文案的策划

满足消费者的需求是营销的基本目的，当消费者不了解商品时，就需要通过文案对商品进行介绍。在进行文案写作之前，首先需要对文案进行策划。一般来说，策划网店文案时主要可以从以下几个方面着手。

- 分解商品属性：分解商品属性即明确商品功能，突出商品优点。要策划出好的文案，必须充分地了解商品有文案价值的属性。例如，某户外帐篷的特点是安全牢固、便于安装，那么"安全牢固、便于安装"就是该户外帐篷较有文案价值的属性，在文案中突出这一点，即可吸引不会搭建帐篷或懒于搭建帐篷的消费者。

- 明确顾客群：准确定位目标人群是文案策划的基础。由于职业、收入、性格、年龄、生活习惯、兴趣爱好等不同，消费者的消费习惯也不一样。因此，需对消费者的消费行为进行具体分析，了解消费的原因和目的，才能更贴切地针对产品的属性写出具有较强针对性的文案。比如经调查发现一部分年轻的手机用户对手机摄像头的像素要求比较高，公司在推出这类手机时就可以在时尚、外形、摄像头像素的文案上做文章。

- 分析利益点：消费者在选择某个商品时，会考虑该商品的多个方面属性，如实用性、便利性、操作感、安全性等。为了让消费者可以在层层考量中选择我们的产品，就需要直白地将利益点分析给消费者。分析利益点也是强调商品优点的一种手段，清楚地告诉消费者这个利益点可以带给他什么，比长篇大论地描述商品功能更有效果。

- 定位使用场景：定位使用场景是指给消费者指明商品的使用场合。很多时候，商品不仅仅具有通用功能，在某些特殊时候或场景中使用时，可能会有意料之外的效果。所以在文案策划时，可以对这些特殊场景突出介绍，这样不仅可以增加商品的隐性价值，还可以使消费者对商品产生非常实惠贴心的想法。比如某上班族衬衫的抗皱性比较好，那么在文案中则可以描述为"精选舒适抗皱面料，不怕挤公交和地铁"。

- 明确"竞争对手"：商品的竞争对手并不仅是指经营同类商品的经营者，还可以是环境、习俗、职业、场合等。比如太阳能电器对于电力稳定充足的地区而言，其稳定性不如电力电器，因此竞争对手不是其他电器，而是"电"，策划太阳能电器的文案时，就需要突出"不依赖电力、随时可用"这个特性。

2. 文案的写作

对于网上商品而言，文案的写作一定要搭配好看的图片，若是改进了商品，还需要实时进行更新。下面对网上商品的常用文案写作方法进行介绍。

（1）主图文案

主图文案是网上商品的主要文案之一，一般要求字数精练，一目了然。好的主图文案一般需要做到3点：目标明确、紧抓需求、精练表达。

- 目标明确：明确主图的目的，一般来说，主图的目的都是吸引消费者深入查看、点击或收藏，如图5-7所示。

- 紧抓需求：明确消费者希望从主图文案中得到的信息，消费者希望知道什么，主图文案中就要包含什么，如价格、品质、活动等。

● **精练表达**：精确地表达消费者希望了解的信息。消费者在网上商店选择商品时，通常最先看到的都是主图，如果主图文案过多，消费者难以抓住重点提取自己所需的信息，会直接放弃阅读转而查看下一个商品。因此，主图文案一定要精练，让消费者可以快速直白地初步了解商品，如图5-7所示。

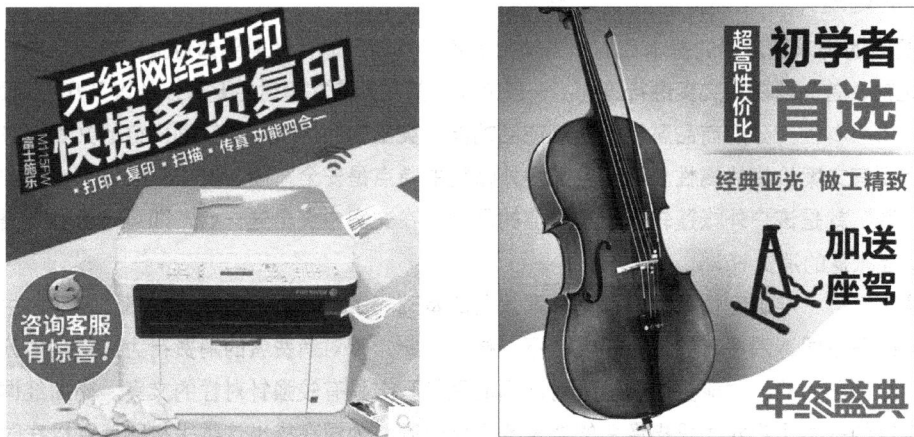

图5-7　主图文案

（2）详情页文案

详情页文案与转化率息息相关。我们在出售商品时，不仅要吸引顾客查看商品，还需要促成消费者的购买行为，详情页文案即是促成消费者购买的有效手段。

与主图文案一样，在制作详情页文案时，首先应明确制作该文案的目的。详情页文案的目的主要包括以下几种。

● **引发消费者兴趣**：引发兴趣是吸引消费者关注的第一个环节，一般可通过品牌介绍、焦点图、目标客户场景设计、产品总体图、购买理由、用户体验等方面进行考虑。图5-8所示为产品总体图及相关文案。

● **激发消费者需求**：激发消费者需求是引发消费者兴趣的进一步延伸，当消费者在是否购买之间摇摆不定时，通过激发其潜在需求，就可以巩固其购买行为。简而言之，激发消费者需求就是给他们一个购买的理由，如图5-9所示。

图5-8　商品总体图

图5-9　激发消费者购买需求

- **获得消费者信任**：消费者购买商品的过程实际上就是对该商品的信任过程，只有获得消费者的信任，才能更顺利地卖出商品。商品的细节、用途、产品的参数展示、好评展示等都是获取消费者信任的有效手段，如图5-10所示。

- **打消消费者顾虑**：打消消费者顾虑是获取消费者信任的一种延伸，向消费者传递出购买行为没有后顾之忧的信息，同时也是进一步奠定消费者的购买欲望。商家保证、商品证书、商品价值展示、售后服务等都可以打消消费者的顾虑，如图5-11所示。

- **激发消费者购买**：通过优惠活动、促销活动等进一步激发消费者的购买欲望，表达出物超所值的信息，甚至可以诱导消费者购买，推过推荐帮助他们做出购买决定，如图5-12所示。

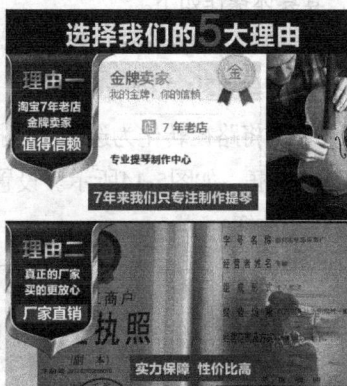

图5-10 商品参数	图5-11 店铺信誉和商品证书	图5-12 优惠活动

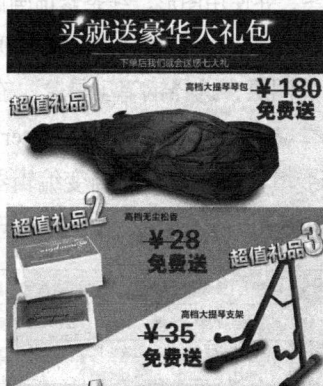

经验之谈：

　　商品文案的写作既要吸引人，又要展现商品价值，突出商品卖点。同时文案对商品起着画龙点睛的作用，不可喧宾夺主遮盖了商品本身。

5.2　设置店招和导航

　　店招和导航一般位于店铺的最上方。店招是店铺形象和风格的代表，一般需提前在Photoshop中制作，然后上传到淘宝店铺中。

5.2.1　店招制作规范

　　店招就是店铺的招牌，是网店装修中非常重要的一个模块。店招主要用于向买家展示店铺名称和形象，其中可以包括图案、文字等多种元素。店招的表现形式较多，可以是静态的，也可以是动态的。静态店招的制作和设置比较简单，可以使用图片直接制作，也可通过代码等形式进行展示。动态店招的表现内容更丰富，主要以GIF动画为主。在淘宝网中，店招的制作有一定的规范性，下面对其注意事项进行介绍。

- 淘宝网支持的店招图片格式为GIF、JPG、PNG。
- 淘宝店招的图片大小不能超过100KB。店招图片的默认尺寸为950像素×120像素，大于该尺寸的部分将被裁剪掉。自定义尺寸可以制作成全屏通栏的宽度，即1920像素×150像素。

5.2.2　设计店招

　　店招一般需要提前使用Photoshop进行设计和制作，制作完成后保存为JPG或PNG格式。设计店招时，需要紧密结合店铺的定位和品牌的形象特征，并将其清楚地体现出来。店铺的定位是指清楚精准地展示店铺的产品，以便快速吸引目标消费群体。品牌特征是指通过对店铺名称、标志进行个性化展示，使消费者对店铺产生基本印象，也便于店铺的宣传。

1．设计常规店招

　　下面进行常规店招的设计和制作，首先需要制作背景效果，然后添加耳机产品素材与文案，并使用图形、线条修饰画面，其具体操作如下。

STEP 01 新建大小为950像素×120像素，分辨率为72dpi，名为"常规店招"的文件。新建图层，选择钢笔工具 ，在图像中绘制图5-13所示的形状。

STEP 02 新建图层，按"Ctrl+Enter"组合键将路径转化为选区。选择渐变工具 ，单击渐变填充条，打开"渐变编辑器"对话框，如图5-14所示。设置渐变填充色分别为"#4bc6ff、#4ca1e2"，单击 确定 按钮。

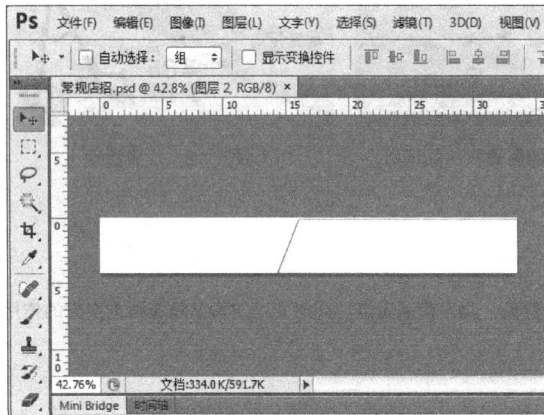

图5-13　绘制形状

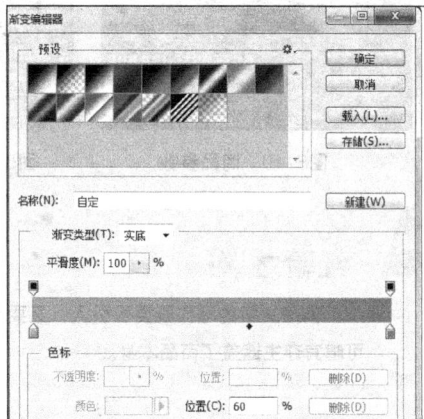

图5-14　渐变编辑器界面

STEP 03 返回工作界面，从左向右在选区上拖动鼠标，创建渐变填充颜色的效果，如图5-15所示。

STEP 04 选择横排文字工具 ，设置字体格式为"方正兰亭粗黑_GBK、36点"，设置字体颜色为"#34b1ed"，输入"尚音阁"文本；设置字体格式为"Corbel、20点"，在其下方输入"SANGYINGE"，如图5-16所示。

图5-15　渐变填充效果

图5-16　输入文本并设置字体格式

STEP 05 选择直线工具 ，在属性栏设置填充颜色为"#bfbfbf"，粗细为"1像素"，取消描边，按住"Shift"键向下拖动鼠标绘制直线，如图5-17所示。

STEP 06 选择横排文字工具 ，设置字体格式为"微软雅黑、28点、黑色"，输入"品牌耳机专卖店"文本，如图5-18所示。

图5-17　绘制直线

图5-18　输入文本并设置字体格式

STEP 07 选择圆角矩形工具 ▭，绘制颜色为"#f3002e"的圆角矩形，选择"横排文字工具" T，设置字体格式为"微软雅黑、16点、倾斜、白色"，在圆角矩形上方输入"品牌耳机专卖店"文本，效果如图5-19所示。

STEP 08 打开"耳机素材"文件（配套资源:\素材文件\第5章\耳机素材.psd），将其中的耳机素材分别拖动到"常规店招"文件中，调整各素材的位置和大小，拖动白色耳机所在图层，将其移动至渐变形状图层下方，效果如图5-20所示。

图5-19　输入文本并设置字体格式

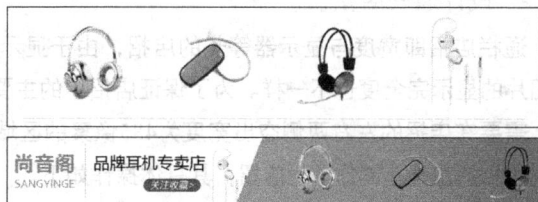

图5-20　添加素材

STEP 09 在"图层"面板中双击黄色耳机所在图层，打开"图层样式"对话框，单击选中"投影"复选框，在右侧的面板中设置投影参数，如图5-21所示。单击 确定 按钮，继续为后两种耳机添加投影。

STEP 10 选择横排文字工具 T，设置字体格式为"微软雅黑、36点、锐利、#f3002e"，在黄色耳机左上侧输入"¥99"文本，将"¥"字号更改为"20点"；选择矩形工具 ▭，设置无填充，描边为"黑色、0.5点"，绘制矩形；在属性栏更改字体格式为"16点、黑色"，在矩形上输入"抢购"文本，如图5-22所示。

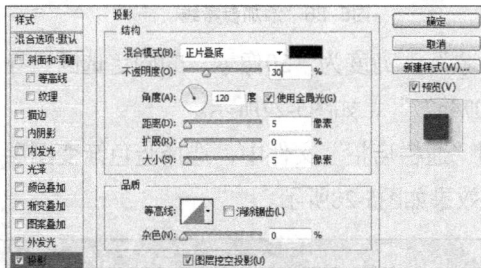

图5-21　添加投影

图5-22　输入文本并绘制矩形

STEP 11 选择第10步生成的3个图层，在"图层"面板底部单击"链接"按钮 ⊖，如图5-23所示。

STEP 12 按"Ctrl+J"组合键复制链接的3个图层，将复制的3个图层移动到下一个耳机素材的左侧，再次复制链接的图层，将复制的3个图层移动到最右侧耳机的左侧，更改价格，如图5-24所示。设置完成后选择【文件】/【存储为】菜单命令，将文件保存为JPG格式，完成常规店招的制作（配套资源:\效果文件\第5章\常规店招.jpg）。

图5-23　链接图层

图5-24　常规店招效果

新手试练

新建一个大小为 950 像素 ×120 像素的图像文件，然后设计并制作一个女装类店招。

2. 设计通栏店招

通栏店招即宽度与显示器等长的店招，由于显示器的分辨率不一致，显示器对通栏图片的显示完全度也不一样。为了保证店招中的主要信息在任何显示器中都能完整显示，需要在店招的左右两侧空出宽度为485像素的区域，不放置文案和图片。下面将在常规店招的基础上制作通栏店招，其具体操作如下。

STEP 01 新建大小为1920像素×150像素，分辨率为72dpi，名称为"通栏店招"的文件，如图5-25所示。选择【视图】/【标尺】菜单命令在工作区显示标尺。

STEP 02 选择矩形选框工具　，在工具属性栏设置"样式"为"固定大小"，"宽度"为"485像素"，在文件灰色区域的左上角单击创建选区，从左侧的标尺上拖动参考线到选区右侧对齐，使用相同的方法在文件右侧创建参考线。如图5-26所示。

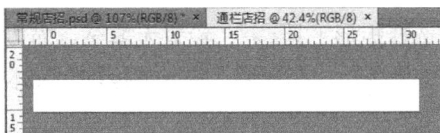

图5-25　新建文档

图5-26　添加参考线

STEP 03 在矩形选框工具属性栏中设置宽度为"1920像素"，高度为"30像素"的固定选区，在图像下方单击创建选区，新建图层，将新建的图层填充为"#074a77"，如图5-27所示。

STEP 04 全选"常规店招"文件中的图层，将其拖动到"通栏店招"文件中，选择蓝色渐变图层，按"Ctrl+T"组合键，拖动右侧的边线，延长至页面边缘，效果如图5-28所示。

图5-27　新建并填充图层

图5-28　编辑形状

STEP 05 选择横排文字工具　，设置字体格式为"黑体、18点、锐利、白色"，字符间距为"50"，在导航条上依次输入导航内容，在输入过程中可使用参考线控制导航内容的间距，如图5-29所示。

STEP 06 在"全部商品"导航文本下方新建图层，绘制矩形选区，填充为"#4ca2e3"，效果如图5-30所示。将文件保存为JPG格式，完成通栏店招的制作（配套资源:\效果文件\第5章\通栏店招.jpg）。

图5-29 输入导航内容

图5-30 通栏导航条效果

↘ 5.2.3 上传店招

上传店招是店铺装修中比较基础的过程，淘宝网提供了默认店招、自定义店招和Banner Maker 3种店招样式。店招不一样，其上传方法也不一样。

1. 上传默认店招

淘宝网默认的店招大小为950像素×120像素，超出该尺寸的店招，将无法完整显示。下面介绍设置默认店招的方法，其具体操作如下。

扫一扫

操作演示

STEP 01 登录淘宝账户，进入"卖家中心"页面，在左侧列表中单击"店铺管理"栏中的"店铺装修"超链接，进入店铺装修页面。在其中可查看到店铺默认的页面效果，在店招右侧单击 ✎编辑 按钮，如图5-31所示。

STEP 02 打开"店铺招牌"对话框，单击"背景图"栏中的 选择文件 按钮，如图5-32所示。

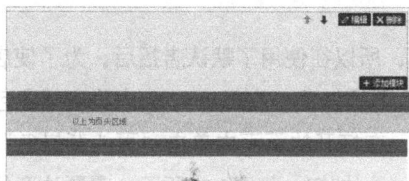

图5-31 编辑店招

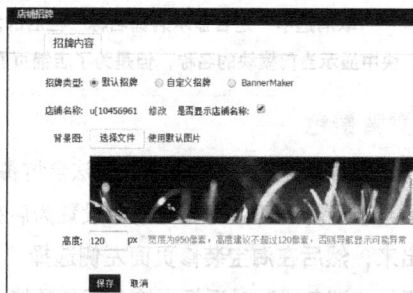

图5-32 选择图片

STEP 03 在打开的页面中可选择店招图片，如果已经上传至图片空间，则可直接在淘盘中进行选择，也可单击"上传新图片"选项卡，在打开的页面中单击"添加图片"超链接，如图5-33所示。

STEP 04 打开"打开"对话框，在其中选择店招图片，这里选择"常规店招.jpg"选项，单击 打开(O) 按钮，如图5-34所示。

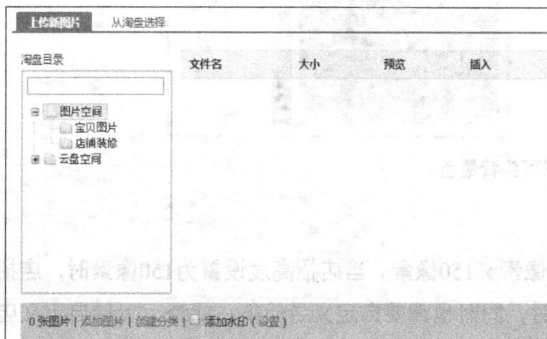

图5-33 添加图片

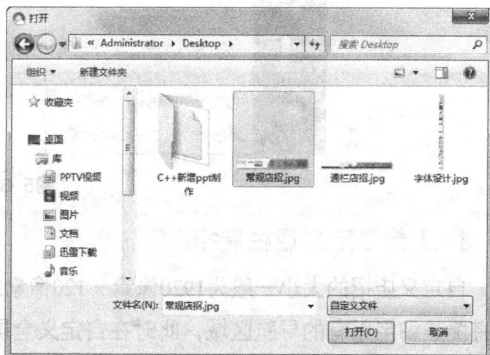

图5-34 选择店招图片

STEP 05 返回"店铺招牌"对话框，可以查看插入的店招图片，撤销选中"是否显示店铺名称"栏后的复选框，单击 保存 按钮，如图5-35所示。

STEP 06 返回店铺设置页面，即可看到店招上传后的效果。在页面的右上方单击 预览 按钮，即可预览店招效果，如图5-36所示。

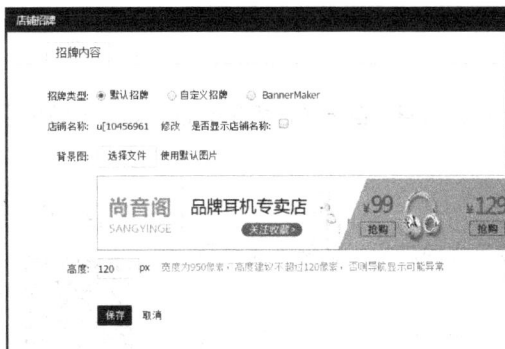

图5-35　设置店铺招牌的内容

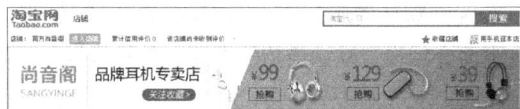

图5-36　预览店招效果

经验之谈：

> 取消选中"是否显示店铺名称"栏后的复选框是为了不在店招中自动显示店铺名称。淘宝网默认会在各个模块中显示当前模块的名称，但是为了店铺页面的美观，通常会取消显示名称。

2. 设置背景色

由于默认照片的宽度为950像素，无法全屏覆盖店铺页面，所以在使用了默认店招后，为了使店招和背景相协调，不至于显得突兀，可将背景色设置为店招的主色调。其方法为：在Photoshop中将店招主色调的颜色数值分析出来，然后在淘宝装修页面左侧选择"页头"选项，在打开的页面中单击"页头背景色"栏后的色块，在打开的"调色器"对话框中输入颜色数值，然后单击 确定 按钮，如图5-37所示。需要注意的是，该方法比较适合背景色较简单的店招，否则建议使用自定义店招。

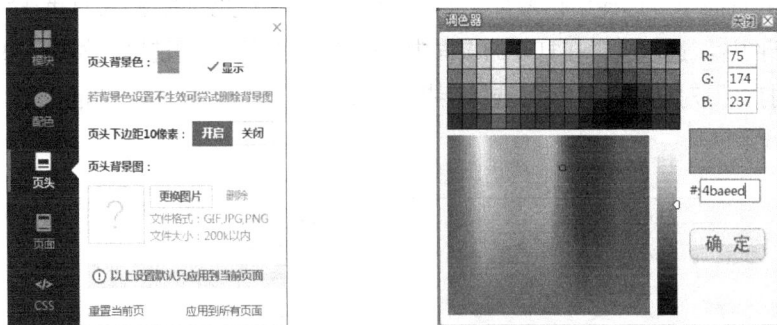

图5-37　设置页头背景色

3. 上传自定义通栏店招

自定义店招的大小一般为1920像素×120像素或1920像素×150像素。当店招高度设置为150像素时，店招图片将覆盖淘宝原有的导航区域，此时在自定义全屏店招时，同时也需要自定义导航条。此外，上传自定义店招时，还可在店招中添加跳转链接。下面介绍上传自定义通栏店招的方法，首先使用Photoshop进行切片，然后再进行设置，其具体操作如下。

STEP 01 打开Photoshop，将通栏店招的图片拖动到Photoshop的工作界面中。选择"矩形选框工具"，在其属性栏中将"羽化"设置为"0像素"，在"样式"下拉列表中选择"固定大小"选项，在"宽度"数值框中输入"485像素"，在"高度"数值框中输入"150像素"，然后在图片上左侧绘制选区，如图5-38所示。

STEP 02 将Photoshop的标尺显示出来，拖一条参考线至选区右侧，标注切片位置，如图5-39所示。

图5-38 绘制选区

图5-39 添加参考线

STEP 03 按照相同的方法，在全屏店招图片右侧绘制一个大小固定的选区，然后拖一条参考线至选区左侧，如图5-40所示。

STEP 04 选择切片工具，在切片工具属性栏中单击 基于参考线的切片 按钮，基于参考线的位置对图片进行切片，如图5-41所示。

图5-40 绘制右侧选区

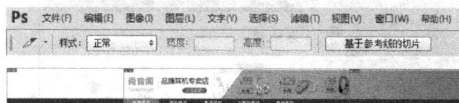

图5-41 切片

STEP 05 在Photoshop中选择【文件】/【存储为Web所用格式】菜单命令，打开"存储为Web所用格式"对话框，在"预设"栏中将图片格式设置为JPG，单击 存储 按钮，打开"将优化结果存储为"对话框，设置切片文件的保存位置，如图5-42所示。

STEP 06 登录淘宝卖家中心，将完成切片的图片上传到图片空间。在百度中搜索并打开"码工助手"，在网页导航中单击"在线布局"超链接，如图5-43所示。

图5-42 保存切片文件

图5-43 打开码工助手

STEP 07 切换到淘宝图片空间，将鼠标指针移到全屏店招中间部分的切片图片上，单击"复制链接"按钮，复制该图片的链接，如图5-44所示。

STEP 08 切换到码工助手"在线布局"页面，将鼠标指针移到按钮上，在打开的界面的"高"数值框中输入"150"，在"背景图"文本框中按"Ctrl+V"组合键粘贴刚才的图片地址，如图5-45所示。

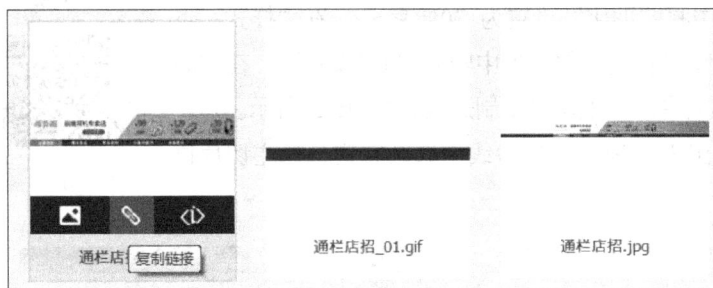

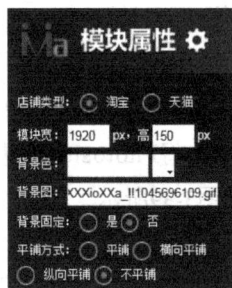

图5-44　复制链接　　　　　　　　　　　　　　　　　　图5-45　复制图片地址

STEP 09 此时，全屏店招中间部分的切片图片将显示在码工助手中，在页面上方单击 热区 按钮，添加一个热区，打开热区的"属性面板"面板，在其中可以设置跳转链接，即单击该热区，即可跳转到相应的网页。调整热区至合适大小，然后在"链接地址"文本框中输入跳转地址，如图5-46所示。

STEP 10 按照该方法，为其他需要添加链接的区域设置热区，并为导航部分设置热区，输入正确的导航链接，添加完成后如图5-47所示。

图5-46　设置热区和跳转　　　　　　　　　　　　　　图5-47　完成其他热区的添加

STEP 11 单击"在线布局"页面右上方的 生成代码 按钮，在打开的对话框中单击 导出代码 按钮导出代码，然后单击 复制HTML代码 按钮，如图5-48所示。

STEP 12 切换到淘宝店铺装修页面，在店招右侧单击 编辑 按钮，打开"店铺招牌"对话框，单击选中"自定义招牌"单选项，单击"源码"按钮 ，在下面的文本框中按"Ctrl+V"组合键粘贴复制刚才的代码，在"高度"数值框中输入"150"，单击 保存 按钮，如图5-49所示。

图5-48　导出并复制代码　　　　　　　　　　　　　　图5-49　粘贴代码

STEP 13 在页面左侧选择"页头"选项，在打开的页面中单击 更换图片 按钮，打开"打开"对话框，在其中选择通栏店招的图片，单击 打开(O) 按钮，如图5-50所示。

STEP 14 图片上传成功后，在页头分别设置"背景显示"和"背景对齐"为"不平铺"和"居中"，如图5-51所示。

图5-50　选择图片

图5-51　设置页头

STEP 15 单击 预览 按钮，预览设置后的效果，即可发现店招已被设置为通栏显示。单击设置的热区，即可跳转到相应的页面，如图5-52所示。

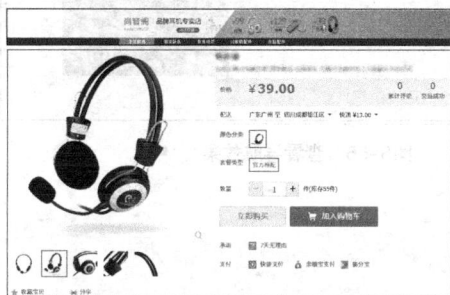

图5-52　查看热区设置后的效果并跳转

经验之谈：

在淘宝网中默认的导航栏样式比较单一，为了体现店铺的特色，大多数店铺选择将导航栏设置在全屏店招中，然后为其设置热区并添加链接。使用码工助手设置热区时，如果想删除热区，可选择热区，然后单击其右上角的"删除"按钮☒，在打开的提示框中单击 确定 按钮即可。

新手试练

在 Photoshop 中设计一个 1920 像素 ×150 像素的全屏通栏店招，使用切片工具对其进行切片，上传店招并设置导航区的链接，设置完成后再对导航区的链接地址进行检查。

5.2.4　设置导航条

根据前面所讲的自定义通栏店招的方法，可以自定义店铺的导航。当然，淘宝也为店铺装修提供了导航模板。下面在淘宝中添加导航栏，其具体操作如下。

STEP 01 登录淘宝卖家中心，进入店铺装修页面。在导航条上单击 编辑 按钮，打开"导航"对话框，如图5-53所示。

STEP 02 在"导航"对话框中单击 添加 按钮，打开"添加导航内容"对话框，单击选中需要在导航栏中显示的选项前的复选框，如图5-54所示，然后依次单击 确定 按钮保存设置。

扫一扫

操作演示

图5-53　编辑导航条

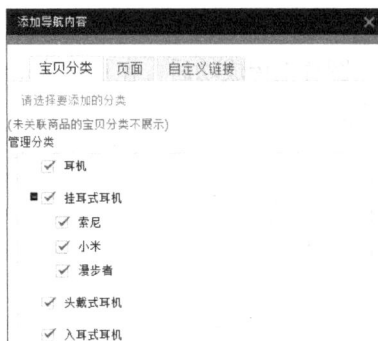

图5-54　管理分类

STEP 03 预览设置后的导航效果，即可看到已添加所设置的分类，如图5-55所示。

经验之谈：

淘宝导航条中的分类是从分类导航中直接添加的，因此如果已经设置了宝贝分类，则可在"添加导航内容"对话框中直接选择。如果还未设置分类导航，则可单击"添加导航内容"对话框中的"管理分类"超链接，在打开的页面中设置商品分类导航。关于设置分类导航的方法将在下一节中详细讲解。

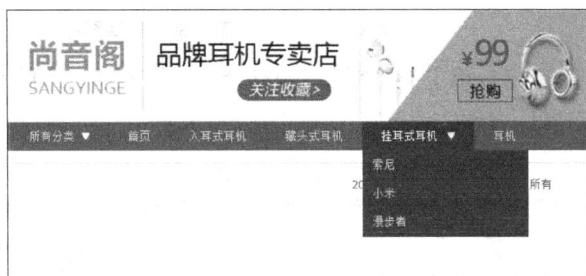

图5-55　查看导航效果

5.3　设置分类导航

为了满足卖家分类放置不同商品的要求，同时方便买家更好地搜索商品，淘宝提供了分类导航的功能，卖家可以根据自己商品的类型设置不同的分类。

5.3.1　分类导航制作规范

如果根据淘宝默认的设置添加分类导航，则分类导航全部将以文字的方式进行显示。当然为了使自己的店铺更美观更具个性化，卖家也可以自定义制作店铺的分类导航。下面对分类导航制作和设置的相关规范进行介绍。

● 为了店铺美观，可以专门为商品分类导航制作图片或图标。
● 自定义制作的分类导航，其颜色、风格等应该与店铺的整体装修风格相适应。
● 商品分类图片宽度最好不超过160像素，否则当显示器分辨率小于或等于1024像素×768像素时，容易造成店铺首页宝贝分类栏右侧的商品列表下移。
● 在商品分类中，还可以添加子分类。为了方便操作，建议先完成子分类的创建，再将商品转入到相关分类下。

5.3.2　制作分类导航按钮

分类导航按钮的制作比店招简单一些，一般可使用Photoshop将其制作成好看的图片格式。下面使用

Photoshop CS6制作店铺的分类导航按钮，其具体操作如下。

STEP 01 在Photoshop CS6中新建大小为150像素×200像素，分辨率为72dpi，名为"分类导航"，背景内容透明的文件，然后单击 确定 按钮，如图5-56所示。

STEP 02 选择钢笔工具 ，在画布中绘制不规则矩形路径，首先单击鼠标左键确定锚点的位置，然后依次绘制其他锚点，并拖动鼠标调整锚点，调整成图5-57所示的效果。

经验之谈：

淘宝分类导航的按钮可以是多种多样的，在分类导航按钮上可以设置文字，也可以添加图片。

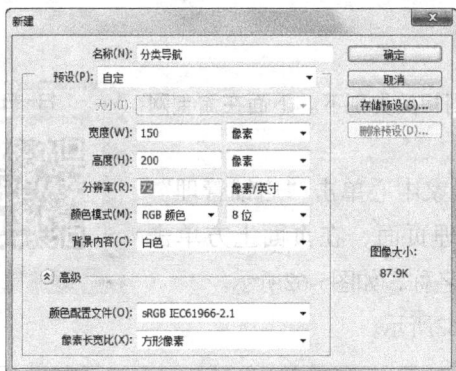

图5-56 新建文件

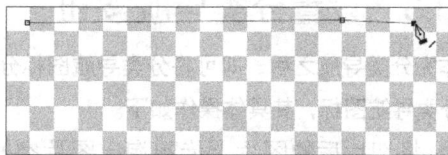

图5-57 完成绘制

STEP 03 将前景色设置为"#4ca1e2"，使其颜色与店招保持一致，然后在路径上单击鼠标右键，在弹出的快捷菜单中选择"填充路径"命令，打开"填充路径"对话框，在"使用"下拉列表中选择"前景色"选项，单击 确定 按钮，如图5-58所示。

STEP 04 选择横排文字工具 ，输入文字"挂耳式耳机"，设置文本格式为"方正粗倩简体、11点、白色"，并调整文字的位置 。选择不规则矩形形状，按"Ctrl+J"组合键复制图层，制作其他分类按钮，效果如图5-59所示（配套资源:\效果文件\第5章\分类导航按钮.psd）。

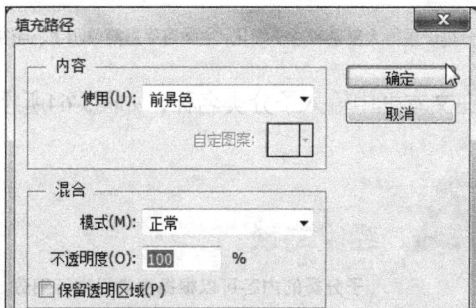

图5-58 填充路径

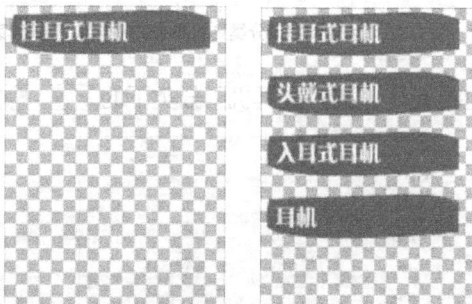

图5-59 输入和设置文字

STEP 05 选择切片工具 ，对图片进行切片，切片效果如图5-60所示。

STEP 06 选择【文件】/【存储为Web所用格式】菜单命令，打开"存储为Web所用格式"对话框，在

"预设"栏中将图片格式设置为PNG，单击 存储... 按钮，打开"将优化结果存储为"对话框，设置切片文件的保存位置，单击 保存(S) 按钮，如图5-61所示（配套资源:\效果文件\第5章\分类导航按钮\ ）。

图5-60 图片切片

图5-61 保存图片

↘ 5.3.3 设置分类导航按钮

制作完分类导航之后，即可将分类导航图标分别上传到相关类别下。下面在淘宝网中上传分类导航图标，其具体操作如下。

扫一扫

操作演示

STEP 01 将切片后的图片上传到淘宝图片空间。在卖家中心单击"店铺管理"栏中的"宝贝分类管理"超链接，进入宝贝分类管理页面，在页面上方单击 ＋添加手工分类 按钮，新建一个商品分类，在其中输入分类名称，如图5-62所示。

STEP 02 按照该方法依次新建其他商品的分类，如图5-63所示。

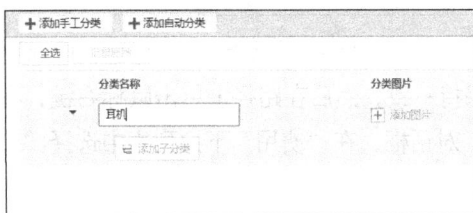

图5-62 新建商品分类

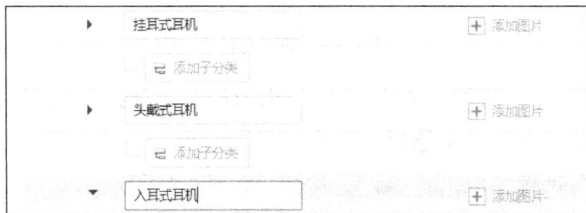

图5-63 新建其他分类

📢 经验之谈：

淘宝中的宝贝分类只能创建二级类目，建议卖家不要将分类设置得太复杂和过于细化，主类目尽量简单明了、通俗易懂。

STEP 03 单击"挂耳式耳机"分类下的 添加子分类 按钮，在文本框中输入子分类名称，如图5-64所示。

图5-64 设置子分类

📢 经验之谈：

子分类的内容可以根据主类目进行细分，一般要求类目清晰、内容明确。子类目的内容可以稍微详细一些，方便买家查看和筛选。

STEP 04 单击"耳机"分类后的"添加图片"按钮⊞，在打开的对话框中单击选中"插入图片空间图片"单选项，在打开的对话框中选择对应的图片，如图5-65所示。

STEP 05 按照该方法依次添加其他分类导航的图片，设置完成后的效果如图5-66所示。

STEP 06 设置完成后单击页面右上角的 保存更改 按钮，返回店铺装修页面即可预览设置后的分类导航效果，如图5-67所示。

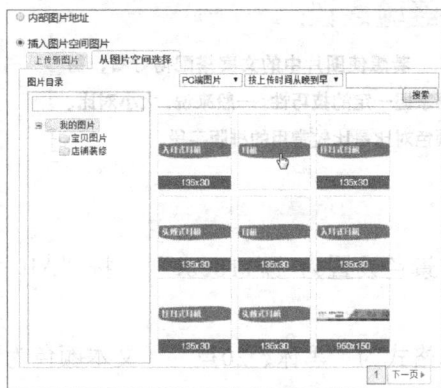

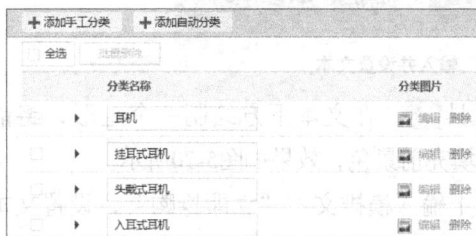

图5-65 选择图片   图5-66 设置其他分类   图5-67 预览分类导航效果

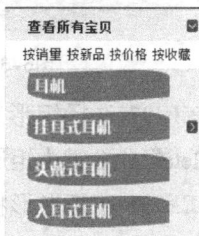

5.4 添加店铺其他装修模块

淘宝提供了非常丰富的装修模块，如图片轮播、宝贝排行、宝贝分类、宝贝搜索、客服中心和公告栏等，卖家可以根据自己店铺的实际装修需要来选择模块。

↘ 5.4.1 图片轮播模块

图片轮播模块是首页中比较常见的一种模块，与店招一样，卖家也可以根据需要设置常规轮播效果和全屏轮播效果两种样式。

1. 制作常规轮播模块的图片

常规轮播模块的图片大小一般为750像素×250像素，使用Photoshop CS6制作出合适的轮播图片后，即可将其上传。下面在Photoshop中打开素材制作常规海报，输入文本并进行设置，然后将其上传到淘宝店铺中，其具体操作如下。

扫一扫

操作演示

STEP 01 在Photoshop中新建一个750像素×250像素，分辨率为72dpi，名称为"常规轮播图片"的文件，打开素材文件（配套资源:\素材文件\第5章\轮播图片.jpg），将其拖动到"常规轮播图片"中，按"Ctrl+T"组合键变换图片，然后按住"Shift"键等比例调整图片大小。此时画布没有被完全覆盖，选择未覆盖区域，将其背景色填充为原图的适应背景，效果如图5-68所示。

图5-68 调整图片

STEP 02 选择横排文字工具 T ，在图片右侧输入"两届VGP金奖音质"，在文字工具属性栏中设置文本格式为"黑体、22点"，颜色为"#1f1f20"。设置完成后，依次使用文字工具输入其他文本，并设置文本格式，如图5-69所示。

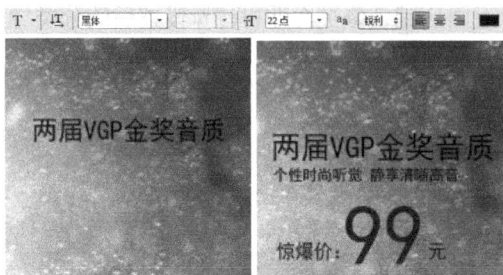

图5-69　输入并设置文本

经验之谈：

若想使图片中的文案搭配得好看，需要掌握一定的技巧性。一般来说，大小对比、颜色对比是比较常用的排版手段。

STEP 03 选择矩形工具 ，在文本下方绘制一个矩形，将前景色设置为"#118ebe"，按"Alt+Delete"组合键为矩形填充前景色，效果如图5-70所示。

STEP 04 在矩形形状上输入横排文本"立即抢购"，设置文本格式为"黑体、20点"，文本颜色为"#fdfeff"，如图5-71所示。设置完成后将图片保存为JPG格式（配套资源:\效果文件\第5章\常规轮播图片1.jpg~常规轮播图片4.jpg），使用相同的方法，制作其他常规轮播图片。

图5-70　绘制并填充矩形

图5-71　常规轮播图片效果

2. 设置常规轮播模块

常规轮播模块的设置方法比较简单，在设置轮播图片之前，首先需要将图片上传至图片空间。下面介绍设置常规图片轮播模块的方法，其具体操作如下。

STEP 01 将制作的图片轮播模块的图片上传到图片空间。在图片轮播模块上单击 编辑 按钮，打开"图片轮播"对话框，单击"图片地址"栏后的 按钮，在打开的列表框中选择轮播图片。也可在图片空间复制图片地址，粘贴到"图片地址"文本框，如图5-72所示。

STEP 02 单击 添加 按钮，继续添加其他轮播图片，如图5-73所示。

扫一扫

操作演示

经验之谈：

轮播图片不宜放置太多，4张左右比较合适。在"图片轮播"对话框的"操作"栏中可以对图片的位置进行调整，也可删除当前图片。

图5-72　选择图片

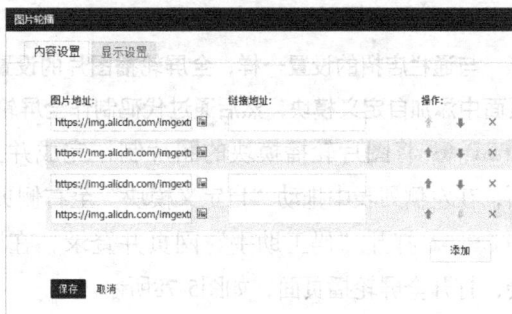

图5-73　添加其他图片

STEP 03 单击"显示设置"选项卡，单击选中"不显示"单选项，在"切换效果"下拉列表中选择"渐变滚动"选项，然后单击 保存 按钮，如图5-74所示。

STEP 04 单击设置完成后返回店铺装修页面即可预览图片轮播效果，如图5-75所示。

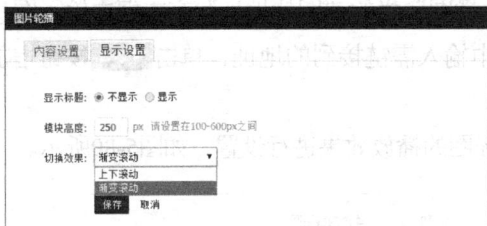

图5-74　设置轮播切换效果

图5-75　预览图片轮播效果

3. 制作全屏轮播图片

全屏轮播图片是可以覆盖整个屏幕的一种效果，因此全屏轮播图片的宽度要制作成1920像素，高度一般以400像素~800像素为最佳。制作全屏轮播图片时，首先要在Photoshop中新建一个画布，比如新建大小为1920像素×500像素，分辨率为72dpi的文件，然后将素材文件拖动到该文件中，对素材图片的大小、背景、文案等进行设计和制作，如图5-76所示。在制作全屏海报时需注意，由于显示器的分辨率大小不一样，而为了保证全屏图片在任何显示器中都能完整地显示出图片中的重要信息，通常需要对图片的两边进行"留白"，即全屏图片左右两侧宽度为360像素的区域中不放置人物或商品图片，也不放置文案。

图5-76　全屏轮播图片

4. 设置全屏轮播图片

与通栏店招的设置一样，全屏轮播图片的设置也需通过代码完成。下面在淘宝装修页面中添加自定义模块，然后通过代码制作全屏轮播效果，其具体操作如下。

STEP 01 将图片轮播模块的图片制作完成并上传至图片空间。进入店铺装修页面，在左侧列表中拖动"自定义模块"至右侧页面中，如图5-77所示。

STEP 02 打开"码工助手"网页并登录，在网页导航中单击"全屏轮播"超链接，打开全屏轮播页面，如图5-78所示。

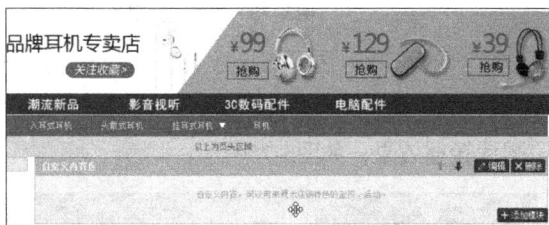

图5-77　添加自定义模块

图5-78　打开码工助手

STEP 03 打开"全屏轮播"页面，在"店铺类型选择"栏中单击选中"淘宝专业版"单选项，在"轮播风格选择"下拉列表中选择"缩略图风格"选项，在"轮播图"栏的"图片地址"文本框中输入图片地址（可从图片空间复制地址），在"链接地址"文本框中输入需链接到的地址，单击 增加一组 按钮增加下一组。效果如图5-79所示。

STEP 04 单击"动画内容设置"选项卡，在其中可以对轮播图的播放效果进行设置，如图5-80所示。

图5-79　设置图片地址

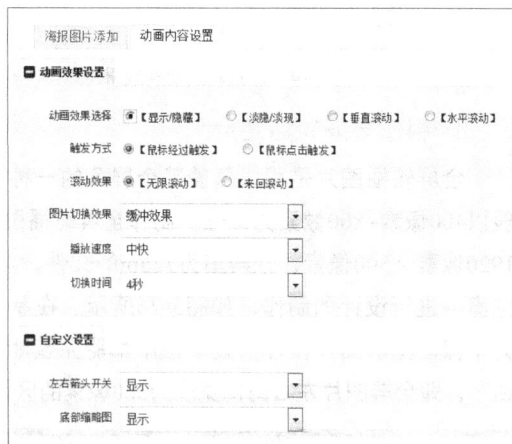

图5-80　设置动画效果

STEP 05 单击 生成代码 按钮，在下方的文本框中将自动生成代码，单击 复制内容 按钮复制生成的代码，如图5-81所示。

STEP 06 返回淘宝装修页面，单击自定义模块右上角的 编辑 按钮，打开"自定义内容区"对话框，单击选中"不显示"单选项，再单击"源码"按钮 ，将复制的代码粘贴到下方的文本框中，然后单击 确定 按钮，如图5-82所示。

经验之谈：

淘宝网也提供了全屏轮播的功能，但属于收费模块，卖家在购买之后即可使用。此外，使用码工助手还可以制作全屏海报，其制作方法与全屏轮播类似，但是更加简单，都需要通过自定义模块来实现。

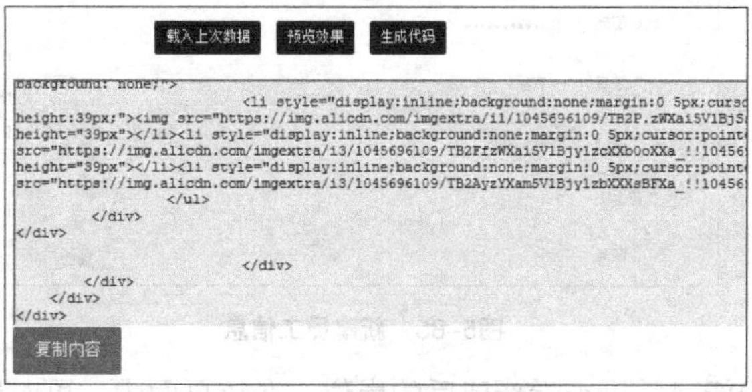

图5-81　复制代码

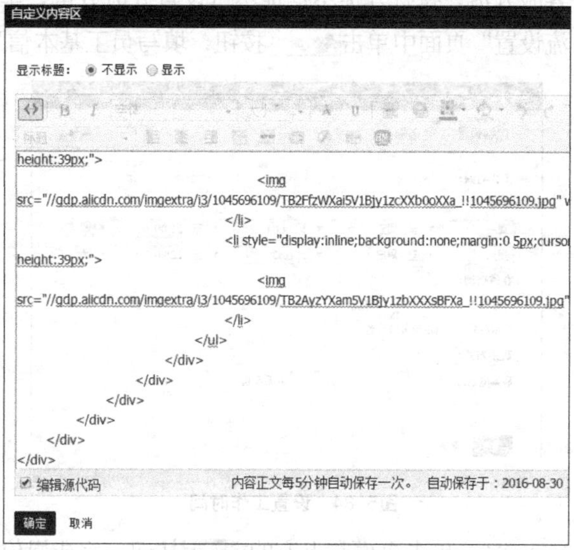

图5-82　粘贴代码

STEP 07 返回店铺装修页面即可预览全屏轮播图片的效果，如图5-83所示。

图5-83　预览全屏轮播效果

新手试练

设计并制作全屏海报，然后通过码工助手的"全屏海报"将其转换为代码，再使用淘宝自定义模块将其上传至淘宝店铺。

5.4.2　客服中心

客服中心是网上商店的必备模块，顾客与商家的联系基本都是通过在线客服实现的。下面在淘宝装修页面中设置客服中心，其具体操作如下。

STEP 01 在淘宝装修页面中拖动客服中心模块至右侧页面，在客服中心模块上单击 编辑 按钮，打开"客服中心"对话框，在"工作时间"栏中设置工作时间，如可以将工作日和休息日分开设置，也可撤销选中其后的复选框不显示休息日的工作时间。如图5-84所示。

STEP 02 在"在线咨询"栏中单击"分流设置"超链接，打开"分流设置"页面。如果是第一次设置客服分流，将打开提示框提示可设置分流数量，单击选中其中的复选框，单击 确定 按钮，然后在"分流设置"页面中单击 新建员工 按钮，填写员工基本信息，如图5-85所示。

图5-84 设置工作时间

图5-85 新建员工信息

STEP 03 单击页面右上方的 确认新建 按钮，完成岗位的新建并可查看新建后的岗位。在该页面中，可对岗位的基本信息和权限进行修改，单击"修改权限"超链接，如图5-86所示。

STEP 04 打开权限修改页面，在"选择岗位"栏的第二个下拉列表中选择"客服"选项，单击 保存 按钮，如图5-87所示。

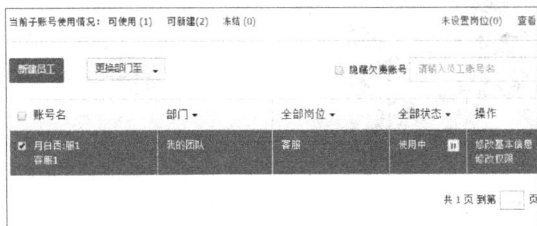

图5-86 查看新建的岗位

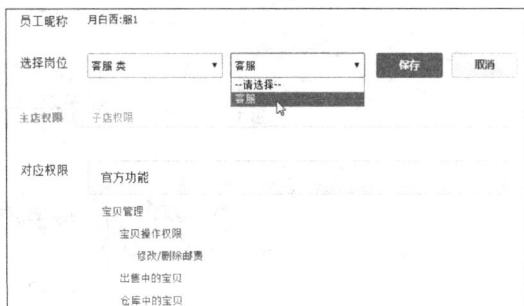

图5-87 设置岗位

STEP 05 在打开页面的"对应权限"栏中可修改岗位的权限，如单击"官方功能"栏的"修改权限"超链接，在打开的页面中进行修改，如图5-88所示。

STEP 06 返回淘宝装修页面，在"客服中心"对话框中单击"显示设置"选项卡，在"模块标题"文本框中可以改变模块标题，也可撤销选中其后的复选框不显示客服中心的名称，设置完成后单击 保存 按钮，如图5-89所示。

STEP 07 返回装修页面即可查看设置后的客服模块效果，如图5-90所示。

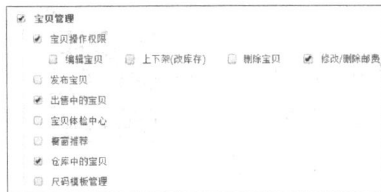

图5-88 修改权限

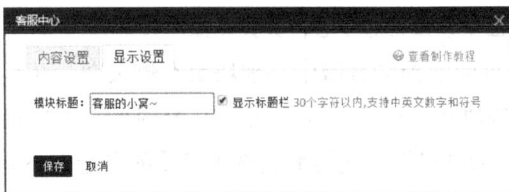

图5-89 设置客服中心名称

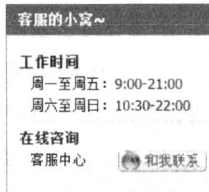

图5-90 客服模块效果

↘ 5.4.3　商品搜索

这里的商品搜索主要是指店内搜索，淘宝网具有宝贝搜索功能，通过该功能可以帮助消费者快速搜索所需的商品。其设置方法为：在淘宝装修页面左侧拖动"宝贝搜索"模块至右侧页面，单击右上方的 ✎编辑 按钮，打开"搜索店内宝贝"对话框，在"预置关键字"文本框中可预设关键字，如"索尼耳机"，在"推荐关键字"文本框中也可设置推荐的关键字，如"挂耳式耳机"等，设置完成后单击 保存 按钮即可，如图5-91所示。

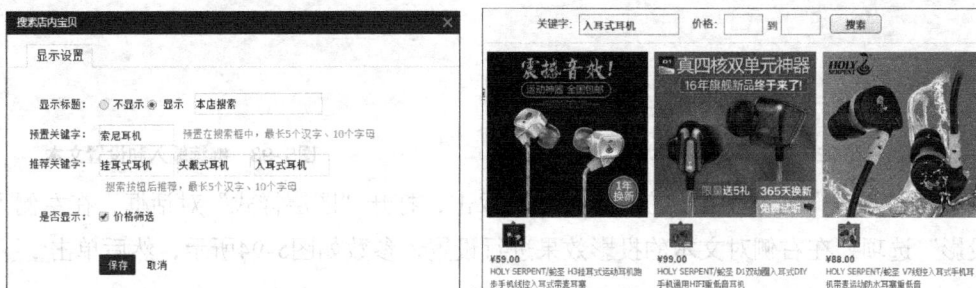

图5-91　添加商品搜索模块

5.5 设计商品详情页

商品详情页是由文字、图片、视频构成的，向买家介绍宝贝属性、使用方法等详细情况的页面，是卖家向消费者推荐商品的关键页面，它的主要作用是完成订单，是影响店铺转化率的关键页面。

↘ 5.5.1　商品详情页制作规范

美观漂亮的商品详情页可以为商品增色、吸引消费者关注、增加商品的售出概率，而为了使制作出的详情页规范完整，还需了解以下注意事项。

- 商品详情页的风格应该与店标风格、店招风格等相适应，不能相差太大，以免页面整体不协调。
- 商品详情页的内容一般都比较多，为了避免消费者浏览详情页时加载过慢的问题，建议不要使用太大的图片。
- 商品详情页主要通过浏览器进行浏览，因此要保证图片链接正确，其设计也应该符合HTML语法要求，防止出现浏览错误的问题。
- 在店铺管理页面中直接制作商品描述十分不方便，因此建议先通过Photoshop制作好商品详情页再进行上传。
- 商品详情页的高度没有具体要求，但是宽度一般在750像素以内。

↘ 5.5.2　制作商品详情页

商品详情页的内容较多，因此建议分开制作各屏内容，或制作好全部内容之后进行切片。下面在Photoshop中首先制作详情页的首屏海报，再制作细节展示、参数展示等模块，其具体操作如下。

STEP 01 在Photoshop中打开背景素材（配套资源:\素材文件\第5章\商品详情页\详情页海报背景.jpg），选择横排文字工具 T，输入文本"爆款"，设置文本格式为

扫一扫

操作演示

"方正韵动中黑简体、33点"，文本颜色为"#f4af29"，如图5-92所示。

STEP 02 继续使用横排文字工具在背景中输入文本"新品"，然后设置文本格式为"方正韵动中黑简体、20点"，文本颜色为"#3d3c3b"，如图5-93所示。

图5-92　输入并设置文本

图5-93　继续输入和设置文本

STEP 03 选择"爆款"文字图层，在图层空白处双击，打开"图层样式"对话框，在左侧列表框中选择"投影"选项，在右侧对文本的投影效果进行设置，参数如图5-94所示，然后单击 确定 按钮。

STEP 04 选择"新品"文字图层，在图层空白处双击，打开"图层样式"对话框，在左侧列表框中选择"描边"选项，在右侧对文本的投影效果进行设置，先将描边颜色设置为白色，其他参数如图5-95所示，然后单击 确定 按钮。

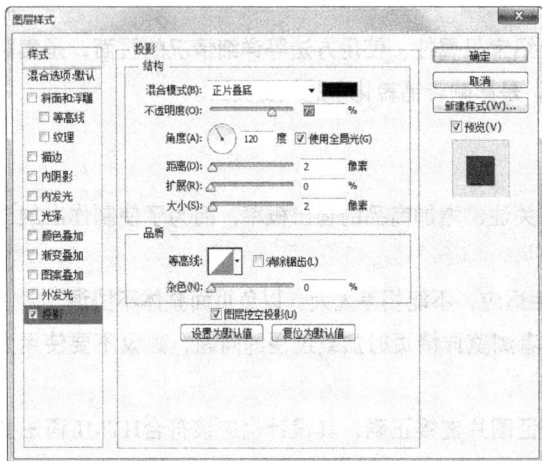

图5-94　设置投影

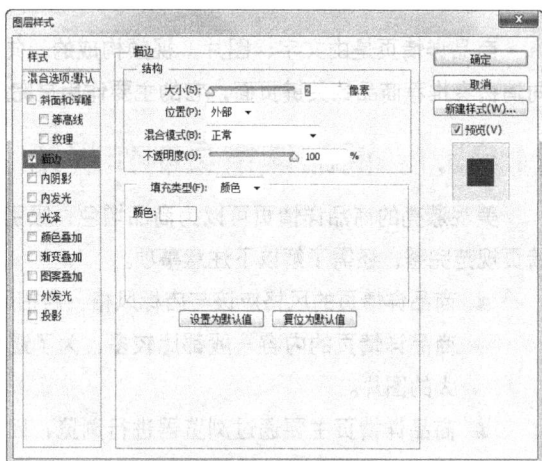

图5-95　设置描边

STEP 05 设置完成后，即可分别为文本添加投影和描边效果，如图5-96所示。

STEP 06 继续选择横排文字工具T，输入文本"专业品质 高清原音"，然后设置文本格式，效果如图5-97所示。

图5-96　查看文本效果

图5-97　继续输入并设置文本

STEP 07 选择"专业品质 高清原音"文字图层，按"Ctrl+T"组合键变形文字，在其上单击鼠标右键，在弹出的快捷菜单中选择"斜切"命令，将该文字图层调整为稍微倾斜的样式，效果如图5-98所示。

STEP 08 按"Enter"键确定变换，继续输入并设置文字的字体、大小和位置，效果如图5-99所示。

图5-98 文字倾斜

图5-99 输入并设置其他文本

STEP 09 新建一个图层，使用矩形选框工具▣在文本内容的下方绘制一个矩形选区，将前景色设置为"#7ab80e"，按"Alt+Delete"组合键为选区填充前景色，如图5-100所示。

STEP 10 在选区中输入文本并设置文本格式，在图层空白处双击，打开"图层样式"对话框，在左侧列表框中选择"投影"选项，在右侧对文本的投影效果进行设置，投影颜色为"#ddd70e"，其他参数如图5-101所示，然后单击 确定 按钮，效果如图5-101所示。

图5-100 填充选区

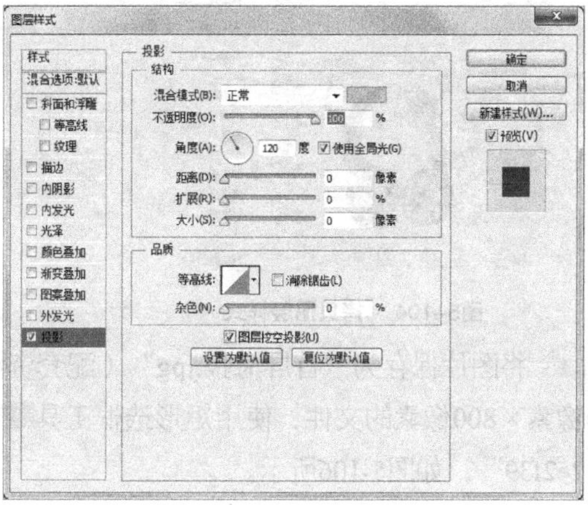

图5-101 设置投影

STEP 11 打开"蓝色耳机"素材图片（配套资源:\素材文件\第5章\商品详情页\蓝色耳机.png），将其拖动至"详情页海报背景"图片中，按"Ctrl+T"组合键变换图片，调整图片大小和位置，如图5-102所示。

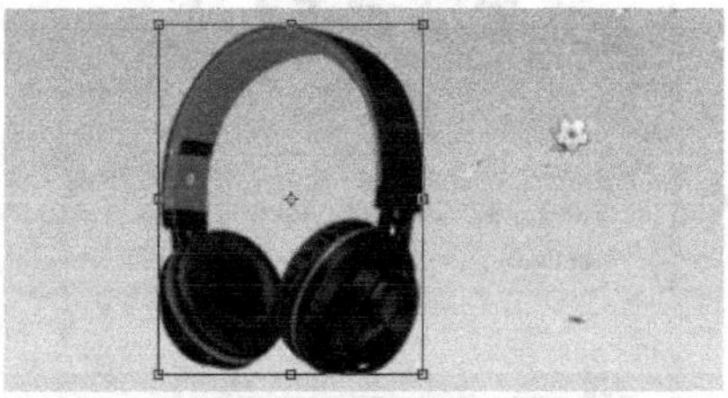

图5-102 调整图片

经验之谈:

由于这里制作的是详情页的首屏海报，商品是海报的主体，因此图片的大小和位置必须要合适，图片要清晰。

STEP 12 在"蓝色耳机"图层空白处双击，打开"图层样式"对话框，为图片设置"投影"效果，将投影颜色设置为"#8d8d8d"，其他参数如图5-103所示，完成后单击 确定 按钮。

经验之谈：

如果要改变投影的方向，可以通过"角度"数值框进行设置，不同数值对应不同的方向。

图5-103　设置投影

STEP 13 将"白色耳机"素材文件（配套资源:\素材文件\第5章\商品详情页\白色耳机.png）拖入"详情页海报背景"图片中，按"Ctrl+T"组合键变换图片，调整图片大小和位置，然后在"蓝色耳机"的"投影"效果图层上单击鼠标右键，在弹出的快捷菜单中选择"拷贝图层样式"命令，如图5-104所示。

STEP 14 在"白色耳机"图层上单击鼠标右键，在弹出的快捷菜单中选择"粘贴图层样式"命令，将蓝色耳机的图层样式粘贴到"白色耳机"图层中，完成海报的制作，效果如图5-105所示。

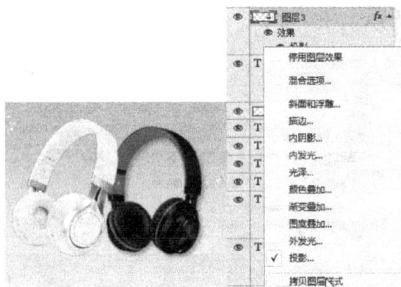

图5-104　拷贝图层样式

图5-105　查看海报效果

STEP 15 将图片保存为"首屏海报.jpg"（配套资源:\效果文件\第5章\首屏海报.jpg），然后重新新建一个750像素×800像素的文件，使用矩形选框工具■在画布上方绘制一个矩形，绘制完成后将其颜色填充为"#2e2f39"，如图5-106所示。

STEP 16 新建一个图层，使用矩形工具■绘制一个矩形，然后再选择渐变填充工具■，在其工具属性栏中单击渐变下拉列表，打开"渐变编辑器"对话框，将色标的颜色均设置为白色，将第二个不透明度色标的不透明度设置为"0%"，如图5-107所示。

图5-106　绘制并填充选区

图5-107　设置渐变填充

STEP 17 单击 [确定] 按钮，在矩形选区中自上而下进行拖动，为矩形选区图层设置渐变填充，然后按"Ctrl+T"组合键调整该图层大小。如图5-108所示。

STEP 18 绘制一个横向的形状，将其颜色设置为白色，调整形状的大小，将其与竖向形状连接起来，如图5-109所示。

图5-108 调整大小

图5-109 绘制横向形状

STEP 19 同时选择两个形状，按"Ctrl+J"组合键复制图层，调整复制图层的位置，并将其不透明度设置为"40%"，如图5-110所示。

STEP 20 同时选择4个形状图层，按"Ctrl+J"组合键复制图层，再按"Ctrl+T"组合键变换形状，在形状上单击鼠标右键，在弹出的快捷菜单中选择"水平翻转"命令，然后调整图层的位置，如图5-111所示。

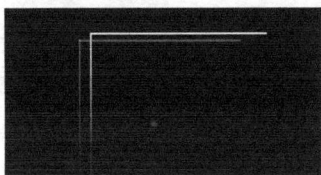

图5-110 复制图层

图5-111 复制并翻转图层

STEP 21 选择横排文字工具 T，输入文本"细节展示"，设置文本格式为"方正大黑简体、48点"，文本颜色为"#f7f7f9"，效果如图5-112所示。

STEP 22 继续使用横排文字工具 T 输入文本"THE DETAIL SHOW"，设置文本格式为"Segoe Print、18点"，文本颜色为"#f7f7f9"，效果如图5-113所示。

图5-112 输入文本并设置格式

图5-113 输入并设置英文文本

STEP 23 将"蓝色耳机"和"白色耳机"素材文件拖入当前图像中，调整图片的大小，并将蓝色耳机放置于白色耳机之下，如图5-114所示。

STEP 24 选择白色耳机，按"Ctrl+T"组合键变换图形，然后在图片上单击鼠标右键，在弹出的快捷菜单中选择"旋转"命令，旋转图片至合适角度，如图5-115所示。

STEP 25 选择蓝色耳机图层，按"Ctrl+J"组合键复制图层，按"Ctrl+T"组合键变换图层，单击鼠标右键，在弹出的快捷菜单中选择"垂直翻转"命令，然后将垂直翻转后的图层垂直移动到原图层下方，如图5-116所示。

图5-114 调整图片大小和位置

图5-115 旋转图片

图5-116 垂直翻转并移动图层

STEP 26 为该图层新建一个蒙版图层，然后选择渐变填充工具 ，打开"渐变编辑器"对话框，将两个色标的颜色都设置为黑色，将第一个不透明度色标的不透明度设置为"100%"，将第二个不透明度色标的不透明度设置为"0%"，单击 确定 按钮，如图5-117所示。

STEP 27 在蒙版图层上自下而上拖动鼠标，创建图层的渐变效果，为原图层制作倒影效果，如图5-118所示。

STEP 28 使用相同的方法复制白色耳机的图层，并为其制作倒影效果，如图5-119所示。

图5-117 设置渐变效果

图5-118 倒影效果

图5-119 制作白色耳机的倒影效果

STEP 29 绘制一个圆角矩形，将其颜色填充为"#10374e"，在圆角矩形上输入文本"01"，然后调整圆角矩形和文本的位置，效果如图5-120所示。

STEP 30 在圆角矩形下方绘制一条直线，设置颜色为"#10374e"，粗细为"1像素"，然后在直线上输入文本并设置其文本格式，效果如图5-121所示。

图5-120 绘制圆角矩形并输入文本

图5-121 绘制直线并输入文本

STEP 31 选择横排文字工具 T，拖动鼠标绘制一个文本框，在其中输入描述文案，并设置文本格式，如图5-122所示。

STEP 32 绘制一个矩形选区，将其颜色填充为"#2e2f39"，复制蓝色耳机图层并对其进行垂直翻转，删除不需要的图片部分，如图5-123所示。

图5-122　输入文案并设置文本格式

图5-123　绘制选区并编辑图片

STEP 33 绘制一个圆角矩形，将其颜色填充为白色，在圆角矩形下方绘制一条直线，颜色为白色，粗细为"1像素"，效果如图5-124所示。

STEP 34 输入标题文案和描述文案，并设置文本格式和位置，设置后的效果如图5-125所示。

图5-124　绘制形状

图5-125　输入文本并设置

STEP 35 选择【图像】/【画布大小】菜单命令，打开"画布大小"对话框，在"高度"数值框中输入"2400"，在其后的下拉列表中选择"像素"选项，在"定位"栏中单击 ↑ 按钮，然后单击 确定 按钮扩展画布高度，如图5-126所示。

STEP 36 使用相同的方法制作页头部分，或复制已制作的页头部分，将其颜色更改为不同透明度的黑色渐变效果，如图5-127所示。

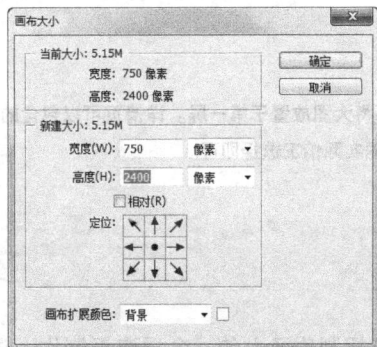

图5-126　扩展画布

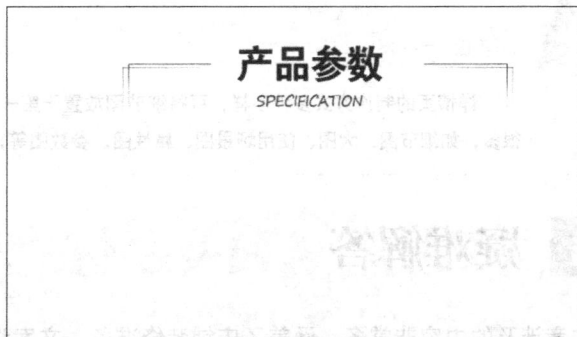

图5-127　制作页头部分

STEP 37 继续制作详情页的其他部分，效果如图5-128所示（配套资源:\效果文件\第5章\耳机商品\详情页.psd）。

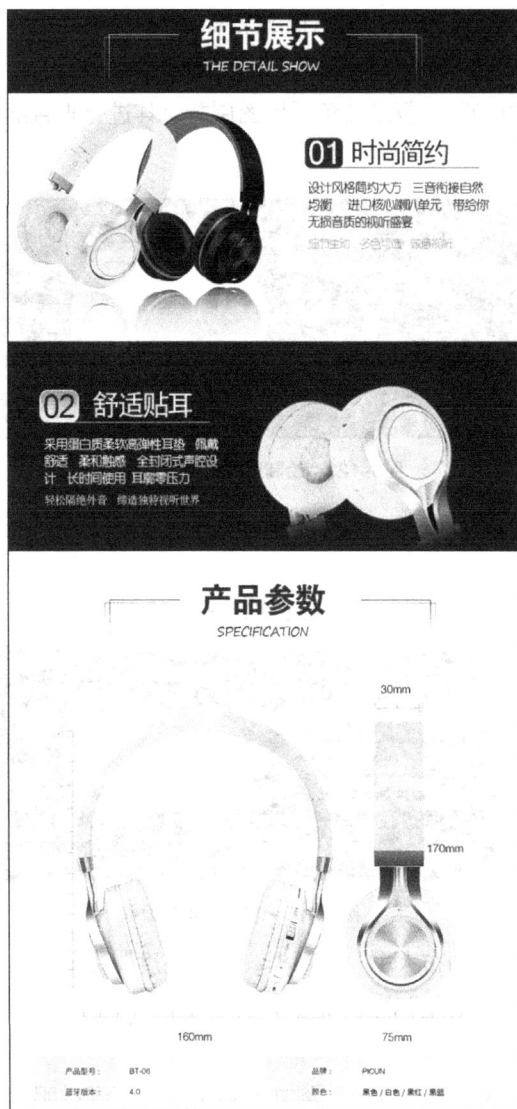

图5-128　详情页效果

经验之谈：

　　详情页的制作方式多种多样，可将细节图放置于第一屏，也可将大图放置于第一屏。详情页可以包含的内容很多，如细节图、大图、使用场景图、属性图、参数图等，卖家根据实际情况选择即可。

5.6　疑难解答

　　本章涉及的内容非常多，涵盖了店铺装修准备、文案设计、店招制作及上传、全屏海报制作、详情页制作和分类导航、图片轮播等板块的设置等。下面主要针对文案设计、店铺装修的一些疑难问题提出解决方案。

1. 文案写作有哪些技巧？

答：网店商品的文案写作都比较简洁，一般不需要太多的文字描述，但必须在有限的文字中表达出更多有效的信息。下面对文案写作的常用技巧进行简单介绍。

- 利益诱惑：通过给出一定的利益诱导消费者购买，如赠品、优惠等，如图5-129所示。

图5-129　利益诱惑

- 巧用数字：在商品文案中，尽量用阿拉伯数字，比如月销10 000件比月销1万件的力度更强，价格用阿拉伯数字，也可以让消费者一目了然，如图5-130所示。

图5-130　巧用数字

- 感情渲染：通过寻求消费者的感情认同点来销售商品，特别是在做中老年产品时，文案突出表达"给亲人健康，还亲人年轻"等主题，寻求消费者的认同点。比如某商品文案"父亲，请您慢点老"即可很好地引发消费者感情共鸣。
- 理想描述：通过文案描述出消费者希望的场景。比如女装描述"显瘦修身"，美妆产品"持久不晕染"。
- "恐吓"表达：给消费者描述出不安全产品会造成的后果，再说明自家的商品在这方面的优势和特点。
- 主动提问：通过提问激发消费者查看和了解的兴趣，如"你想不想知道30天闪电瘦的方法？"
- 事件借势：将网络上出现的热门词汇或事件引用到商品文案中，可以引起消费者的认同感和好感度。
- 巧妙对比：通过与其他商品的巧妙对比来凸显自家商品的优点，如南孚电池的"一节更比六节强"。
- 名人效应：现在很多的文案都采用了名人效应，比如"×××同款"等。

2. 详情页文案写作应注意什么？

答：商品详情页文案在商品详情页中一般出现在产品亮点介绍、设计诠释、细节描述和功效介绍等地方。总的来说，需要注意以下要点。

- 统一叙述风格：商品详情页中需要进行文案描述的部分不止一处，文案写手在进行描述时要先统一文案的用语风格，不能前面使用轻快幽默的语言，后面又使用严肃沉闷的表述方式。这不仅会降低买家的阅读兴趣，还会让人觉得莫名其妙。它与文章写作相似，只要保证风格统一、用语通俗易懂，能够表达宝贝的特点即可。

- 确定核心点：核心点就是商品详情页文案的主要表述中心，主要指宝贝亮点。明确宝贝的核心竞争点便于更好地组织语言，从中心点展开文字描述，突出产品的优势。

- 个性化的语言：在网店发展如此迅速的环境下，很多店铺的商品详情页文案也千篇一律，没有自己的特色和亮点。如果你能独树一帜，创造独特的语言描述风格，不仅会吸引买家，还能引领文案潮流，成为真正的赢家。

3. 店铺装修应注意哪些色彩处理问题？

答：不同的色彩作用于人的视觉器官，通常会产生不同的色彩心理反应。颜色可以象征一年四季、象征冷暖，不同的颜色表达的感情不同。对于网店而言，色彩搭配也有一定的讲究。总的来说，网店色彩的整体搭配应该和谐，局部可以用一些比较强烈的对比色。下面对一些常见的色彩搭配进行介绍。

- 暖色调：红色、橙色、黄色等色彩。这些颜色表达出的感情一般以温馨、和煦、热情、积极为主，同时由于色调明亮，也会使人的心情愉悦，如图5-131所示。

- 冷色调：青色、蓝色、紫色等色彩。这些颜色表达出的感情一般以清凉、宁静、雅致为主，使人感到冷静温和，如图5-132所示。

图5-131　暖色调装修效果

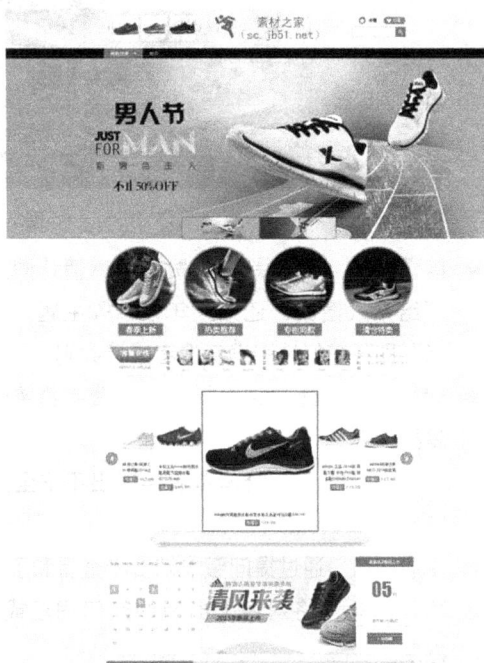

图5-132　冷色调装修效果

- 对比色调：指将色调相反的颜色搭配起来，例如红和绿、黄与紫等，由于对比强烈，这种对比搭配会产生强烈的视觉效果，使人感到亮丽、鲜艳。但是这种搭配非常挑剔，如果搭配不好，也容易落于俗艳。

4. 网店主色调该怎么选择？

　　颜色搭配是网店装修中非要重要的一项内容，好的颜色搭配可以使进店顾客眼前一亮，产生好的第一印象。网店的主色调选择一般需与商品类型相适应，比如出售数码类商品，则稳重大气的冷色调更适合，巧妙的黑白搭配也可以体现出不错的科技感效果。服装、化妆品之类的店铺，则店铺装修可以随着季节的变化而变化，体现出商品的季节性。而有些店铺，比较强调个性和特色，可将店铺设计得更具有视觉冲击力，在颜色的选用上可以采用暖色调，或者对比色调。需要注意的是，不管采用什么色调，颜色种类都不宜过多，否则容易显得杂乱，主题不突出。在进行店铺颜色搭配时，还要注意背景色深浅的变化，背景色与文字的对比搭配等。若是背景色为深色，则文案颜色以浅色为主，反之则以深色为主。

5.7　课后实训

↘ 5.7.1　实训一：制作与装修"茶叶"店铺的通栏店招

【实训目标】

　　本实训要求利用素材（配套资源:\素材文件\第5章\茶叶店招.psd）制作一个"茶叶"店铺的通栏店招，可参考如图5-133所示的效果，制作完成后将其上传到淘宝店铺中（配套资源:\效果文件\第5章\茶叶店招.psd）。

图5-133　茶叶店铺的店招效果

【实训思路】

　　根据实训目标，本例分为设计与上传店招两个部分。在设计店招时主要需使用到文本工具与圆角矩形工具，装修自定义的通栏店招需要借助码工助手。

【步骤提示】

STEP 01 制作通栏店招。打开素材文件，输入文本并设置文本格式，制作完整的通栏店招。

STEP 02 店招切片。为通栏店招创建切片，两边的切片宽度为"485像素"，储存切片。

STEP 03 上传切片。登录淘宝卖家中心，将完成切片的图片上传到图片空间。

STEP 04 在线布局。打开"码工助手"，在网页导航中单击"在线布局"超链接，在打开的界面的"高"数值框中输入"150"，在淘宝图片空间复制店招切片后的中间部分的链接，粘贴到"背景图"文本框。

STEP 05 设置跳转链接。在页面上方单击 热区 按钮，添加一个热区，并设置热区链接的网址。

STEP 06 生成并复制代码。单击"在线布局"页面右上方的 生成代码 按钮，在打开的对话框中单击 导出代码 按钮，导出代码，然后单击 复制HTML代码 按钮。

STEP 07 装修店招。切换到淘宝店铺装修页面，在店招右侧单击 ✎编辑 按钮，打开"店铺招牌"对话框，单击选中"自定义招牌"单选项，单击"源码"按钮 <>，粘贴复制的代码。

STEP 08 装修页头。在页面左侧选择"页头"选项，在打开的页面中单击 更换图片 按钮，将制作的通栏店招图片作为页头的背景，保存装修效果，完成制作。

↘ 5.7.2 实训二：制作与装修"茶叶"店铺的全屏海报

【实训目标】

本实训要求利用素材（配套资源:\素材文件\第5章\茶叶全屏海报.psd）制作一个大小为1920像素×500像素的全屏海报，参考效果如图5-134所示。制作完成后通过码工助手生成代码，然后将全屏海报上传到淘宝店铺中（配套资源:\效果文件\第5章\茶叶全屏海报.psd）。

图5-134 茶叶店铺全屏海报效果

【实训思路】

根据实训目标，首先需要制作全屏海报，然后添加自定义模块，使用码工助手获取图片的代码，最后将代码粘贴到自定义模块中，完成全屏海报的装修。

【步骤提示】

STEP 01 制作全屏海报。打开素材文件，输入文本并设置文本格式，制作全屏海报，然后将海报保存为JPG图片格式。将制作的全屏海报上传到图片空间。

STEP 02 添加自定义模块。进入店铺装修页面，在左侧列表中拖动"自定义模块"至右侧页面中。

STEP 03 打开全屏海报页面。打开"码工助手"网页，并登录，在网页导航中单击"全屏海报"超链接，打开全屏海报页面。

STEP 04 设置全屏海报链接地址。在"图片地址"文本框中输入图片地址（可从图片空间复制地址），在"链接地址"文本框中输入需链接到的地址。

STEP 05 复制并粘贴码工助手生成的代码。单击 获取代码 按钮，在下方的文本框中将自动生成代码。单击 复制内容 按钮复制生成的代码，返回店铺装修页面编辑自定义模块，单击"源码"按钮，将复制的代码粘贴到下方的文本框中，然后单击 确定 按钮，可完成全屏海报的装修。

06

免费推广店铺

店铺流量即店铺的访问量，店铺访问量直接关系着店铺的销量，因此要想取得不错的销量，必须对店铺进行推广。作为网店经营者，必须懂得推广店铺的方法。本章主要介绍店铺流量的来源、在淘宝论坛中宣传店铺、运用网络资源宣传店铺和运用站外平台宣传店铺的方法。通过本章的学习，读者可以掌握推广店铺的常用方法和技巧。

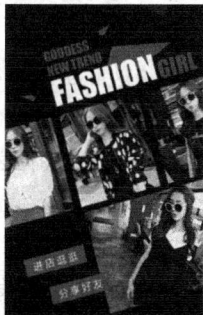

- 店铺流量的来源
- 在淘宝论坛中宣传店铺
- 运用网络资源宣传店铺
- 运用站外平台宣传店铺

本章要点

案例导入

借助自媒体的"东风"推广店铺

晓晓是个在淘宝网中经营美甲产品的小卖家，她的店铺生意一直是平平淡淡的。看着其他店铺天天参加活动，生意源源不断，晓晓也不是不羡慕，但是她店铺小，销量低，成本根本不足以支撑她参加太多付费推广活动，只能在各大店铺的"环伺"中挣扎求生。

付费推广"做不起"，那么只能从免费推广活动中寻找机会。晓晓是个90后女孩，微博、微信都玩得转，甚至微博上还有不少粉丝。既然其他人都可以通过微博和微信来营销，自己为何不试试呢？有了这个打算后，晓晓开始有意识地发一些自己做的美甲图片到微信和微博上，每隔几天就设计一些不同的美甲风格，再搭配上相应的文字，"今天给自己做了暗黑的指甲，像不像白雪公主的继母""我的指甲里藏着一片星空"。由于晓晓的美甲效果做得很不错，很多粉丝看到后都纷纷转发，很多人甚至直接在评论里寻求美甲方法。晓晓意识到，现在就是推广自己产品的最好时机。她将美甲方法整理出来，其中详细介绍了操作步骤，使用了哪些指甲油，以及使用了哪些工具和技巧等，并在最后附带上产品信息和店铺信息。就这样，她的淘宝店铺迎来了非常多的优质流量。

自媒体营销不仅为晓晓的店铺带来了流量，同时也让晓晓意识到，很多买家在买了美甲产品后，都不太懂得如何使用，做出来的指甲效果也很普通。为了更好地解决这个问题，晓晓创建了一个微信公众号，引导买家进行关注，每天在公众号中分享美甲技巧，回复买家的问题，也通过微信公众号发布一些活动，与买家互动。

这些举措让晓晓美甲店铺的销售额直线上升。有时做出了比较受大众欢迎的美甲效果，那么相关产品很快就能卖光。

晓晓说："以前与买家沟通少，根本不知道为什么产品卖不出去，等到真正跟买家开始互动了，才知道买来不会用也是阻碍很多买家进来消费的一个重要因素，既然如此，那我就帮她们解决掉这个问题，我的产品不就卖出去了吗？"

【案例思考】

流量是店铺生存的根本，那么店铺流量的一般来源于哪些渠道？免费推广方式有哪些？如何通过微信公众号发布一些活动？

6.1 店铺流量的来源

网店获取流量的途径非常多，主要可分为站内流量和站外流量两大类别。站内流量是指由淘宝网本身带来的流量，是买家主要的流量渠道，如站内搜索、直通车、智钻、聚划算等都属于站内流量。站外流量是指在淘宝网以外的其他互联网上获取的流量，如从淘宝论坛、微博、微信等站外获取的流量即属于站外流量。

6.1.1 站内搜索

站内搜索是指通过当前网站的搜索引擎搜索本网站中的内容。对于淘宝卖家而言，站内搜索是非常重要的一个流量来源，这是因为淘宝用户在通过淘宝购买商品时，大多数时候都是通过关键词搜索寻找商品的。图6-1所示为通过选词助手查找出来的耳机类目的关键词搜索数据，从该表中可知，耳机、运动耳机、游戏耳机都是用户的热门搜索词。

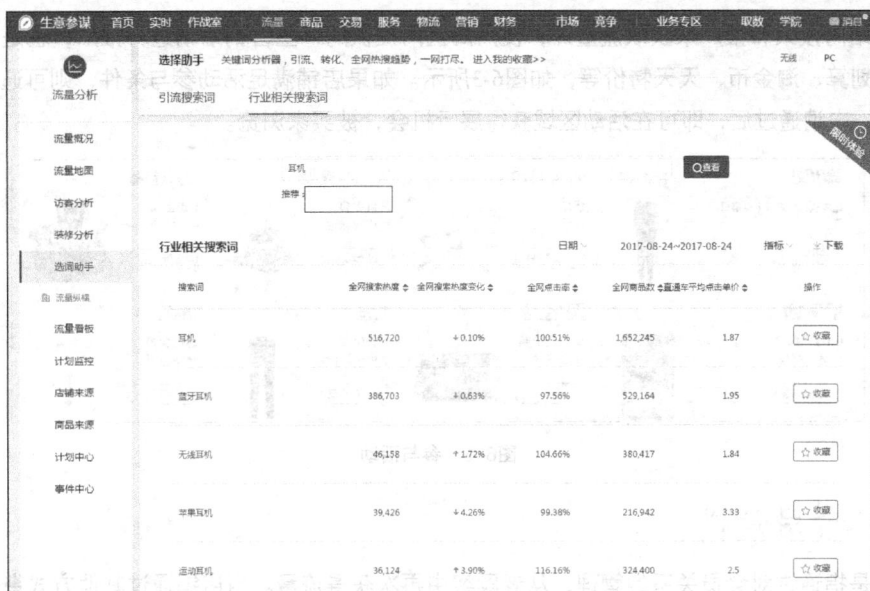

图6-1　站内搜索数据

6.1.2　付费推广

付费推广是一种比较有效的推广方式，可以帮助卖家获取更多有效流量，淘宝网内部的付费推广模式主要有直通车、智钻、淘宝客、达人等。其中直通车是一种特定类目下店铺爆款常用的推广方式，智钻是一种广泛获取店铺流量的推广方式，淘宝客和达人则是卖家支付佣金，由专门人员提供推广服务的推广方式。直通车和智钻并不是任何店铺都可以申请的，必须是店铺达到淘宝网指定的最低标准才可开通，如直通车的开通标准为信用等级大于等于两颗心，店铺动态评分各项大于等于4.4分。淘宝客和达人作为一种主动的人为推广方式，一般在申请推广时，淘宝客或达人也会根据店铺的综合能力来决定是否接受推广。图6-2所示为淘宝直通车和智钻推广页面。

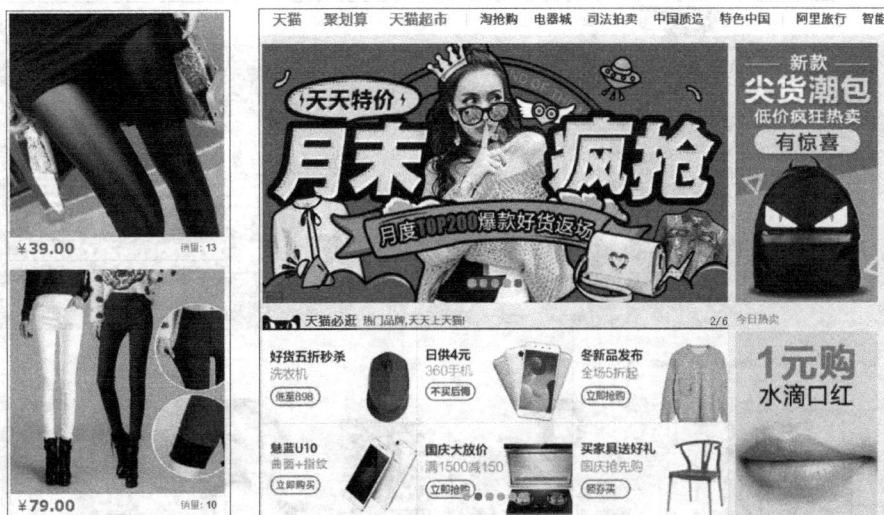

图6-2　淘宝直通车和智钻推广页面

↘ 6.1.3　参与活动

除了通过站内搜索和推广来获取流量外，使用淘宝网提供的一些营销活动进行推广，也是常见的流量来源之一，如聚划算、淘金币、天天特价等，如图6-3所示。如果店铺满足活动参与条件，则可通过淘宝的活动入口申请参与，申请通过后，即可在活动区域获得展示机会，被买家浏览。

图6-3　参与活动

↘ 6.1.4　会员营销

会员营销是指通过对会员关系的管理，从老顾客中再次获得流量。当店铺通过其他方式带来了流量和人气之后，需要进一步留住这些流量，让其产生持续的购买行为，最好还可以通过会员的广告效应，扩大会员营销流量的影响范围，刺激新的会员流量的产生，这种现象是所有淘宝卖家都希望达成的。

会员营销流量一般都是店铺内最稳定的流量，通常转化率都比较高，可以快速带来销量，对店铺而言非常有利。因此，网店经营者应该重视会员关系管理，尽量巩固和提升会员营销流量。

↘ 6.1.5　其他流量

淘宝站内流量是卖家主要的流量渠道，当然除了店内流量外，一些站外平台也可以为店铺带来流量，如折800、返利网、美丽说等。这些站外平台经常会通过策划活动的方式对商品进行营销，网店卖家也可申请参与这些网站的活动，对自己的商品进行推广。图6-4所示为折800网站的商品页面，单击具体的商品页面即可跳转到对应的商品地址中查看商品详情。

图6-4　折800网站的商品页面

通过贴吧、论坛、微博、微信等自营销手段也可推广商品并获取流量，除此之外，交换友情链接、在其他网站投放广告等方式也可为店铺带来流量。获取流量的方式非常多，卖家需根据自己的实际情况进行选择。

6.2 在淘宝论坛中宣传店铺

淘宝论坛是一个淘宝店铺推广论坛，在论坛中不仅可以查看与店铺经营相关的新闻和技巧，还可与其他淘友发帖交流、发表见解、寻找潜在客户、宣传店铺等。

6.2.1 发帖

淘宝论坛是淘宝网的官方论坛，可与淘宝网共用账户，不需另外注册。登录淘宝论坛后，可对自己的个人信息进行设置，在其中也可加入一些营销信息，进行自我营销和宣传。在淘宝论坛中，一般通过发帖的方式宣传店铺。下面介绍在淘宝网中发布帖子的方法，其具体操作如下。

STEP 01 进入淘宝论坛，选择相应的板块，将鼠标指针移动到"行业板块"选项卡上，在打开的下拉列表中单击"淘宝女装"超链接，如图6-5所示。

STEP 02 进入淘宝女装页面，在其中可以查看与淘宝女装相关的帖子，在页面右侧单击 发表帖子 按钮，打开帖子编辑页面，在其中分别输入标题和正文内容，再在"版面"下拉列表中设置帖子的分类，如"营销渠道"，如图6-6所示。

图6-5 选择板块　　　　　　　　　图6-6 输入内容

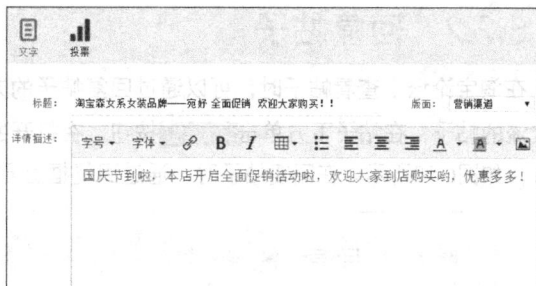

经验之谈：

在内容编辑页面提供了"文字"和"投票"两个选项，可根据实际需要进行选择。

STEP 03 单击"插入/编辑图片"按钮 ，打开"插入图片"对话框，单击 本地上传 按钮，打开"打开"对话框，在其中选择需插入帖子中的图片，然后单击 打开(O) 按钮，如图6-7所示。

STEP 04 返回"插入图片"对话框查看图片上传进度，上传成功后单击 确定 按钮完成上传。单击"插入/编辑链接"按钮 ，打开"插入链接"对话框，在其中可输入店铺链接地址和显示文字，如图6-8所示。设置完成后单击 确定 按钮完成链接的插入。

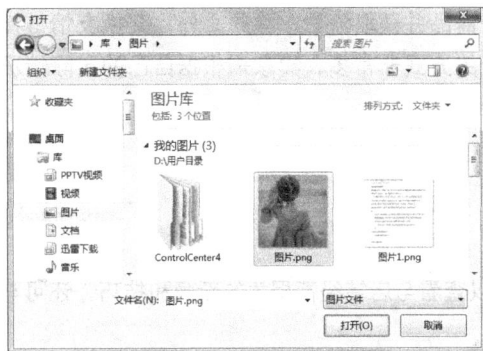

图6-7　选择插入的图片

图6-8　插入链接

经验之谈：

　　"插入链接"对话框中的"显示文字"指链接的显示文字，设置了显示文字后，链接将以文字的形式显示。

STEP 05 返回编辑页面，在其中单击 发表 按钮，即可完成帖子的发布，如图6-9所示。

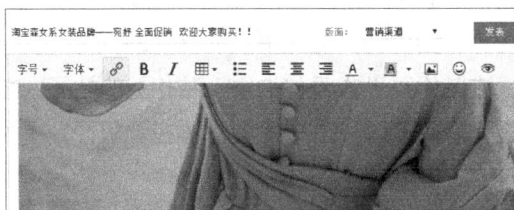

图6-9　发布帖子

6.2.2　回复帖子

　　在淘宝论坛上查看帖子时，可以通过回复帖子的方式与其他淘友进行讨论。回复帖子的方法为：打开需要交流的帖子，在帖子下方单击 回复本帖 按钮，在打开的对话框中输入回复内容，输入完成后单击 立即回复 按钮即可，如图6-10所示。在回复帖子时，通过回复框上方的工具栏可设置文本格式，也可插入图片和链接。

图6-10　回复帖子

经验之谈：

　　在论坛上发布帖子时，可以提前查看一下当前板块的版规，根据版规发布帖子，以防帖子被管理员删除。帖子内容要言之有物，内容充实，排版要规范整齐，才能博得阅读者的好感。

6.3 运用网络资源宣传店铺

运用网络资源宣传店铺是店铺推广的主要手段，而免费的网络推广手段主要是通过自媒体来实现的，如微博、微信、QQ邮件等形式。

6.3.1 微博推广

微博是一个通过关注机制分享简短实时信息的广播式的社交网络平台，一个基于用户关系信息分享、传播以及获取的平台。微博的用户数量非常大，它不仅发布信息十分快速，传播信息的速度也非常快，如果博主拥有数量庞大的粉丝，则发布的信息可以在短时间内传达给非常多的用户，宣传效果十分明显，因此很多人选择将微博作为推广平台。

1. 注册和关注店铺

使用微博进行推广时，首先需要注册一个微博账号，然后引导买家关注店铺微博，通过微博不时为买家推送各种活动信息，吸引其前来购买。在注册微博时，微博名称最好设置为店铺名称，也可在其中添加店铺的类目和品牌等，此外，微博的个性域名最好与店铺有联系，如店铺的全拼等。这样设置，一方面能使微博粉丝一目了然地看到微博品牌，记住店铺名称；另一方面关键词对搜索引擎友好，搜索品牌的关键词排名将更靠前。

在注册微博的过程中，微博会引导用户进行个人标签设置。作为一个网店推广微博，在设置个性标签时，可选择与自己的商品、行业相关的标签，在设置好标签后，微博通常会主动推荐标签相同的用户，通过该推荐可拓宽社交圈，与性质相同的微博进行友好互动。

微博设置是微博注册中非常重要的一个环节，特别是对于需要推广品牌的官方微博而言。一般来说，微博设置中都包括个人资料、个性设置等内容。在个人资料中可以对店铺进行简单描述，展示网店的属性和文化，为店铺建立起良好的形象，还可添加店铺的链接，方便粉丝直接进入。品牌或店铺的微博头像可以使用品牌或店铺的Logo，方便粉丝记住。图6-11所示为裂帛的微博账号主页。

图6-11 账号主页

经验之谈：

新浪、腾讯、搜狐等都是现在主流的微博平台。这些平台都提供了微博认证功能，可以针对个人、企业、媒体、网站等进行认证。通过认证的微博名称后会有一个"V"标志。认证微博不仅可以提升微博的权威性和知名度，同时也更容易赢得粉丝的信任。

2. 转发抽奖

转发抽奖是指通过店铺的官方微博与粉丝互动，从转发当前微博的粉丝中抽取一名或几名用户赠送奖品。转发抽奖是一种十分常见的推广方式，通过转发抽奖不仅可以将店铺或活动推广至粉丝的粉丝，扩大影响范围，还可累积更多的粉丝，吸引更多的关注量。转发抽奖一般都是以关注+转发的形式实现的，如图6-12所示。

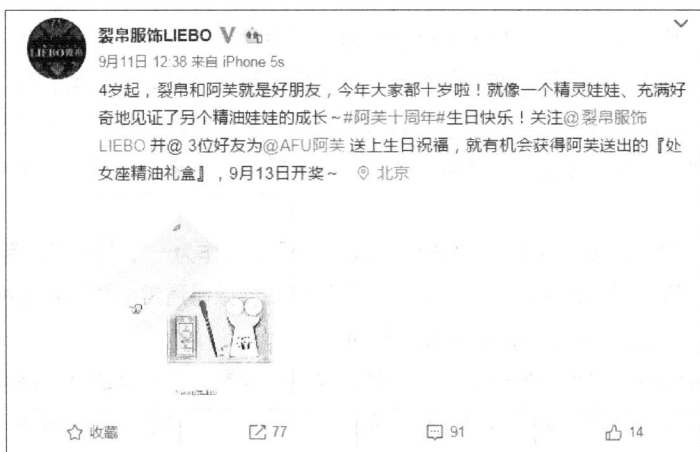

图6-12　转发抽奖

3. 晒图有奖

晒图有奖是指通过店铺官方微博策划和组织的一种活动形式，通过邀请买家上传商品图片并@官方微博的方式参与到活动中来，官方再对参加活动的买家图片进行评比或投票，选出人气最高的商品图片，颁发相应的奖品。晒图有奖可以使买家体会到购买商品后的参与感，既可以宣传商品，又能培养买家忠诚度，是非常有效的一种微博推广方式。图6-13所示为官方微博策划的晒图有奖活动。

图6-13　晒图有奖

4. 发布话题

发布话题是指在微博上发布的特指某个描述对象的主题，如"2017年××上新""特浓××"等。通过微博平台发布话题后，话题将以超链接的形式显示，单击该话题即可打开相关话题页面，当然微博用户在搜索相关关键词时也可搜索到该话题信息。一般来说，活动、品牌名、商品名等都可以设置为专门的话题，官方微博可以引导粉丝针对话题进行讨论，这样不仅可以起到醒目地显示话题的作用，当话题的发布和讨论达到一定数量时，微博官方还将对话题进行推送，展示给更多的微博用户查看。建议店铺官方微博在发布微博时尽量带上相关话题。此外，如果遇到节日，可以带上节日话题，提高微博的搜索和展示概率。如果微博最近有比较有趣的热门话题，也可以编辑与该热门话题相关的微博，带上热门话题。图6-14为官方微博发布的话题。

图6-14 发布话题

6.3.2 微信推广

微信是一个用户基础非常大的即时通信软件，主要应用于移动端设备上。随着智能手机、平板电脑等移动端电子设备的普及与发展，微信受众的数量越来越大，甚至拓展到中老年人的群体中。这种广泛大众化和较强即时性的特点，使微信推广具有非常大的发展空间和可观的推广效果。微信与微博不同，微信推广主要依靠微信朋友圈和微信公众平台等方式。

1. 微信朋友圈推广

微信朋友圈是微信推广中比较常见的一种方式，图片、活动、店铺宣传等都可以发送到朋友圈中进行推广。在微信朋友圈中发布的内容一般都是推送给微信好友查看，卖家与朋友圈中的买家沟通起来会更加方便，也更方便维护好客户关系。

（1）添加微信好友

微信推广的前提是拥有一定的好友数量，为了扩大产品在朋友圈的影响范围，店铺可以通过策划活动、会员管理等方式，引导和邀请买家添加店铺的微信号。比如在店铺中分享微信好友二维码，引导买家添加好友，或在发货卡片、退换货登记卡、小礼品等物品上添加微信二维码，引导买家关注等。

（2）制作推广海报

无线设备的普及使无线端客户成为淘宝网店非常重要的一类客户来源，淘宝网为此提供了无线端装修功能，在其中可对无线端店铺进行装修操作，同时也可制作手机宣传海报并生成链接，再将该链接共享给微信好友或微信朋友圈。下面在淘宝网中制作手机宣传海报并分享到微信中，其具体操作如下。

STEP 01 进入淘宝卖家中心，在"店铺管理"栏中单击"手机淘宝店铺"超链接，在打开的页面中单击"立即装修"按钮 ，如图6-15所示。

STEP 02 在打开的页面左侧选择"手机海报"选项，打开"手机海报"页面，在该页面中提供了很多淘宝预设的手机海报模板，选择自己所需的模板，如图6-16所示。

图6-15　装修无线店铺

图6-16　选择海报模板

经验之谈：

手机海报的类型多种多样，有节庆、新品搭配、单品介绍、品牌推广等，卖家可根据实际需要进行选择。

STEP 03 打开手机海报的制作页面，在其中可以对海报的各个模块进行更换，如选择图6-17所示的图片模块，在页面右侧单击 更换图片 按钮。

STEP 04 打开"选择图片"对话框，在其中选择所需图片，对原海报模块的图片进行更换，如图6-18所示。

STEP 05 选择海报中的文字模块，在右侧的页面中可以修改该文本模块中原有的内容，并可设置文本的大小、字体、颜色、位置等，如图6-19所示。

图6-17　选择图片模块

图6-18　更换图片

图6-19　设置文本

经验之谈：

在手机海报模板中选择某个图片模块后，在右侧的页面中可以查看该模块的宽度和高度，更换的图片大小必须以该尺寸为准。

STEP 06 按照该方法对其他模块进行更换和设置，选择需要添加链接的模块，在右侧页面的"URL"文本框中可设置相应的链接地址，如图6-20所示。该地址为手机店铺的链接地址。

STEP 07 依次设置其他需要添加超链接的模块，设置完成后，选择需要添加播放动画效果的模块，在右侧页面中可为其设置动画效果和动画时间，如图6-21所示。

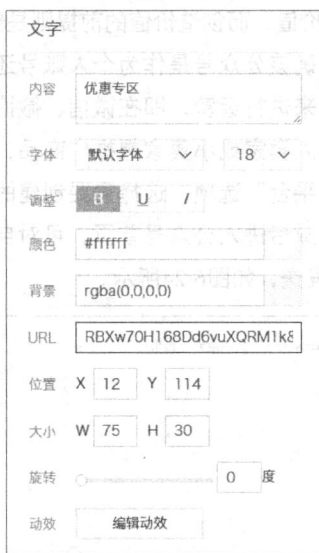

图6-20 设置链接

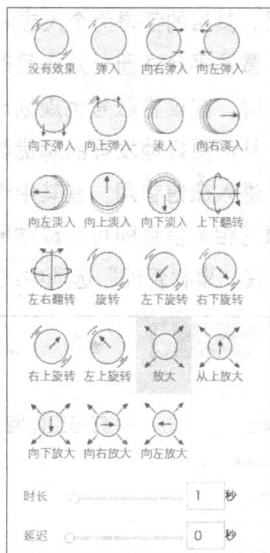

图6-21 设置动画效果

STEP 08 按照该方法依次在左侧选择手机海报的其他页，对其内容进行修改。制作完成后，在页面上方单击"发布"按钮 ，在打开的页面中可预览海报效果，单击 发布 按钮，发布手机海报，如图6-22所示。

STEP 09 此时，在打开的页面中将生成手机海报的链接，如图6-23所示。单击"更改图片"超链接可为饰品设置图片封面，单击 复制链接 按钮，将链接复制并分享到微信朋友圈，即可以视频的形式展示自己的店铺。

图6-22 发布海报

图6-23 发布链接

2. 微信公众账号推广

微信公众平台是一种通过公众账号推广媒体信息的平台，商家通过申请公众微信服务号在该平台进行自媒体活动。微信公众账号与QQ账号互通，通过公众号，商家可在微信平台上实现和特定群体的文字、图片、语音、视频的全方位沟通和互动，这已经发展成一种主流的线上线下互动营销方式。

按照微信公众账号性质的不同，可将其分为订阅号、服务号、小程序、企业号等。其中订阅号具有信息发布和传播的能力，适合个人和媒体注册；服务号具有用户管理和提供业务服务的能力，适合企业和组织注册。小程序具有出色的体验，可以被便捷地获取与传播，适合有服务内容的企业和组织注册；企业号具有实现企业内部沟通与内部协同管理的能力，适合企业客户注册。

网店卖家可以注册服务号进行推广，个人卖家也可以通过注册订阅号来传播和推广商品。不管是注册哪一种类型的微信公众号，其目的都是为个人或者企业创造价值，而创造价值的前提则是做好推广的内容。

- 账号注册：在微信平台注册公众账号时，首先明确该公众号是作为个人账号还是企业账号来运营。如果想推广品牌，建议将账号也规划成一个品牌来进行运营，即在微信、微博等媒体中都使用相同的账号名称，从而更好地发挥品牌优势。如果个人卖家或小卖家想推广商品，则可以特色和个性化来博取关注。进入微信官网，在其中选择"公众平台"选项，选择需要创建的公众号类型，根据注册导航依次填写相关信息即可完成注册。注册完成后进入公众号首页，可对自动回复、自定义菜单等进行设置，在"素材管理"选项中编辑消息并发送，如图6-24所示。

图6-24　账号注册

- 内容编写：微信推广的内容一般为图文结合的形式，文字要求排版整齐，图片要求精致美观，标题要求新颖有创意，内容要求具有可读性，可以吸引用户进行阅读。比如以趣味软文的形式做推广，或结合当前流行元素做话题，引起用户的兴趣，拉近与用户的距离，如图6-25所示。对于网店卖家而言，策划的店铺活动也可通过微信公众号进行宣传，将商品图片、活动主题、活动内容等发布到公众号中，推送给关注公众号的用户查看。内容编写完成后，可以同时发布到其他自媒体上。

- 用户互动：在微信公众号中可以根据实际需要设置自定义菜单，如图6-26设置的"精灵必看""给你福利""进店购买"等菜单，并可在菜单中分别设置相关的子菜单，为用户提供相关查询服务等。在发布内容后，会收到部分用户的回复，此时需要多与粉丝互动，对粉丝的问题进行选择性回复，维护用户关系。对于部分常见的问题，可以设置自动回复或关键词回复。图6-27所示为设置的自动回复。在回复中将相关文章信息添加进去，读者阅读时可直接回复关键字，不仅可以查看对应的文章，还可查看历史文章。此外，通过了微信团队评审的原创用户可以使用公众平台的留言功能，粉丝可以对所发布的内容进行讨论、反馈，达到交流互动的目的。

图6-25　内容编写　　　　　图6-26　自定义菜单　　　　　图6-27　设置自动回复

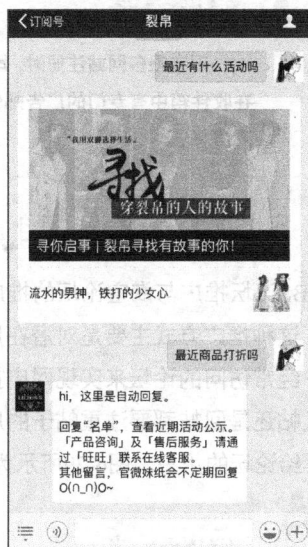

经验之谈:

现在网上有很多提供微信公众号管理服务的平台，借助这些平台的功能和资源，可以更加方便地进行管理。

6.3.3　电子邮件推广

电子邮件推广是指通过发送电子邮件的方式进行推广，其推广内容的编写方法与其他推广类似。在推广时以图文结合的方式为主，也可在推广内容中添加活动信息或商品链接，内容的编写要真实可靠，重点明确，最好还能迎合邮件接收者的喜好和需求，如图6-28所示。电子邮件推广宜精不宜多，否则容易有广告骚扰之嫌，反而引起用户的反感。

图6-28　电子邮件推广

经验之谈：

　　现在很多网站注册时，均需要提供邮箱地址，通过这些邮箱地址，即可订阅和发送推广信息。以 QQ 邮箱为例，在收件箱中有专门的广告邮件分类，该分类中存放着所有已订阅的广告邮件，用户进入该分类即可查看相应的推广信息。

6.3.4　BBS论坛推广

　　BBS论坛推广与淘宝论坛的推广方法类似，主要是通过编辑和发布与店铺有关的帖子或链接地址来推广店铺。这种推广方式主要是对潜在用户的推广，因此要针对需要推广的客户类型选择对应的论坛，即选择目标客户经常访问的论坛来实现网店推广的目的。在论坛进行推广时，注意设置推广账号的头像和签名档，不论是发帖还是回帖都要注重帖子的质量，帖子内容尽量图文结合，排版精美，将店铺活动和商品以积极的方式推荐给论坛的用户。图6-29所示为在论坛上推广商品。

经验之谈：

　　交换友情链接也是一种店铺推广方式，通过与其他网站或店铺交换友情链接，可以形成一个小的网络圈子增进彼此的影响力，是一种互赢的模式。在交换友情链接时，一般要尽量选择相同大类、不同小类的店铺链接，避免圈内竞争。

6.4　运用站外平台宣传店铺

　　淘宝网站内推广的很多项目都对店铺的资质有所要求，且部分项目还需花费一定的推广资金，因此网店经营者也可通过站外平台来宣传自己的店铺，累积和提升自己的资质和人气，如折800、返利网、卷皮网等。

6.4.1　折800

　　折800成立于2011年，是一家专注商品超低折扣特卖的网站，其注册用户超过8 000万，日均成交百万单，与淘宝网中的店铺合作良好，很多淘宝网店的经营者都选择通过参加折800的活动来推广宣传自己的商品。与淘宝网的活动一样，折800网的活动也是需要申请的，网站策划活动供店铺经营者报名参加，参与活动的商品即可获得在网站中展示和出售的机会。图6-29所示为折800网站的活动页面。作为淘宝网的店铺经营者，可以实时关注折800网站的活动方案，根据活动参与条件对比自己的商品，然后选择具有良好竞争力的产品参与活动。

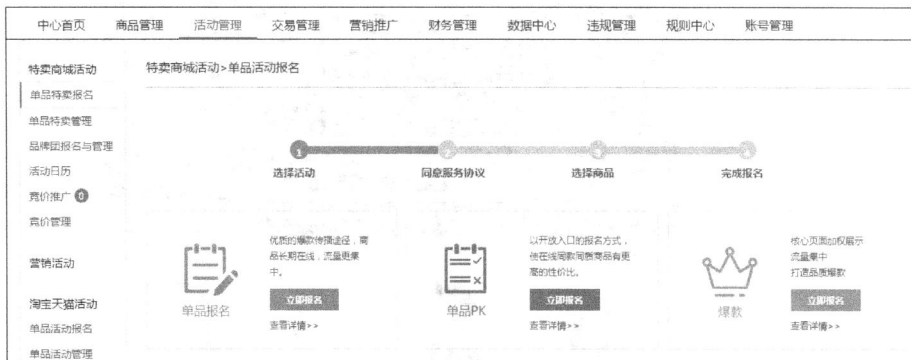

图6-29　折800网站促销活动页面

↘ 6.4.2 返利网

返利网成立于2006年11月，是一个市场规模和用户活跃度都比较领先的 "返利导购" 平台，拥有数量庞大的注册会员基础，合作电商网站超过400家，覆盖了国内主流的B2C电子商务平台，包括天猫、淘宝、京东、苏宁易购、1号店、亚马逊、聚美优品等。其合作模式主要分为超级返合作、B2C独立网站CPS合作、9块9合作等。图6-30所示为返利网首页及活动分类。

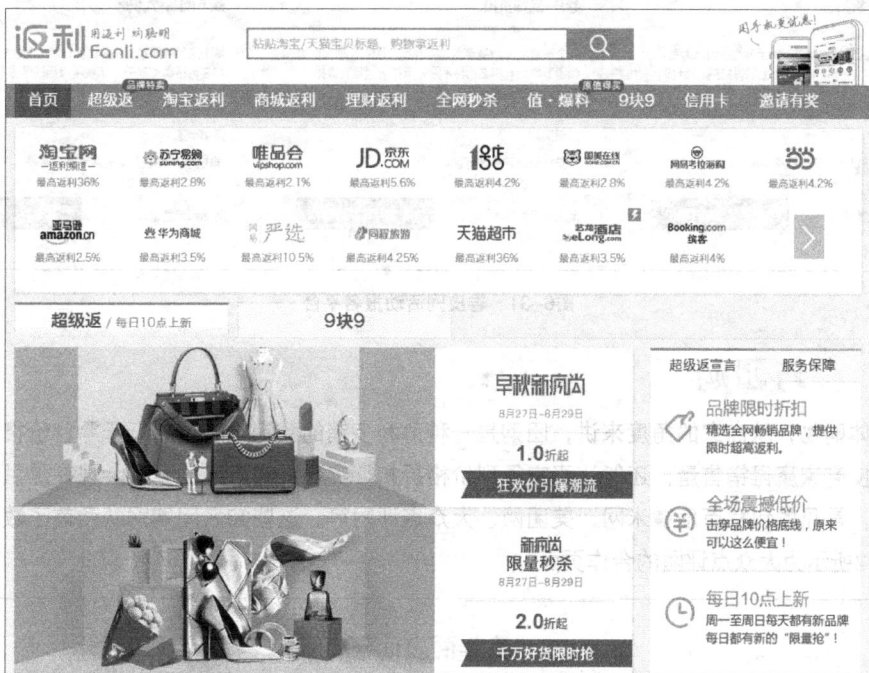

图6-30　返利网首页

下面分别对返利网的主要合作模式进行介绍。

- 超级返合作：超级返是返利网针对品牌商户提供的一项保证ROI的效果营销服务，主要合作对象为知名品牌商、运营知名品牌的TP公司、品牌经销商等，如天猫、京东、1号店等知名B2C、POP平台店铺和独立B2C网站。
- B2C独立网站CPS合作：返利网为B2C独立网站提供了单独的合作模式，合作网站与返利网签订合作协议并缴纳相关费用后，返利网将协助合作网站完成技术接口，并提供专属页面引导会员去合作网站下订单、完成交易。同时返利网会根据销售效果收取佣金，并将部分佣金返还给会员。
- 9块9合作：9块9合作是一种主要致力于为客户提供平价精品百货服务的合作模式，主要合作对象为知名淘宝商家及优质天猫商家等。

↘ 6.4.3 卷皮网

卷皮网是一家为消费者日常生活所需品服务的平价电子商务平台，倡导价格与品质的平衡，主打平价、品质、生活，以创新"平价零售"模式为消费者提供服饰、居家、母婴等平价优质商品。卷皮网的活动类型主要包括卷皮特卖（POP）、卷皮折扣、品牌折扣、九块邮等模式。淘宝店铺经营者可以直接通过卷皮网首页的免费报名通道参与活动报名，从而为自己的店铺引进更多的流量和销量，图6-31所示为卷皮网报名平台。

图6-31　卷皮网活动报名平台

6.4.4　参与团购

团购即团体购物，从商家的角度来讲，团购是一种薄利多销的营销策略，以低于零售价格的方式出售商品，不仅可以使商家赢得销售量，还能让买家得到价格折扣，实现买卖双方的共赢。现在提供团购服务的网络平台有很多，常见的包括百度糯米网、美团网、大众点评网等，这些知名团购网站涵盖了数量众多的类目和商品。图6-32所示为大众点评网的合作页面。

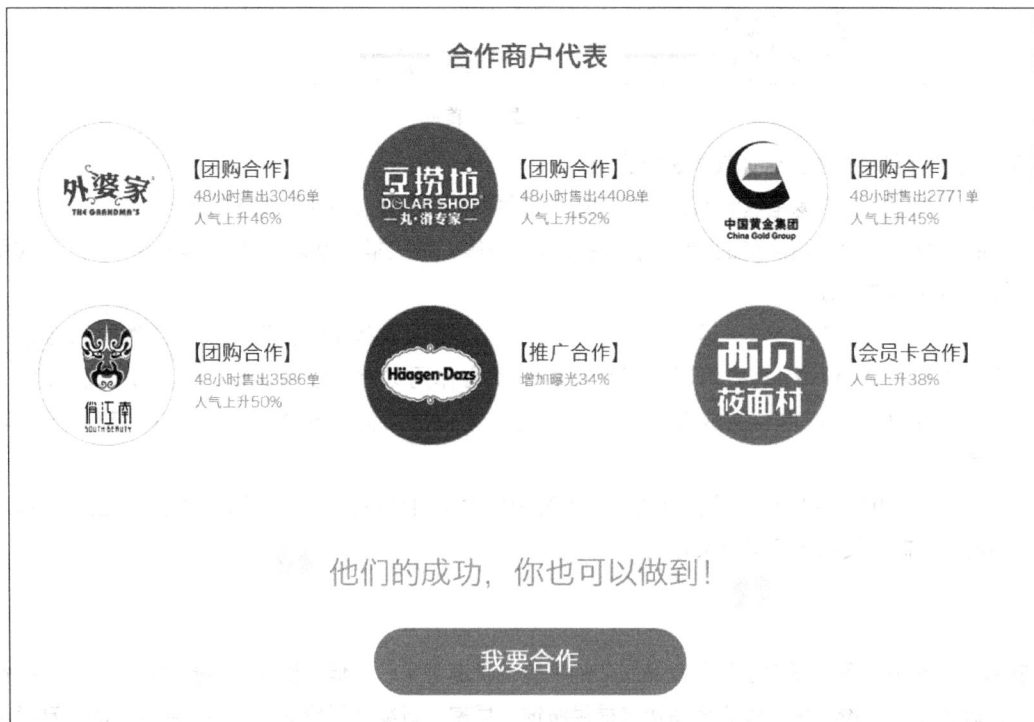

图6-32　大众点评网合作页面

经验之谈：

不论是申请活动还是申请团购，都需在目标网站中寻找商家合作途径，按照这些平台的合作要求和准则进行申请，填写相关信息，提交相关材料，并等待目标网站审核通过后才可参与，不同的网站，其合作方式和合作要求一般也不一样。

6.4.5 其他站外平台

可以提供淘宝店铺或商品推广服务的网站平台很多，除了上述介绍的网站之外，美丽说、U站等平台也可以提供类似服务，帮助淘宝店铺或商品引进流量，提升转化率，增加销量等。下面进行简单的介绍。

1. 美丽说

美丽说是一个以女性为主要服务对象的女性时尚类电商网站，精选了上千家优质卖家供应商，为用户提供女装、女鞋、女包、配饰、美妆等种类的优质时尚商品，并在其中提供了商家推广和商家入驻功能，优质的品牌卖家、专营店、专卖店、旗舰店等都可申请入驻美丽说平台。图6-33所示为美丽说网站的入驻类型和入驻流程。美丽说对入驻商家的要求较高，与天猫类似，入驻不同的类目需要交纳不同数目的保证金，同时还需按销售额的百分比支付佣金给美丽说网站，不同类目其佣金收取的百分比也不一样，因此比较适合具有一定人气和资质的品牌和店铺。

招商类型
旗舰店 专营店 专卖店

平台优势
投资者青睐 时尚买手团队 战略资源合作

资费标准
保证金 备用金 技术服务费

入驻流程
ADVANCE REGISTRATION PROCESS

STEP 01 **注册账号** → STEP 02 **发送邀请码** → STEP 03 **绑定邀请码** → STEP 04 **资质审核**

图6-33 美丽说入驻流程

经验之谈：

不论是什么推广平台或合作网站，都会对店铺或商品有一定的要求，优质商品，或是已具有一定人气的商品更容易申请成功。网店在经营初期就应该选择适合的方式进行推广，前期要注意积累商品人气，提高店铺的资质和形象。

2. 淘宝U站中心

U站中心与美丽说类似，主要是将资讯和分享导购汇聚集成一个社会化的网络导购平台，其目的在于为用户提供一个可以跳转到淘宝商铺的链接，店铺经营者可以借助这种平台级的服务自行创建导购小站，分享导购内容，从而获得盈利收入，如图6-34所示。需要加入U站中心的卖家可以在U站中心首页中单击"商家报名"超链接，与在线客服进行交流，了解U站中心申请和建站的相关信息。

图6-34　U站中心

6.5　疑难解答

网店推广是店铺经营过程中非常重要的一个方面，不论是在店铺发展初期还是中期，都需要合理地使用推广策略来扩大店铺影响力。下面将对店铺推广中的一些主要问题提出解决方法，供大家参考和选择。

1. 微信公众号的推广技巧有哪些？

答：为了更好地进行微信公众号的推广，需要对用户喜好、内容编写、推广渠道等有一定程度的了解，下面对微信公众号的常用推广技巧进行简单分析。

（1）分析用户喜好

微信公众账号的推广内容若是没有迎合用户的喜好，则很难引起足够的关注，难以达到预期的推广效果。因此在做推广内容之前，首先必须对推广所面向的用户群体进行喜好分析，并对具有某种特点的内容进行掌握，如文章主题积极的、实用的、方便记忆的、有价值的、有趣味性的、有创意的等。

（2）内容安排

微信公众号推广是基于移动端电子设备进行的推广方式，用户花费在移动电子设备中的时间多为碎片化的，每次浏览信息的时间不长，但是次数较多，且内容的多少要受移动电子设备屏幕大小所限。因此微信公众号推广内容的编写不同于PC端。

- 内容的定位：在微信公众号中发布的内容和数量都不能太多，推送内容以3~4个栏目为最佳。根据推送主题来整理内容，如操作类内容需提供具有实操指导性的图文；资讯类内容则需提供最新且最具实用性和趣味性的动态；活动类内容需提供具有参与性的活动流程等。
- 确定标题：现在很多用户都订阅了多个公众账号，要想从众多公众账号中脱颖而出，标题就一定要新颖，具有创意，从而吸引用户阅读。
- 内容摘要：微信公众号的推广一般都是以图文结合的方式。因为移动电子端用户具有时间碎片化的特征，所以推广内容切忌文字太多，可以通过一句摘要，引导用户的阅读欲望。
- 排版要求：微信公众号推广内容的排版一般以小段落为主，切忌出现大段文字，因为大段文字容易引起读者的倦怠感和疲劳感。

● **引导关注**：微信内容可以被已有用户分享到其他地方，因此一般需要在推广内容中带入公众号信息，如在文章的最后可以附带公众号或二维码信息，然后通过提示信息引导用户关注。

（3）推送时间

根据移动端用户的使用习惯，用户看公众号的时间多为上下班途中、中晚餐时间、睡前时间等。当然，也可避开公众号信息发布的高峰期，具体发布时间应该根据运营人员的分析总结而定。

2. 有可以供淘宝卖家自主维护和发展的推广渠道吗？

答：淘宝达人是活跃于淘宝网上的达人，拥有众多粉丝，因此淘宝达人平台也成为很多商家推销商品的一个渠道。一般来说，店铺可以支付佣金的形式和淘宝达人合作，让其为自己推广商品，也可自己申请淘宝达人，对自己的账户进行维护和发展，发布一些用户比较关注和感兴趣的内容，积累粉丝基础再进行商品推广。开通淘宝达人的方法为：在淘宝首页的"我的淘宝"下拉列表中单击"淘宝达人"超链接，在该页面中查看是否满足达人申请资格，如图6-35所示，满足注册条件后即可申请开通。

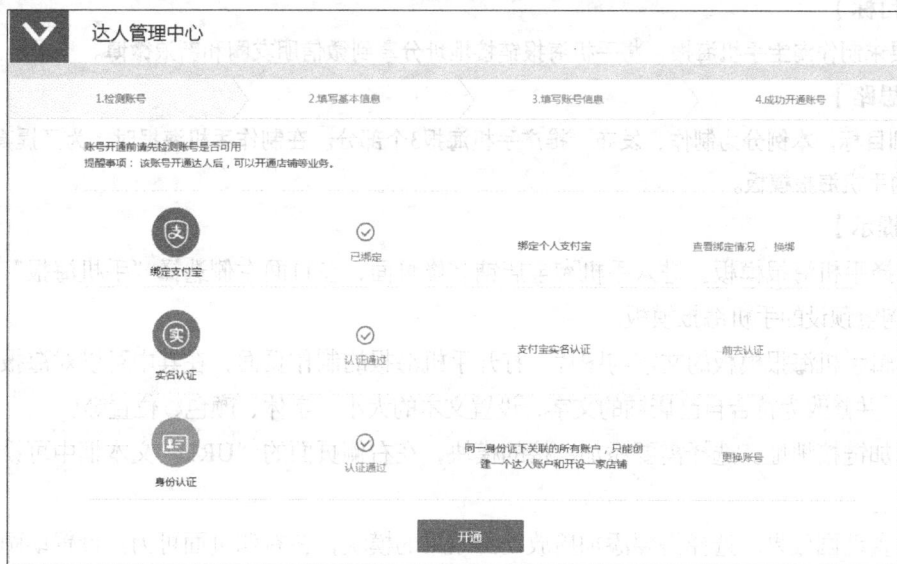

图6-35　申请淘宝达人

6.6　课后实训

6.6.1　实训一：在淘宝论坛中发布商品推广帖

【实训目标】

本实训要求在淘宝论坛中编辑并发布自己的商品推广帖，以此宣传与推广店铺。

【实训思路】

根据实训目标，登录淘宝论坛后，选择发帖的行业与类型，然后编辑商品推广贴，最后发布商品推广贴。

【步骤提示】

STEP 01 选择推广商品的行业板块。进入淘宝论坛，将鼠标指针移动到"行业板块"选项卡上，选择店铺商品所在行业。

STEP 02 编辑帖子内容与分类。在页面右侧单击 发表帖子 按钮，打开帖子编辑页面，在其中分别输入标题和正文内容，再在"版面"下拉列表中设置帖子的分类。

STEP 03 插入帖子中的图片。单击"插入/编辑图片"按钮 ，打开"插入图片"对话框，插入帖子中的商品图片。

STEP 04 插入/编辑链接。单击"插入/编辑链接"按钮 ，打开"插入链接"对话框，在其中可输入店铺链接地址和显示文字。

STEP 05 发表帖子。返回编辑页面，在其中单击 发表 按钮，即可完成帖子的发布。

↘ 6.6.2 实训二：制作手机海报并分享链接地址

【实训目标】

本实训要求制作淘宝手机海报，将手机海报链接地址分享到微信朋友圈和新浪微博。

【实训思路】

根据实训目标，本例分为制作、发布、推广手机海报3个部分。在制作手机海报时，为了提高效率，可套用淘宝提供的手机海报模板。

【步骤提示】

STEP 01 选择手机海报模板。进入手机淘宝店铺装修页面，在页面左侧选择"手机海报"选项，选择适合店铺的淘宝预设的手机海报模板。

STEP 02 编辑手机海报模板的文字与图片。打开手机海报的制作页面，在其中可以对海报中的各个模块进行更换，并修改为符合自己店铺的文字，设置文本的大小、字体、颜色、位置等。

STEP 03 添加链接地址。选择需要添加链接的模块，在右侧页面的"URL"文本框中可设置相应的链接地址。

STEP 04 设置动画效果。选择需要添加播放动画效果的模块，在右侧页面可为其设置动画效果和动画时间。

STEP 05 发布手机海报。按照该方法依次在左侧选择手机海报的其他页，对其内容进行修改。制作完成后，在页面上方单击"发布"按钮 ，在打开的页面中可预览海报效果，单击 发布 按钮，对手机海报进行发布。

STEP 06 使用微信朋友圈或新浪微博推广店铺。生成手机海报的二维码，单击 复制链接 按钮，将链接复制并分享到微信朋友圈或新浪微博，即可完成手机海报的推广。

07

店内推广与促销

　　店内推广是淘宝店铺中比较主流的一种推广方式，其操作方式十分便捷，对店铺流量的影响非常明显，店铺设置、宝贝推荐、免费试用、直通车、聚划算、天天特价等都属于店内推广与促销。本章将对店内基本推广、店内促销等知识进行介绍，通过本章的学习，读者可以掌握店内推广的方法和技巧。

聚	特	淘金币	试
聚划算	天天特价	淘金币	试用中心

¥	店铺优惠券	券	满就送	搭配套餐
店铺红包	店铺优惠券	商品优惠券	满就送	搭配套餐

● 店内基本推广

● 店内促销策略

● 通过淘宝官方活动进行营销

● 通过三大利器推广商品

本章要点

你的宝贝！
在最佳位置展现
让你的宝贝展现在搜索首页
淘宝/天猫直通车
即刻提升

优质店铺，
就该上淘宝首页
钻石展位
立即登顶

好商品，
值得找人帮你分享
淘宝客
开始拓展

案例导入

玩转直通车，快速打造淘宝爆款

众所周知，直通车是淘宝为卖家提供的一款付费推广工具，可以给店铺带来大量的展示机会和流量。几乎所有的淘宝卖家都知道直通车，但并不是所有的淘宝卖家都会玩直通车，梦宇最开始就是一个不会玩直通车的卖家。

店铺想要发展，必须要获得流量，淘宝卖家梦宇深信这一点，等到店铺信用等级一够，他就迫不及待地加入了直通车推广的队伍中。刚开始玩直通车的时候，梦宇没有什么经验，全靠自己摸索，推广费用每天无底洞一样地投进去，但是却没有达到理想的推广效果，梦宇非常苦恼。

难道其他卖家的直通车推广效果都是靠前期不断投入资金砸出来的吗？梦宇不相信。他认为这种耗费大量成本的方法，并不是所有卖家都可以接受的，肯定是自己玩直通车的方法出了问题。梦宇花了两天时间，仔细查看了直通车中的数据，发现每项数据都非常值得分析。直通车完全依靠数据"说话"，自己之前主观草率的行为显然错了。

仔细研究了直通车的玩法后，梦宇及时改变了投入方式。既然直通车靠数据"说话"，那自己也应该用数据对商品"从头到脚"进行重新优化。梦宇设置了直通车的每日消费限额，先通过直通车数据选好了具有爆款潜力的商品，从该商品的标题着手，将两个比较热门的标题分别通过直通车进行投放测试，选择出点击率更好的标题。然后又制作了不同的直通车图片，同样通过直通车投放测试，选择了点击率更高的图片。接着，梦宇收集了同类型产品的价格信息，算出不同档次的平均价格，通过直通车投放测试后，选择转化率更好的价格。最后，制作不同展示效果的商品详情页，经由直通车投放测试后，选择了停留时间更长、咨询量更多的方案。短短半个月，该商品的自然流量点击量就增加了30%。

商品优化成功后，借着直通车这股"东风"，梦宇顺利地打造出了自己的爆款，又通过爆款带动店铺其他产品的销量，店铺销售额很快就有了飞速的提升。

【案例思考】

直通车是店铺推广最基本的手段，所有淘宝卖家都知道但并非精通。怎样才能更好地通过直通车推广商品？怎样才能带来大量流量？有没有其他推广促销的方法？这些都是广大卖家所关心的问题。

扫一扫

案例解析参考

7.1 店内基本推广

店内基本推广实际上是对店铺进行的设置，通过对店铺名称、店铺留言、宝贝推荐、友情链接等细节进行设置，来加深买家的印象，方便买家的搜索和收藏，从而发挥隐性推广的作用。

↘ 7.1.1 设置店铺名称

店铺名称是店铺的标志之一，一个好的店铺名称更便于买家记忆，对店铺的后期发展十分有利。一般来说，店铺名称的设置可以遵循以下4个原则。

● **易读易记**：设置店铺名称最根本的原则就是必须易读易记，只有这样才能充分实现识别和传播的功能，生涩文字慎重使用。

- 简洁新颖：简洁新颖的店铺名称更易于引起买家的注意，也更便于记忆。
- 呼应商品：如果想让店铺名称更独特、更有个性，那么可以让店铺名称与商品属性、用途、特点等相呼应，使买家产生联想，这样不仅可以宣传店铺，还能从侧面介绍商品。
- 积极健康：店铺名称要积极健康，使人产生愉快的感觉，这样容易带给买家好的第一印象，反之则容易使买家产生抗拒和抵触心理。

7.1.2 回复买家评论

买家评论区是买家评价商品的地方，也是消费者在购买商品时非常关注的一个区域，对店铺转化率的影响非常大。而作为卖家，可以在回复买家评价的过程中，巧妙地对店铺进行简单介绍，包括优惠信息、最新活动、商品购买和使用注意事项等，如图7-1所示。这种方法可以让买家在查看评论区时，更多地了解到商品的特征和店铺的服务；实现卖家与买家的互动，帮助部分新买家打消顾虑，从而为卖家赢得更多订单。

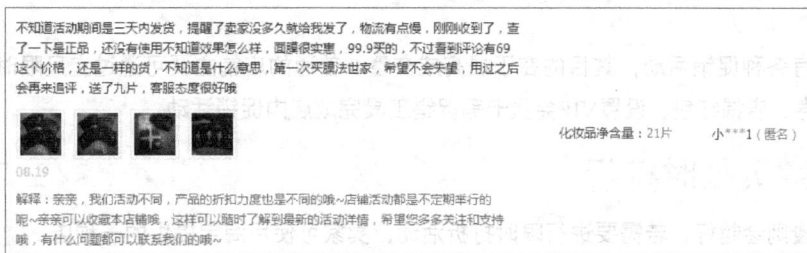

图7-1 回复买家评论

7.1.3 设置宝贝推荐

设置宝贝推荐是进行店内推广的常见方式，当买家查看了商品详情后，通过宝贝推荐可以继续查看类似商品或配套商品，如图7-2所示。从卖家的角度来看，宝贝推荐不仅可以将店铺流量继续引入店铺内的其他商品，带动其他商品的销售，还可以作为一种促销策略，引导买家进行搭配。

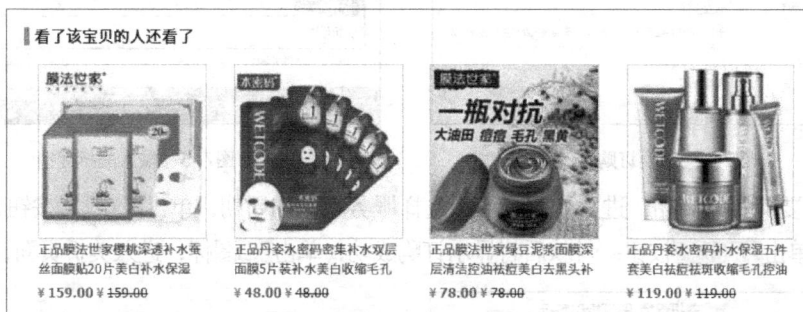

图7-2 宝贝推荐

7.1.4 交换友情链接

友情链接实际上是相互带入流量的一种合作模式，与交易量大、信誉度较高的店铺交换友情链接效果比较明显。卖家之间交换友情链接，可以形成一个互助网络圈，其相互推广的模式也可以增加双方店铺的影响力。在店铺中交换友情链接的方式与装修其他模块类似，在店铺装修页面中添加"友情链接"模块，打开"友情链接"对话框，在其中添加合作店铺的链接地址即可，如图7-3所示。

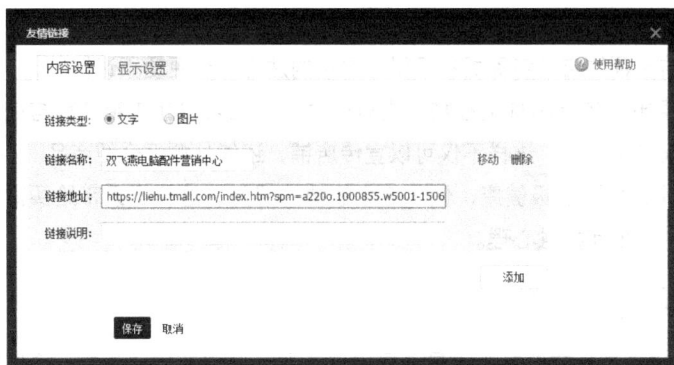

图7-3　添加友情链接

7.2　店内促销策略

很多店铺都有各种促销活动，其目的在于提高成交量。普通的店铺主要可通过宝贝限时打折、宝贝搭配套餐、店铺优惠券、店铺红包、设置VIP会员卡等促销工具完成店内促销活动。

7.2.1　宝贝限时打折

促销越好销量则会越好，若需要进行限时打折活动，卖家可使用淘宝提供的一种店铺促销工具，订购了工具后便可在店铺中选择一定数量的商品在一定时间内低价开展促销活动。其具体操作如下。

STEP 01 进入淘宝卖家中心页面，单击"软件服务"栏中的"我要订购"超链接，如图7-4所示。

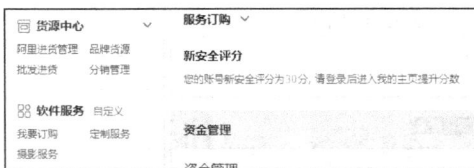

STEP 02 进入服务市场页面，在搜索栏中输入"美折促销"，单击 搜索 按钮，如图7-5所示。

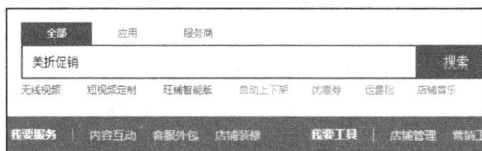

图7-4　我要订购

图7-5　输入美折促销

STEP 03 选择需要购买的商品，进入购买页面，选择服务版本和周期，单击 立即购买 按钮，如图7-6所示。进入支付页面，单击 同意并付款 按钮，付款后将显示订购成功，单击 美折 图标，进入美折页面，如图7-7所示。

图7-6　订购产品

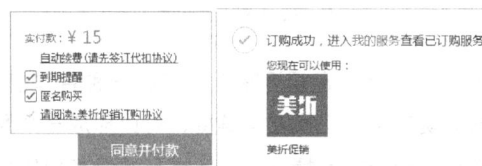

图7-7　订购成功

STEP 04 单击"创建新活动"选项卡，在打开的下拉列表中选择"折扣/减价"选项，如图7-8所示。

STEP 05 在打开的页面中设置活动基本信息，单击 下一步 选择活动商品 按钮，如图7-9所示。

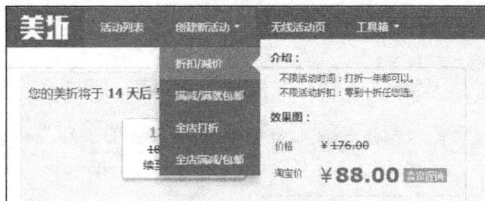

图7-8 创建新活动

图7-9 设置活动基本信息

STEP 06 进入选择活动商品页面，单击 选择商品 按钮，该按钮将显示为 ✓已选择 ，单击 下一步 设置商品折扣 按钮，如图7-10所示。

STEP 07 进入设置商品折扣页面，在打折数字框中输入"9"，设置商品的折扣为9折，单击 完成并提交 按钮，如图7-11所示。

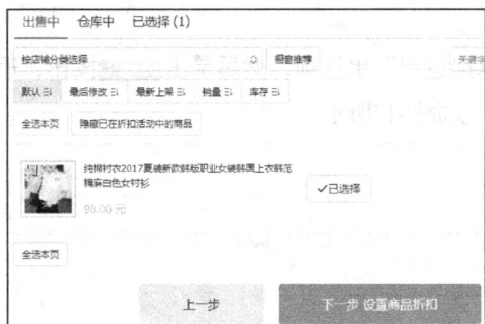

图7-10 选择活动商品

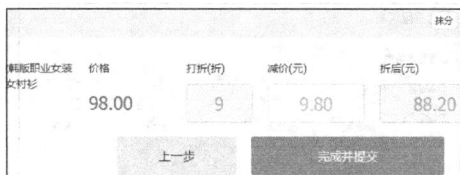

图7-11 商品的折扣

STEP 08 提交后将提示活动创建成功，如图7-12所示。参加活动后，店铺中参加该活动的商品页面将显示优惠促销，并显示促销的价格，如图7-13所示。

图7-12 提示活动创建成功

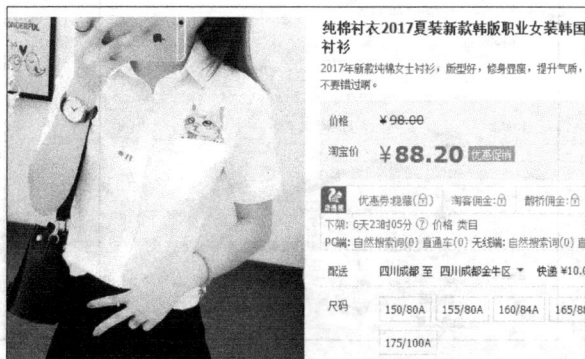

图7-13 显示促销的价格

7.2.2　宝贝搭配套餐

搭配套餐，顾名思义就是将几种商品搭配在一起销售，给买家让利，显得更实惠。通过搭配套餐还可以让买家一次性购买更多的商品。下面将介绍搭配套餐的设置方法，其具体操作如下。

STEP 01 在卖家中心的"营销中心"栏中单击"店铺营销中心"超链接，在打开页面的"热门营销工具"栏中选择"搭配套餐"选项，如图7-14所示。

STEP 02 进入"搭配套餐"页面，单击 创建搭配套餐 按钮，如图7-15所示。

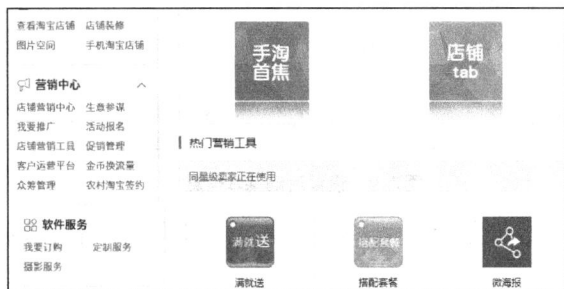

图7-14　选择"搭配套餐"

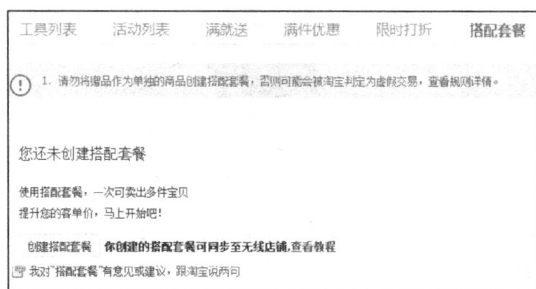

图7-15　创建"搭配套餐"

STEP 03 打开"创建搭配套餐"页面，在其中可以设置基本信息，如填写套餐标题、搭配宝贝、套餐原价、套餐图片、套餐描述等，如图7-16所示。

STEP 04 在"设置物流信息"栏中单击选中"卖家承担运费"单选项，然后单击 发布 按钮，返回"搭配套餐"选项卡，其中显示了新创建的搭配套餐活动，如图7-17所示。

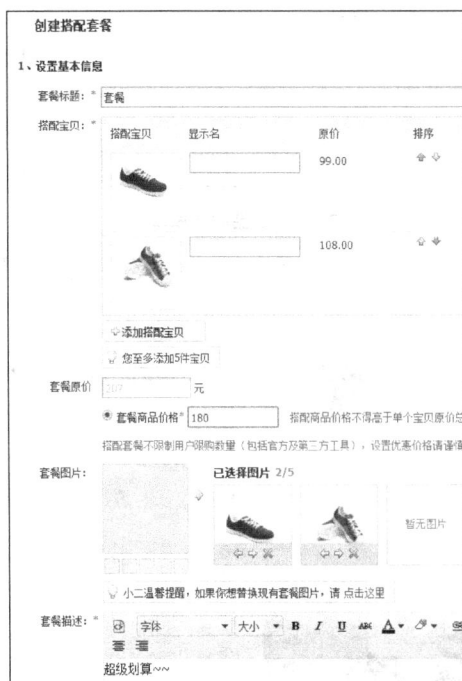

图7-16　设置基本信息

图7-17　显示新创建的"搭配套餐"活动

↘ 7.2.3 店铺优惠券

店铺优惠券是一种虚拟电子券，也是卖家常用的一种店铺促销工具。卖家可以设置优惠券来吸引买家，增加店铺的流量和成交量，设置好的店铺优惠券可在店铺首页和详情页中领取。下面对店铺优惠券的设置方法进行介绍，其具体操作如下。

扫一扫

操作演示

STEP 01 在卖家中心的"营销中心"栏中单击"店铺营销中心"超链接，在打开页面的"热门营销工具"栏中选择"店铺优惠券"选项，如图7-18所示。

STEP 02 在打开的页面中，单击店铺优惠券对应的 立即创建 按钮，如图7-19所示。

图7-18 选择"店铺优惠券"

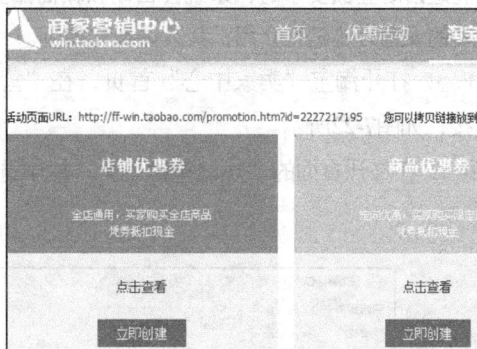

图7-19 创建店铺优惠券

STEP 03 在打开的"新建店铺优惠券"页面中分别设置基本信息和推广信息，完成后单击 保存 按钮，如图7-20所示。

图7-20 设置基本信息和推广信息

STEP 04 单击"淘宝卡券"选项卡，其中显示了新创建的店铺优惠券，创建后可以修改和删除优惠券信息，也可以复制链接给客户，如图7-21所示。

图7-21 查看新创建的店铺优惠券

经验之谈：

一位买家最多只能拥有同一个店铺尚未消费抵用的 5 张店铺优惠券，如果卖家发放过多，买家也无法收到。同时，一笔订单仅限于使用一张店铺优惠券，但买家产生多笔订单，且均符合使用要求时，则可以分别使用。

7.2.4　满就送

满就送是指商品加入购物车或单件商品拍下的订单金额（单笔订单，不包含运费在内）满足活动金额要求时，系统会自动扣减商品金额或赠送相应优惠券。下面将对满就送活动的设置方法进行介绍，其具体操作如下。

STEP 01 打开淘宝"卖家中心"首页，在"营销中心"栏中单击"店铺营销中心"超链接，如图7-22所示。

STEP 02 在打开页面的"热门营销工具"栏中选择"满就送"选项，如图7-23所示。

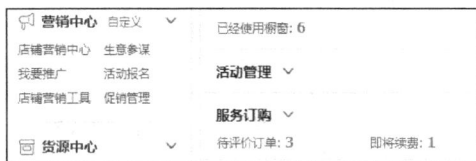

图7-22　进入店铺营销中心

图7-23　选择"满就送"

STEP 03 进入"满就送"页面，在下方设置相关的活动信息，然后单击 保存 按钮，如图7-24所示。

STEP 04 稍后，将会打开如图7-25所示的页面，表示活动设置成功。

图7-24　设置相关的活动信息

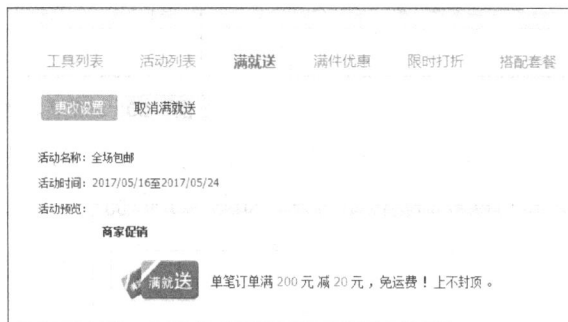

图7-25　活动设置成功

7.3　通过淘宝官方活动进行营销

使用淘宝的官方活动进行营销，能为店铺带来不少的流量，如淘金币、天天特价、聚划算等。如果店铺满足活动的条件,便可申请参加,申请通过后,便可在活动区域获得展示机会,被买家浏览。

↘ 7.3.1 淘金币

淘金币是淘宝网的一种虚拟积分,是淘宝用户的激励系统和通用积分系统。淘宝平台向活跃的高质量用户奖励金币,用户在提供抵扣的商品交易中使用金币获得折扣,卖家在交易中赚取金币,并通过使用金币来获得平台流量,提升店铺用户黏性。

1. 开通淘金币账户

淘宝卖家通过淘金币活动可以获得更多优质客户、稳定流量和超高转化,同时淘金币活动不需投入成本,不限类目,所有卖家都可参与,是淘宝官方非常热门的一个推广平台。首次参加淘金币活动的卖家需要先申请开通淘金币账户,其具体操作如下。

STEP 01 在淘宝网首页单击"卖家中心"超链接,进入淘宝卖家中心后台,在"营销中心"栏中单击"店铺营销中心"超链接,在打开页面中的"品牌活动"栏中选择"淘金币"选项,如图7-26所示。

图7-26 选择"淘金币"

STEP 02 打开淘金币首页,在页面中单击 点击开通金币卖家账户 按钮,如图7-27所示。

图7-27 开通淘金币账户

STEP 03 在打开的页面中将提示卖家还未开通淘金币账户，单击 立即申请淘金币账户 按钮，如图7-28所示。

图7-28　申请开通淘金币

STEP 04 在打开的页面中将显示《淘金币用户服务协议（卖家版）》，单击 同意协议并申请账户 按钮。同意了《淘金币用户服务协议（卖家版）》后，即可申请淘金币账户。在打开的页面中单击 确定 按钮，完成申请，如图7-29所示。

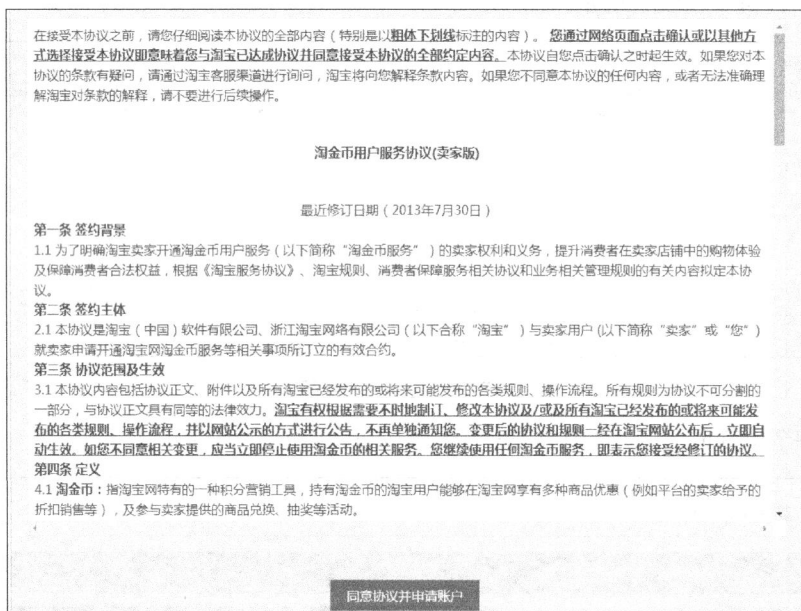

图7-29　同意淘金币账户服务协议

2. 设置淘金币抵钱

当卖家申请淘金币账户并通过后，即可设置淘金币抵钱，包括淘金币抵扣开始时间、全店商品的淘金币抵扣比例等。下面就对淘金币抵钱的设置方法进行介绍，其具体操作如下。

STEP 01 进入淘金币首页，单击"金币工具"选项卡，在下方单击"赚淘金币"选项卡，再在"淘金币抵钱"栏中单击 立即运行活动 按钮，如图7-30所示。

经验之谈：

　　淘金币的使用方式并不仅限于淘金币抵钱，还包括店铺签到送淘金币、收藏店铺送淘金币、分享店铺送淘金币、分享宝贝送淘金币、有图评价送淘金币、淘金币换流量等。

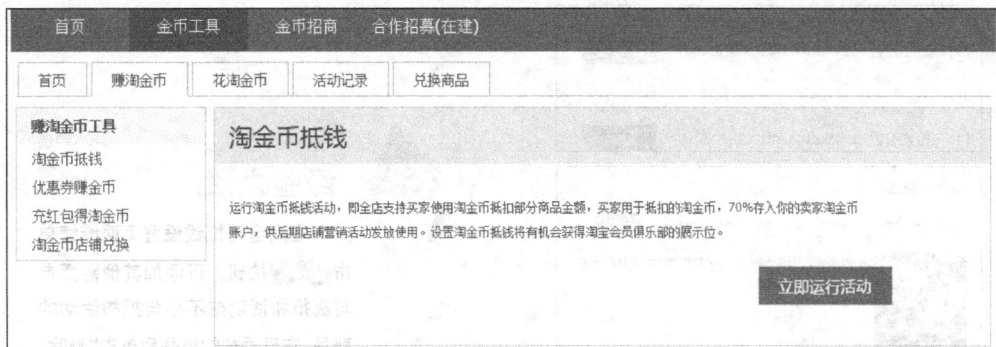

图7-30 运行淘金币抵钱

STEP 02 在打开的页面中可查看淘金币抵钱规则，在"活动详情"栏中可设置活动时间和抵扣比例，这里设置活动时间为"2017-06-30"；在全店抵扣比例栏中单击选中"抵扣2%"单选项，设置完成后单击 [开通抵扣] 按钮。此时将出现提示框提示淘金币抵钱活动已成功开启，单击 [确认] 按钮，确定全店抵扣2%，如图7-31所示。

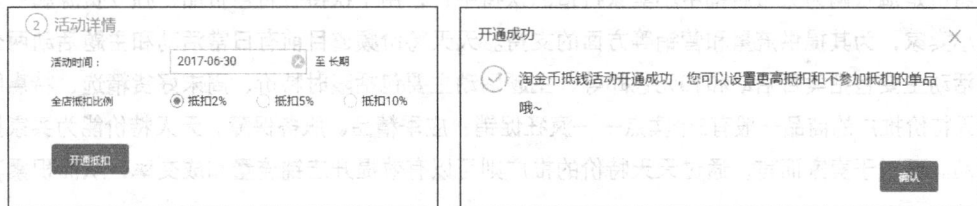

图7-31 设置活动时间与抵扣比例

STEP 03 设置成功后，全店商品的淘金币抵扣比例将显示为2%，如图7-32所示。

STEP 04 返回淘金币抵钱设置页面，可继续进行高抵扣设置。只需单击"高抵扣设置"后的 [添加单品] 按钮，在打开的"添加高抵扣商品"对话框中输入高抵扣单品的网址，单击 [校验] 按钮进行校验，校验完成后设置抵扣比例。如设置抵扣比例为5%，则表示该单品可用淘金币抵扣5%，设置完成后单击 [确认] 按钮，如图7-33所示。

图7-32 查看淘金币抵扣比例

图7-33 继续进行高抵扣设置

STEP 05 返回淘金币抵钱设置页面，设置不参与抵扣的商品。在"不抵扣设置"栏后单击 [添加单品] 按钮，打开"添加不抵扣单品"对话框，在其中输入不抵扣单品的地址，单击 [校验] 按钮进行校验，校验完成后单击 [确认] 按钮。设置为不抵扣的商品将不参与全店的淘金币抵扣活动，如图7-34所示。

经验之谈：

在淘金币抵钱设置页面继续单击 添加单品 按钮，可添加其他需要参与高抵扣活动或不参与抵扣活动的商品。在已添加的单品后单击"删除"超链接，可删除参加活动的商品。

图7-34　设置不参与抵扣的商品

7.3.2　天天特价

天天特价是淘宝网为集市店铺中小卖家打造的扶持平台，用于扶持有特色货品、独立货源和一定经营潜力的的中小卖家，为其提供流量和营销等方面的支持。天天特价频道目前有日常活动和主题活动两个板块，其中日常活动主要包括类目活动和10元包邮等，主题活动主要包括限时特价、周末好货精选、特惠囤和特惠吃等。天天特价推广的商品一般有3个卖点——疯狂促销、应季精品、服务保障。天天特价能为买家提供物美价廉的商品。而对于卖家而言，通过天天特价的推广则可以有效提升店铺流量和成交率，从而积累客户，增加销售额。

在报名参加大大特价之前，建议卖家先对天天特价报名活动的相关要求进行了解。报名参加天天特价的方法为：在卖家中心的"我要推广"页面中选择"天天特价"选项，打开"天天特价"页面，单击 我要报名 按钮，在打开的页面中选择报名日期和活动，然后单击 立即报名 按钮，在打开的页面中填写相关信息即可。如图7-35所示。

图7-35　设置淘宝天天特价

7.3.3　试用中心

淘宝试用中心是一个由卖家提供试用品供买家试用的营销导购平台和试客分享平台，集用户营销、活动营销、口碑营销、商品营销为一体，聚集了百万个试用机会和试用商品。试用者试用商品后可以提交全面而真实的使用报告，为消费者提供购买建议。作为卖家，则可以通过试用中心增加曝光量和粉丝数，导入优质流量，对店铺和商品进

扫一扫

操作演示

行宣传和推广，提高品牌价值与影响力。淘宝试用中心是全国最大的免费试用中心，在网店推广中具有很高的影响力。下面以参加淘宝试用中心为例进行讲解，其具体操作如下。

STEP 01 进入淘宝卖家中心，在"营销中心"栏中单击"店铺营销中心"超链接，在打开页面的"品牌活动"栏中单击"试用中心"超链接，如图7-36所示。

图7-36 进入试用中心

STEP 02 进入试用中心，单击 报名免费试用 按钮，在打开的页面中选择试用排期，然后单击 我要报名 按钮，如图7-37所示。

图7-37 选择试用排期

STEP 03 进入信息填写页面，在该页面中填写试用商品的基本信息，包括试用商品的链接、名称、数量等，如图7-38所示；在"填写商家信息"栏中填写商家的联系方式，如联系旺旺和联系电话，设置完成后单击 提交报名申请 按钮提交申请即可，如图7-39所示。

图7-38 填写试用商品基本信息

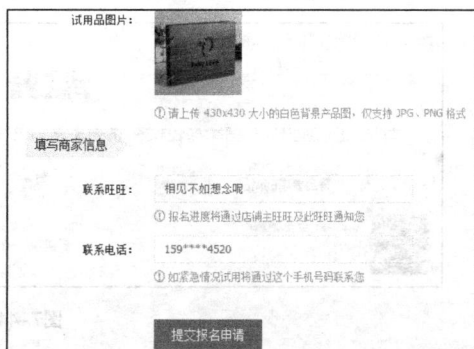

图7-39 填写商家的联系方式

↘ 7.3.4　聚划算

聚划算是淘系规模中爆发力最强的营销平台，汇聚了数量庞大的用户流量，具有非常可观的营销效果，卖家通过参加该活动，可以打造超过店铺日销量数倍的营销数据，获得更多的收益。聚划算对招商商品的要求较严格，除了基础招商标准外，还对不同类目的商品作出了不同的要求。招商商品通常需要缴纳一笔保证金和基础费用，聚划算将按照不同类目的费率进行收费。聚划算主要包括商品团、品牌团、聚名品、聚新品、竞拍团5种类型。

1. 商品团

商品团是一种限时特惠的体验式营销模式，是最佳的爆款营销渠道和最低的用户成本获取方式，可以帮助卖家快速规模化地获取新用户。商品团的报名流程主要包括选择活动、选择商品、选择坑位、填写商品报名、商品审核、费用冻结和上团前准备7个阶段。

- 选择活动：在参加商品团之前，卖家首先应该查看招商公告，了解招商要求。然后登录聚划算后台（ju.taobao.com），单击右上角的"商户中心"超链接，跳转到商户中心首页，单击 ✎ 我要报名 按钮，在打开的页面中查看可报名的活动，以及活动介绍、收费方案、保证金规则、报名要求和坑位规则等信息，选择适合自己的活动。如果不符合报名条件，则活动页下方会显示"您不符合该活动报名条件"，单击"查看原因"超链接可查看原因，如图7-40所示。

图7-40　选择活动

- 选择商品：选择符合审查规则的商品并提交。如"提交"按钮显示为灰色，则代表商品不符合聚划算商品机审规则，单击"查看原因"可了解具体原因，如图7-41所示。

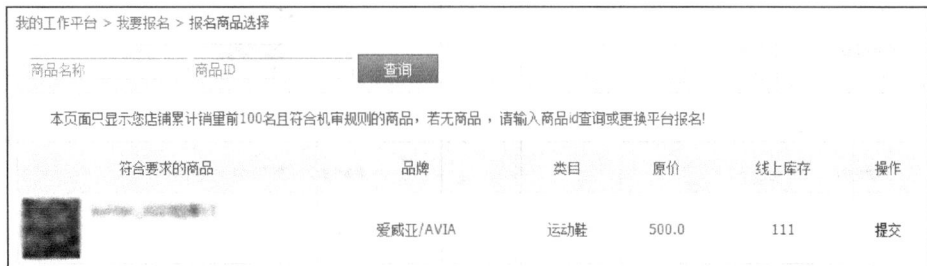

图7-41　选择商品

- 选择坑位：如果卖家所选商品符合所选坑位的条件，则系统将展示6周内所有坑位。如果卖家所选商品不符合条件，则淘宝默认不展示不符合条件的坑位，单击"显示不可报坑位"超链接即可看到具体不可报坑位的内容。

- **填写商品报名**：在该页面卖家需对商品的标题、卖点、团购价格、描述、费用等信息进行填写。商品报名详情填写完毕后，将进入小二审核步骤，一般5个工作日给出审核结果。
- **商品审核**：商品审核包括一审和二审两个阶段，一审主要是系统对商品报名价格、报名商品货值、历史成交及评论、商品DSR评分、店铺近3～6个月成交排名、店铺聚划算成交额和历史单坑产出水平等进行审核；二审主要是由人工对库存、价格具有市场竞争力、商家分值择优录取、是否存在拼款、换款等信息进行审核。
- **费用冻结**：冻结的费用主要包括保证金和保底佣金两部分。保证金是指聚划算为了维护消费者权益，冻结卖家一定的款项，确保卖家根据承诺提供商品和服务，若卖家出现付款后不发货，商品有质量问题等情况时，聚划算平台会将保证金赔付给消费者；保底佣金是指卖家参加聚划算，成交额未达到目标成交额（保底交易量）时需要向聚划算承担的技术服务费。当订单总金额达成或超出目标成交额（保底交易量），则全额返还（解冻）保底佣金。当订单总金额未达成该类目的保底佣金，则减去实时划扣的佣金之后所形成的差额部分，从保底佣金中扣除，剩余保底佣金解冻并返还卖家。
- **上团前准备**：上团前准备包括信息变更和发布两部分，信息变更是指商品从待审核至开团中可全程修改信息，信息变更提交后会在30分钟内审核完成。信息变更不影响发布，在发布状态下仍可以进行变更，待信息变更审核通过后即可生效；发布包括系统发布和自助发布两种模式，自助发布是指卖家在商品审核通过后，自己选择发布时间并进行发布。而系统发布则是指在展示开始时，系统自动对符合发布条件的商品进行发布。

2. 品牌团

品牌团是一种基于品牌限时折扣的营销模式。品牌规模化出货，可以快速抢占市场份额，提升品牌认知度。品牌团的报名流程主要包括品牌报名、商品报名和上团准备3个阶段。

- **品牌报名**：品牌报名包括卖家报名、卖家审核和素材提交3个流程。卖家报名的时间为每月4—12日，卖家选取对应类目的品牌团报名入口进行报名，并在其中填写品牌名称、期望上团日期、报名类目等信息；卖家审核的时间为每月13—15日，由系统根据卖家分值进行排序，择优录取，审核内容主要包括日均店铺成交额、店铺3项DSR评分、历史参聚表现、旺旺响应速度等；素材提交主要包括品牌营销Logo、品牌营销banner、品牌入口、流量入口图、无线banner、新版品牌入口、品牌主题、品牌故事介绍（PC端）、品牌故事介绍（无线端）等内容。
- **商品报名**：品牌团商品报名与商品团报名步骤一致，商品审核与商品团二审类似，若商品审核不通过，在商品审核时间截止前卖家可重新补报商品。品牌团建议参团商品数为6~80款，以实际最终参加活动的商品数为准。
- **上团准备**：品牌团上团准备工作与商品团一致。

3. 聚名品

聚名品是一种精准定位"中高端消费人群"的营销模式，以"轻奢、最in潮流、快时尚"为核心定位，聚集高端品牌，佣金收费方式较灵活，具有单品团、品牌团多种玩法。聚名品的招商对象主要是符合聚名品规则要求的天猫旗舰店、旗舰店授权专营店、天猫国际旗舰店、全球购（需认证）、淘宝集市店铺。聚名品以佣金的形式进行收费，适合参与聚名品的主要商品类目包括男装、女装、男鞋、女鞋、运动、户外、母婴童装、美妆、箱包、服装配饰、眼镜、家居等。

符合聚名品招商的品牌可以申请加入聚名品品牌库，店铺加入聚名品商家库，加入成功后即可选择"聚名品"频道，选择所有聚名品可报名的活动。

4. 聚新品

聚新品是新品营销效率最高的平台，可以快速引爆新品类及新商品，快速积累新用户群体，形成良好的口碑传播。聚新品适用于高潜力、高增长的新品类、国际品牌、国内知名品牌、知名淘品牌、营销能力强且具备规模化的供应链及服务能力的大中型商家以及创新设计、创意概念、创新技术应用、属性升级的商品。聚新品采用保底+佣金+封顶的收费模式，要求商品没有销售记录或销售量在10件以内，且备货量为30万件、40万件，小二根据品牌影响力、店铺日常运营能力、投放计划、销售预估、价格优势等指标进行选择。

5. 竞拍团

竞拍团是一种适合中小卖家快速参聚的营销模式，通过市场化的竞价方式，增加中小商家的参聚机会。参加竞拍团的卖家需要通过聚划算首页进入竞拍报名阶段，找到竞拍坑位入口，然后选择店铺优秀款提交商品，进入提交商品流程，填写价格和数量。审核通过后，商品即为待排期状态，并可进入竞拍大厅参与竞拍，对商品进行出价。竞拍成功后可以在保证金页面或者宝贝管理页面支付保证金。

聚划算竞拍团的竞拍模式为暗拍模式，基本规则是出价最高的卖家获得坑位，但是只需要支付第二高的价格。例如，有3个人同时参与一个坑位的竞拍，出价分别是5 000元、4 000元和3 000元。那么出价5 000元的商家将获得这个坑位，但是只需要支付4 000元的价格。

7.4　通过三大利器推广商品

对于实力较强、资金较为充裕的店铺，除了可以使用店铺促销活动获取流量、提高销量之外，还可以选择一些付费推广工具。付费推广的推广形式更直接，推广效果也更明显。下面将介绍淘宝付费推广的三大利器，即直通车、钻展和淘宝客。

7.4.1　利用直通车推广商品

淘宝直通车是为淘宝卖家量身定制的一种推广方式，直通车按点击付费，可以精准推广商品，是淘宝网卖家宣传与推广的主要手段，不仅可以提高商品的曝光率，还能有效增加店铺的流量，吸引更多买家。

1. 直通车的优势

卖家做推广活动是为了获得更多的流量，只有拥有了足够的流量，才有可能拥有更多的成交、收藏、加购、转化和盈利。但是刚开始经营淘宝店铺的新手卖家都知道，淘宝网的自然流量不是短时间内可以控制和改变的，所以对于很多中小卖家来说，获得流量最经济、最快捷的方式就是直通车推广。

直通车推广究竟有哪些明显优势呢？

- 优选位置展现：直通车推广在淘宝的手机端和PC端都有专门的展示位置，这些展示位置十分显眼，非常容易被买家看到。排序越靠前，展示位置越好。
- 降低推广费用和风险：直通车推广是免费展现，点击收费。也就是说当买家点击了商品之后，才会产生费用，同时系统会智能过滤无效的点击，帮助卖家精准定位适合的买家人群。
- 小卖家的推广利器：淘宝直通车推广对中小卖家比较友好，不仅推广效果十分明显，可以在短时间内提高店铺流量。同时需投入的费用也在中小卖家的可接受范围之内，小投入大收益，帮助卖家在运营前期快速积累店铺资质。

2. 直通车的扣费方式

直通车推广按照点击扣费，其公式为：

单次点击扣费=（下一名出价×下一名质量分）÷本人质量分+0.01元

直通车的扣费最高额度为卖家设置的关键词出价，当公式计算得出的金额大于出价时，将按照实际出价扣费。卖家的质量分越高，需要付出的单次点击扣费就越少。因此质量分越高，不仅直通车排名越靠前，所需要付出的推广费用也将越少。

3. 直通车的展现位置

淘宝直通车的推广形式是卖家通过设置关键词来推广商品，淘宝根据用户搜索的关键词在直通车展示位展示相关商品，买家点击商品产生流量，淘宝网通过直通车流量的点击数收费。因此直通车展示位与产品的曝光率息息相关，直通车展示位可以分为以下几类。

● PC端掌柜热卖：自然搜索结果页中的"掌柜热卖"是淘宝直通车PC端的主要展示区域，包括搜索结果页中（带有"掌柜热卖"标签）、搜索结果右侧和搜索结果底部等位置。此外，买家购物车页面底部的"掌柜热卖"也是直通车展示位置，如图7-42所示。

图7-42　PC端掌柜热卖

● PC端热卖单品：淘宝收藏夹页面底部、已买到的宝贝页面底部、物流详情页页面底部的"热卖单品"也是直通车的展示位置。这些展示位置一般有5组，每组5个展位，自动轮换播放，如图7-43所示。

● PC端淘宝首页"猜你喜欢"：进入我的淘宝首页，淘宝根据买家搜索记录推荐的商品也是直通车展示位置。此外，淘宝网首页的"猜你喜欢"也属于直通车展示位置，如图7-44所示。

图7-43　PC端热卖单品

图7-44　PC端我的淘宝首页"猜你喜欢"

● 移动端展位：淘宝直通车移动端展位与PC端有些类似，如购物车页面、收藏店铺页面、手机淘宝首页的"猜你喜欢"等都有相关展位。此外，移动端的主要展示位置还包括自然搜索结果页，其展示方式与PC端略有不同。移动端自然搜索结果页的直通车展示位置为无线端自然搜索结果页中的第一个宝贝，同时每隔5个或10个宝贝加入一个直通车展位。根据无线端移动设备的不同，展示位置也会有一些差异，一般来说，移动端的直通车展位图片上都有"HOT"标志，如IOS端和Android端的展示位置为"1+5+1+5+1+10+1……"。也就是说，第一个宝贝为直通车展示位，中间5个宝贝为非直通车展示位，接着一个直通车展示位宝贝和5个非直通车展示位宝贝，一个直通车展示位宝贝和10个非直通车展示位宝贝，如图7-45所示。

图7-45 移动端展位

4. 新建直通车标准推广计划

直通车标准推广计划的新建主要包括3个环节，分别是添加创意、买词出价和添加人群。下面介绍在淘宝网中制订直通车推广方案的方法，其具体操作如下。

STEP 01 进入卖家中心，在"营销中心"栏中单击"我要推广"超链接，在打开的页面中选择"淘宝/天猫直通车"选项，如图7-46所示。

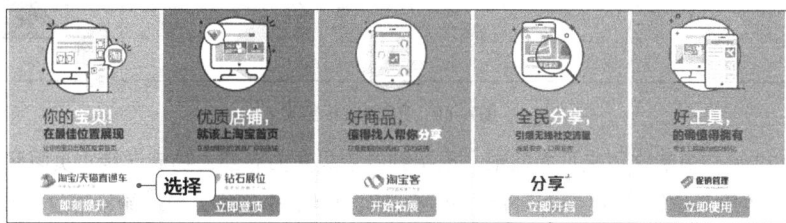

图7-46 选择"淘宝/天猫直通车"选项

STEP 02 进入直通车推广页面，在"我的推广计划"栏中单击 ➕新建推广计划 按钮，如图7-47所示。

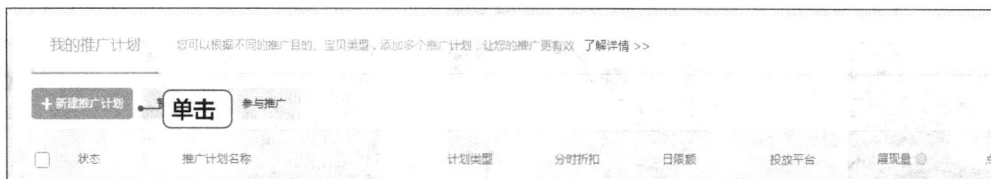

图7-47 新建推广计划

STEP 03 打开"新建标准推广计划"页面，在其中输入新建推广计划的名称，然后单击 提交 按钮，如图

7-48所示。完成推广计划的新建，在完成页面中单击"设置和管理标准推广计划"超链接，返回首页，查看新建的推广计划，如图7-49所示。

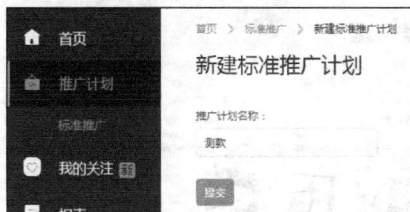

图7-48 输入新建推广计划的名称

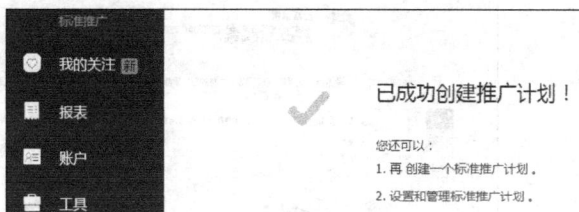

图7-49 查看新建的推广计划

STEP 04 在新建的标准推广计划的"推广计划名称"栏中单击"测款"超链接，为该推广计划添加推广宝贝并进行设置，如图7-50所示。

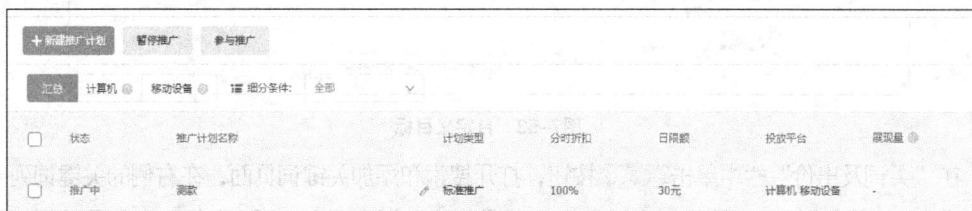

图7-50 准备添加推广宝贝计划

STEP 05 在打开的页面中单击 ✚ 新建宝贝推广 按钮，新建宝贝推广计划，如图7-51所示。

图7-51 新建宝贝推广计划

STEP 06 打开"新建宝贝推广"页面，在"优选条件"栏中设置推广宝贝条件为"全部"，如图7-52所示。

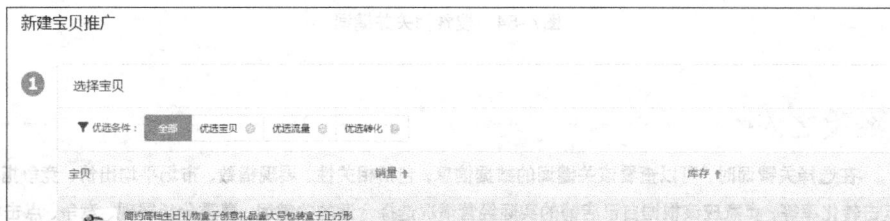

图7-52 设置宝贝推广条件

STEP 07 选择"自定义目标"选项，在"设置推广方案"栏中设置宝贝推广的方案、创意、标题、创意图片等，如图7-53所示。

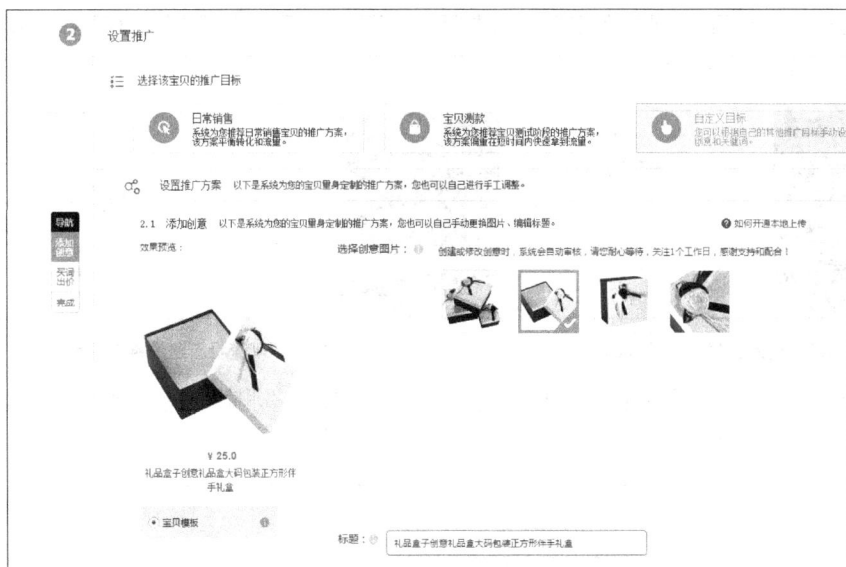

图7-53 自定义目标

STEP 08 在"买词及出价"栏中单击 ＋更多关键词 按钮，打开搜索和添加关键词页面，在右侧的关键词列表框中选择所需的关键词，将其添加到左侧列表框中。在"推荐理由"栏中单击"更多"按钮∨，可以添加更多的推荐词，也可以在"搜索关键词"文本框中搜索相关关键词。添加完成后，单击 确定 按钮，如图7-54所示。

图7-54 搜索相关关键词

经验之谈：

　　在选择关键词时，可以查看该关键词的数据信息，包括相关性、展现指数、市场平均出价、竞争指数、点击率、点击转化率等，卖家应该根据自己店铺的实际经营情况选择合适的关键词，着重分析展现、竞争、点击和转化数据。在添加关键词时，卖家可以选择一次添加多个关键词，也可以选择每次添加一个关键词。建议卖家每次添加一个关键词，然后根据该关键词的竞争情况、市场平均出价进行出价，在"设置默认出价"文本框中输入相关出价即可。

STEP 09 返回宝贝推广设置界面，在"计算机出价"和"移动出价"栏中单击"编辑"按钮∥，可以更改关键词的出价。单击"匹配"方案栏的∨按钮，可以更改关键词的匹配方式，如广泛匹配和精确匹配。设置完成后，单击页面下方的 完成推广 按钮，完成宝贝推广方案的设置，如图7-55所示。

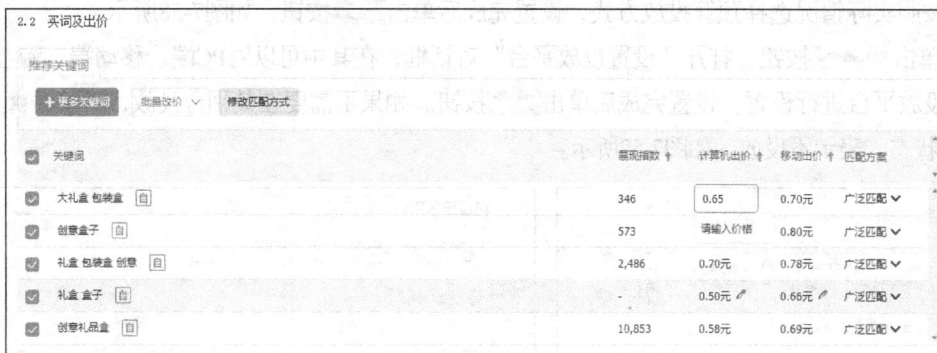

图7-55 编辑推广方案

5. 编辑直通车投放计划

完成了推广计划的创建后，根据宝贝的实际推广需要，卖家还可以对推广的投放内容进行设置，如日限额、投放平台、投放时间、投放地域等。下面介绍编辑投放计划的方法，其具体操作如下。

STEP 01 在直通车首页需要编辑的推广计划的"操作"栏中单击"编辑"超链接，如图7-56所示。

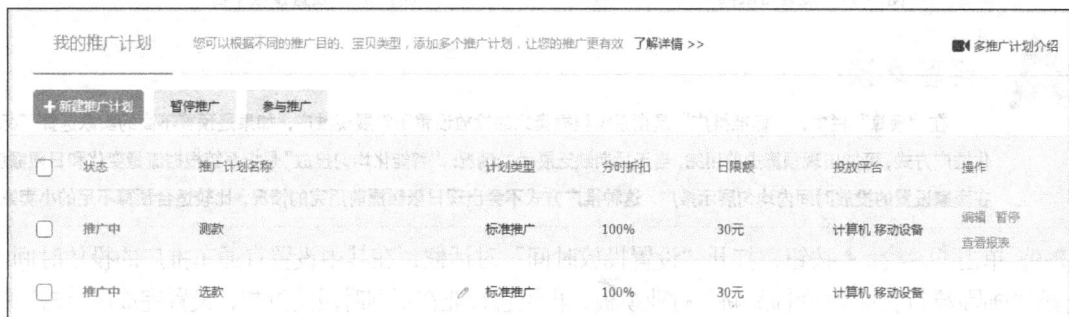

图7-56 单击"编辑"超链接

STEP 02 打开推广计划编辑页面，在其中可以查看正在推广的单元。单击选中需要编辑的推广单元前的复选框，如图7-57所示。

图7-57 选择需要编辑的推广单元

STEP 03 单击 设置日限额 按钮，打开"设置日限额"对话框，在"预算"文本框中可以设置每日的推广预算。然后按照实际情况选择预算投放方式，设置完成后单击 保存设置 按钮，如图7-58所示。

STEP 04 单击 设置投放平台 按钮，打开"设置投放平台"对话框，在其中可以对PC端、移动端、淘宝站内和淘宝站外等投放平台进行设置，设置完成后单击 保存设置 按钮。如果不需要在某平台投放，可单击 按钮，使其变为 状态，表示不投放，如图7-59所示。

图7-58　设置日限额

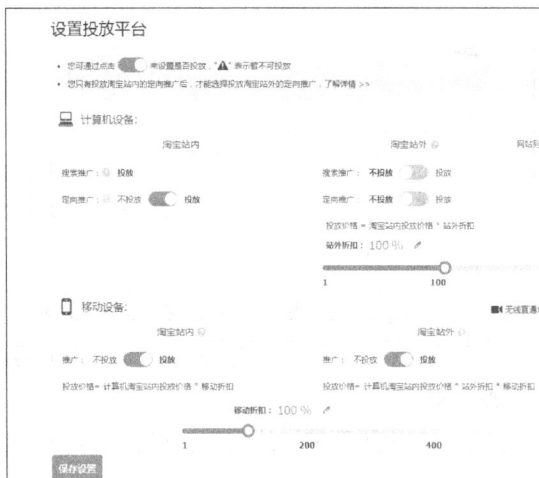

图7-59　设置投放平台

经验之谈：

在"预算"栏中，"标准推广"是指系统根据卖家的投放设置正常展现推广，如果是预算不高的卖家选择了标准化推广方式，可能出现预算提前用完，当天后期缺乏展示的情况；"智能化均匀投放"是指系统根据流量变化和日限额度，在卖家设置的投放时间内均匀展示推广，这种推广方式不会出现日限额提前用完的情况，比较适合预算不足的小卖家。

STEP 05 单击 设置投放时间 按钮，打开"设置投放时间"对话框，在其中设置直通车推广的投放时间。这里选择"饰品/流行首饰/时尚饰品新"行业模板，再设置行业在不同时段的折扣，设置完成后单击 保存设置 按钮，如图7-60所示。

STEP 06 单击 设置投放地域 按钮，打开"设置投放地域"对话框，在其中可以设置投放地域。如果需要取消某个地区的投放，可取消选中该地区前的复选框。地域投放默认以省为单位进行显示，单击省份右侧的 按钮，在打开的下拉列表中可设置以市为单位的投放。设置完成后单击 保存设置 按钮，如图7-61所示。

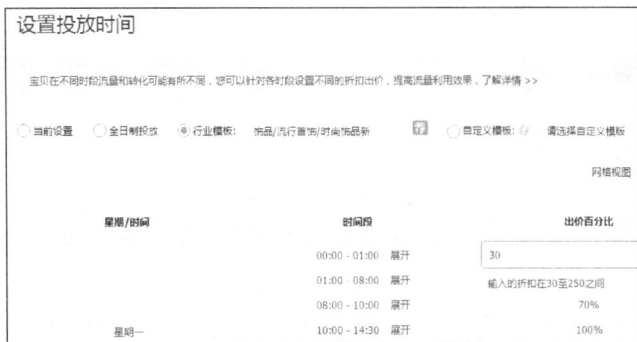

图7-60　设置投放时间

图7-61　设置投放地域

6. 直通车其他推广方式

除了采用默认的推广方式推广商品，用户还可使用关键词推广和定向推广来实现更为精确的推广。

● 直通车关键词推广：设置了推广计划后，单击推广商品的标题名称，在打开的页面中选择"关键词推广"选项，可以查看关键词推广的相关数据，包括推广关键词、质量分、出价、排名、展现量、点击量、点击率、花费等。选择某个关键词，在上方的工具栏中单击相应的按钮还可以进行修改匹配方式、添加关注、删除、复制、添加标签等操作，如图7-62所示。

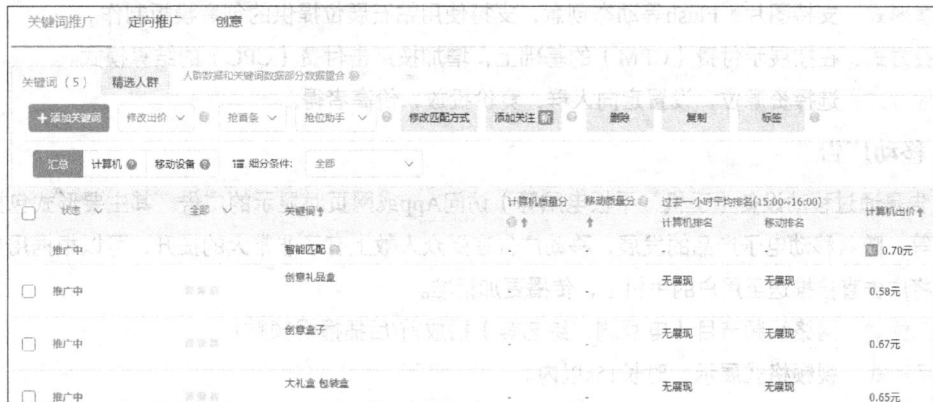

图7-62 直通车关键词推广

● 定向推广的类型：设置了推广计划后，单击推广商品的标题名称，在打开的页面中选择"定向推广"选项，可根据卖家的实际需求，设置不同的直通车投放维度，如展示位置、投放人群等，如图7-63所示。

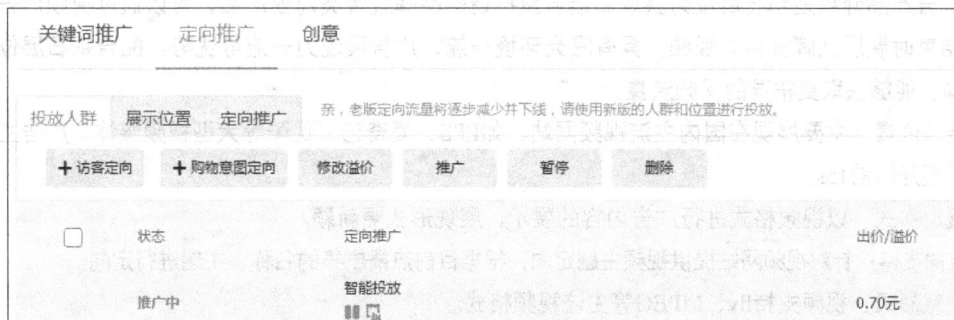

图7-63 定向推广的类型

7.4.2 利用钻石展位扩大销量

钻石展位是淘宝网提供的一种营销工具，主要依靠图片创意吸引买家点击，从中获取巨大流量。钻石展位为卖家提供了数量众多的网内优质展位，包括淘宝首页、内页频道页、门户、画报等多个淘宝站内广告位，以及搜索引擎、视频网站和门户网等多个站外媒体展位。

1. 钻石展位的类型和展示位置

钻石展位分为展示广告、移动广告、视频广告、明星店铺4种类型，下面分别对这几种类型的展示位置、创意形式、收费方式、投放方式等进行介绍。

（1）展示广告

展示广告是以图片展示为基础，精准定向为核心，面向全网精准流量实时竞价的展示推广平台。钻石展位展示网络推广支持按展示付费（CPM）和按点击付费（CPC），为客户提供精准定向、创意策略、效果监测、数据分析、诊断优化等一站式全网推广投放解决方案，帮助客户实现高效、精准的全网数字营销。

- 展示位置：包含淘宝网、天猫、新浪微博、网易、优酷土豆等几十家淘内淘外优质媒体的上百个大流量优质展位。
- 创意形式：支持图片、Flash等动态创意，支持使用钻石展位提供的创意模板制作。
- 收费方式：在按展示付费（CPM）的基础上，增加按点击付费（CPC）的结算模式。
- 投放方式：选择资源位，设置定向人群，竞价投放，价高者得。

（2）移动广告

移动广告是通过移动设备（手机、平板电脑等）访问App或网页时显示的广告，其主要形式包括图片、文字链、音频等。随着移动电子产品的发展，移动广告在受众人数上有了非常大的提升，可以根据用户的属性和访问环境，将广告直接推送至用户的手机上，传播更加精准。

- 展示位置：网络视频节目（电视剧、综艺等）播放前/后插播视频贴片。
- 展示形式：视频格式展示，时长15s以内。
- 定向支持：除钻石展位的常规定向外，还支持视频主题定向，筛选热门动漫、影视、演员相关视频节目，精准投放。
- 创意形式：可自主上传视频，也可在创意实验室中制作视频贴片。

（3）视频广告

视频广告产品介绍是钻石展位为获取高端流量打造的品牌宣传类商业产品，可以通过视频广告在视频播放开始或结束时展现品牌宣传类视频，具有曝光环境一流，广告展现力一流等优势。配合钻石展位提供的视频主题定向，能够获取更精准的视频流量。

- 展示位置：主要展现在国内主流视频网站，如PPS、爱奇艺、优酷等大型视频媒体。广告主要展现在视频开始前15s。
- 展现形式：以视频格式进行广告内容的展示，展现形式更新颖。
- 定向支持：针对视频网站提供视频主题定向，根据目前热播剧集的名称、主题进行定向。
- 创意形式：视频支持flv、MPEG等主流视频格式。

（4）明星店铺

明星店铺是钻石展位的增值营销服务，按千次展现的方式收费，仅向部分钻石展位用户开放。开通明星店铺服务之后，卖家可以对推广信息设置关键词和出价，当有用户在淘宝网宝贝搜索框中输入特定关键词时，卖家的推广信息将有机会在搜索结果页最上方的位置获得展现，进行品牌曝光的同时赢得转化。

- 展示位置：在淘宝计算机端、手淘以及UC浏览器搜索结果页面最上方位置。
- 展示形式：当搜索关键字触达投放广告词时，即有机会在搜索结果页最上方的位置得到展示，确保获得流量的精确性。
- 创意形式：提供多样式创意模板、PC模板和无线模板，模板由图片和多条文案构成，满足各类消费者的需求。
- 收费方式：按CPM收费，即按千次展现的方式收费。

经验之谈：

　　钻石展位很适合为店铺活动造势，从而引流。钻石展位引流具有预算庞大、占据位置多、持续时间短等特性，是一种爆发性质的促销。使用钻石展位引流需要注意，素材需要具有视觉冲击力；折扣需要较低；活动策划要环环相扣，引导买家能购买更多的东西。总的来说，钻石展位推广是通过在短时间内投放广告引入大量的流量，带来销售额，实现当期盈利，但需要花费不少的广告费，因此需要通过精密策划来实现促销。

2. 用最少的钱购买最合适的钻石展位

　　钻石展位是按一个展位1 000次展示进行收费的，买家点击浏览，卖家的广告有展现就要付费。钻石展位根据展示的位置不同或图片尺寸不同，收费也有所差异，因此卖家需要合理地投资，用最少的钱购买最佳的广告效应。

- **竞价需冷静**：找到适合自己店铺的广告投放位置后，卖家要根据利润与销售计算出能够承受的价位，若竞争该位置的人较多，能竞争到最好，但若超出预算，可以查找是否有其他合适的位置。切忌一时冲动，不顾一切地出价抢广告位，这样即使得到了广告位，也不能为店铺带来比广告费更多的收益，得不偿失。

- **科学出价**：钻石展位与直通车不同，不是出价越高越好。直通车竞价是争抢商品排名；钻石展位只是获得优先投放的权利，即出价最高的广告先投放广告，然后是出价第二高的广告投放，至于广告展示多久，与广告竞价高低无关，因此需要合理科学地出价。

- **快速竞价**：每天15:00前的几分钟是竞价最激烈的时候，很多卖家往往在临近15:00的前几秒出价或加价。因此，创建投放计划后，可利用创建快速竞价迅速抢位置。

- **选择投放时段**：购物高峰期的流量非常大，卖家在做预算时，可选择流量较大的时间段出价。

3. 创建营销目标与计划

　　钻石展位计划与直通车计划一样，需要卖家根据实际情况创建和设置。钻石展位计划的创建过程主要包括选择营销目标、设置计划、设置单元、添加创意4个步骤，创建时按照钻石展位的操作向导依次操作即可。下面为创建营销目标与计划的步骤，其具体操作如下。

STEP 01 在淘宝"卖家中心"页面的"营销中心"栏中单击"我要推广"超链接，打开淘宝推广页面，在其中选择"钻石展位"选项，在打开的页面中单击 进入钻展 按钮，进入钻石展位推广页面，如图7-64所示。

图7-64 进入钻石展位推广页面

STEP 02 在顶部导航栏中单击"计划"选项卡，单击 ➕ 新建推广计划 按钮，如图7-65所示。需要注意的是，钻石展位的最低充值额度为1 000元，一般需要卖家提前在账户中进行充值，才可以制订推广计划，在页面的右侧可看见充值栏。

STEP 03 在打开的页面中设置营销目标，如选择"全店自定义"选项，单击 ➕ 自定义计划 按钮，如图7-66所示。

图7-65　制订推广计划

图7-66　全店自定义

STEP 04 在打开的页面中设置投放的计划，包括对计划名称、付费方式、每日预算、投放日期、投放方式、投放地域、投放时间段等进行设置，如图7-67所示。

图7-67　设置投放的计划

经验之谈：

投放方式分为尽快投放和均匀投放两种。尽快投放是指符合定向条件的流量时，预算集中投放，即就算设置了投放几个小时的投放时间，也可能在1个小时内就消耗完投放预算；均匀投放指全天预算平衡投放，即将预算均匀分布到所设置的投放时段中。

↘ 7.4.3　招募淘宝客进行推广

淘宝客是一种按成交计费的推广模式，也是帮助卖家推广商品并获取佣金的人。淘宝客支持按单个商品和店铺的形式进行推广，卖家可以针对某个商品或是整个店铺设定推广佣金。淘宝客佣金的范围很大，佣金越高越容易得到淘宝客的关注。当交易完成后，即根据佣金设置情况从交易额中扣除佣金。

1. 淘宝客的推广优势

淘宝客具有信用好、客户信任度较高等特点，因此备受淘宝新手青睐。使用淘宝客进行推广，具有以下5方面的优势。

- 展示、点击与推广免费，只在成交后交付佣金，能随时调整佣金比例，可灵活控制支出成本。
- 拥有互联网上更多的流量、更多人群帮助推广售卖，可以吸引更多的买家。
- 数百万活跃推广者深入互联网各个领域，让推广更加精准。

- 投资回报较高，淘宝客推广的平均投资回报比例约为1:15。
- 成交计费的方式，使店铺拥有更多被免费推荐的机会。

2. 淘宝客、买家和卖家的关系

淘宝客、买家和卖家的关系如图7-68所示。卖家可以自主寻找淘宝客帮助推广，也可加入淘宝客推广，让淘宝客自己选择进行合作。在寻找淘宝客时，淘宝客会对卖家的商品进行评估，也会对商品加以挑选，这是一个双向选择的问题。大部分淘宝客都会登录淘宝联盟网站，淘宝联盟是淘宝客挑选推广对象的站点，进入淘宝联盟后，淘宝客会根据关键词或类目搜索商品，基本会按照30天推广量进行排序。很多淘宝客并非该领域专业的销售人员，对推广商品的筛选也不熟悉，便有从众的心理，通常选择推广量高或佣金支出额大的商品，因此，排在前面的商品被推广的几率比其他商品大。

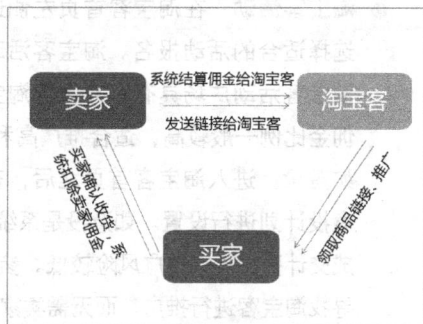

图7-68 淘宝客、买家和卖家的关系

卖家加入淘宝客推广，对推广的商品设置拥金，淘宝客便可在阿里妈妈淘宝联盟平台找到该商品。淘宝客找到商品后，便可将普通的商品图片生成链接，使用自己的方式，如微博、微信、论坛、社区等进行推广。对于有技术性的淘宝客而言，还可自行制作导购型的网址，将商品代码导入网站。买家点击链接进入店铺，在购买商品并确认收货后，卖家将会支付淘宝客佣金，但佣金是先支付到对应的淘宝客的阿里妈妈账号，阿里妈妈平台会在每月的20日给淘宝客进行佣金结算，然后淘宝客便可提现。

3. 淘宝客推广计划

为了满足不同类型的店铺的需求，淘宝客提供了多种推广方式，如营销计划、定向计划、淘宝客活动和如意投等。卖家可根据实际需求设置推广计划，如图7-69所示。

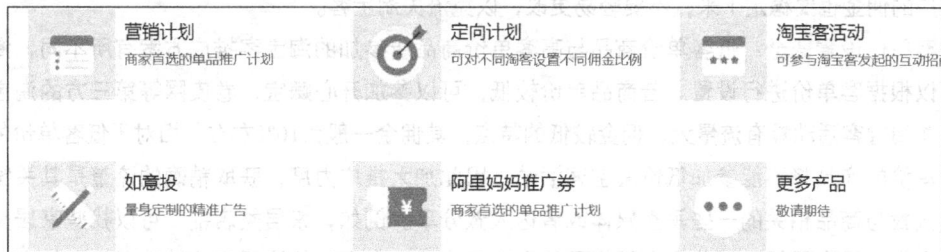

图7-69 淘宝客推广计划类型

- 营销计划：营销计划是商家在淘宝联盟后台进行单品推广的新计划。该计划将支持推广单品管理、优惠券设置管理、佣金管理、营销库存管理、推广时限管理等商家推广所需的基本功能，并支持查看实时数据及各项数据报表。让淘宝客便捷获取链接推广，并了解商品实时推广效果，淘宝客流量将优先推广加入营销计划的商品。
- 定向计划：定向推广计划是卖家为淘宝客中某一个细分群体设置的推广计划，是一种自选淘宝客的计划，可以自动或手动筛选通过申请的淘宝客，佣金设置最高70%，属于主动选择的合作形式。定向计划的流量相对较低，但精准度和转化率相对较高，可以让卖家获取较大的有效流量。在淘宝客首页单击 +新建定向计划 按钮，即可创建定向计划。定向计划最多可添加10个，其设置流程包括设置活动标题、设置计划类型和审核方式、设置计划时间、设置类目佣金、设置计划描述。在设置计划名称时，可以直接将佣金加入标题中，吸引更多优质淘宝客关注。在设置审核方式时，可选择淘宝客的等级，如果佣金较低，可自动审核，如果佣金较高，可手动审核。对于手动审核的计划，可在"计划详情"的"淘宝客管理"中查看和审核，同时还可查看淘宝客近期推广情况。在设置完计划的整体佣金后，也可设置单品佣金，其设置方法与通用计划类似。

- 淘宝客活动：在淘宝客首页左侧选择"淘宝客活动广场"选项，即可进入淘宝客活动广场，卖家可选择适合的活动报名。淘宝客活动广场中每个活动的要求都不一样，只有符合活动要求才可报名。淘宝客活动广场具有官方优选淘宝客资源、报名简单、效果数据可查询和可长期稳定报名等优点，佣金比例一般较高，适合推广高利润的畅销产品。

- 如意投：进入淘宝客首页之后，在"如意投"选项的"操作"栏中单击"查看"超链接，即可对如意投计划进行设置。如意投是系统根据卖家的如意投设置，将产品展现给站外买家的一种推广方式，按成交计费，卖家推广风险较低。参加如意投的商品，系统会根据综合评分排名，由阿里妈妈平台为卖家寻找淘宝客进行推广，而无需卖家自己寻找淘宝客。如意投具有系统智能、精准投放、管理省心、渠道互补、流量可控等优点，主要展示位置包括中小网站的站外橱窗推广位和爱淘宝搜索页面。

- 阿里妈妈推广券：阿里妈妈推广券是阿里妈妈官方唯一指定的淘宝客推广优惠券（即优惠券），可支持淘宝客通过优惠券+商品的模式进行推广，在站外推广中引入新购买人群，提高单品转化率。

4. 淘宝客佣金设置技巧

根据所选商品的不同，卖家所设置的佣金也有所不同，设置佣金时需要参考同类商品的竞争情况。通常淘宝客佣金设置的基本范围为5%～50%，卖家可以在这个范围内任意调整。

- 分阶段设置佣金：在推广初期，刚上架、有基础销量与好评的商品，是吸引淘宝客的主推商品，这类商品的卖家在定制佣金比例时，可考虑最大程度地让利淘宝客，以获得更多的推广，此时应适当以高佣金回报淘宝客，比如50%的佣金；在推广中期，随着销量的逐渐上升，此时商品有较大的市场占有率，卖家可适当降低佣金比例，逐步实现盈利；在推广后期，当市场销量比较稳定后，该商品推广的佣金也要稳定下来，不要轻易更改，以免流失淘宝客。

- 按客单价设置佣金：低客单价商品与高客单价商品所参加的淘宝客推广方案有所不同，淘宝客佣金可以根据客单价进行设置。若商品单价较低，可以参加开心赚宝、卷皮网等第三方的淘宝客活动，这些淘宝客活动具有流量大、佣金较低的特点，其佣金一般为10%左右。相对于低客单价的商品，高客单价的商品将不能参加低价淘宝客活动，因此加大推广力度，获取精确的流量是其关键，此时可尝试找与商品相关的一些垂直媒体或者达人做分享。例如，家居类店铺，可以找些家居类的网站投放广告，或者是把专门分享家居产品的淘宝客。此类淘宝客的流量定位精准，佣金较高，最高可设置到50%。

- 额外奖励：淘宝客在挑选商品时往往会较多地关注佣金比例。相同的推广成本，佣金越高，收益当然也越好。对于一些优质的淘宝客，卖家除了给高佣金之外，还可通过旺旺对其设置额外奖励，以保持淘宝客和店铺之间的黏性，提高淘宝客的忠诚度，长久地维护合作关系。同时激励淘宝客之间的良性竞争，激发淘宝客的积极性，如成交10笔额外奖励5元。

7.5 疑难解答

本章主要介绍了淘宝推广促销的一些方法，熟练掌握不同推广方法的应用技巧，可以帮助网店经营者更好地推广店铺。下面主要针对淘宝推广与促销的一些技巧和方法提出建议，帮助卖家更好地进行商品促销工作。

1. 什么是直通车关键词的质量分？

答：直通车关键词的质量分是用于衡量关键词和商品吻合程度的分数指标，吻合程度越高，关键词的质量分就越高，质量得分越高，关键词的推广信息与搜索意向越密切，得到展示和搜索的机会就越大。直通车质量分主要包括创意质量、相关性和买家体验3个维度，其中创意质量主要体现为关键词点击的反馈情况，要求图片质量一定要好。相关性主要指关键词与类目的相关性、与属性的相关性、与标题和推广创意标题的相关性。买家体验也受很多因素的影响，如收藏量、购物车、下单等。因此要做好直通车推广，必须做好商品标题的优化、推广标题的优化、创意图片的优化，并做好商品的相关性。

2. 不适合使用直通车推广的情况有哪些？

答：并不是任何商品、任何店铺都适合通过直通车推广。图片不好看的商品、价格太高或太低的商品、没有销量的商品，以及在中小卖家争夺热门关键词的情况下，使用直通车推广的收益可能就不太明显。

3. 直通车的竞价技巧有哪些？

答：直通车竞价是一个需要不断总结和分析的过程，盲目竞价不仅无法带给店铺足够的流量，还会花费大量的金钱。

- 关注转化数据，有技巧地调整关键词出价。在商品推广初期，可以适当限制直通车的花费。
- 删除上一个月展现量大于100、单击量非常低或为0的关键词。
- 分析转化数据，找到排名靠前的关键词，提高关键词出价。
- 分析转化数据，从高到低对关键词的竞价进行整理和排序，降低转化率低于2%的关键词的出价。

4. 钻石展位投放有哪些注意事项？

答：钻石展位投放主要需对资源位、创意、定向和出价等因素进行分析。在选择资源位时，可以首先选择站内的资源位，即名称带有"网上购物"的资源位，预算不大时数量控制在5个以内。图7-70所示为一些流量充足、点击率相对较高、投放性价比较高的资源位。钻石展位创意的制作可参考创意后台的一些模板。关于定向的选择，建议新手设置访客定向时选择自主添加店铺。出价则可直接参考系统建议，再根据投放情况适当调整。

广告位名称	尺寸	推荐理由
无线_网上购物_app_淘宝首页焦点图2	640x200	
无线_网上购物_app_淘宝首页焦点图2	640x200	流量充足、效果好、钻展最黄金的资源位
PC_网上购物_淘宝首页焦点图2	520x280	
PC_网上购物_淘宝首页焦点图3	520x280	
PC_网上购物_淘宝首页焦点图4	520x280	
PC_网上购物_淘宝首页焦点图右侧banner二	170x200	流量充足、价格相对较低、性价比高
PC_网上购物_淘宝首页3屏通栏大banner	375x130	
PC_网上购物_阿里旺旺_弹窗焦点图2	168x175	

图7-70 资源位的选择

5. 如何维护淘宝客？

淘宝客这种先成交再付费的模式可以有效降低卖家的推广风险，但是淘宝客与店铺之间存在双向选择关系，一般来说，佣金比例高、产品利润大、产品销量大、产品评价好的店铺更受淘宝客欢迎。维护淘宝客，与维护店铺的老客户一样都是相当重要的，卖家可以从以下3个方面进行维护。

- **取得淘宝客的联系方式**：获得淘宝客的联系方式，同时筹备并建立属于你店铺的淘宝客群。
- **了解淘宝客需求**：多和淘宝客交流，了解淘宝客需要什么，及时在店铺淘宝客群更新店铺的优惠信息和佣金变动情况，主动提供店铺推广所需素材，包含图片、软文等，让淘宝客更省心地推广店铺。同时还可以和他们交朋友，聊点生活趣事等。
- **让淘宝客更愿意推广你的店铺**：不定期地设置淘宝客奖励计划或举办淘宝客大赛，提高淘宝客的积极性以及增加淘宝客和店铺的互动，这不仅可以维护老淘宝客，还可以吸引新淘宝客，促进店铺长远发展。

7.6 课后实训

↘ 7.6.1 实训一：设置店铺优惠券

【实训目标】

本实训要求设置所有买家都可以直接领取的店铺优惠券，给予买家实惠，以吸引买家购买商品。

【实训思路】

根据实训目标，首先需要进入店铺营销中心页面，选择"店铺优惠券"活动，然后设置优惠券的金额与使用条件。

【步骤提示】

STEP 01 选择"店铺优惠券"活动。在卖家中心的"营销中心"栏中单击"店铺营销中心"超链接，在打开页面的"热门营销工具"栏中选择"店铺优惠券"选项。

STEP 02 创建店铺优惠券。在打开的页面中单击店铺优惠券对应的 立即创建 按钮。设置优惠券的面值、使用条件、使用期限、发行数量等信息，完成后单击 保存 按钮。

STEP 03 查看创建的店铺优惠券。单击"淘宝卡券"选项卡，其中显示了新创建的店铺优惠券，可以修改和删除优惠券信息，也可以复制链接给客户。

↘ 7.6.2 实训二：使用直通车推广商品

【实训目标】

本实训要求新建直通车推广计划，对店铺中的商品进行推广，以获得更多的流量，赢得更丰厚的利润。

【实训思路】

根据实训目标，使用直通车推广商品可从6个环节把握，包括选择直通车推广、新建标准推广计划、新建宝贝推广、编辑推广方案、直通车关键词推广、定向推广。

【步骤提示】

STEP 01 新建标准推广计划。在"我要推广"页面中选择"淘宝/天猫直通车"选项，在"我的推广计划"栏中单击 +新建推广计划 按钮，打开"新建标准推广计划"页面，在其中输入新建推广计划的名称，单击 提交 按钮，在打开的页面中单击"设置和管理标准推广计划"超链接，返回首页查看新建的推广计划。

STEP 02 新建宝贝推广。在新建的标准推广计划的"推广计划名称"栏中单击创建的推广计划的名称超链接，在打开的页面中单击 +新建宝贝推广 按钮，新建宝贝推广计划，设置宝贝推广的方案、创意、标题、创意图片、买词及出价，设置完成后单击 确定 按钮。返回宝贝推广设置界面，编辑计算机出价、移动出价、更改关键词的匹配方式，设置完成后，单击页面下方的 完成推广 按钮，完成宝贝推广方案的设置。

STEP 03 编辑推广方案。在推广计划的"操作"栏中单击"编辑"超链接，单击选中需要编辑的推广单元前的复选框，设置日限额、投放平台、投放时间、投放地域等信息，设置完成后单击 保存设置 按钮。

STEP 04 直通车关键词推广。设置了推广计划后，单击推广单品的标题名称，在打开的页面中选择"关键词推广"选项，设置推广关键词、质量分、出价、排名、展现量、点击量、点击率、花费等。

STEP 05 定向推广的类型。设置了推广计划后，单击推广单品的标题名称，在打开的页面中选择"定向推广"选项，设置直通车的展示位置、投放人群等。

CHAPTER

08

手机端店铺装修与推广

随着移动时代的来临，无线端的网购增长速度迅速，越来越多的人选择在手机上购物，要想网店在手机端取得更好的发展空间，就需要根据手机端屏幕的特点，以及用户的浏览习惯对手机端店铺进行装修，并且熟练运用针对手机端的推广方式对店铺进行推广，如手机扫描二维码进入店铺、发布微淘吸引粉丝关注等。本章将对手机端淘宝店装修与运营推广等知识进行讲解，让读者能在无线端的运营中如鱼得水。

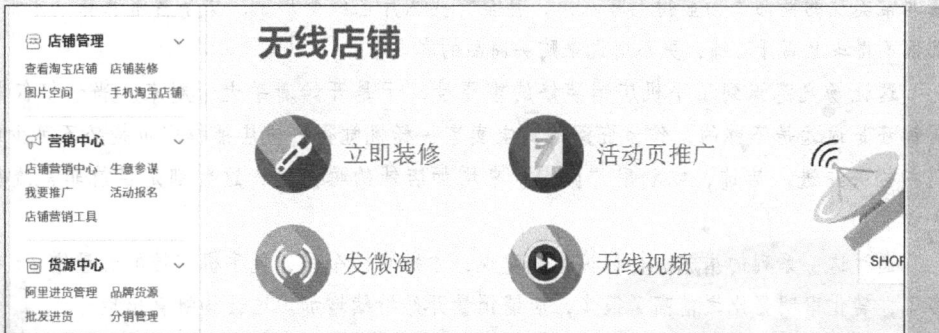

- 了解淘宝手机端
- 手机端页面的装修
- 手机店铺运营推广

本章要点

案例导入

抓住手机购物新趋势

不得不说，电子商务发展真的很迅速，近几年已经由PC端扩展到手机端，移动电子商务时代已经到来。微信营销、短信营销这些目前主流的营销推广方式都属于移动客户端推广。作为淘宝潮流大军中的一员，杨帆在经营童装的这几年来就深刻地感受到了这一点。杨帆在淘宝网上销售童装有好几年了，之前生意不错，这让他干劲十足，不仅在产品质量上严格把关，而且不断优化自己的店铺页面，并积极利用各种推广工具推广店铺。他希望自己的店铺能一直保持良好的发展势头，创造更为丰厚的利润。但事与愿违，不管他怎样努力，店铺的销量非但没有上升，反而呈现下滑趋势，这可急坏了杨帆，他决定静下心来好好思考其原因，在排除童装的行情差、商品价格高、评价低等因素后，他将眼光放到了手机无线端上。

杨帆分析，就他自己而言，之前都是在计算机上购物，下载手机淘宝后，经常利用逛街、下班路上、吃饭、睡觉前等零碎时间在手机上浏览自己需要的商品，看到中意的直接下单，这种购物方式远比待在计算机前，目不转睛地盯着电脑选择商品更加惬意，从此杨帆深深地爱上了这种购物方式，慢慢地，手机购物成为了杨帆的购物习惯。于是，他观察了周围的亲人、朋友，发现年青一代都钟爱这种购物方式，而且一些销量惊人的店铺也都迎合了人们的这一习惯，在手机店铺的装修上下足了功夫，商品页面非常整洁、美观，虽然屏幕很小，但商品图片清晰、完整，商品卖点突出，并且能让人清晰、快速地找到自己需要查看的信息，非常适合客户浏览。反观自己的手机店铺时，他发现，原本在计算机上看着非常美观的商品页面显得七零八落，甚至有些图片已经变形了，文字密密麻麻，非常影响观看，自己都恨不得马上离开店铺，更不用说来购买商品的客户了。

这让杨帆意识到了手机店铺装修的重要性，于是开始着手大干起来。当然仅仅是装修手机淘宝店铺还是远远是不够的，作为资深的淘宝卖家，杨帆觉得手机店铺推广也是必不可少的，如设置二维码扫描关注进入店铺，或利用"微淘"来增加店铺的曝光度，这些都是目前非常流行的手机端推广方式。

通过这一系列的措施，杨帆惊喜地发现，才短短两个月，他手机店铺的流量增多了，转化率明显比之前高了很多，店铺销量开始持续增加。这让杨帆喜出望外，更加坚定了优化手机端的重要性。

【案例思考】

为什么要进行手机店铺页面的装修与推广？手机店铺装修需要抓住哪些要点？手机端店铺的推广方式有哪些？

扫一扫

案例解析参考

8.1 了解淘宝手机端

近两年，淘宝网中超过一半的流量来自无线端，无线端的用户在逐渐增加，如今已是无线端网购的时代。淘宝卖家想要在淘宝网中获取更长远的发展，必须开通手机端淘宝店铺。

↘ 8.1.1　手机淘宝的优势

　　手机不受时间和环境的限制，随时随地只要想购买东西，就能下单购买。顾客在浏览商品时，由于无线端无线网络的便捷性，看见中意的商品几乎很少议价，会直接下单。

　　使用手机购买商品时，用户只能看见当前的页面，不像计算机端可打开多个页面比较质量和价格等，因此，影响买家不购买当前页面商品的因素减少，提高了用户下单的概率。使用手机淘宝下单的用户都较年轻，减少了聊天和议价的可能，更容易直接下单。

↘ 8.1.2　手机端淘宝店分析

　　随着无线互联网的发展，使用移动设备逛网店成为了一种新的潮流趋势，因为操作的灵活性和方便性，顾客可随时随地进行购物。为此，淘宝App、天猫App、WAP端口等针对访问无线店铺的端口应运而生。互联网数据中心显示，人们通过移动设备访问网页的数量不断上升，特别是在节假日期间，远远超过了计算机端，店铺中很大一部分的流量都来自于无线端，因此无线店铺对于任何一个电商卖家都变得十分重要。

　　部分商家认为，不做手机端，同样能通过手机搜索到商品，没有必要做手机端。这种想法是错误的，卖家需要明白以下两点。

- 在有无线网络的前提下，买家能通过手机浏览商品，但看到的实际是PC端的店铺商品。
- 在没有无线网络的前提下，买家若想通过数据流量浏览商品，所看到的只是一张主图，其他的商品描述将被屏蔽无法打开。因为PC端和无线端的图片像素大小不一致，若做了手机端店铺，便可打开商品页面进行完整查看。

8.2　手机端页面的装修

　　要想做好手机店铺营销，首先需要对手机店铺进行装修。手机店铺装修的原理与计算机端的装修原理相同，富有视觉冲击力的店铺更能吸引顾客的注意力，延长顾客在店铺中驻足的时间。

↘ 8.2.1　设置手机店铺店标与店招

　　与计算机端一样，手机店铺也需要设置店铺店标与店招，而制作店标与店招的方法与计算机端相同，区别在于手机端的店招尺寸与计算机端的不同。手机端店招尺寸建议为750像素×254像素。下面讲解设置手机店铺店标和店招的方法，其具体操作如下。

STEP 01 进入"卖家中心"页面，单击"店铺管理"栏中的"手机淘宝店铺"超链接，在打开的页面中单击"立即装修"超链接，如图8-1所示。

STEP 02 打开"开通微淘账号"页面，单击 [同意协议并开通] 按钮，如图8-2所示。

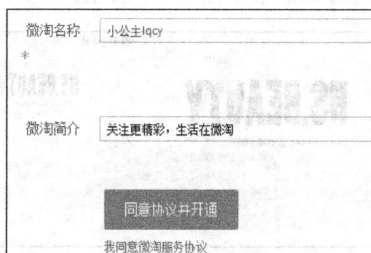

图8-1　立即装修　　　　图8-2　开通微淘账号

STEP 03 提示微淘开通成功后，返回卖家中心页面，再次单击"店铺管理"栏中的"手机淘宝店铺"超链接，在打开的页面中单击"立即装修"超链接，在打开的无线运营中心页面中单击"店铺首页"超链接，如图8-3所示。

STEP 04 在打开的页面中选择店招模块，单击右侧"店铺基本信息"栏中的"更改Logo"超链接，如图8-4所示。

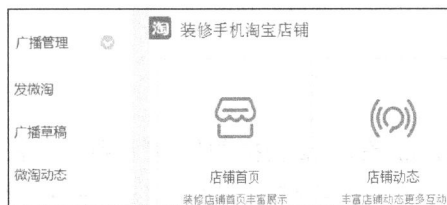

图8-3 进入店铺首页

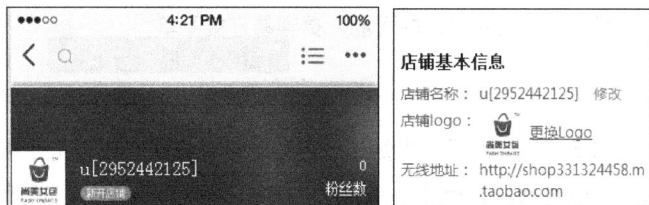

图8-4 更改Logo

STEP 05 在打开的页面中单击 上传图标 按钮，在打开的"打开"对话框中选择店铺Logo，单击 打开(O) ▾ 按钮即可上传店招，效果如图8-5所示。

STEP 06 返回手机淘宝店铺首页装修页面，在右侧的"模块编辑"栏的"新版店招图片"栏中单击选中"官方推荐"单选项，在下方选择店招图片，然后在"新版导航颜色"栏中选择对应的颜色，在"店招图片链接"栏中单击右侧的 ∅ 图标，在打开的对话框中单击链接地址后的 选择链接 按钮。店招图片链接下的文本框中将显示链接，单击 确定 按钮，如图8-6所示。

图8-5 设置店铺Logo

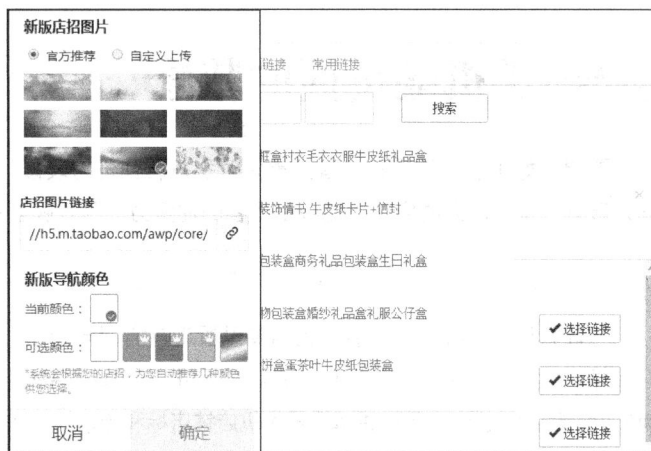

图8-6 设置店招图片

STEP 07 也可以单击选中"自定义上传"单选项，单击下方的店招图片区域，选择图片空间的店招图片，在打开的对话框中单击 ✔上传 按钮，效果如图8-7所示。

图8-7 选择店招图片

经验之谈：

此处已将图片上传至图片空间，若没有上传至图片空间，需要先上传图片。

STEP 08 在"新版导航颜色"栏中选择系统推荐的颜色,在"店招图片链接"栏中设置图片的链接地址,然后单击 确定 按钮,如图8-8所示。

STEP 09 在店铺店招模块可看到设置后的效果,单击上方的 发布 ▼ 按钮,即可在店铺中应用编辑后的店招与店标,如图8-9所示。

图8-8 设置导航颜色和图片链接地址

图8-9 查看店招装修效果

↘ 8.2.2 设置手机宝贝模块

在手机店铺装修中,也可添加自定义模块,其添加方法与计算机端相同,只需将模块拖动至合适的位置,再在右侧的模块编辑区域进行设置即可。下面讲解设置宝贝智能双列模块的方法,其具体操作如下。

STEP 01 打开手机淘宝店铺首页的装修页面,将"智能双列"模块拖动至右侧的合适位置,如图8-10所示。

STEP 02 此时在右侧将自动打开"智能双列"栏,单击"基本模式"选项卡,输入宝贝标题,设置链接、宝贝个数、过滤价格、关键字等信息,单击 确定 按钮,如图8-11所示。

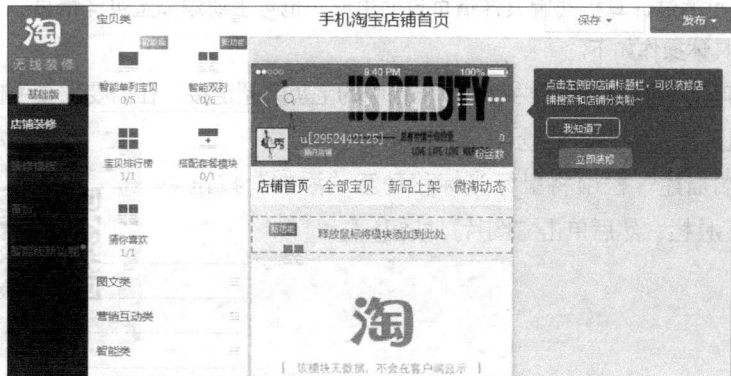

图8-10 添加智能双列模块

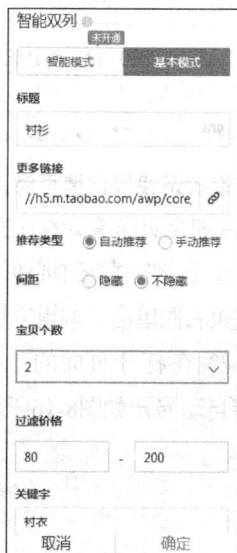

图8-11 基本模式设置

STEP 03 设置完成后，可查看设置的智能双列效果，如图8-12所示。

STEP 04 还可手动推荐宝贝，在"推荐类型"栏中单击选中"手动推荐"单选项，单击 +添加商品 按钮，打开"商品小工具"对话框，选择推荐的宝贝，单击 确定 按钮，如图8-13所示。

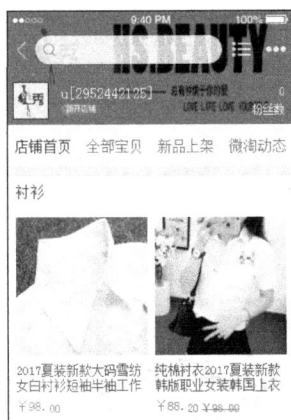

图8-12 查看设置的智能双列效果

图8-13 手动推荐宝贝

STEP 05 最后在智能双列栏中单击 确定 按钮即可。当所有的模块设置完成后，可单击右上方的 发布 ▾ 按钮，信息发布成功，如图8-14所示。

图8-14 确认设置并发布信息

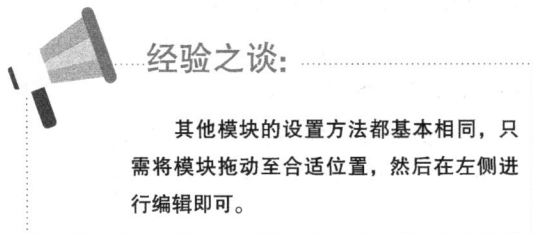

经验之谈：

其他模块的设置方法都基本相同，只需将模块拖动至合适位置，然后在左侧进行编辑即可。

8.2.3 手机宝贝详情页发布

在设置无线端详情页时，卖家可通过计算机端宝贝详情页自动生成，也可手动添加宝贝详情页。下面讲解设置手机宝贝详情页的方法，其具体操作如下。

STEP 01 在淘宝卖家中心页面，单击"宝贝管理"栏中的"出售中的宝贝"超链接，在需要发布手机详情页的宝贝右侧单击"编辑宝贝"超链接，如图8-15所示。

STEP 02 在打开页面的"手机端描述"栏中将鼠标光标移动至"添加"按钮＋上，将自动展开如图8-16所示的工具栏，然后单击"图片"按钮 🖼。

扫一扫

操作演示

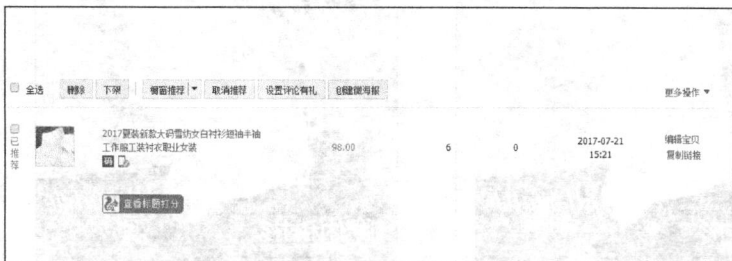

图8-15　编辑宝贝

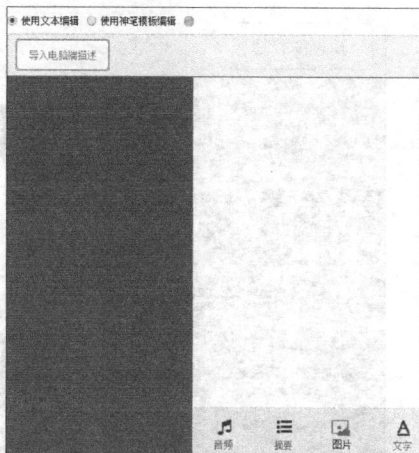

图8-16　打开工具栏

经验之谈:

手机端宝贝详情页还支持音频、图片和文字输入。单击"音频"按钮 🎵，可添加音频文件；单击"摘要"按钮 ☰，可添加 140 字的摘要；单击"文字"按钮 A，可添加文字描述。

STEP 03 在打开的"图片空间"对话框中选择需要添加的详情页图片，单击 插入 按钮，如图8-17所示。

图 8-17　选择需要添加的详情页图片

STEP 04 返回页面可查看添加的详情页图片，如图8-18所示，单击 发布 按钮即可发布详情页。

STEP 05 此时，在手机端打开店铺，即可查看到该宝贝的详情页，如图8-19所示。

图 8-18　查看添加的详情页图片

图 8-19　查看该宝贝的详情页

8.3　手机店铺运营推广

随着手机淘宝用户的不断增加，越来越多的卖家加入无线端市场，增加了市场的竞争。店铺的运营推广很大程度上决定着店铺的转化，无线端也有其对应的推广方式，如码上淘、微淘达人推广等，不同的推广方式能吸引不同的消费人群。

8.3.1　利用"码上淘"进行推广

码上淘即买家扫描二维码进入店铺的方式，现在通过扫描"二维码"查看内容的方式进行推广，二维码包含有链接地址，可以引导消费者通过手机等扫描设备快速进入相应的网站。下面将讲解利用"码上淘"推广产品的方法，其具体操作如下。

STEP 01 进入淘宝卖家中心页面，单击"店铺管理"栏中的"手机淘宝店铺"超链接，如图8-20所示。

STEP 02 进入"手机淘宝店铺"页面，单击"码上淘"下方的"进入后台"超链接，如图8-21所示。

扫一扫

操作演示

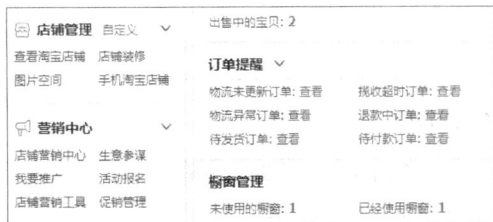

图8-20　进入手机淘宝店铺

图8-21　进入后台

STEP 03 进入"码上淘"页面，提示当前使用的淘宝账号，单击 进入码上淘 按钮，如图8-22所示。

STEP 04 展开"创建二维码"列表，单击"通过宝贝创建"超链接，如图8-23所示。

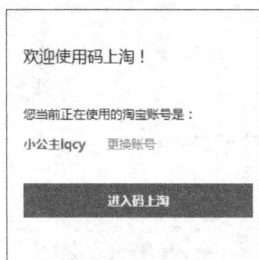

图8-22 进入码上淘

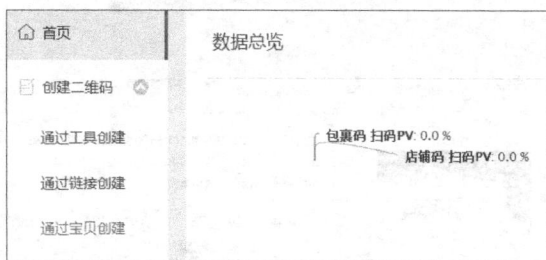

图8-23 通过宝贝创建二维码

STEP 05 打开"通过宝贝创建二维码"页面，选择扫码的宝贝，单击 下一步 按钮，如图8-24所示。

图8-24 选择扫描的宝贝

STEP 06 选择推广的渠道，这里选择"物流包裹"选项，确认后单击 下一步 按钮，如图8-25所示。若是"渠道标签"栏中没有二维码推广使用的选项，可单击 ＋新增渠道 按钮，添加推广渠道。

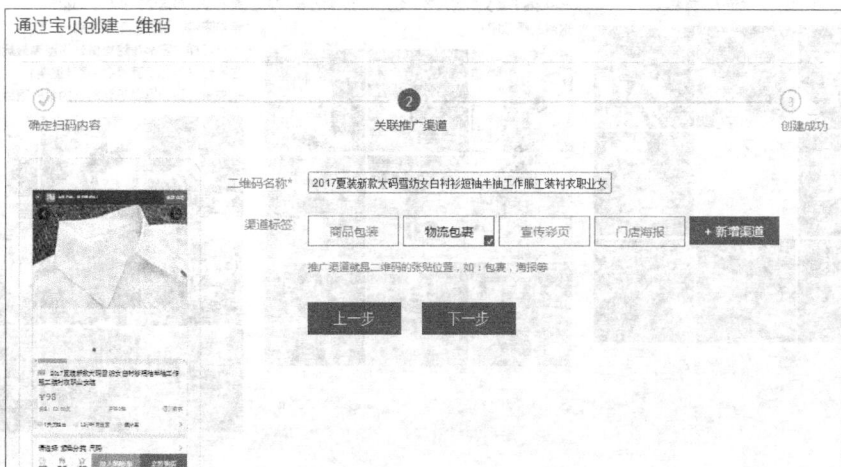

图8-25 选择进行推广的渠道

STEP 07 此时，二维码创建成功，在右侧将显示二维码的效果图，单击 下载 按钮可进行下载，如图8-26所示。

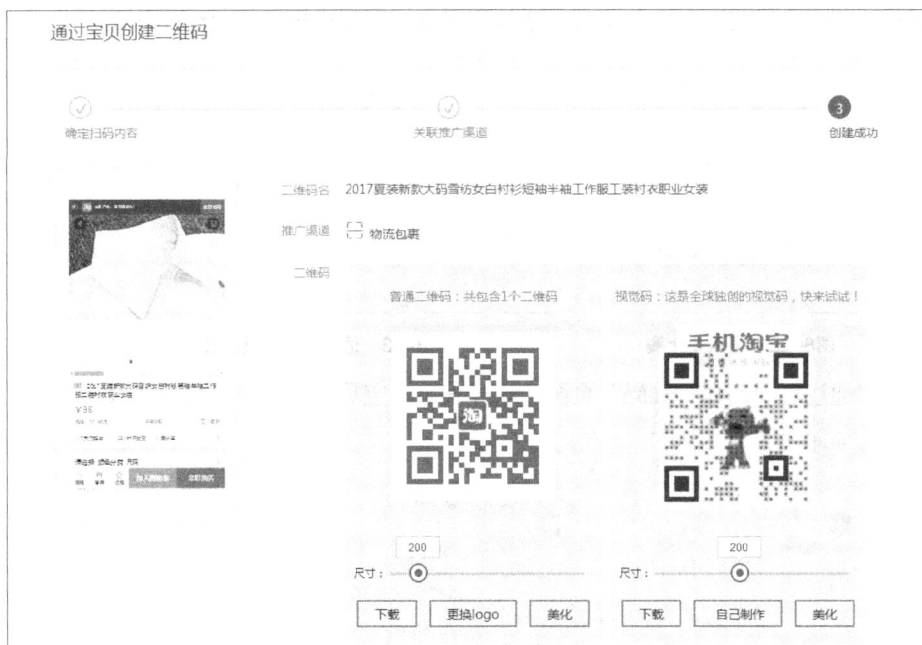

图8-26　选择扫码的宝贝

8.3.2　利用微淘达人推广店铺

无线大势所趋，很多店铺移动端的成交额已超过PC端，微淘位于手机淘宝底部导航条的第二位，这个位置可以带来大量移动流量。对于淘宝卖家而言，微淘是淘宝营销的一个重要武器。通过微淘后台发布各类上新产品信息，可以让你的粉丝及时知道店铺动态，提升店铺的好感度，便于进行品牌传递，直至达到成交转化。图8-27所示为优秀的微淘推广案例，可从浏览量、点赞量与评价量判断商品的人气。单击对应的图片可进入商品购买页面。

图8-27　优秀的微淘推广案例

1. 发布微淘

扫一扫

操作演示

微淘提供了多种发布方式，如发帖子、图片、宝贝清单、宝贝上新等，卖家可以根据需要选择喜欢的发布方式，其具体操作如下。

STEP 01 在卖家中心的店铺管理栏中单击"手机淘宝店铺"超链接，进入无线店铺装修页面，单击"发微淘"超链接进入微淘发布页面，如图8-28所示。

图8-28 进入微淘发布页面

STEP 02 选择需要发布的微淘方式，如单击"发帖子"超链接，将打开"发帖子"页面，如图8-29所示。

图8-29 进入发帖子页面

STEP 03 设置商品的标题、封面、链接地址、标签等相关信息，设置完成后单击 发布(今日还可发布：1篇) 按钮即可发布，如图8-30所示。

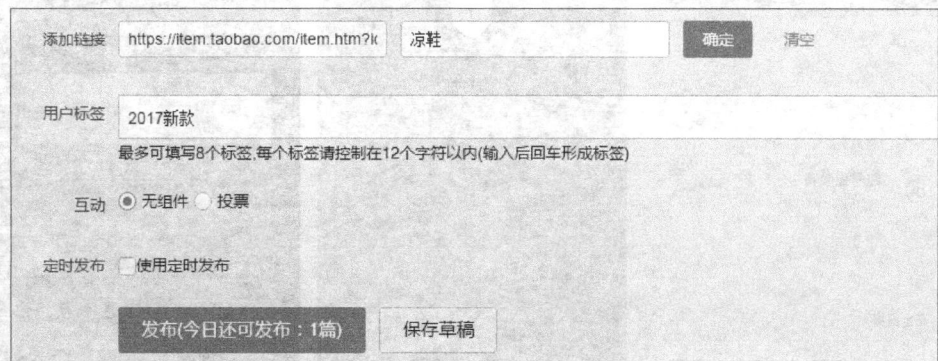

图8-30 编写微淘信息并发布微淘

2. 微淘推广要素

微淘是无线端引流的常用工具，很多大型网站都在做微淘营销，那么作为中小型卖家，如何使微淘成为提升销量的利器呢？一是自己成长为具有实力的淘宝达人；二是寻找粉丝多、发帖内容优质的淘宝达人合作，提高微淘帖子的曝光量，增加店铺的流量。下面总结了一些从店铺自身出发，进行微淘运营的方法。

● **熟悉微淘运营规则**：要充分了解和熟悉微淘的运营规则，及时关注微淘的新闻和活动。例如，关注不同等级的账号每天所能发布的微淘的条数。

● **如何拉粉**：首先对老顾客群发信息进行召回，可发表主题丰富的内容，针对内容收藏数量或互动来分析粉丝的喜好，重点发布粉丝想要看到的题材内容。在进行题材内容设计时，可从一些热门话题、事件等切入，增加内容的吸引力。同时适当利用节日等活动多与粉丝互动，并对粉丝进行回馈。

● **熟悉店铺的运营推广计划**：结合店铺的促销活动、店铺上新日、节日活动等运营推广计划，可提前两天发布预告广播、粉丝特权抢先看，提醒粉丝收藏，以及到时间提醒粉丝购买。例如，柚子美衣双11活动时在11月10日—12日共发了10条相关微淘。

● **发布微淘的时间安排**：分析微淘用户访问的高峰时段，如0:00—1:00、8:00—10:00、13:00—14:00、16:00—17:00、18:30—19:30、22:00—23:00点。一般都是根据淘宝官方的大盘数据结合店铺销售的成交额，找出适合店铺的高峰时间段。

8.4　疑难解答

本章主要讲解了手机淘宝店铺装修与推广的相关知识。下面讲解手机淘宝使用中可能出现的一些问题。

1. 怎么保证手机端的安全？

答：为了提高手机端的安全保障，可开通钱盾认证服务。在手机端安装"钱盾"的方法为：打开钱盾，单击"账户安全中心"，根据提示登录自己的账号。在网站中登录淘宝账号将会要求进行一键验证，点击进行验证即可。除此之外，还可开启账号保险箱功能，打开钱盾，单击"账号保险箱"后的 开启 按钮，将打开"钱盾保险箱"页面，绘制新解锁图案并确认解锁图案后，将开启钱盾保护功能，如图8-31所示。

图8-31　开启钱盾保护功能

2. 如何将手机淘宝上的宝贝链接分享给他人？

答：进入手机端，打开宝贝详情页页面，点击右上角的"分享"按钮 █，在打开的下拉列表中选择"分享"选项，单击"复制链接"按钮 ⊘，将复制的链接分享给他人，即可查看到该宝贝对应的无线端链接。如图8-32所示。

图8-32 将宝贝链接分享给他人

8.5 课后实训

8.5.1 实训一：设置手机淘宝店铺的店招与店标

【实训目标】

本实训要求激活手机淘宝店铺，并设置店铺的店招与店标。

【实训思路】

根据实训目标，本实训包括店招与店标制作、店招与店标装修两部分，店招与店标制作需要注意图片的大小与保存格式应适应手机店铺对应模块的尺寸。店招与店标装修需要先开通微淘账号，然后在手机端页面编辑对应的模块，上传制作的店招与店标图片，最后保存并发布编辑的页面即可。

【步骤提示】

STEP 01 店招与店标制作。根据店铺所售商品分别新建大小为750像素×254像素的店招、80像素×80像素的店标，将制作后的图像保存为JPG格式。

STEP 02 开通微淘账号。初次进行手机端装修时，需要开通微淘账号。进入"卖家中心"页面，进入装修手机淘宝店铺页面，将打开"开通微淘账号"页面，单击 同意协议并开通 按钮开通微淘账号。

STEP 03 更改Logo。在打开的页面选择店招模块，单击右侧"店铺基本信息"栏中的"更改Logo"超链接，上传制作的店标，将其作为店铺Logo，更换原来的Logo。

STEP 04 更换店招图片。单击选中"自定义上传"单选项，单击下方的店招图区域，选择图片空间的店招图片，根据店铺需要编辑店招信息，修改新版导航颜色与店招图片的链接地址。

STEP 05 发布手机店铺首页。根据需要继续添加、删除和编辑店铺首页的其他模块，编辑完成后单击 发布 按钮发布首页。图8-33所示为一家创意礼品坊的手机端店铺首页的部分装修效果。

图8-33 手机端店铺首页案例

8.5.2 实训二：生成手机淘宝店铺的二维码

【实训目标】

本实训要求生成手机店铺的二维码，将推广渠道选择为商品包装。

【实训思路】

根据实训目标，首先需要进入码上淘页面，然后选择合适的商品为其创建二维码，并将二维码的推广渠道设置为"商品包装"，最后下载制作的二维码即可。

【步骤提示】

STEP 01 进入码上淘页面。进入"手机淘宝店铺"页面，单击"码上淘"下方的"进入后台"超链接。

STEP 02 选择创建二维码的方式。展开"创建二维码"列表，单击"通过宝贝创建"超链接，选择扫码的商品。

STEP 03 选择进行推广的渠道。此处选择"商品包装"选项。

STEP 04 下载二维码。此时，二维码创建成功，在右侧将显示二维码的效果图，单击 下载 按钮可进行下载。使用手机扫描下载的二维码即可进入对应的商品页面。

CHAPTER

09 网店数据分析

网店数据分析是网店经营过程中非常重要的一个环节，网店数据既反映了网店的经营状况，也暗示了网店经营的方向，通过网店数据，网店经营者可以及时发现运营过程中的问题和商机，并快速作出正确决策。本章主要介绍网店经营现状分析、网店商品分析、客户行为分析和常用数据分析工具等内容。通过本章的学习，读者可以熟悉网店数据分析的相关知识，并能灵活使用数据分析工具对网店数据进行分析。

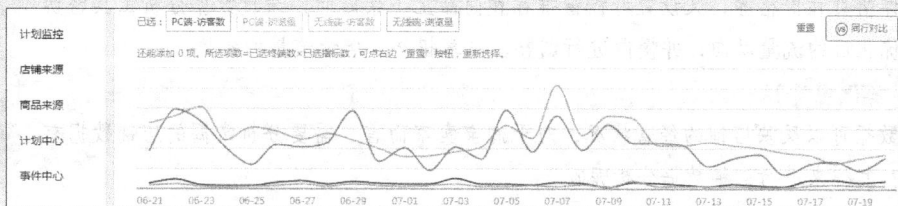

- 网店经营现状分析
- 网店商品分析
- 网店客户分析
- 使用生意参谋分析网店数据

本章要点

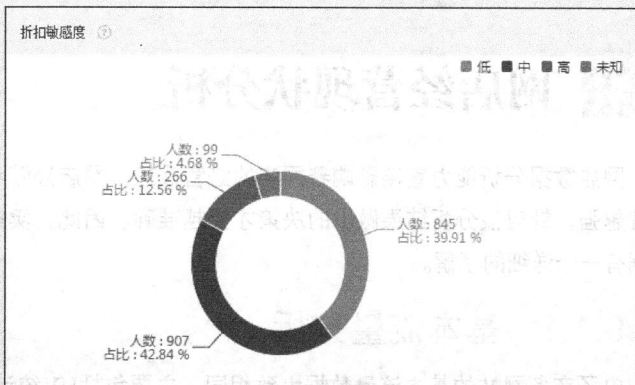

小数据中的"大道理"

对于淘宝卖家而言，经营店铺就是经营数据，不能实时了解和掌握数据，网店就很难取得成功。李云玲刚加入淘宝的时候，完全是凭借"直觉"在经营店铺，后台数据想起了就去看看，看过了也就看过了，从来不对数据进行分析。李云玲的店铺主要出售果园现摘的特色时令水果，主打原生态品质，比较能够迎合消费者的喜好，误打误撞之下，也还是有一些流量。

但是好景不长，店铺在几天之内流量忽然掉了一半。李云玲很奇怪，自己既没有改过主图和标题，也没有编辑过页面，好端端的怎么流量忽然就掉了这么多？没有流量就没有销量，果园里的果子马上就要成熟了，正是销售的最好时节，这个时候没有流量，对店铺的打击是非常大的。

不得已之下，李云玲开始仔细查看店铺的经营数据。这一分析才发现，店铺的付费流量和自然流量都下滑得非常厉害，并且一两个星期前就有了这种趋势。付费流量点击较少，可能是商品的主图、价格、销量、选款或关键词出了问题。自然搜索流量下滑，可能是行情有变、关键词有问题，也可能是某个引流商品的流量出了问题。李云玲依次对每个可能的因素进行分析排除，查询了当前行业的热搜词，查看了同类目店铺的销售情况，发现原来换季之后，买家纷纷开始搜索应季鲜果，之前店铺的主打水果成了换季的"淘汰品"，搜索人数瞬间下降了一大截。市场行情变了，但自己店铺的主推品依然是上个季节的水果，不仅主推品的流量损失了很多，还影响了店铺的整体排名。

找出问题之后，李云玲立刻着手整改店铺，重新优化当季鲜果的商品标题、主图、详情页和价格等，又设置好橱窗推荐和商品上下架时间，通过数据分析工具密切关注优化后的流量动向，并慢慢进行调整，总算扭转了店铺流量的劣势。

【案例思考】

数据可以反映店铺的经营状况，对于淘宝卖家而言，需要分析掌握的店铺数据有哪些？怎样来进行店铺数据分析呢？

9.1 网店经营现状分析

网店数据分析能力直接影响着网店的经营效果，网店经营者对数据的分析能力越强，把握市场动向的能力就越强，针对该分析结果做出的决策才会越准确。因此，卖家首先必须对网店经营的基本流量、网店运营数据有一个详细的了解。

9.1.1 基本流量分析

电子商务网站的基本流量数据大致相同，主要包括UV统计、PV统计、用户来源、关键词分析、用户地区分析、浏览路径、着陆页分析和不同时段流量统计等，各数据的含义介绍如下。

- UV统计：UV即网站的独立访客数，只对唯一IP访问数量进行统计，一天内同一访客多次访问网站只计算为1个访客。UV统计等同于访问网站的用户数量。
- PV统计：PV即页面浏览量。用户每打开网站上的一个页面就会被统计工具记录1次PV。用户多次打开同一页面，则对页面浏览量值进行累计，就算刷新页面，该页面的页面浏览量也会增加。

- 用户来源：指用户进入网站的路径，如来自百度、搜狐等搜索引擎，来自其他网站或直接访问等。
- 关键词分析：指对用户访问关键词进行的统计，即用户是通过哪些关键词进入网站的。
- 用户地区分析：主要统计用户地区、地区用户数量及不同地区的用户比例等。
- 浏览路径：指用户在网站的浏览路径，如浏览了什么网页、在某网页停留的时间及从什么网页离开等。
- 着录页分析：记录用户进入网站的第一个页面，在其中可统计出用户进入数量和比例。
- 不同时段流量统计：指在日、周等时间范围内分析不同时段的网站流量变化。

9.1.2 基本运营数据分析

分析网店的运营数据，可以帮助卖家做出准确的经营决策，而以短时间的数据为基础进行分析，如以周为单位的经营数据为分析参考，则可以及时调整运营策略和产品线。此外，还可通过数据变化分析是否达到运营效果。

1. 基础数据分析

关键词、流量来源、访客地区、流量分布、访客退出率和流量变化等数据都是比较基本且关键的运营数据，通过对这些数据进行分析，可以帮助网店更好地找到运营方向。下面分别介绍这些数据的作用。

- 分析流量来源：通过分析流量来源，可以帮助卖家了解流量产生的效果，即哪些流量可以给网店带来更大收益。此外，对不同来源的流量进行单独分析，更便于卖家对不同推广渠道进行跟踪，同时通过跟踪结果选择合适的推广活动。
- 分析关键词：通过对不同搜索引擎、不同网站的关键词流量进行分析，可以使卖家了解不同搜索引擎关键词带来的流量情况，为搜索引擎推广方案提供准确的数据参考。
- 分析访客地区：了解访客的地区，也有助于卖家做出正确的营销引导，如分析流量高的地区的客户特征，可以更好地寻找目标客户群，也可对高流量地区的客户提供部分优惠，进一步扩大该地区的市场。同时，在跟踪客户信息时，还可以对新老客户进行区分，回访老客户，维护新客户，协同会员管理、邮件营销、自媒体营销等方式制定更好的营销策略，从而达到更好的营销效果。
- 分析流量分布：分析网站中不同网页的流量情况，帮助卖家了解店铺中的热门页面，并将此作为店铺打造爆款、打造畅销品的依据之一，从而更精准地将营销费用用在合适的产品推广中。
- 分析不同时段的流量变化：对不同时段的流量和销售情况进行监测和分析，可以帮助卖家了解网店销售的活跃期，从而更合理地安排商品的上下架时间，合理地安排运营人员的工作时间，提高网店的工作效率。
- 分析着录页质量：分析着录页质量即是对着录页商品销售情况进行分析，着陆页效果的好坏不仅是推广效果好坏的一种体现，也是商品转化率高低的一种展示。

2. 重点指标分析

网店经营数据中的重点指标主要包括退出率、跳出率、购物车、转化率等，这些数据从不同的方面反映了商品的各种问题，下面分别对其进行介绍。

- 退出率：退出率是指从该页面离开网站的次数占该网页总浏览次数的比例，是对直接从该网页离开网站的流量数据的分析。退出率是一项综合衡量用户离开网站行为的重要指标，对于网上店铺而言，退出率高的网页则是存在问题的网页，需要重点关注，分析买家退出的可能原因。

- 跳出率：跳出率是指当网站页面展开后，用户仅浏览了该页面就离开网站的比例，跳出率高对网店而言非常不利，需要及时找到跳出原因。影响网店跳出率的原因很多，如目标客户群定位不准确、访问页面内容不吸引买家、页面访问存在问题、广告与访问页不符等因素都可能导致跳出率偏高。

- 购物车：购物车收藏量也是反映商品情况的重要指标，购物车不仅可以反映买家选购商品的动向，还可以从侧面体现出商品受欢迎的程度。同时，将购物车信息与商品页面分析结合起来，还可判断产品的转化情况，如购物车指标高，但是最终的实际转化率偏低，说明商品在价格、商品描述等方面可能存在问题，需要对描述页或价格进行优化。

- 转化率：转化率指在店铺产生购买行为的人数与到店人数的比率。转化率直接体现为营销效果，转化率的分析需要结合多个渠道的因素。例如，结合商品页面进行分析时，适合观察热门商品、热门品牌、商品分类等转化效果，并针对低转化率的页面进行合理、完善的调整；当结合入口页面分析时，适合观察着录页对网店销售的影响力，并可根据其数据评估相关促销活动的实际效果。

9.2　网店商品分析

商品变化直接影响网店销售情况。在网店中会对商品情况产生影响的因素非常多，经营者除了可通过基本营销数据对商品情况进行分析之外，还可从商品销量、商品关联性、单品流量等角度对商品进行分析。

9.2.1　商品销量分析

商品销售是一个需要不断完善和优化的过程，商品在不同时期、不同位置、不同价格阶段，其销售量都会不一样，经营者需要根据不同情况进行实时调整。

一般来说，网店商品销量主要与拍下件数、拍下笔数、拍下金额、成交件数、成交笔数、成交金额、成交用户数、客单价、客单价均值、回头率、支付率、成交转化率等因素有关，经营者和客服人员需要针对不同的数据做出相应的对策。例如，拍下件数高，但支付率低，说明买家可能对商品存在质疑，需要客服人员与买家进行沟通以提高支付率；回头率低，则需要进行一些必要的会员关系管理，做好老客户营销。作为卖家，需要对每个商品的销售情况进行了解和跟踪，这样不仅可以持续完善销售计划，促进销量的增长，还可以优化库存和供应链体系，提高供应周转效率，降低成本。

经验之谈：

客单价是指每一个客户平均购买商品的金额，即平均交易金额。客单价和客户流量是影响销售额的非常重要的因素，因此，网店除了需要增加客户流量之外，还应该尽量通过关联营销等方式提高客单价。

9.2.2　商品关联分析

商品的关联销售多体现为搭配销售，即让买家从只购买一件商品发展为购买多件商品，如通过促销组合、满减、清仓、买赠和满赠等活动刺激买家消费，从而提高销售金额，最大限度地实现销售增长。特别是在参加淘宝活动时，适当的关联营销不仅可以对店铺进行导流和分流，还可以提高客单价，充分利用有限的流量资源，实现流量利用的最大化，降低推广成本。

1. 商品关联分析

对商品关联进行分析，实际上就是分析客单价和销售额的最大化，有效的商品关联营销可以极大地促进网店的持续发展。

（1）推出促销活动

针对关联产品推出相应的促销方案或优惠方案，可以快速提高销售额。不同类目的产品，其促销方式不一样，需经营者自己选择，如食品类商品，一般以"食品+食品""食品+用具"等形式推出促销活动；日化用品可对不同类型的商品进行组合，如"洗发露+沐浴露"等形式。

（2）网店商品搭配和摆放

通过商品关联程度的大小对商品进行搭配只是关联营销的一部分，商品位置的摆放也是十分重要的一个环节。一般来说，商品的摆放以方便顾客为基础，同时也可以进行相关产品推荐，或通过部分关联产品进行精准营销。例如，在服装类目的网店中，若当前页为某热款上衣的出售页，则在该页面下方的推荐商品中可以适当展示一些与该上衣搭配的其他商品，这不仅给出了搭配建议，还可根据买家喜好快速推荐与其喜好相似的商品，实现了商品的关联营销。

（3）发现潜在目标客户

关联商品主要由主商品和被关联商品组成。一般来说，主商品和被关联商品的目标客户群会存在一定的差异性和共性，即购买主产品的目标客户群可能不会购买被关联商品，也可能会同时购买，目标客户群的重合即是存在潜在客户的一种体现。不会购买关联商品的客户群，可能对关联商品兴趣不高，因此卖家可以适当地控制和调整针对该类客户的推广方案。在购买主商品的同时购买关联商品的用户群即是关联商品的潜在目标客户，在出售与关联商品类似的商品时，则可面向该部分客户进行适当推广。

2. 商品关联技巧

在监测商品销售情况的基础上对商品进行组合和关联，可以有效提高网店的整体销售额。商品的关联分析一般需要建立在一定的数据基础上，基本数据量越大，分析准确率就越高，做出的决策也更有利。

（1）进行商品梳理，区分商品等级和层次

商品关联并不是盲目和随意的，必须选择合适的商品梳理规范，以提高关联分析结果的精准程度。商品梳理一般包括名称、品牌、价格、规格、档次、等级、属性等内容。一般来说，关联推荐主要应用于重购、升级和交叉销售3个方面，重购是指继续购买原来的商品，升级是指购买规格和档次更高的商品，交叉销售是指购买相关商品。应用于不同方面的关联推荐，应该有不同的推荐方式，如推荐同类型商品交叉购买时，建议推荐规格、价格等相似的商品，若是为顾客推荐了低档次的商品，则会降低销售额。

（2）合理搭配商品

商品的搭配和位置对商品关联销售会产生很大的影响，关联分析可以为用户推荐合适的搭配商品，方便买家快速找到所需商品，购买更多关联商品。需要注意的是，对关联性比较大和关联性比较好的商品进行关联，才有不错的效果。在进行关联分析时，还应该学会发现和寻找更多的关联销售机会，搭配出新颖且更受客户欢迎的商品。

↘ 9.2.3 单品流量分析

分析网店数据可以实时对店铺经营现状进行调整，在策划营销活动时，分析单品质量也可以起到非常重要的作用，通过大量的数据信息可以获取更精准的单品引流效果，打造出更适合市场的爆款。单品流量分析一般包括来源去向分析、销售分析、访问特征分析、促销分析等内容。

● 来源去向分析：通过来源去向可以分析引流来源的访客质量、关键词的转化效果、来源商品贡献

等，让卖家可以清楚地看到引流的来源效果。

● 销售分析：通过销售分析可以清楚商品的变化趋势，从而掌握规律、迎合变化，提高店铺转化率。

● 访客特征分析：通过分析访客特征，可以了解商品访客的潜在需求，从而迎合买家的需求，达到提高销售额的目的。

● 促销分析：通过促销分析可以量化搭配商品效果，开发和激活店铺流量，增加销售量，提高单价。

图9-1所示为对当前商品的无线端访客数据进行分析的页面，包括来访24小时趋势图、地域top5、店铺新老访客、性别等内容。

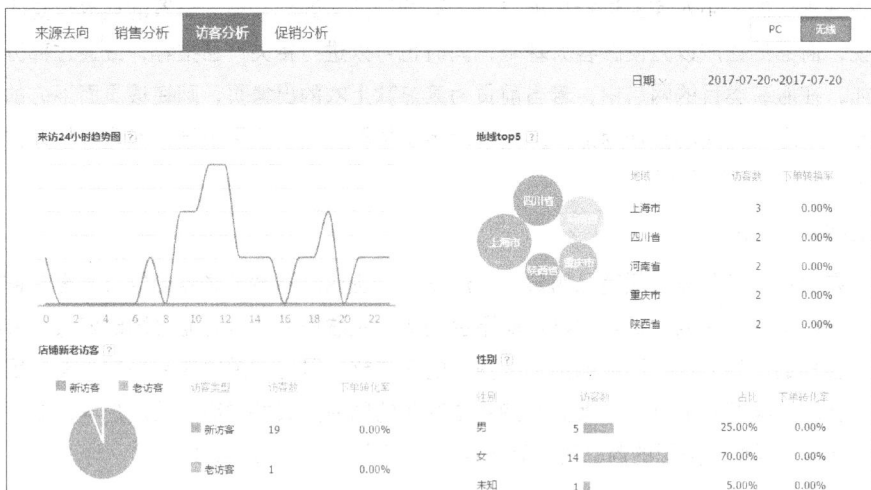

图9-1　无线端访客数据分析

9.3　网店客户分析

客户数据是网店经营数据的一部分，分析客户行为可以从不同角度发现不同客户间的属性特征和消费行为，帮助卖家了解目标客户群，从而为维护客户和刺激客户回购提供有利的决策依据和实施建议。

9.3.1　客户购物体验分析

对淘宝网而言，客户购物体验主要体现为DSR评分，即淘宝店铺动态评分。淘宝店铺动态评分是指在淘宝网完成交易后，买家针对本次交易中的宝贝与描述是否相符、卖家的服务态度、物流服务质量3个方面进行的评分，每项店铺评分均是提取连续6个月内所有买家给予评分的算术平均值，如图9-2所示。

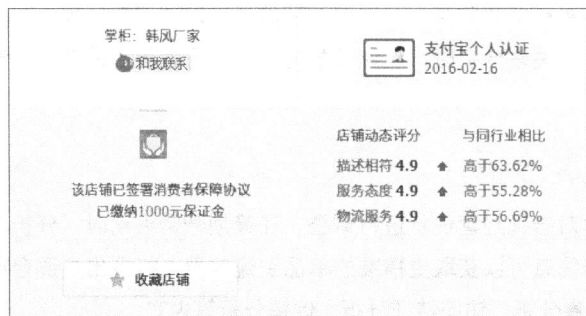

图9-2　店铺动态评分

淘宝店铺动态评分是自然搜索权重的重要影响因素之一，它不仅是店铺形象和综合实力的一种体现，更是获取买家信任和信赖的重要依据。如果店铺动态评分高于同行业店铺，店铺将更容易获取客户的信任和选择，反之则容易引起买家的质疑和流失。同时，店铺动态评分也是淘宝官方活动要求的基本指标之一，店铺动态评分不达标，则店铺将无法参与很多淘宝网提供的推广活动。

要获得更高的店铺动态评分，卖家需严格把控商品质量和店铺服务质量，并在此基础上再进行一些个性化服务。下面主要对获得更高的店铺动态评分的方法进行介绍。

- **保证商品质量**：商品质量是客户对商品最基本的要求，质量好的商品才能得到客户的认可。同时，价格作为客户偏重的购物因素之一，也是卖家需要重视的问题，店铺商品必须定价合理，保持良好的性价比，禁止为性价比较低的商品设置虚高价格。

- **良好的服务态度**：不论是在售前、售中还是售后，都必须保持良好的服务态度。要做到这一点，卖家需要对客服人员进行培训，提升服务质量，避免客户因对店铺服务态度不满而给出差评和低分的现象。

- **提高发货速度**：物流速度是买家网上购物非常看重的一个指标，物流速度慢，容易导致中差评和低分。作为卖家，在进行物流选择时，要尽量选择速度快、质量好的物流。

- **个性化提醒**：为了给客户留下良好的服务体验，卖家可以设置一些个性化的物流发货提醒、物流同城提醒等，免去客户登录淘宝网查询物流信息的麻烦。

- **个性化的包装和赠品**：在商品外包装上添加贴心提示，是获取客户好感的有效方式，如"快递小哥，这位客户对我们非常重要，请您加快配送速度哟！"此类提示，可以给予客户被重视的感觉。此外，在寄送商品时，卖家也可以赠送买家一些个性化的小赠品，如方便打开包裹的小物件、方便商品使用的小物件等。

- **售后跟踪**：在商品质量、服务质量、个性化服务均表现良好的基础上，卖家需要实时对售后服务进行跟进，如评价跟进、物流跟进等，通过给买家提供一些优惠的形式请求客户给予好评和高分。

9.3.2 客户数据分析

客户是网店销售额的来源，客户数据也是销售数据的一种直接体现。因此对客户数据进行分析，能帮助卖家及时了解店铺的问题。下面通过淘宝的客户运营平台进行分析。

1. 人群指标分解

通过人群指标分解，卖家可以了解访客、粉丝、会员与成交客户的人数、跳失率、支付转化率、平均停留时长等信息。通过观察这些数据，卖家可以了解到店铺流量和转化率等可能存在的问题。在卖家后台的"营销中心"栏中单击"客户运营平台"超链接，进入客户运营平台页面，在左侧单击"客户分析"选项卡，在"人群指标分解"栏中即可查看相关数据，如图9-3所示。

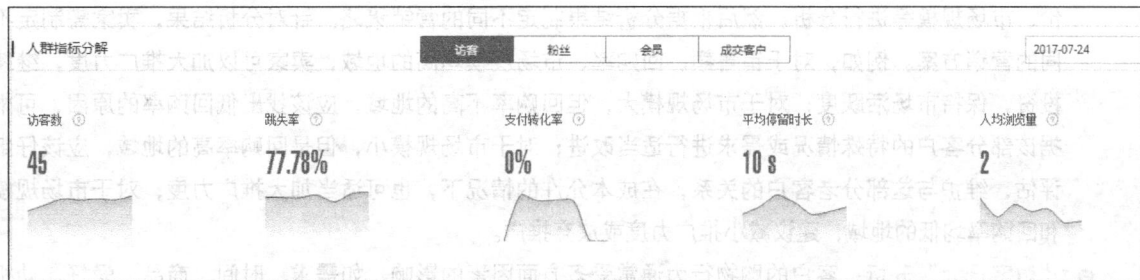

图9-3 人群指标分解

下面对人群指标可能出现的问题以及解决方案进行介绍。

- **访客数低**：访客数低，则说明流量低，此时需要卖家通过营销推广、完善关键词、参加活动等方式为店铺引入流量，发展新客户。
- **店铺的跳失率高**：一般而言，店铺的跳失率不宜过高，一般控制在30%以内，跳失率低于50%属于正常，不到钻级的小店，一般跳失率为60%都属于正常。皇冠一级以上的店，若跳失率达到50%，就说明店铺的首页或者宝贝描述不够吸引人，属于非正常情况。当然不同行业的跳失率水平也不一样，卖家可以将自己店铺的跳失率和同行的店铺跳失率进行对比分析，如果自己的店铺跳失率远远高于同行平均水平，则应该对店铺进行相关的优化。
- **转化率低**：如果店铺的转化率较低，则需要卖家对店铺动态评分、商品详情页内容、商品图片等进行优化。
- **客户的停留时间短**：客户的停留时间和成交率具有非常密切的关系，如果客户停留时间长，那么商品的成交概率也会大大增加。一般情况下，2~3分钟是正常的停留时间，通常处于这个时间段的宝贝转化率都比较理想，如果停留时间达到4分钟，而且浏览人数比较多，那么这个商品具有成为爆款的潜力。

2. 访客人群洞察

在客户运营平台中，选择分析的人群不同，分析的数据也不相同。若在"客户分析"页面单击"访客"选项卡，则卖家可对访客进行"性别"分析、"年龄"分析、"地理位置"分析、"访客行为"分析、"聚划算人群"分析、"折扣敏感度"分析等。卖家可以此来掌握客户的购买特征，制定不同的营销方案。

- **"性别"分析**：通过对客户的性别进行分析，卖家能了解到购买商品的人是男士还是女士，同时能了解到男士和女士在购物时有何不同，一般女士在网购时会进行比较，男士则会直接购买喜欢的商品。卖家可以通过性别分析，对不同性别的客户制定合适的营销方案，如图9-4所示。
- **"年龄"分析**：不同年龄段的客户的购买要求和购买能力有所不同，目前，18—35岁的消费群体是网络消费的主力军。对客户年龄进行分析，能帮助卖家清晰店铺的年龄定位，如图9-5所示。

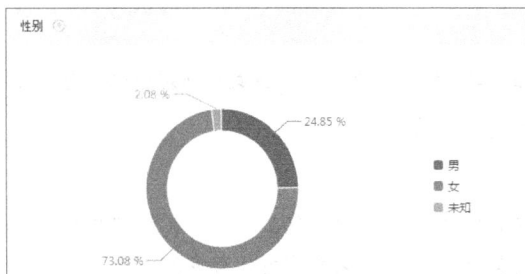

图9-4　性别分析

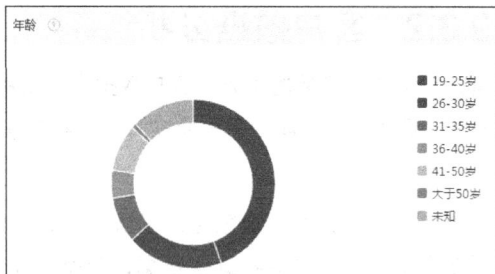

图9-5　年龄分析

- **"地理位置"分析**：对访客进行地域分析主要是指对不同地域的买家数量、回购率、销售额、客单价、市场规模等进行分析，然后根据分析结果制定不同的营销策略。针对分析结果，卖家需制定不同的营销方案。例如，对于销售额、回购率、市场规模均高的地域，卖家可以加大推广力度，继续投资，保持市场活跃度；对于市场规模大，但回购率不高的地域，应该找出低回购率的原因，可根据该部分客户的特殊情况或需求进行适当改进；对于市场规模小，但是回购率高的地域，应该仔细评估，维护与这部分老客户的关系，在成本允许的情况下，也可适当加大推广力度；对于市场规模和回购率均低的地域，建议减小推广力度或放弃推广。
- **"访客行为"分析**：客户的购物行为通常受多方面因素的影响，如需求、时间、商品、爱好、动机等因素都会影响买家的购买行为。通过对客户收藏店铺、支付购买等行为进行分析，卖家能掌握到店铺的潜在客户，如图9-6所示。

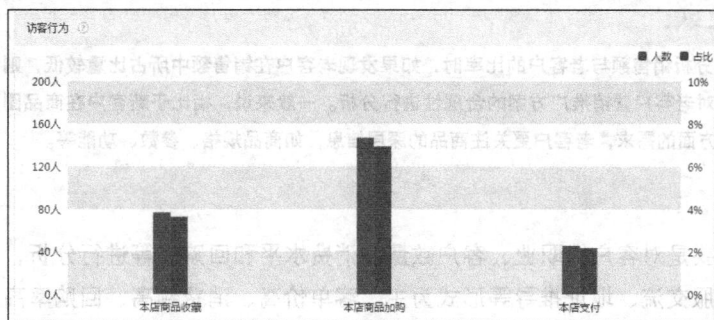

图9-6 访客行为分析

● "聚划算人群"分析：卖家通过分析客户通过聚划算购买商品的比例，可以制订合理的促销计划，如图9-7所示。

● "折扣敏感度"分析：卖家通过对客户的折扣敏感度进行分析，能掌握价格因素对客户的影响到底有多大，并可根据该比例进行适当的促销活动，如图9-8所示。

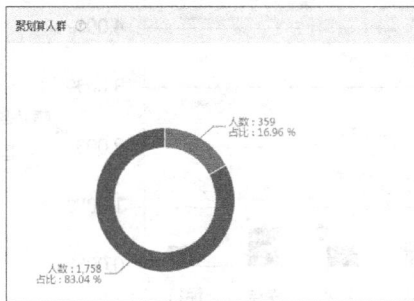

图9-7 聚化算人群分析

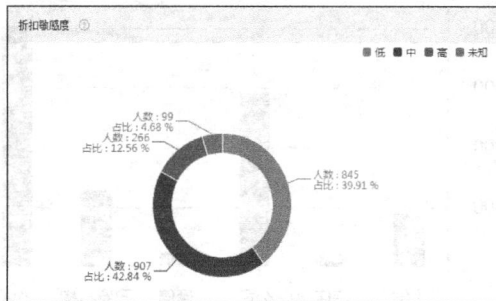

图9-8 折扣敏感度分析

若在客户运营平台的"客户分析"页面中单击"成交客户"选项卡，在打开的页面中即可了解到客户的购买次数、粉丝与会员的销售占比、老顾客最近一次的购买时间等情况。如图9-9所示，卖家可通过此页面查看客户购买次数的占比情况，即1次购买客户占比为92.86%；2次购买客户占比为6.35%；3次购买客户占比为0.79%。由此可见，该店铺的回头客很少，因此需要卖家分析回头客少的原因，并进行相应的优化。

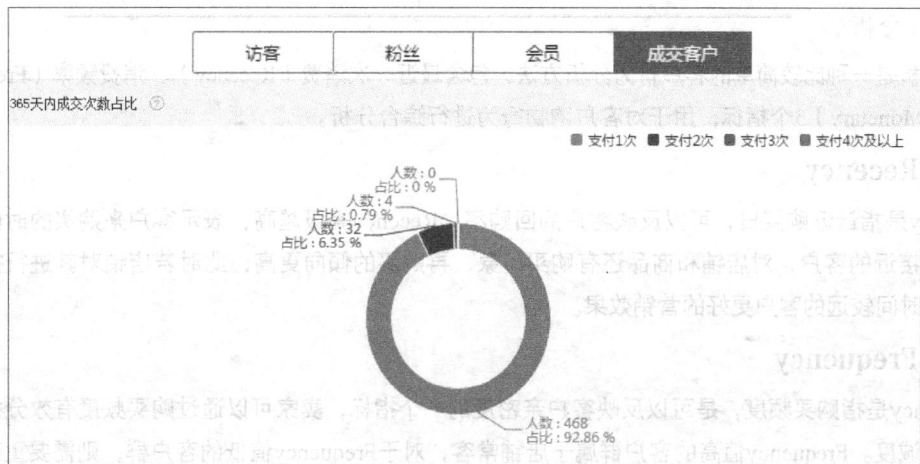

图9-9 客户购买次数的占比情况

经验之谈：

　　卖家在分析销售额与老客户的比率时，如果发现老客户在销售额中所占比重较低，则说明客户关系管理效果不明显，需对老客户营销推广方案的合理性进行分析。一般来说，相比于新客户在商品图片和质量、信用保障、售后服务等方面的需求，老客户更关注商品的深层信息，如商品规格、参数、功能等。

3. 职业分析

　　客户职业分析主要是对客户的职业、客户数量、消费水平和回购率等进行分析，客户职业情况的获取主要以问卷调查、客服交流、地址推导等形式为主。客单价高、消费额高、回购率高的职业人群是商品的主要推广对象；消费额高、回购率低的职业人群，是需要经营者进行维护和改善的对象；回购率高、消费额低的职业人群，则是经营者需要努力发展的对象。此外，对不同职业的客户群体，也可采取差异化营销策略，分别满足不同职业人群的不同需要，从而扩大客户范围，增加客户回购率。图9-10所示为对某商品的客户职业分布进行的统计。

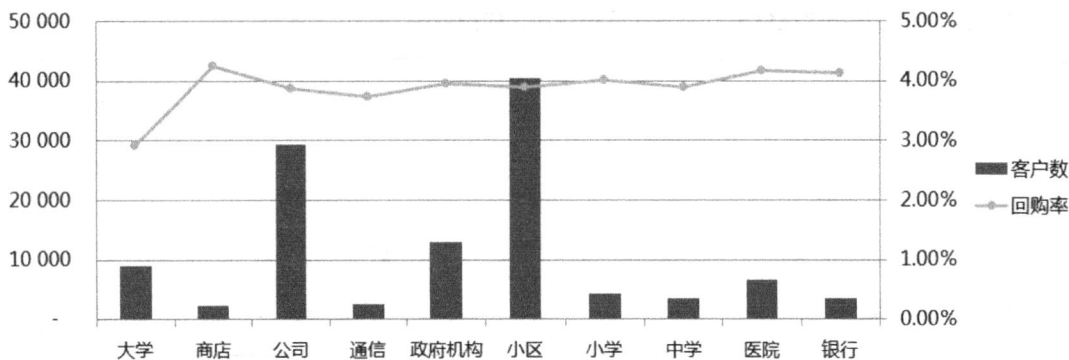

图9-10　客户职业分析

9.3.3　客户行为分析

　　客户的购物行为通常受多方面因素的影响，如需求、时间、商品、动机、爱好、地域等因素都会改变其行为。以时间为例，购物时间不同，发生购物行为的用户数量、客单价等都会有所不同。

1. RFM分析

　　RFM分析是一种比较简单的客户行为分析方法，包含最近一次消费（Recency）、消费频率（Frequency）、消费金额（Monetary）3个指标，用于对客户购物行为进行综合分析。

（1）Recency

　　Recency是指最近购买日，可以反映客户的回购率。Recency等级越高，表示客户来购买的时间越接近。购买时间较接近的客户，对店铺和商品还有购买印象，再购买的倾向更高，此时若店铺对其进行推广，可以得到比购买时间较远的客户更好的营销效果。

（2）Frequency

　　Frequency是指购买频度，是可以反映客户亲密度的一个指标，卖家可以通过购买频度有效分析出客户的满意度和忠诚度。Frequency值高的客户群属于店铺常客，对于Frequency值低的客户群，则需要重新策划有效的推广方法。

（3）Monetary

Monetary是指客户的累计购买金额，是可以反映客户忠诚度的一项指标。Monetary等级高，说明该客户群的购买力很高，卖家可以制定专门的营销方法留住这部分客户。但仅凭Monetary等级，无法正确判断客户的再购倾向。

综上所述，Recency越接近，客户的再购倾向更高；Monetary等级高，但Recency较远，客户的再购倾向变低；Frequency值高，但Recency较远，客户的再购倾向也变低。

Recency比较接近的客户，Frequency值高，则再购倾向也较高；Recency比较远的客户，即使曾经Frequency值很高，其再购倾向也将变低；Monetary等级高，Frequency值低，Recency较远，客户的再购倾向也变低。

Monetary等级高，说明客户购买力高，但无法推断客户的再购倾向，必须通过Recency和Frequency值依次进行分析和比较。卖家可先通过判断Recency等级，分析客户的最近到店日期，再通过Frequency等级，分析客户购买频率。

经验之谈：

假设将客户的生命周期划分为活跃期、沉默期、睡眠期、流失期4个阶段，则不同的商品，所对应的客户生命周期的阶段是不一样的。卖家根据统计数据分析出客户所处的生命周期阶段后，对于活跃期和沉默期的客户，给予一定程度的消费刺激，保持客户对店铺的熟悉度。此外，卖家也可对客户的客单价和再购倾向进行分析，对客单价高但再购倾向较低的客户，也要保持消费上的刺激，加大维护力度。

2. 购物时间分析

分析客户购物时间主要是指根据商品的特性来分析目标客户群的常见购物时间段，从而更准确地制订相应的推广方案，如根据客户消费时间安排商品上架时间、按照客户消费时间加大推广投放力度等。图9-11所示为某商品的客户消费时间段分析。

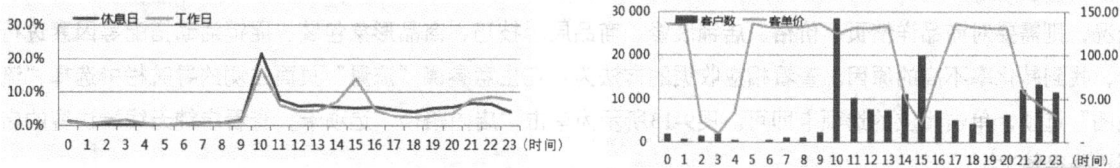

图9-11 消费者购物时段分析

根据图9-11可推断出，该商品的消费高峰期为上午10时和下午3时，其次为11—14时、21—23时，一般来说，这些时间段即是商品上架的最好时间和加大推广力度的最佳时间。同时，卖家还可以周为单位分析客户的消费习惯，通过对分析数据进行总结，推断出举办促销活动的最佳日期。不同地域的客户，其消费时间段也会存在差异，卖家可以适当针对消费潜力较强的区域进行专门营销。

9.4 使用生意参谋分析网店数据

生意参谋是淘宝网功能非常强大的一款数据分析工具，可以全面展示店铺经营的各项核心数据，包括店铺实时数据、商品实时排行、店铺行业排名、店铺经营概况、流量分析、商品分析、交易分析、服务分析、营销分析和市场行情等。下面主要介绍生意参谋的数据分析功能。

9.4.1　流量分析

店铺流量主要分为PC端流量和无线端流量，在生意参谋中，卖家可以分别查看不同端口的流量情况，并可查看与同行的对比情况。流量分析主要包括流量概况、流量地图和访客分析。

1. 流量概况

通过查看流量概况，卖家可以了解流量总览、流量趋势、流量排行、访客行为、访客特征等数据。在生意参谋工具首页的"流量看板"栏中，卖家可对流量概况进行查看，或在生意参谋首页的导航栏中单击"流量"选项卡，在打开的页面中也可查看流量概况。图9-12所示为某店铺的流量趋势，其中无线端的访客数和浏览量在大部分时段均高于PC端。

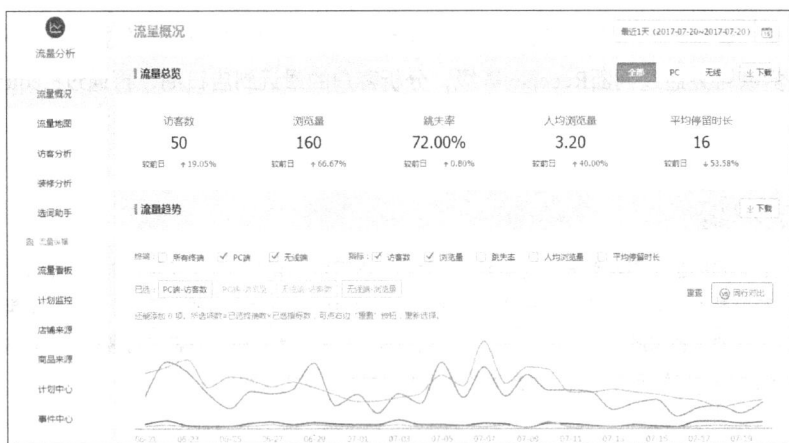

图9-12　流量概况

2. 流量地图

通过流量地图，卖家可以查询店铺流量来源、店内路径、流量去向等数据，并通过对这些数据的查询，了解当前店铺的流量结构。对于流量不足的情况，卖家需要以推广的方式提高店铺流量；对于转化率不高的情况，则需要对商品详情页、价格、店铺装修、商品展示技巧、商品形象包装、促销活动搭配等因素进行分析，找到转化率不高的原因。查看相应收据的方法为：在生意参谋"流量"页面左侧的导航栏中选择"流量地图"选项，单击相应的选项卡即可。图9-13所示为单击"店内路径"选项卡，查看店铺无线端访客的店内浏览路径情况。

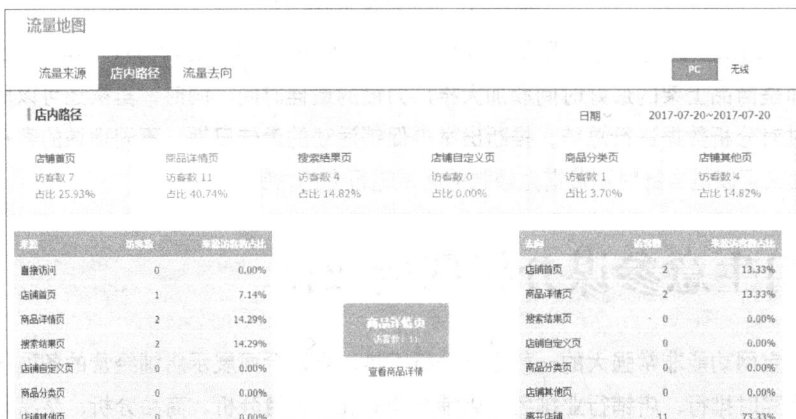

图9-13　流量地图

经验之谈:

在查询流量来源时，卖家可根据需要查看本店和同行店铺的流量来源的对比效果。在查询店内路径时，卖家可以分别对店铺首页、商品详情页、店铺微淘页、商品分类页、搜索结果页、店铺其他页的访客数和访客占比进行查看，还可查看页面访问排行，或根据需要分别以月、周、日为单位查询流量来源。

3. 访客分析

通过访客分析可以查看访客分布的相关数据，包括访问时段分布、访客地域分布、访客特征分布、行为分布、访客性别等，根据对访客的相关数据进行分析，卖家可以更准确地开展、调整营销推广活动、设置商品上架时间等工作。在生意参谋"流量"页面左侧的导航栏中选择"访客分析"选项即可查看访客分析，如图9-14所示。

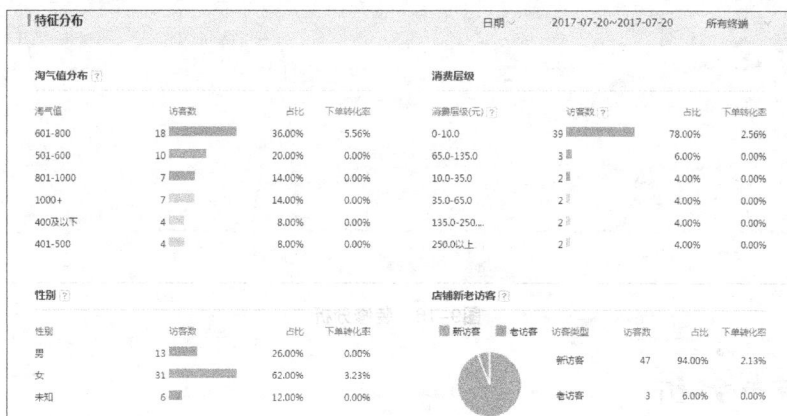

图9-14 访客分析

在"访客分析"页面单击"访客对比"选项卡，在打开的页面中可以查看访客对比的相关数据，包括消费层级、性别、年龄、地域、偏好和关键字等，如图9-15所示。"访客分析"页面可以帮助卖家更好地掌握买家数据，从而进行会员关系管理。

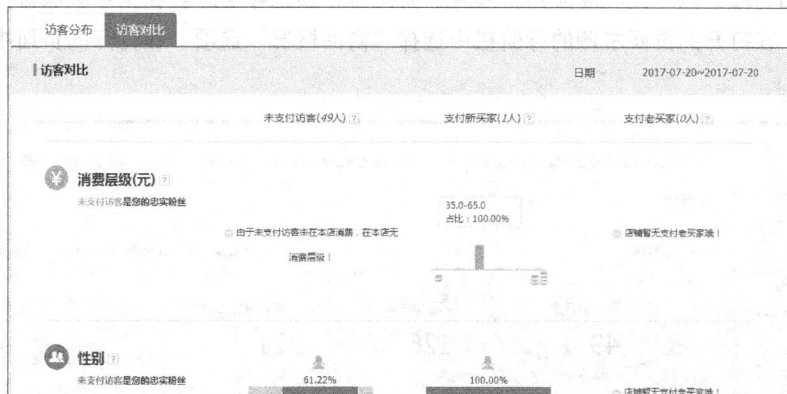

图9-15 访客对比

4. 装修分析

在生意参谋"流量"页面左侧的导航栏中选择"装修分析"选项，在打开的页面中可查看首页、详情页等页面的数据，单击页面名称后的"页面数据"超链接可查看浏览量、点击率、跳失率等数据。以上操作默认只能查看首页的数据，若需要查看其他页面的数据，首先需要订购"装修分析"服务，然后单击 添加定制 按钮添加页面定制，如图9-16所示。

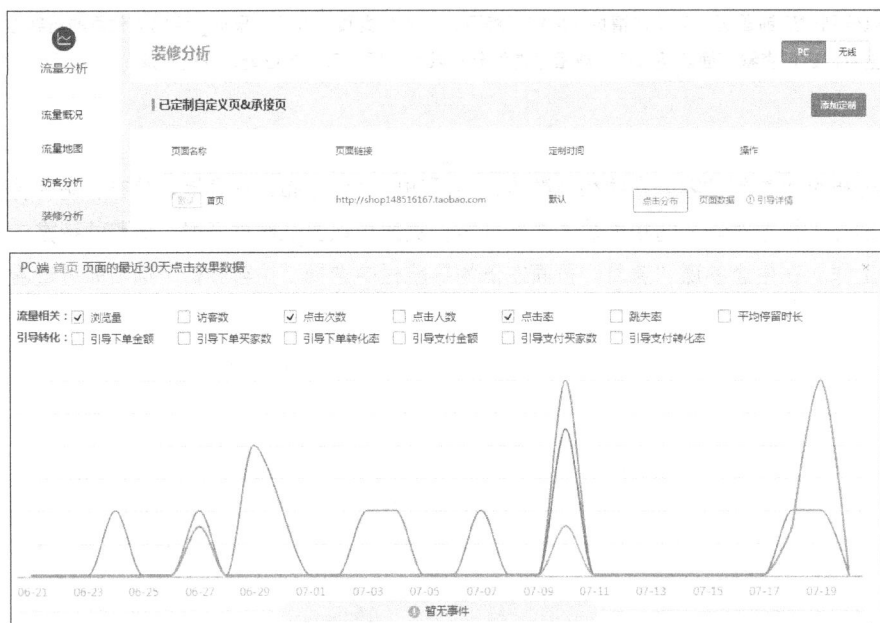

图9-16　装修分析

9.4.2　商品分析

商品变化直接影响网店销售情况，因此对商品进行分析是相当有必要的。对商品情况产生影响的因素非常多，下面将从不同角度进行分析，并利用生意参谋对商品概况、商品效果、异常商品、商品分类进行分析，以帮助卖家掌握商品分析的方法。

1. 商品概况

商品概况包括商品信息总况、商品销售趋势、商品排行预览等信息。在生意参谋首页的导航栏中单击"商品"选项卡，在打开的页面左侧的导航栏中选择"商品概况"选项，在打开的页面中即可查看商品概况，如图9-17所示。

图9-17　商品概况分析

2. 商品效果

在生意参谋"商品"页面左侧的导航栏中选择"商品效果"选项，在打开的页面中可以查看商品效果明细的相关数据。此外，单击商品后的"商品温度计"超链接，在打开的页面中可以查看当前商品的转化情况，如图9-18所示。如果当前商品存在问题，生意参谋将给出建议供卖家参考。

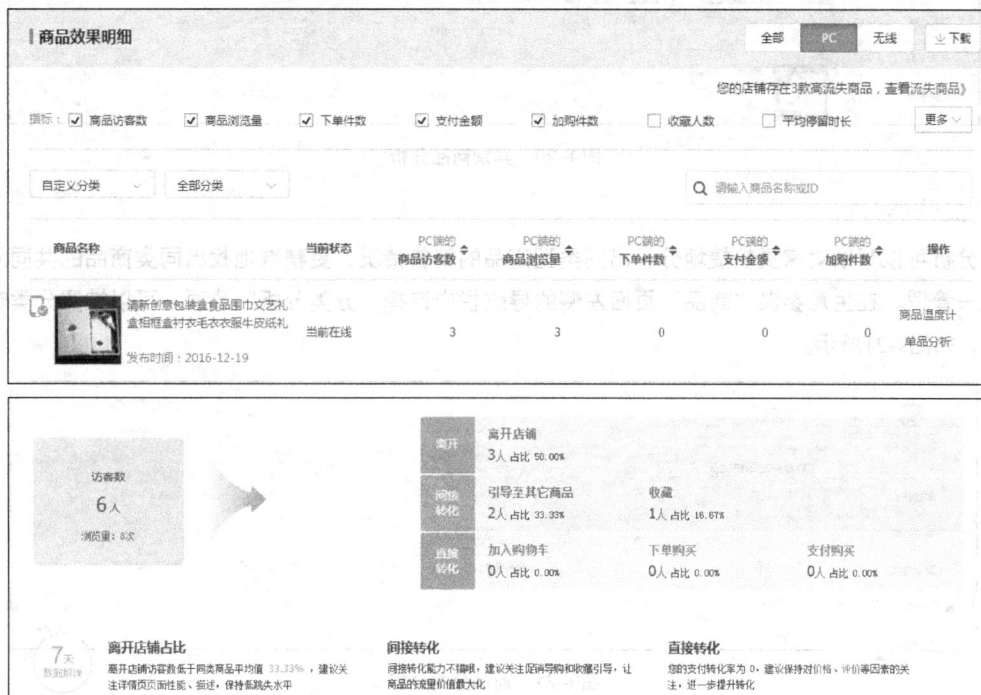

图 9-18　商品效果分析

在该页面下方的"影响商品转化因素检测"栏中可以对影响商品转化情况的因素进行检测，包括页面性能、标题、价格、属性、促销导购、描述、评价等，如图9-19所示。生意参谋将对可能影响商品转化的问题进行显示，并提醒卖家进行改进。

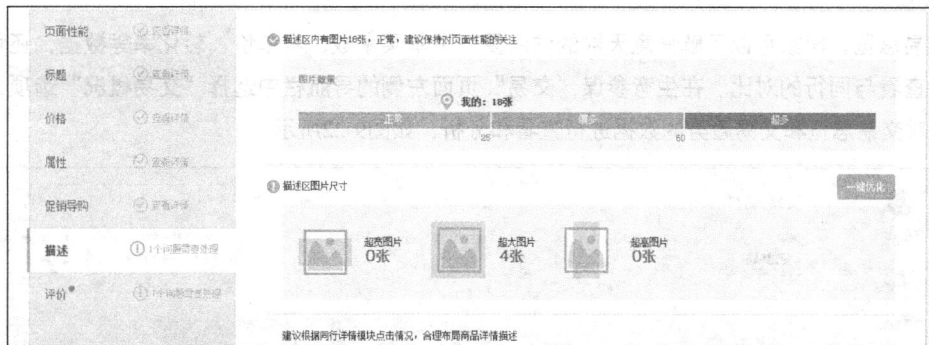

图 9-19　影响商品转化因素分析

3. 异常商品

生意参谋会针对商品的异常情况给卖家提出大致的建议，帮助卖家优化商品。在生意参谋"商品"页面左侧的导航栏中选择"异常商品"选项，在打开的页面中可以查看当前表现异常的商品，包括流量异常、支付转化率异常、跳出率异常、支付异常、库存异常等，如图9-20所示。

图9-20 异常商品分析

4. 商品分类分析

分类分析可以帮助卖家更快捷地分析出同类型商品的销售情况，更精准地找出同类商品的共同问题，从而进行统一管理。在生意参谋"商品"页面左侧的导航栏中选择"分类分析"选项，可以按照分类查看商品销售情况，如图9-21所示。

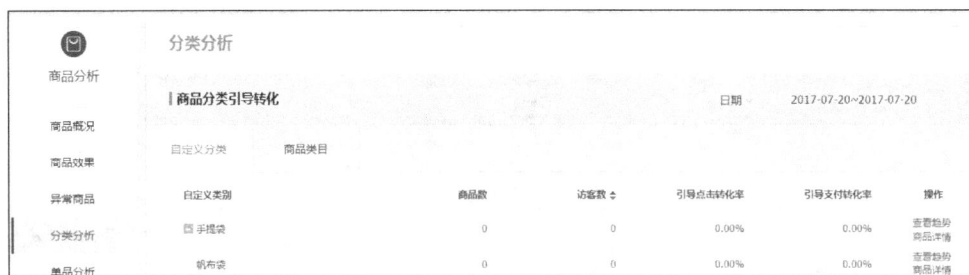

图9-21 商品分类分析

9.4.3 交易分析

为了对店铺的交易情况进行掌握和监控，卖家可以使用生意参谋对交易相关的数据进行分析，如分析交易概况、交易构成、交易明细等。

1. 交易概况

通过交易总览，卖家可以了解任意天数的访问量、下单买家数、客单价、转化率等数据，还可在"交易趋势"栏中查看与同行的对比。在生意参谋"交易"页面左侧的导航栏中选择"交易概况"选项，在打开的页面中可以对交易总览和交易趋势的数据进行查看和分析，如图9-22所示。

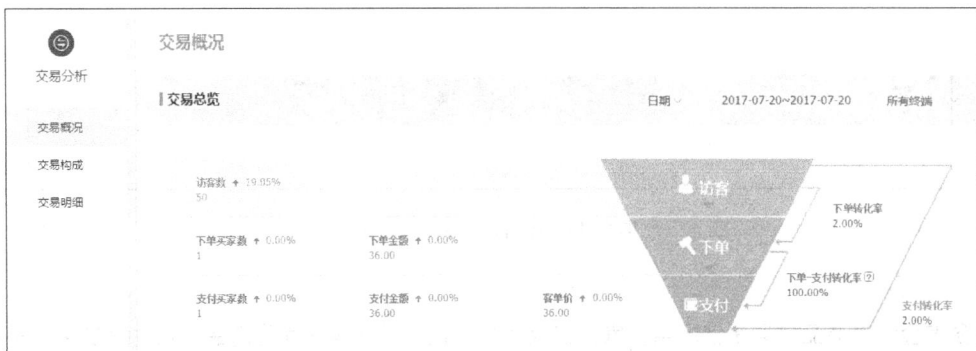

图9-22 交易概况分析

2. 交易构成

生意参谋主要从终端构成、类目构成、品牌构成、价格带构成和资金回流构成5个方面对交易构成数据进行了分析，可以帮助卖家了解终端、类目、品牌等各方面的交易数据，以便有针对性地完善和优化。在生意参谋"交易"页面左侧的导航栏中选择"交易构成"选项，在打开的页面中即可查看交易构成数据。图9-23所示为一个月的交易构成。

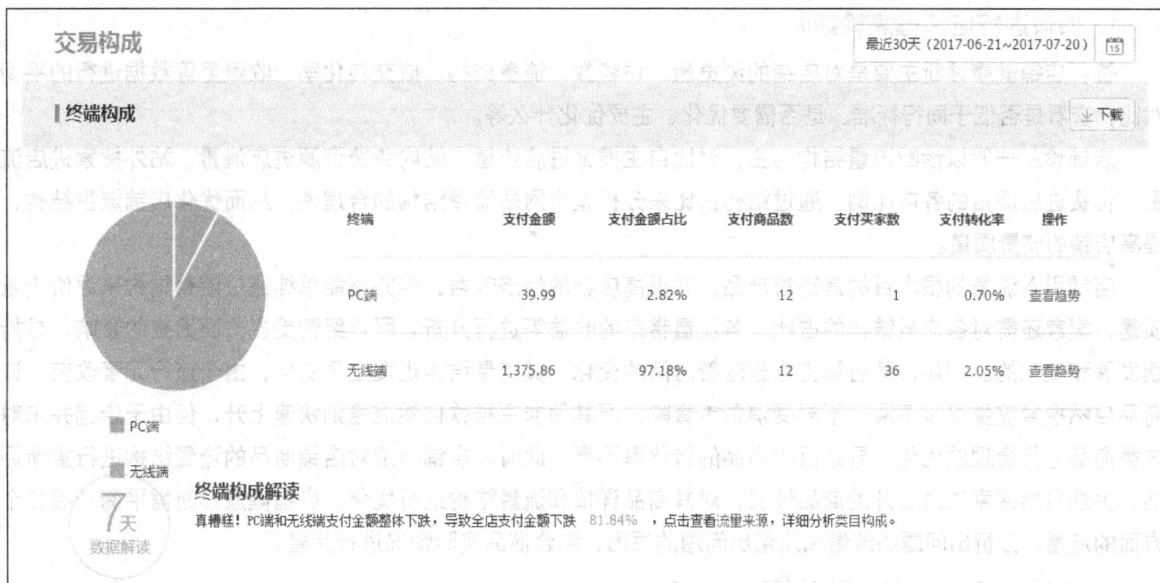

图 9-23　交易构成分析

3. 交易明细

交易明细可以帮助卖家全面掌控店铺财务数据，了解店铺财务健康指数和资金流动情况。在生意参谋"交易"页面左侧的导航栏中选择"交易明细"选项，在打开的页面中可以查询不同日期的订单情况，卖家可以根据需要单击"配置"超链接，对商品的成本、运费等进行配置，如图9-24所示。单击订单后的"详情"超链接可以分析商品的财务状况，包括店铺的营业利润、资产负债、资金流动等数据。

图 9-24　交易明细分析

9.5 疑难解答

　　网店数据分析是经营网店必须掌握的知识，新手卖家在网店经营初期很容易盲目，此时就必须学会查询和分析经营数据，及时导正网店的发展方向，抓住网店初期的黄金发展期。下面将针对网店数据分析的一些常见问题提出建议。

　　1. 如何进行店铺健康诊断？

　　答：店铺健康诊断主要是对店铺的浏览量、访客数、流量结构、成交转化率、收藏量等数据进行的平衡对比，查看是否低于同行标准、是否需要优化、主要优化什么等。

　　店铺诊断一般以诊断流量结构为主，对比自主搜索进店流量、站内免费资源进店流量、站外搜索进店流量、付费进店流量的各自比例，通过结构占比来分析整个网站流量结构的合理性，从而优化店铺流量结构，提高店铺的流量质量。

　　店铺引入流量的根本目的是销售产品，并提高店铺的经济效益，但并不能单纯通过流量结构来评价流量质量，卖家还需对各流量结构的占比、各流量带来的收益等进行分析。网店经营受多方面因素的影响，是持续发展和变化的。例如，某店铺主推款随着时间的变化，其流量结构也发生了变化，由于流行元素改变，该商品自然搜索流量逐步下滑，不再受消费者青睐，而其他非主推款自然流量则快速上升，但由于店铺并未对这类商品进行合理的优化，导致该类商品的转化率不高。此时，店铺必须对店铺商品的流量结构进行重新评估，关注自然搜索流量上升的商品情况，对其商品详情和流量结构进行优化。店铺健康诊断需平衡把握各个方面的流量，分析出问题的流量和流量出问题的原因，结合商品实际情况进行完善。

　　2. 店铺动态评分低有哪些影响？

　　答：销量、关键词热度、动态评分都是淘宝店铺非常直观且重要的数据，其中动态评分不仅会影响店铺商品排名权重，还会影响店铺申报淘宝各推广活动的成功率，因为动态评分是卖家申报活动的硬性指标，若店铺动态评分过低，会对店铺的很多方面产生不良影响。

　　（1）影响搜索排名

　　淘宝网的DSR考核标准主要是为了对买家的购物体验进行统一的数据统计，再根据对店铺的统计结果给予不同的扶持。若店铺的DSR评分低于同行业其他店铺，则店铺搜索排行将低于其他店铺，而店铺排名将直接影响商品流量和商品销量。

　　（2）影响转化率

　　淘宝店铺DSR评分是买家比较关注的一项数据，评分低的店铺容易给买家带来质量不好、服务不好的主观印象。这样的店铺即使引入了流量，转化率也会偏低，而转化率低也会影响淘宝网对店铺的流量扶持，从而影响商品销量。

　　（3）活动受限

　　淘宝官方开设的活动通常是营销效果非常好的促销活动，不仅可以提升店铺商品的曝光率和销量，还可以为店铺引入数量可观的新客户，积累更多老客户，对店铺的持续发展十分有利。但淘宝官方的很多促销活动、U站中心活动等都对DSR评分有严格的限制，若店铺DSR评分偏低，则会直接影响店铺活动的报名和审核。

　　（4）金牌卖家

　　金牌卖家是淘宝C店一个重点优势标志，买家更喜欢选择金牌卖家的店铺购买商品，金牌卖家的服务质量、购物体验、商品性价比等一般都高于非金牌卖家店铺，同时销售额也更加可观。如果店铺的DSR评分不合格，则会直接影响金牌卖家称号的获得。

3. 如何以低成本提高DSR评分？

答：提高DSR评分的方法有很多，有一些方法既容易赢得买家好感，又不会花费太多成本，卖家可以根据实际情况酌情选择。

- 短信提醒：买家在网店中购买商品后，都比较关注卖家的发货时间和自己收到商品的时间，针对买家这一心理，卖家可以用短信营销的方式，投其所好，提供短信提醒服务，发货时提醒买家商品已发出，物流到达买家所在城市时发送物流同城提醒，从而提升买家的购物体验。例如，"禀报××大人，您在×××购买的××已由申通镖局快马加鞭押送至××城市，预计1日内即可到达，请大人注意接镖验镖哟！"

- 引导好评：买家收到商品后，如果未在规定时间内对店铺作出评价，系统会自动给予好评，但评分却不计入店铺评分中。因此，对于收到货物却未及时评论的买家，卖家可以适当通过短信、小卡片、小提示等形式进行引导，如五星好评晒图即可获得××优惠、参与××抽奖等。

- 感谢信：当商品性价比不高，难以获得买家的主动好评时，卖家可以通过制作手写感谢信、个性感谢信等方式来获得买家的感情分，表明店铺会一直努力为买家服务，以亲切活泼的语言请求买家给予好评高分，从而提升店铺动态评分。

- 贴心包裹：包装效果是买家收到商品后对商品产生的第一印象，卖家应避免出现包装盒破旧损坏，包装不严密等问题。为了方便买家拆开包裹，卖家可以提供一些小巧简易的开箱工具，同时还可以在外包装上打印一些贴心提示，以赢得买家好感。此外，卖家可以在包装盒内给出一些无线端关注提示，如扫二维码关注、搜索公众号关注等，引导买家通过无线端进行评价，这不仅可以提升店铺的无线端流量，还可以通过无线端高点击的特点提升店铺的转化率，扩大无线端推广的影响力。

9.6 课后实训

↘ 9.6.1 实训一：通过客户运营平台分析客户数据

【实训目标】

本实训要求通过客户运营平台分析访客地域、访问时间段、新客户比例、老客户比例和新老客户对比等信息。

【实训思路】

根据实训目标，进入客户运营平台，在"客户分析"选项卡下进行客户数据分析。

【步骤提示】

STEP 01 进入客户运营平台。在卖家后台的"营销中心"栏中单击"客户运营平台"超链接，进入客户运营平台页面。

STEP 02 人群指标分解。单击"客户分析"选项卡，在"人群指标分析"栏中了解访客、粉丝、会员与成交客户的人数、跳失率、支付转化率、平均停留时长等信息。

STEP 03 访客人群洞察。在"访客人群洞察"栏中，可进行"性别"分析、"年龄"分析、"地理位置"分析、"访客行为"分析、"聚划算人群"分析、"折扣敏感度"分析等操作。

STEP 04 成交客户分析。单击"成交客户"选项卡，在打开的页面中即可了解客户的购买次数、粉丝与会员的销售占比、老顾客最近一次的购买时间等情况。

9.6.2　实训二：使用生意参谋分析店铺数据

【实训目标】

本实训要求使用生意参谋分析店铺流量数据、商品数据与交易数据。

【实训思路】

根据实训目标，首先需要进入生意参谋页面，然后在对应的选项卡下进行相关数据的分析。

【步骤提示】

STEP 01 分析流量数据。进入生意参谋页面，单击"流量"选项卡，查看并分析淘宝店铺的流量数据，包括PC端访客、无线端访客、跳出率、转化率等。

STEP 02 分析商品数据。单击"商品"选项卡，分析店铺商品异常、商品效果、单品销量与转化率等数据。

STEP 03 分析交易数据。单击"交易"选项卡，查看交易金额、交易笔数、客单价、下单转化率、支付转化率等信息。

CHAPTER

10 搜索引擎排名与优化

在淘宝网店经营初期，店铺未达到参与活动的标准时，店内流量大部分都需依靠淘宝的自然搜索。要获取自然流量，首先必须针对搜索引擎进行优化，积极提升店铺排名。本章主要介绍影响淘宝搜索排序的因素、优化商品标题、优化商品详情页、其他类型优化等知识。通过本章的学习，读者可以熟悉商品优化的知识，从而更好地为店铺引流，并提高店铺转化率。

- 影响淘宝搜索排序的因素
- 优化商品标题
- 优化商品详情页
- 其他类型优化

本章要点

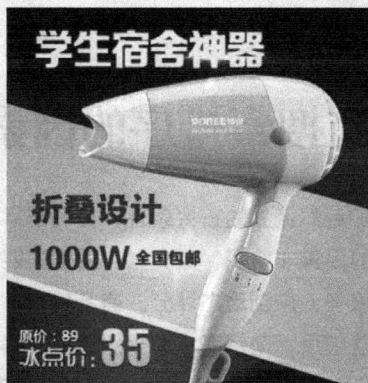

案例导入

关联营销提高店铺动销率

在管理店铺中销售量非常低的商品时，为了不影响整个店铺的动销率，很多卖家会选择将其下架。其实在下架商品之前，可以尝试增加其销售量。

万成在淘宝网经营着一家卖农家腊味的小店铺，在他的店铺里，腊味香肠特别受消费者喜欢，每个月的销量一般都有1000以上。但是除了香肠之外的其他商品销量却非常低，每个月只有几单，有时候甚至一两个月都无人问津。

万成很不理解这种现象，便找人试吃了熏肉类销量低的商品，得到的评价都很好。既然味道好，价格在同类商品中也比较正常，为什么卖不出去呢？万成请教了一个同样做电商的朋友，对方在看过他的店铺数据后发现，销量低的商品展现量、点击率都非常低，并且由于销量低，自然就缺少商品评价，这严重影响了商品的转化率。朋友看万成店铺里主推商品的销量还可以，建议他做一下商品的关联营销，用势头较好的商品带动表现欠佳的商品，实现本店不同商品页间的流量互换。

万成抱着试一试的想法，通过淘宝"心选"做了一些搭配推荐，将香肠和熏肉以折扣优惠的方式限量捆绑出售，并且专门做了一些小包装的熏肉熟食，赠送给只购买了香肠的买家品尝。果然有些买家冲着诱人的优惠购买了搭配套装，食用后觉得熏肉味道非常好，纷纷给出了好评。试吃过熏肉的香肠买家，也有不少返回店铺购买了熏肉。熏肉的销量慢慢有了提高，但是距离畅销还很远，万成再一次听从了朋友的建议，筛选了一些店内UV、成交量、停留时间等数据都比较不错的商品，在详情页中做了相关的宝贝推荐。

万成就靠着这种"以高带低"的方式带起了店铺滞销商品的销量。整个店铺有销量的商品多了，店铺动销率就变高了，这对提高店铺排名也非常有利。

【案例思考】

商品展现量、点击率影响了店铺的销量，为了提高店铺销量，卖家除了要做好关联营销以外，提高动销率，提高商品展现量、点击率无疑也是有效的途径。那么该如何提高品展现量、点击率呢？

扫一扫

案例解析参考

10.1　影响淘宝搜索排序的因素

淘宝搜索排序是店铺增加自然流量的首要条件，排名越靠前的商品，获得的展示机会越多，得到的流量也越多。影响淘宝搜索排序的因素非常多，成交量、关键词匹配、商品下架时间、收藏量、好评率、商品促销、橱窗推荐、消费者保障服务、店铺动态评分、商品价格、点击率、商品主图、商品属性完整度、停留时间、跳失率、金牌卖家、公益宝贝、动销率、退款纠纷率、客单价等众多因素都会影响商品搜索排名，不同的因素其权重不一样，对商品排序的影响也不相同。下面分别对主要因素进行介绍。

- **点击率**：新品上架后的随机展示概率是相似的，在固有的展示次数里，如果点击率高，如100次展示机会中获得20次点击量，则表示该商品的标题和图片搭配比较合理，能够获得不错的点击率，淘宝网则会继续增加该商品的展示机会。反之，点击率过低即可能降低排名。

- **跳失率**：跳失率是产品描述质量的一种体现，淘宝网根据买家在店铺的停留时间和跳失率来判断商品详情页是否吸引买家。买家停留时间越长、在店铺中浏览的页面越多、跳失率越低，越有利于增加排名。

- **转化率**：转化率是商品能否得到买家认同的一种体现，一般来说，转化率越高的商品页面，商品描述越求实，客户信任度越高，淘宝网将对这类商品的排名进行提升。但转化率过高的商品，可能进入人工审核系统，审核合格则给予提升排名的处理；反之如果检测出有刷信誉、刷单等嫌疑，则会被降权。

- **综合评分**：综合评分包含多种因素，如人气、销量、信誉、价格等都属于综合评分的范畴，其中人气又包括浏览量、收藏量等。总而言之，不论是商品质量还是服务质量都需做好，赢得更多买家的好评和青睐才可能提高综合评分。综合评分值较高，则淘宝网将提升其排名；综合评分值过低，则该店铺会被给予降低排名和权重的处理。

- **动态评分DSR**：DSR评分是店铺综合服务水平的体现，DSR评分越高，对排名越有利。

- **下架时间**：淘宝网中的商品在即将下架的时候会获得排名提升和更多展示机会，这就是为什么卖家要慎重设置商品上下架时间的原因。

- **橱窗推荐**：橱窗推荐的商品排名一般更靠前，金牌卖家还可以获得精品橱窗，精品橱窗对商品权重的影响很大。

- **商品属性的完整度和准确度**：卖家在填写商品的属性时，必须尽量完整且定位准确。尽量完整是指尽量按照淘宝网中列举的条目填写完整；定位准确则是指描述产品的类目和属性时必须准确，如短靴，必须填写短靴，不能填写成长靴，否则容易被淘宝网降权处理。

- **消费者保障服务**：参加消费者保障服务的商品，排名将更靠前。

- **退款纠纷率**：退款率和纠纷率是判断商品质量和服务质量的重要指标，退款率比同行高的店铺，排名也会降低，而有纠纷或纠纷率高的店铺，会被淘宝网做降权处理。

- **降权**：当淘宝网判断店铺出现违规行为时，会对店铺进行降权处理。因此，卖家要熟知淘宝网的规则，避免出现违规行为。

- **全店动销率、滞销率**：动销率也是影响搜索排名的因素。卖家可以将长时间未出售的商品进行重新编辑或下架，这样有利于提升店铺权重。

- **回头客**：回头客是判断店铺品质的重要依据，也是淘宝网判断店铺质量的因素之一。回头客多的店铺，排名会更靠前。同理，商品的再购率高，排名也会更靠前。

- **关键词匹配**：一般来说，商品的标题关键词细分要用该商品所在类目下的热门关键词，同时在商品的详细描述里，也最好包括商品的热搜关键词，这样更有利于提升排名。

10.2 优化商品标题

很多买家在淘宝网购买商品时，都是通过搜索关键词来寻找商品的，因此商品标题与自然搜索流量密切相关，卖家必须做好标题优化，尽可能增加商品被搜索到的概率。一般来说，商品标题必须包含热门关键词，还要能够让买家一目了然地通过标题了解到商品的属性和特点。

10.2.1 商品标题的结构

商品标题优化最基本的前提是符合用户的搜索习惯，同时为了增加被搜索到的概率，可以尽可能地组合各种与商品相符的热搜词。一般来说，商品标题结构主要包括核心关键词、属性关键词和热搜词3个部分。

- 核心关键词：核心关键词是指商品名称，其作用是可以使买家通过标题快速了解商品是什么，是否是自己所需的商品。

- 属性关键词：属性关键词即是对商品属性的介绍，商品材质、颜色、风格等都属于商品属性。例如，在"深蓝水晶真皮条纹女包"中，"女包"是核心关键词，"深蓝水晶真皮条纹"都是用于形容核心关键词的属性关键词。

- 热搜词：热搜词是指与商品相关的、买家搜索量高的词，主要用于对商品标题进行优化，增加商品被搜索的概率。例如，在"新款特价女包"中的"新款特价"即属于优化商品标题的热搜词。

在构思商品标题时，核心关键词是必须要具备的，且描述一定要与商品相符，如商品是羽绒服，则标题中的核心关键词就必须是羽绒服，不能是西装和卫衣等属性不同的商品名称。属性关键词和热搜词都是对商品标题的扩展，是增加搜索量和点击量的重要部分，应尽量选择买家常用且适合商品的词语。需要注意的是，商品标题中的所有描述均需客观真实，不能宣传虚假信息，若商品标题中出现与商品不符的描述，或不符合淘宝网规定的描述，则很容易遭到淘宝网的处罚。标题优化并不是独立进行的，实际上，为了达到更好的效果，标题优化应该与属性优化、上下架时间优化，以及橱窗推荐相配合，且标题不能一成不变，应该根据流量情况进行反复测试。

↘ 10.2.2 查找关键词

商品标题的关键词多由买家热搜词组成。淘宝为此提供了选词助手小工具，帮助卖家查找和下载关键词，以便从中挖掘搜索热词。其具体操作如下。

STEP 01 进入淘宝卖家中心，在"营销中心"栏中单击"生意参谋"超链接，打开"生意参谋"主页面，在顶部导航栏中单击"流量"选项卡，在打开的页面左侧选择"选词助手"选项，如图10-1所示。

STEP 02 单击"行业相关搜索词"选项卡，在搜索文本框中输入关键词"连衣裙"，如图10-2所示，单击 按钮，选词助手将根据搜索内容显示相关关键词的搜索情况。

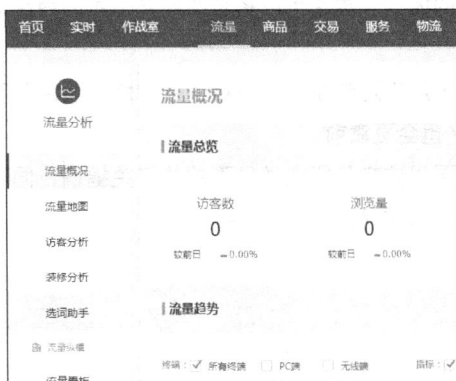

图10-1 选词助手

图10-2 行业相关搜索词

STEP 03 在搜索结果上方单击 指标 按钮，在打开的下拉列表中单击选中相应的复选框，然后设置需要显示的指标，设置完成后单击 按钮即可，如图10-3所示。

STEP 04 在搜索结果上方单击 日期 按钮，在打开的下拉列表中设置数据显示日期，查看搜索关键词，设置完成后单击 按钮，在打开的下拉列表中单击 按钮，将其保存为Excel文件，如图10-4所示。

图10-3 设置需要显示的指标

图10-4 下载数据

STEP 05 打开Excel文件查看下载的关键词数据，在其中可发现搜索热度较高的关键词，如图10-5所示。

图10-5 查看下载的关键词数据

经验之谈：

热搜词并不是一成不变的，卖家应该密切关注淘宝用户的搜索习惯，并根据用户习惯的变化对商品标题进行优化。数据分析工具是分析关键词非常有效的手段，建议卖家选择一款合适的数据分析工具，并掌握该工具数据分析的方法。

10.2.3 拆分与组合关键词

商品标题多由多个关键词组合而成，依靠选词助手，卖家可以清楚了解当前类目中的买家热搜词、关键词搜索热度、人气、点击量等数据。通过对各个关键数据进行分析，即可确定自己商品的标题。

● 确定核心关键词：核心关键词即顶级关键词，是对商品本质的描述，"连衣裙""笔记本"等即属于核心关键词。

● 组合属性关键词：买家在搜索商品时，为了使搜索结果更精确，通常会在核心关键词前加上商品的属性词，如搜索卫衣时，可能会输入"韩版卫衣""秋款卫衣""时尚卫衣""女士卫衣"等热搜关键词进行搜索。为了迎合买家的搜索习惯，卖家在确定商品标题时，也需添加这些热搜词。属性关键词通常表现为二级关键词，如"春装连衣裙""联想笔记本"等就属于二级关键词。卖家在选择属性关键词时，可以结合选词助手的行业数据进行分析和选择。图10-6所示的数据中，"韩版卫衣"和"卫衣"这两个词的全网搜索热度非常高，说明通过这两个关键词进行搜索的买家非常多，但相应地，这两个关键词的全网商品数也非常多，说明竞争比较激烈，对店铺的排名要求较高。而"日韩卫衣"这个关键词，搜索热度比较低，但是点击率较高，全网商品数较少，说明这个关键词的竞争度比较低。在分析了行业热搜词后，卖家即可选择适合自己店铺竞争情况的词语进行合理的拆分和组合。核心关键词和部分属性关键词的竞争情况都比较激烈，如果店铺排名不具备优势，则建议经营者不要全部依靠这些关键词来引入流量，可在标题中设置一些长尾关键词，如"无袖拼接碎花春装连衣裙"等，这些长尾关键词的搜索热度较低，但是对目标群的定位更准确，竞争也更小。原则上，低销量的商品标题多用长尾词，中销量的商品标题多用中频词，高销量的商品标题多用竞争热门词。

图10-6 关键词数据分析

● 搭配热搜词：这里的热搜词不仅是指买家经常搜索的词语，还指可以对商品进行形容和修饰的词语，如"2017新款时尚××中长卫衣"。如果商品为知名品牌，也可将品牌名加入标题中，这样可以更准确地定位到对品牌有忠诚度的目标消费人群，如图10-7所示。

图10-7 搭配热搜词

经验之谈：

在淘宝网首页的搜索文本框中输入关键词后，在打开的下拉列表中将显示与该关键词相关的一些词语，这些词语也是买家经常关注和使用的词语，该词语也可作为卖家商品标题的选词方式之一。此外，商品标题不建议直接使用关键词进行生硬堆砌，需对关键词的顺序和搭配加以优化调整。

10.2.4　突出卖点

商品被买家搜索到后，如果标题中没有直观展示买家需要的信息，就无法吸引买家继续查看，这相当于获得了商品展示机会，却没有引来有效的点击率，对店铺十分不利。因此，商品标题不仅要包含热搜词，还应该尽量突出商品卖点。淘宝网的商品标题最长可以包含30个字，在结构合理的情况下，卖家可以尽量多地组合热搜词，增加商品被买家搜索到的概率，而在选择热搜词时，也可以尽量选择符合商品特性的词语，即优先选择既是热搜词，又与商品属性相符的词语。对于不属于热搜词范畴的词语，如果对商品描述有利，可以准确吸引对商品该属性感兴趣的目标消费人群，也可将其添加到标题中。

10.3　优化商品详情页

当买家通过各种渠道进入店铺查看商品时，主要是通过商品详情页了解商品的基本信息，因此商品详情页的质量好坏，直接影响着买家的购买行为和商品的销量。详情页的制作其实就是引导买家一步步深入关注商品的过程，好的详情页应该同时兼顾目标消费人群定位、商品展示、页面布局、加载速度、关联营销等多个因素。

10.3.1　目标消费人群定位优化

很多数据分析工具都能对商品的目标消费人群进行分析。通过对买家性别、年龄等进行分析，找准详情页内容的定位，结合产品特征整理出完整的营销思路，选择最符合目标消费群体的内容。例如，某零食店分析出自家店铺的目标消费人群多为年轻女性，即可针对年轻女性的性格特征设计与她们喜好相符的页面风格。需要注意的是，目标消费人群定位应尽量建立在数据分析的基础上，卖家不能主观臆断，以免定位错误。

↘ 10.3.2 商品展示优化

商品展示是详情页的主体部分，也是卖家非常关注的内容。一般来说，商品展示需具备一定的逻辑性和规律性，以买家购物的心理流程为基础。

制作详情页的第一步是诱发买家的兴趣，给予买家良好的视觉体验，通常可以把商品效果图、细节图等商品图或吸引人的文案作为详情页第一屏的内容，如图10-8所示。为了吸引买家眼球，部分卖家也会在商品详情页中添加一些多媒体元素，但需要注意的是，过度美化、过于复杂、颜色杂乱、不合理的关联营销等不仅会影响页面的整体美观，而且很容易让买家反感，打消买家继续查看的欲望。

第二步是向买家展示商品的卖点。卖点是打动买家进行购买的主要原因。商品的卖点多种多样，并且商品不同，其卖点也不同。有些卖点效果一般，不足以促使顾客产生购买行为，有些卖点挖掘得深入有效，可以很快建立起买家对商品的好感度。一般来说，提取卖点的途径很多，可以从商品本身的特点进行提取，从商品使用环境中提取，也可以从商品对比中提取，但是不管怎么提取，都应该以消费者的实际需求为基础，否则就无法达到吸引消费者的目的。图10-9所示为商品特点和商品对比两种途径中提取的商品卖点。

图10-8 首屏焦点图

图10-9 卖点挖掘

经验之谈：

商品的卖点并不是单一的，因此卖家要尽可能全面地挖掘对买家有用的卖点，并将其清楚地展示给买家。

质量是买家最关注的商品品质之一，质量好的商品可以提升买家的购买欲望，提升买家的访问深度，提高商品转化率。质量的展示是多方面的，功能、性能、工艺、参数、材质、细节、性价比等都能够表现商品的质，图10-10所示为质量展示的一种方式。在展示商品质量时，应该注意展示方法，如在展示参数、性能、工艺等信息时，不要直接使用烦琐的文字和数据，最好通过简单直白的图片搭配文案进行展示，让买家能够一目了然。在展示功能、细节、性价比等信息时，通常使用图片搭配简单文案的方式，即图片为主，文案为辅，卖家要注意详情页的整体视觉效果，突出商品本身。

在完整展示了商品的基本信息后，卖家还需进一步打消买家的顾虑，进一步催化买家的购买欲望。证书、售后服务、评价、包装、物流、消费保障等都是进一步打消买家顾虑的有效方式，如图10-11所示。

图10-10　质量展示

图10-11　质量保障

↘ 10.3.3　页面布局优化

页面布局是指详情页的整体布局效果，好的页面布局可以带给买家良好的视觉感受，还可引导买家深入查看详情页信息。

- **整体布局**：详情页的整体布局应该遵循统一整洁的原则，即颜色统一、风格统一，版面整洁规范。同时，在内容安排上应该具备一定的逻辑性，如在挖掘商品卖点时，应该先列出买家关注的卖点，再提出解决方案，引导买家进行阅读。
- **图片布局**：淘宝网的商品详情页描述均以图片为主，因此需要突出图片的表达效果。在布置图片时，尽量做到同等级的图片大小统一，颜色和谐，如图10-12所示。如果不熟悉图片布局的技巧，可以多查看一些优秀的商品详情页的布局方式。
- **文案搭配**：虽然图片是商品详情页的主体，但文案也是其中必不可少的一部分。将文案中的设计元素与目标群的喜好、详情页风格等相结合，不仅可以使文案起到描述说明商品的作用，还可以使图片中的内容更加生动充实，为商品增色，实现商品的软性营销。商品详情页的文案内容一般较少，且为了图片美观，文案不能覆盖图片本身，此外还需对文字大小对比、字体搭配、颜色搭配进行优化和处理，如图10-13所示。

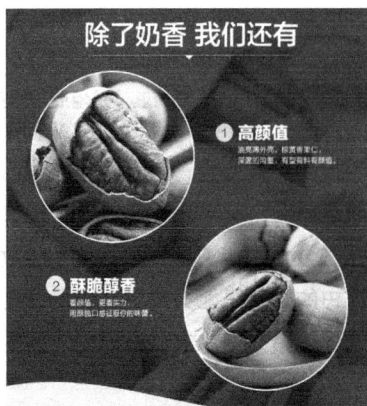

图10-12　图片布局

图10-13　文案搭配

10.3.4 加载速度优化

网页加载速度是买家网购体验中很重要的一个因素。如果商品详情页图片过多、容量过大，或者详情页内容的屏数过多，则会延长网页的加载时间，而加载时间太长，就非常容易增加用户的跳失率。一般来说，服装类目的详情页屏数都较多，建议详情页内容多的类目在制作好详情页图片后，先将其切片为合适的尺寸，再上传到淘宝店铺中。

10.3.5 关联营销优化

商品详情页中的关联营销实际是一种店内促销手段，其常见形式包括商品搭配套餐、商品搭配推荐、促销活动、商品推荐等，如图10-14所示。在详情页中添加适当的关联营销，不仅可以激发买家的潜在需求，提高单价，还可以起到引导买家查看相关商品的作用。如果买家在看完了详情页的所有内容后，依然没有产生购买行为，则表示商品的某个或某些方面无法满足买家的需求。但商品或店铺本身又对买家具有吸引力，因此可以通过关联营销的形式为买家推荐其他相似的商品。在设置关联营销时，建议推荐评价和性价比都较好的商品。

图10-14 关联推荐

10.4 其他类型优化

除了标题和详情页优化外，商品的优化还包括类目、价格、图片、商品上下架、橱窗推荐等多个方面。详细全面的优化对提升店铺流量和排名非常有利，因此很多卖家都非常关注这个问题。

10.4.1 类目优化

类目优化主要是指在商品的类目选择和设置上进行优化，并根据商品类目的关键词匹配商品标题的关键词，从而提高商品与标题的匹配度，提高店铺和商品的流量。

1. 选择合适的类目

淘宝网为商品提供了分类非常齐全的类目，卖家在发布商品时，通常需要根据商品的属性选择对应的类目。但是有时候，商品的属性并不是单一的，这就使得相同的商品也可以放置在不同类目下。以女鞋为例，女鞋是一个大的类目，在女鞋之下，还有低帮鞋、高帮鞋、拖鞋、凉鞋等二级类目，如图10-15所示。如果商品同时具备拖鞋和凉鞋两种属性，则该商品既可以放入拖鞋二级类目下，也可以放入凉鞋二级类目下。选择不同的类目，会对商品产生不同的影响，如经营凉鞋类目的店铺更多，竞争更大，此时卖家可以将商品放入拖鞋类目之下，以更好地竞争排名。

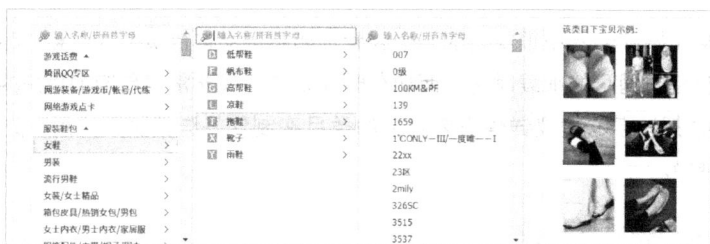

图10–15　女鞋之下二级类目

经验之谈：

随着淘宝网对商品类目的日渐完善，对类目的要求也越来越严格。卖家在选择商品类目时，必须以商品属性与类目相符为首要前提条件。

2. 避免属性错放

商品的类目属性错放是指卖家在发布商品时选择的类目与淘宝网要求放置的类目不一致，或者填写的商品品牌、材质、规格等属性与商品标题或商品描述不相符。当出现类目不符或属性不符的情况时，淘宝网将判断商品违规，给予商品降权处理。

例如，在设置运动鞋的类目时，卖家应该选择运动户外一级类目下的运动鞋类目，而不能选择户外类目下的登山鞋类目，更不能直接选择女鞋或男鞋类目下的其他下级类目。在设置商品属性时，鞋子的闭合方式如果为系带，则选择系带，而不能选择扣带等其他方式。

为了避免类目的错选，卖家可根据淘宝网商品发布页类目选择框下方的提示来判断和选择商品的类目。

3. 设置详细的商品类目和商品属性

在设置商品类目和属性时，通常需遵循尽量完善的原则，即尽可能填写详细，完善细节，如图10-16所示。商品类目和属性的合理性和完整性都会对商品的排名产生影响，描述详细准确的商品，可以更好地定位目标消费人群，也更方便买家了解商品细节，赢得买家的信任。在填写商品属性时，带*号的选项为必填选项，未带*号的选项为选填选项，卖家一定要根据商品的实际情况认真填写。

经验之谈：

属性设置违规是比较常见的违规现象，卖家应该引起重视。以品牌违规为例，为商品设置错误或不符的品牌关键词即属于品牌违规现象；此外，商品标题中出现了一种品牌关键词，但是商品属性中又填写了其他的品牌，也属于品牌违规。

产品参数

适用	适合场合：日常	适用对象：青年（18-40周岁）	
基础信息	鞋垫材质：超纤皮	品牌：千百丽人	皮质特征：裂纹
	鞋底材质：TPR(牛筋）	鞋头款式：露趾	跟底款式：坡跟
	鞋帮高度：低帮	后帮：前后绊带	侧帮：中空
	闭合方式：一字式扣带	鞋制作工艺：胶粘鞋	款式：时装凉鞋

图10–16　商品类目和属性

4. 商品类目与标题对应

在确定了商品类目后，卖家可在标题中设置相关类目词，如能在淘宝首页直接找到的相应类目词等。图

10-17所示为搜索帆布鞋时出现在帆布鞋类目下的商品。同理，商品类目中的关键词必须与标题中的关键词相匹配，若是商品类目选择的是运动鞋，但是商品标题中却出现了登山鞋等关键词，淘宝网也会判断该商品类目不符，从而对商品进行降权处理。

图10-17 商品类目与商品标题的对应

10.4.2 价格优化

对于网店商品而言，商品在定价时需要考虑多个方面的因素，如市场环境、销售策略、商品形象、经销路线和消费者心理等。技巧性的商品定价对转化率和销售额都会有积极的影响。

1. 影响商品定价的因素

在不同的定价环境中，影响商品定价的因素也不一样，下面分别对各种因素进行介绍。

- **市场环境**：市场环境是对商品价格影响较持久的一种因素，消费环境、市场性质、商品发展等都会影响市场环境，市场环境的变化会直接导致商品价格的变化。同时，商品价格在很大程度上影响着消费者的购买意愿和购买数量，很多卖家为了扩大市场会选用低价策略，而这种策略会造成商品之间的定价竞争。但是不论是市场环境变化导致的价格变动，还是同行竞争引起的价格变动，商品本身的质量都是商品定价的基本前提。

- **销售策略**：商品价格通常具有多样性，有些商品的价格常年维持在一个平稳的区间，有些商品的价格却会随着销售环境的变化而变化。以电子产品为例，同一款商品在推出初期时价格较高，然而随着时间的变化，其价格会逐步调整。

- **商品形象和品牌**：商品形象和品牌也是一个重要的定价因素，形象好、品牌知名、口碑好的商品在定价上有一定的优势，也更容易被消费者接受。

- **经销路线**：商品从原厂到消费者手中，中间可能会经过一个或多个中间商，每一层中间商都会对商品进行定价，这种定价要建立在公平合理的基础上，涨幅不可太过夸张。

- **消费者心理**：根据消费者心理对商品进行定价也是一种定价方式，如"整数定价""尾数定价""折扣定价"等都属于根据消费者心理进行的定价。

2. 商品定价的技巧和方法

在不同的环境中，卖家可对商品实施不同的定价策略。一般来说，整数定价、尾数定价等方法比较常用且适用范围较广，而数量折扣、现金折扣等方式，则可结合不同的销售环境进行使用。下面主要对常用的商品定价技巧和方法进行介绍。

- **整数定价**：整数定价适用于价格较高的商品，如价值较高的艺术品等，这种定价方法可以从侧面体现出商品的质量，提升商品形象，如图10-18所示。

- 尾数定价：尾数定价是指采用零头结尾的方式对商品进行定价，常以"8""9"等数字作为尾数，给买家一种价格便宜的感觉，如图10-19所示。

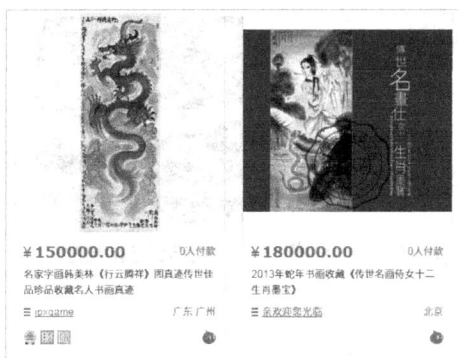

¥150000.00　　0人付款
名家宇画韩美林《行云腾祥》图真迹传世作
品珍品收藏名人书画真迹
≡ ip-game　　　　　广东 广州

¥180000.00　　0人付款
2013年蛇年书画收藏《传世名画侍女十二
生肖墨宝》
≡ 杂欢陶瓷光园　　　　北京

图10-18　整数定价　　　　　　　　图10-19　尾数定价

- 成本加成定价法：成本加成定价法是指在成本的基础上以相对稳定的加成率进行定价。采用该定价法进行定价的商品，其价格差距一般不会太大。
- 习惯定价法：习惯定价法是指按照市场上已经形成的价格习惯来进行定价。
- 数量折扣定价：数量折扣是指当买家购买的商品数量较多时，卖家给予其一定的优惠，如包邮、打折、满减等。
- 现金折扣定价：现金折扣即对商品进行降价处理或打折出售。卖家在进行促销、清仓、换季等活动时，即可采用现金折扣的方式对商品进行定价。

经验之谈：

　　为了给商品制定更合适的价格，卖家不仅需要考察市场，还需要对同类商品的价格进行分析，然后结合定价方法和技巧设置最合适的商品价格。

10.4.3　图片优化

图片是网店的灵魂，商品的点击率和转化率都直接受图片质量的影响。高品质的图片不仅可以提高买家的购物欲望，加深买家对商品的印象，还可以表现商品的细节，展示商品的品质，提高商品的成交量。

1. 图片优化原则

对于网店商品而言，视觉效果优秀的图片不仅可以让商品从众多竞争者中脱颖而出，引入更多流量和点击率，还可以刺激卖家的购买欲，从而提高商品转化率。卖家必须掌握图片优化的技巧和方法，而要做好商品的图片优化，首先需遵循以下5个原则。

（1）实拍图片

网上购物过程相当于获取买家信任的过程，在网上购买商品时，买家的信任感建立在商品实拍图的基础上。实拍图的作用首先是展示商品，方便买家了解商品信息，这就需要买家在合适的环境和场景中对商品进行拍摄，增加商品的真实感。如果是服装类商品，还需拍摄模特实拍图，通过模特的姿势和动作、穿着和搭配，让买家清楚地看到商品的实际试穿效果。图10-20所示为商品实拍图和模特实拍图。

图10-20 商品实拍图和模特实拍图

（2）保证图片清晰度

图片清晰是网店商品图片最基本的前提，清晰的商品图片不仅能更加直观地表现出商品的质感和材质等信息，还可以大大提高商品的美观度和视觉冲击力，刺激买家的消费欲望。反之，不清晰的商品图片可能会阻碍买家了解商品信息，容易使人将图片质量问题上升成商品质量问题，影响买家的第一印象和购物体验，从而导致买家对商品失去信心。

（3）展示具体细节

商品实拍图可以很好地展示商品的整体效果，让买家清楚商品的外形、颜色、款式等信息。如果卖家想进一步体现商品的质量、性价比和特点，提高买家对商品局部细节的认知，就需要对商品细节进行展示，即在展示商品局部信息时，对商品有价值的细节进行挖掘。以服装商品为例，有特色的拉链、花边，缝合良好的线缝、衣边，商品Logo、吊牌等都可用于局部细节的展示，如图10-21所示。展示合理的细节图可以加深买家对商品的好感，促成买家的购买行为。

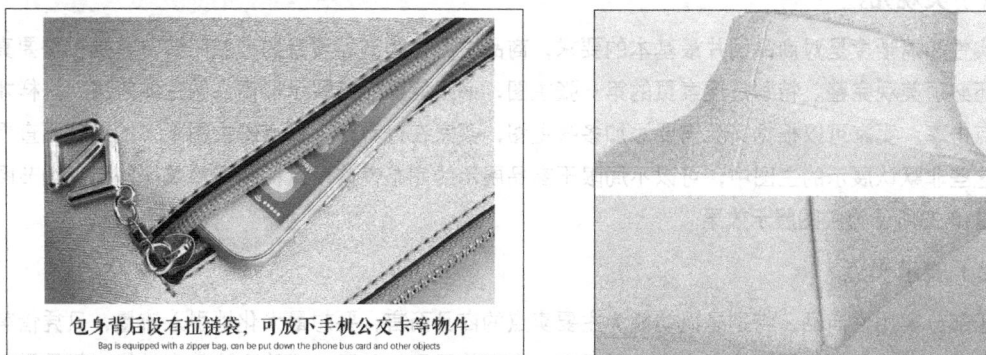

图10-21 商品细节展示

（4）突出图片重点

不论是什么效果、什么形式的商品图片，商品永远是图片的主体，是图片的重点表现对象，因此在优化商品图片时，一定要分清图片的主次内容。主体对象突出的商品图片，可以快速将买家的注意力引导至商品上，而主次不分的图片则容易混淆买家的视线，让买家难以第一时间了解所需的商品信息，影响买家的购物体验。为了避免主次混乱的情况，卖家在拍摄商品图片时，应尽量使用干净简洁的背景，不要在镜头中放入太多的陪衬物。

（5）保持美观度

电子商务营销是视觉营销的时代，要想获得优秀的营销效果，必须保持图片的美观度，让图片可以第一时间抓住消费者的眼球。卖家可根据实际需要，在不影响图片效果的前提下添加一些合适的文案内容。图10-22所示分别为主图文案和详情页图片文案。需要注意的是，文案应尽量简洁精练，不能繁杂，否则不仅会影响图片的美观度，还会造成买家的视觉疲劳，进而影响交易。

图10-22　文案搭配

2. 主图优化

淘宝网在展示商品时，通常是以商品主图加商品标题的形式来展示。卖家在通过优化商品标题的关键词获得展示机会后，能不能将展示机会转变为点击率，很大程度上取决于商品主图的质量。为了获得更多点击率，卖家在优化主图时需做到以下3点。

（1）美观完整

真实性和清晰度是对商品图片最基本的要求，商品主图作为商品流量的"敲门砖"，除了需要真实清晰之外，还必须美观完整。特别是搜索页的第一张主图，必须能够完整展示出商品的主体效果，这样才能带来有效的点击率。卖家可以根据实际需要添加多张主图，买家在查看时，可点击主图下方的缩略图查看其他主图。在这些非默认展示的主图中，可以不局限于商品展示的完整性这一点，转而放置一些商品细节图供买家查看，图10-23所示为主图展示效果。

（2）展示卖点

对于部分实用性商品，特别是以功能为主要卖点的商品而言，要想最大化地引入流量，只凭借美观的图片是不够的，还需要展示足够的卖点来吸引买家。卖点的展示与前面介绍的方法基本类似，但是受主图大小和内容的限制，此部分的卖点展示必须简练明确，这就需要卖家深入分析目标消费人群的特点，抓住他们的需求，挖掘出最适合的商品卖点。一般来说，商品性能、特点、价格、质量、促销信息等都是买家想要了解的，只要能把买家的需求和商品的优势完美结合起来，就可以收到良好的效果。以空调为例，买家通常比较关注空调的节能、净化、静音等效果，此时即可针对买家需求将"超静音、超净化、超节能"展示在商品主图中。图10-24所示为针对目标消费人群的主图展示效果。

（3）环境引导

环境引导是指通过将商品放置到实际使用环境中来展示商品，引起买家的兴趣，从而提升买家的购物欲望，提升点击率，如服装的街拍主图效果，运动用品的运动主图效果等，如图10-25所示。

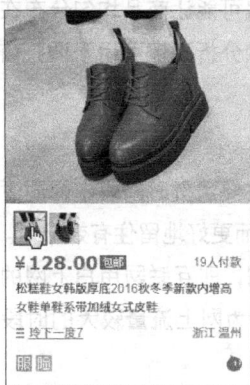

图10-23 主图效果

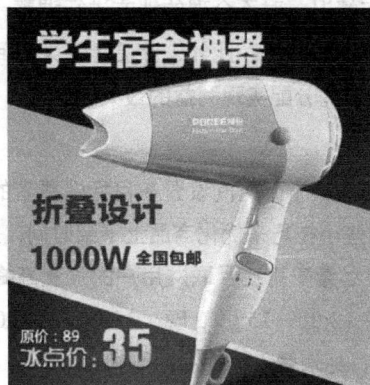

图10-24 展示卖点

图10-25 环境引导

经验之谈：

优惠在市场竞争中十分重要，特别是对于低价商品而言，为了吸引客户，可以直接将价格、包邮、满减、限时特价等促销信息展示在主图中。

10.4.4 商品上下架时间优化

商品上下架时间是影响商品排名的因素之一，越接近下架的商品，排名会越靠前。对于小卖家或新开设的店铺而言，受成本和店铺等级的影响，很多推广活动都无法顺利参加，此时设置商品上下架时间就成了获取商品流量非常有效的手段。

1. 分析商品上下架时间

淘宝网的商品下架周期为7天，即从商品上架开始计算时间，7天后即为商品下架的时间，如果商品的出售状况正常，淘宝系统会继续自动上架商品。这就尽可能地给予了所有商品公平展现的机会，但是由于淘宝网的卖家数量非常庞大，导致同一时段下架的商品数量众多，或下架时间设置得不合理，使部分卖家就算设置了商品下架时间，也无法获得良好的展示机会，此时就需要对商品上下架时间进行分析。

（1）分析最佳的商品上架时段

互联网用户在进行网络购物时，不同的消费群体会有不同的消费习惯和消费时间。通过分析行业每天和每周的访问高峰期，可以基本确定消费人群的主要活动时间段，从而有目的地设置商品上下架时间，引入更多有效的流量。例如，目标消费人群为上班族的商品，其销售高峰期一般是上班族的休息时间和下班时间，在这个时间段里，商品的有效流量最多。淘宝网中提供了很多数据分析工具，均可对用户年龄、性别、消费时间等进行分析，从这些分析工具中提取的数据即可作为商品上下架时间的依据。

（2）分析行业上下架情况与店铺上下架的情况

分析行业上下架情况主要是为了避开实力强劲的竞争对手，有针对性地规划商品的上架时间。热门行业中的中小卖家在市场中的竞争力比大卖家低，如果将商品上下架时间设置为与大卖家一致，则很可能在商品下架时也无法获取靠前的排名，而通过分析大卖家的商品上架时间，可以帮助中小卖家避开与大卖家的正面竞争。如果是竞争力较强的卖家，则可参与流量高峰期的竞争，实现流量的最大化和有效化。

分析了行业上下架情况、每天流量高峰期以及每周流量高峰期之后，即可将行业情况与店铺经营数据结合起来，分析商品上下架时间的状态和分布情况，对不合理的地方进行调整，尽可能让商品均匀分布在一周中的合适时间，使整个店铺的流量保持较稳定的趋势。此外，商品上下架时间的分析不仅可用于调整商品上下架时间，还可用于直通车推广中，通过合理的分配实现利益的最大化。

2. 商品上下架技巧

卖家为了更好地引入流量，需要将商品的上下架时间设置在目标消费者的主要消费时间段中，同时避开流量极少的时间段，除此之外，还可通过一些小技巧来优化商品上下架时间，从而更好地留住有效流量。

- 时间选择：一般来说，商品上架应尽量安排在互联网用户的流量高峰期，即互联网用户上网的主要时间段，如早上9:00—11:00、中午12:00—15:00、晚上19:00—23:00均为网上流量较大的时段。当然，具体的时间安排应该以本行业目标消费人群的活动时间为准。
- 商品上架时间分布：在设置商品上下架时间时，一般以主要的引流商品为主，然后合理分配其他商品的上架时间。需要注意的是，店铺商品不要在相同或较短的时间段内上架，最好合理分布在一周中分批上架，稳定店铺在一周中的搜索排名。
- 结合橱窗推荐：商品的上下架时间最好能够与橱窗推荐搭配使用，因为橱窗推荐商品的排名会优于其他商品，将接近下架时间的商品设置为橱窗推荐，可以使之得到更多的展示机会和流量。
- 避免整点上架：当同类目中的卖家数量较多时，在设置商品上架时间上将会有很大的重复性，而整点上架的商品通常重复性更高，这可能会降低商品的展示机会，因此建议避开整点上架。

10.4.5 橱窗推荐优化

橱窗推荐是提升店铺商品搜索排名的一种方式，是非常有用的商品推广手段，橱窗推荐位的数量根据店铺的实际情况而定，如加入消费者保障的卖家会额外增加橱窗推荐位，店铺销售情况较好时，淘宝网也会适当奖励额外的橱窗推荐位。

橱窗推荐位通常结合商品上下架时间来使用，一般来说，橱窗推荐的商品均为主要引流商品、销售量大的商品和快要下架的商品。如果需要在引流、销量和即将下架的商品中进行选择，则优先选择销量、评价和排行等综合条件较好的畅销商品，这类商品通常本身就具有一定的流量，再结合橱窗推荐，可以实现流量的最大化。

10.5 疑难解答

搜索引擎的排名与优化是淘宝网店运营中非常重要的部分，直接关系着店铺的销量，是网店经营者必须掌握的知识。下面将主要针对搜索排名与优化部分的问题提出建议，供大家交流学习。

1. 不同的商品详情页的图片放置有什么技巧？

答：商品详情页是影响转化率的重要因素，要做好商品详情页优化，前提是了解该商品的目标客户群。下面对一些主要行业的商品详情页图片放置的注意事项进行介绍。

- 服装行业：服装行业的详情页首先要求有较好的视觉效果，即全方位多角度的商品展示图，通常为模特展示图。其次可放置一些细节图、款式和颜色图，还可以放置一些对比、挂拍图等。
- 美妆行业：美妆行业的目标客户通常比较关注商品的使用效果，包装、真伪、生产批号、功效等都是需要展示的内容。因此美妆行业商品一般需要通过图片搭配文案的方式进行展示。此外，还可搭配商品全方位展示图、对比图、商标图、认证证书和质检报告、使用效果对比、商品尺寸等；还可搭配一些实体店图片，增加买家的信任度。

- 家具行业：购买家具的客户通常比较关注商品的实拍效果，因此商品实拍图、做工和材质细节图、多方位展示图、商品搭配图、款式图都是比较受买家欢迎的信息。此外，还可放置一些认证证书和质检报告、商品尺寸、对比图、实体店图等，让数据体现得更加完整。图10-26所示为家具商品详情页的展示。

- 数码行业：数码产品的详情页内首先可以放置商品的全方位展示图、实拍图和细节图等，可搭配文案对商品功能、参数等进行介绍，此外，还可以放置一些配件图、材质图等。图10-27所示为数码商品详情页的展示。

图10-26　家具商品详情页

图10-27　数码商品详情页

2. 橱窗位推荐有哪些小技巧？

答：橱窗位推荐的数量一般都是相对固定的，因此卖家要有选择性地进行橱窗推荐。下面介绍一些橱窗位推荐的小技巧。

- 长期推荐：为了保持长期且持续的自然流量，可在店铺的引流商品或畅销商品中选择3~5款进行长期橱窗推荐，尽可能保证这些商品的展现量。

- 推荐下架商品：对于接近下架的商品，可以通过橱窗位优先展示。

- 及时撤销商品：对于已经到了下架时间的商品，应及时撤销，并推荐其他适合的商品。

- 根据价格推荐：在进行橱窗推荐时，可以选择一些性价比较高，具有价格优势的商品，来吸引更多买家，增加流量。

- 做好优化：进行橱窗推荐的商品，一定要同时做好标题优化和图片优化，这样才可以获得更多的展示机会和流量。为了更好地管理橱窗推荐位，可以选择一些自动推荐或管理工具。

10.6 课后实训

↘ 10.6.1 实训一：优化"牛肉干"标题

【实训目标】

本实训要求通过选词助手搜索和下载"牛肉干"关键词，然后对行业关键词进行分析，确定一个合适的商品标题。

【实训思路】

根据实训目标，可分为4个环节，包括确定商品标题的结构、查找关键词、拆分与组合关键词、突出卖点。需要注意的是，商品标题最长可以包含30个汉字，在结构合理的情况下，可以尽量多地组合热搜词，以增加其被买家搜索到的概率。

【步骤提示】

STEP 01 了解商品标题的结构。商品标题结构主要包括核心关键词、属性关键词和热搜词3个部分。

STEP 02 查找关键词。打开"生意参谋"主页面，在顶部导航栏中单击"流量"选项卡，在打开的页面左侧选择"选词助手"选项，设置日期、数据范围，搜索并下载与"牛肉干"相关的关键词。

STEP 03 拆分与组合关键词。首先确认核心关键词"牛肉"，再组合属性关键词"内蒙"，最后适当搭配热搜词，如"超干手撕"。

STEP 04 突出卖点。突出牛肉干最吸引买家的特点，可以是独特的口味，优质的原料，也可以是优惠信息，如"正宗、买1罐送1罐"。最后标题可为"买1罐送1罐 内蒙古超干手撕风干牛肉 正宗"。

↘ 10.6.2 实训二：优化"数码相机"上下架时间

【实训目标】

本实训要求分析"数码相机"类目的行业信息，了解该类目下热销商品的上下架时间以及目标消费群的消费行为，从而制定出适合中小卖家店铺商品的上下架时间。

【实训思路】

根据实训目标，分析购买"数码相机"的客户的消费习惯和消费时间，确定最佳的商品上架时段，并了解行业上下架情况与店铺上下架的情况，确定合理的下架时间。

【步骤提示】

STEP 01 商品上架。商品上架应尽量安排在互联网用户的流量高峰期，即互联网用户上网的主要时间段，如早上9:00—11:00、中午12:00—15:00、晚上19:00—23:00，并避免整点上架。

STEP 02 商品下架。从商品上架开始计算时间，7天后即为商品下架的时间。如果商品的出售状况正常，淘宝系统会继续自动上架商品。橱窗推荐商品的排名会优于其他商品，将接近下架时间的商品设置为橱窗推荐，可以得到更多的展示机会和流量。

11 网店物流与仓储

  物流配送是网店销售过程中的一个重要部分，直接关系着店铺的评价，网店经营者在网店经营过程中必须对不同快递公司的信息进行调查和了解，包括价格、质量、速度和包装等。本章将主要介绍物流的选择方式、物流设置和仓储管理等知识，通过本章的学习，读者可以熟悉网店常用的主要物流方式以及物流设置和管理的基本知识。

- 物流的选择
- 物流设置
- 仓储管理

本章要点

好物流成就好口碑

小青是一名在校大学生，在淘宝网开了一家小店，想利用闲暇时间卖一些自己制作的手工制品。她的店铺主要出售书签、发簪、发夹、手链等女孩子比较喜欢的小饰品，也接受一些不太复杂的定制服务，帮客户制作一些动漫饰品、动漫道具等。

小青店铺的买家不多，最初只有同校或周边学校的一些同学委托她做一些小东西，后来慢慢有了一些其他客户。有了其他客户，势必就需要邮寄商品。小青是个很细心的女孩子，为了防止商品被压坏，她将每一个包裹都包装得很仔细，除了使用气泡膜层层包裹之外，还贴上小便签提醒快递员注意，如"亲爱的快递小哥，这个盒子里面装着一个可爱的妹子的宝贝，它很脆弱，请你像保护小鸟一样保护好它哟！"小青还制作了一些手工封条，封条上面画了一些可爱的卡通图案，还用马克笔写着"萌之封印"之类的字，每次在包装商品时，小青都将封条端端正正地贴在包装盒上。

在小青店铺购买商品的买家都和她差不多大的同龄人，在收到商品看到包装上的便签和封条后，油然升起亲切感和认同感，连带着对店铺产生极大的好感，纷纷给出好评。评论区里经常会出现"店家制作的便签好贴心，画的画也非常萌，好评！""天啦店家好萌，画的画萌，写的字萌，整个儿一个大写的萌！"之类的评论。在小青店铺购买手工制品的买家，多为喜欢动漫文化的年轻人，她们有自己娱乐的圈子，也认识很多爱好相同的朋友，觉得小青的手工制品做得好，服务态度好，就经常介绍朋友也来购买。这些被介绍来的买家无一例外，均给了小青五星好评。

几个月的时间，几百单交易，没有一个差评。小青靠着在物流包装上的一些小心思，竟然让店铺的好评率达到了100%。跟小青一样经营同类型店铺的卖家有很多，但大部分没有小青出色，小青说，能取得这样的小成绩完全是因为自己运气好。其实不然，小青的脱颖而出并不能归类于巧合和偶然，服务质量是淘宝网店综合评价中非常重要的一个因素，也是买家体验度的主要指标，真正贴心的卖家，真正贴心的服务，买家自然能够体会出来。

【案例思考】

包装是物流的一部分，商品包装的材质有哪些，如何选择最佳的材质进行包装呢？卖家在物流过程中除了注意包装，还需要注意哪些方面？

11.1　物流的选择

网店经营作为一种构建于网络之上的商务模式，其商品的流通基本都是依靠物流来完成的。作为一个网店经营者，首先必须了解网店物流的类型和选择方式。

11.1.1　网上商品的主要发货方式

现在提供物流服务的公司非常多，淘宝网集合了各种类型的物流方式，主要包括快递、EMS快递、平邮和物流托运4种类型。

● **快递**：快递发货是目前淘宝网中的卖家采用最多的一种物流发货方式，快递的发货速度快，价格比较固定适中，支持上门取货和送货上门，同时还可通过网络跟踪商品物流的进度，为买卖双方的货物收发提供了很大的便利。随着物流的发展，现在的快递公司内部管理结构越来越完善，服务质量提升较大，物流行业的发展也越来越快，比较常见的快递公司有顺丰、申通、圆通、韵达、中通和宅急送等，如图11-1所示，其服务模式基本类似，卖家根据需要选择即可。

图11-1　快递公司

经验之谈：

在发货前，卖家首先应该确认会为买家所在地提供快递服务的公司，可以询问买家，也可以自己查询快递公司的服务范围。若是常用快递公司不提供买家所在地的物流服务，则需要联系买家，告知物流方式需要更改。发货后，要注意关注商品的物流情况，查看买家的收货情况，确定物流状态。

- **EMS快递**：EMS快递即邮政的特快专递服务，是由中国邮政提供的一种快递服务，EMS快递不仅提供在中国境内的快递服务，同时提供国际邮件快递服务。EMS快递的运送范围很广，可送至各个地方，速度较快，运送安全，支持送货上门，可在网络中跟踪物流信息。

- **平邮**：平邮是邮政中寄送信与包裹业务的总称，寄送时间一般比较慢，资费视距离和质量而定，也可以通过网络查询投递情况。选择平邮的卖家，一般可以自己完成对商品的打包，针对商品的情况，也可选择一些保障服务，如保价、回执等。由于平邮需要的时间一般比较长，所以选择平邮的卖家不多，但是平邮的寄送范围非常广，一些其他快递没有提供物流服务的区域，则需要使用平邮。

- **物流托运**：不方便使用物流运送的大件物品或超重物品，可以使用物流托运。在托运之前必须对物品进行完善的包装和标记。一般来说，物流托运主要有汽车托运、铁路托运和航空托运等形式，其托运所需的时间为汽车较长，铁路次之，航空最快，托运价格则是航空最贵，铁路较便宜。在进行托运时，托运方要注意备注好联系方式。

经验之谈：

现在有很多提供托运服务的物流公司，卖家可直接委托这些物流公司完成托运。在委托物流公司托运时，卖家要事先对物流托运公司进行了解，避免出现货物丢失、货物破损等情况。

↘ 11.1.2　如何选择适合自己的物流

电子商务的快速发展带动了物流行业的发展，现在的物流服务，不仅服务范围越来越广，加入这个行业的企业也越来越多，难免出现良莠不齐的情况。在这个鱼龙混杂的物流环境中，卖家在选择快递公司时一定要十分慎重，快递安全、快递价格、发货速度和服务质量等因素都需优先考虑。

- **快递安全**：物流安全是卖家必须考虑的问题，丢件、物品破损等情况会严重损害店铺的服务质量，引起买家的强烈不满。为了保证商品的安全，对于贵重物品可以选择EMS并保价，从而保障买家的利益。在选择其他快递服务时，卖家要有购买保险的意识，同时需要了解理赔服务。此外，卖家还可对物品添加保护提示，在包装箱上标注易碎、轻放等字样，叮嘱快递公司注意保护等。对于易碎、易损坏的商品，卖家不仅需要对其进行多重保护，叮嘱快递公司安全运送，还需提醒买家在签收之前先验货。

- 快递价格：快递价格与成本息息相关，为了降低成本，很多卖家都愿意优先选择价格更低的快递服务，这当然无可厚非，但也绝不能一味盲目地以低价为标准，如果低价的物流服务是以物流质量低为代价，那么卖家将得不偿失，因此卖家需对快递公司做详细对比。首先，了解想要选择的快递公司，通过每个快递公司的官方网站查询快递公司的基本资料、联系方式等，筛选出综合质量良好的快递公司。其次，选择负责自己所在地的各个快递公司的网点，与负责该区域的快递员沟通，可以在对比多家之后再做决定。最后，如果合作愉快，可以适当地就价格进行沟通，尽量拿到比较低的友情价格，降低自己的成本。

- 发货速度：在网上购物的顾客，通常对物流速度非常在意，如果物流速度快，则非常容易赢得买家的好感，反之，则容易引起买家的不满甚至投诉。卖家一定要注意快递的发货速度，首先自己发货的速度要快，其次快递揽件并发货的速度也要快。由于快递公司在不同地区的网点一般都采用独立核算的方式，因此不同地区的快递网点，其服务质量、速度等可能都不一样，卖家最好亲自考察并对比自己所在区域的快递发货速度，选择比较优秀的网点。

- 服务质量：服务质量也是卖家挑选快递服务的标准之一。快递行业作为服务行业之一，应该具备服务行业的精神，遵守服务行业的准则。质量好的快递服务，会给买家带来舒适的服务体验，从而增加买家对网店的好感度。

11.2 物流设置

在淘宝网店中，卖家需要进行物流设置后才可为买家发货，物流设置包括服务商设置、运费模板设置、编辑地址库等。下面分别对其进行介绍。

11.2.1 服务商设置

淘宝网店中提供了很多服务商，卖家可以选择自己常用的快递服务商并进行开通，其方法为：登录淘宝卖家中心，在"物流管理"栏中单击"物流工具"超链接，进入物流工具管理中心，在该页面中可以查看现在主流的物流服务商，单击选中需要开通的服务商前的单选项，然后单击其后的 开通服务商 按钮即可，如图11-2所示。如果卖家在设置服务商时没有编辑过地址库，则要先对地址库进行编辑，才可以设置物流服务商。

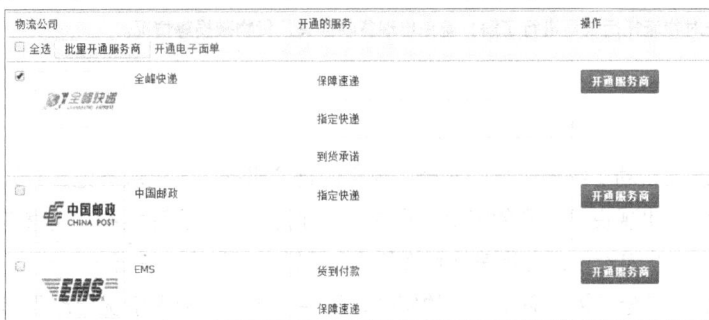

图11-2 开通服务商

↘ 11.2.2 运费模板设置

由于网店中的买家来自不同的地区，而不同地区的快递服务费用经常也不一样，因此卖家需要对运费模板进行设置，从而对不同地区的买家的运费进行区分。下面介绍淘宝网中运费模板的设置方法，其具体操作如下。

STEP 01 登录淘宝卖家中心，在"物流管理"栏中单击"物流工具"超链接，进入物流工具管理中心，在右侧页面单击"运费模板设置"选项卡，在该页面中单击 新增运费模板 按钮。

STEP 02 打开"新增运费模板"编辑页面，在"模板名称"文本框中输入模板的名称，并依次设置"宝贝地址""发货时间"等信息，单击选中"自定义运费"单选项，然后根据实际情况单击选中"按质量"单选项或"按件数"单选项，如图11-3所示。

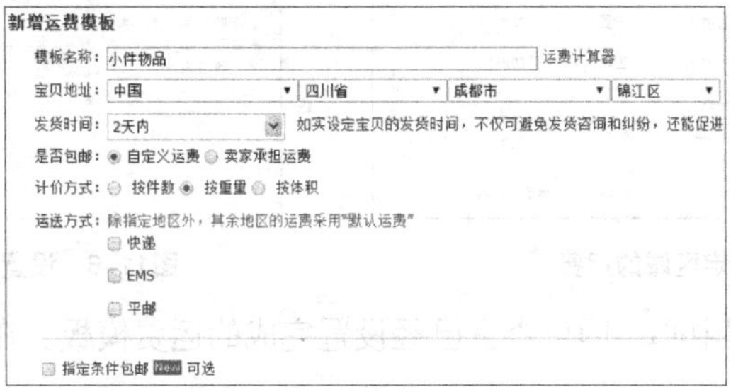

图11-3 设置基本信息

> **经验之谈：**
> 根据区域的不同，卖家可以设置不同的运费模板，在寄送时直接根据寄送地址选择相应模板即可。在设置计价方式时，可以根据实际情况进行选择，如果店铺经营的是小件商品，可以选择"按件数"或"按质量"计价；如果是体积较大的商品，则可以"按体积"计价。在设置价格时，建议根据快递服务商的价格标准进行设置。

STEP 03 单击选中"快递""EMS""平邮"复选框，在其下方打开的表格中填写相关运费信息，如图11-4所示。

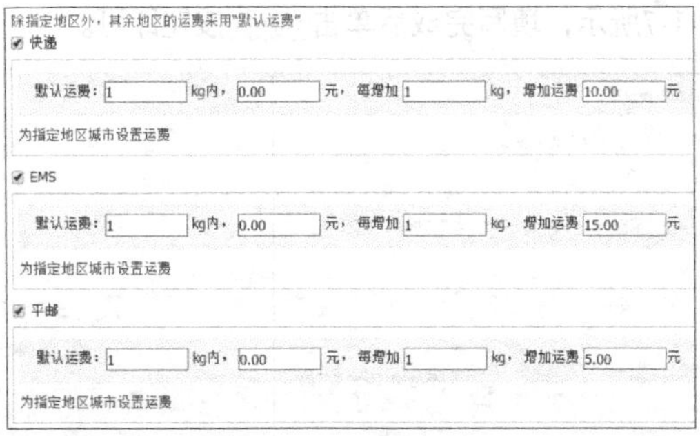

图11-4 填写运费信息

> **经验之谈：**
> 如果网店中商品的运费不随着质量、数量或体积的增加而增加，可将运费都设置为"0"，然后单独设置指定地区的运费模板。

STEP 04 单击"为指定地区城市设置运费"超链接，添加一个模板，单击"发送到"栏的"编辑"超链接，在打开的对话框中设置需特别指定运费的区域，单击 确定 按钮，然后设置这些特定区域的价格，如图11-5所示。

STEP 05 按照该方法依次设置EMS和平邮的指定区域运费模板，单击选中"指定条件包邮"复选框，在打开的表格中可设置满足指定条件后包邮，在"选择地区"栏中可设置包邮地区，在"设置包邮条件"栏中可设置包邮条件，设置完成后单击 保存并返回 按钮，如图11-6所示。

图11-5　设置指定区域的运费

图11-6　设置指定条件包邮

STEP 06 返回物流工具管理中心，即可查看已经设置完成的运费模板。在寄送商品时，选择该模板名称即可应用。

经验之谈：

在运费模板上方单击"修改"或"删除"超链接，可对模板进行重新编辑，或将模板删除。

11.2.3　编辑地址库

地址库即卖家的地址，当需要发货或买家申请退货时，则需要卖家的地址。编辑地址库的方法为：登录淘宝卖家中心，在"物流管理"栏中单击"物流工具"超链接，进入物流工具管理中心，在右侧页面中单击"地址库"选项卡，在打开的页面中填写相关信息，如图11-7所示，填写完成后单击 保存设置 按钮即可。

图11-7　编辑地址库

11.3 仓储管理

仓储管理即对仓库和仓库中储存的物资进行管理，仓储管理是物流管理中非常重要的一个部分，仓储不仅是对商品进行保管，还是仓库物资的流转中心。作为网店经营者，需对仓储管理有一个基本的了解。

11.3.1 商品入库

商品入库是网店日常运营工作中的一部分，一般包括商品检查、货号编写和入库登记3个步骤。下面分别介绍。

● 商品检查：商品检查是指对入库的商品进行检查，一般需检查品名、等级、规格、数量、单价、合价、有效期等信息。通过商品检查，卖家可以了解入库商品的基本信息，筛选出不合格的商品。

● 货号编写：当商品种类和数量较多时，需要对商品进行区分，一般可以采取编写货号的方式。在编写货号时，可以采用商品属性和名称+编号、商品属性或名称缩写+编号的方式。

● 入库登记：入库登记是指按照不同商品的属性、材质、颜色、型号、规格、功能等，分别将其放置到不同的货架中，同时编写入库登记表格，对商品入库信息进行记录。

11.3.2 商品包装

商品包装不仅方便物流运输，同时也是对商品在物流运输过程中的一种保护。商品如何包装一般需要根据实际情况而定，不同类型的商品其包装要求也不一样，当然，卖家也可以对商品包装进行美化，提高物流质量，增加买家好感度。

1. 常用包装方法

商品包装是商品的一部分，反映着商品的综合品质。商品包装一般分为内包装、中层包装和外包装3种。

（1）内包装

内包装即直接包装商品的包装材料，主要有OPP自封袋、PE自封袋和热收缩膜等。一般商品厂家已经对商品进行了内包装。

● OPP自封袋：OPP自封袋的透明度较好，材料比较硬，可以保证商品的整洁和美观。文具、小饰品、书籍、小电子产品等小件商品均可使用OPP自封袋进行内包装，如图11-8所示。

● PE自封袋：PE自封袋比较柔软，主要有防潮防水、防止物品散落等功能，可反复使用。明信片、小样品、纽扣、散装食品、小五金等都可以使用PE自封袋进行内包装，如图11-9所示。

● 热收缩膜：热收缩膜主要用于稳固、遮盖和保护产品，效果类似于简单地抽真空。很多商品外覆的透明保护膜即为热收缩膜，如图11-10所示。

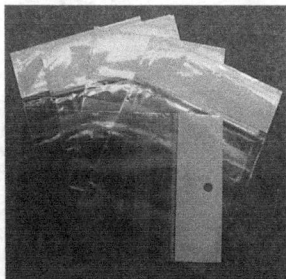

图11-8 OPP自封袋　　　　图11-9 PE自封袋　　　　图11-10 热收缩膜

（2）中层包装

中层包装通常是指商品与外包装盒之间的填充材料，主要用于保护商品，防止运输过程中的商品损坏，报纸、纸板、气泡膜、珍珠棉、海绵等都可以用作中层包装。卖家在选择中层包装材料时，可根据实际情况，灵活使用各种填充材料，如包装水果的网格棉也可用于其他小件商品的包装或作为填充材料使用。

- 报纸：如果商品不属于易碎品，且不容易产生擦痕等，可使用报纸进行中层包装，这种包装主要起到防潮作用。
- 气泡膜：气泡膜是一种十分常见的中层包装材料，它不仅可以保护商品，还可以防震、防压、防滑。数码产品、化妆品、工艺品、家具、家电、玩具等都可以使用气泡膜作为中层包装材料，如图11-11所示。
- 珍珠棉：珍珠棉是一种可以防刮、防潮的包装材料，也可轻微地防震，薄的珍珠棉可以包裹商品，厚的珍珠棉可用于填充、做模和固定商品等，如图11-12所示。
- 海绵：海绵是非常柔软的一种材料，可用于包裹商品，也可以作为填充材料，如图11-13所示。

图11-11　气泡膜　　　　　图11-12　珍珠棉　　　　　图11-13　海绵

（3）外包装

外包装即商品最外层的包装，通常以包装袋、包装盒、包装箱、包装纸等为主。下面对常见的外包装材料进行介绍。

- 包装袋：包装袋是一种比较柔性的包装方式，韧性较高且抗拉、抗磨，主要有布袋、纸袋等形式。一般如纺织品等柔软抗压的商品可采用包装袋进行包装，如图11-14所示。
- 编织袋：编织袋主要用于包装大件的柔软商品，在邮局、快递、物流等多种场合都十分常见。
- 复合气泡袋：复合气泡袋是一种内衬气泡膜的包装袋，具有较好的防震效果。书籍、相框等物品均可使用复合气泡袋进行包装，如图11-15所示。
- 包装盒：包装盒是一种具有较好的抗压强度的包装材料，不易变形，多呈几何形状。糖果、巧克力、糕点等小件物品使用包装盒的概率较高，如图11-16所示。
- 包装箱：包装箱与包装盒类似，通常体积较大，包装量较大，使用范围比较广。它主要用于固体货物的包装，非常适合作为运输包装和外包装的材料，如图11-17所示。

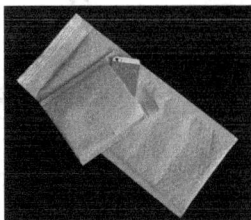

图11-14　包装袋　　　　图11-15　复合气泡袋　　　　图11-16　包装盒　　　　图11-17　包装箱

2. 包装时的小技巧

在包装商品时，有心的卖家可在包装箱上做一些贴心小提示，这不仅可以提醒快递员注意寄送，还可以宣传一下自己的店铺。此外，为了提升买家的好感度，还可送一些贴心卡片、小礼品，或使用具有个性特色可以迎合目标消费群的包装箱等，如图11-18所示。

图11-18 包装小技巧

11.3.3 商品出库

商品出库是指仓库根据商品出库凭证，按所列商品编号、名称、规格、型号、数量等，准确、及时、保质保量地发给收货方的一系列工作。对于淘宝网店而言，商品出库主要包括选择物流公司、联系快递员取货和填写并打印物流信息等主要步骤。

- 选择物流公司：当收到出库通知时，首先需要核对出库商品的信息，并根据商品信息提取对应的商品，填写商品出库表，登记商品出库信息，选择物流公司。
- 联系快递员取货：根据商品所在地区，联系物流公司在该区域的快递网点，通知快递前往取货。
- 填写并打印物流信息：填写商品的物流单，记录并打印商品的物流信息，方便对物流信息进行保存和跟踪。

11.3.4 物流跟踪

将商品包装好并交给物流公司负责运输后，卖家还应时刻关注和监督物流公司的发货和运输信息，对物流情况进行跟踪，保证商品可以在最短的时间内到达买家手中，避免因物流速度过慢而引起买家的不满。卖家通过淘宝后台的卖家中心即可对物流情况进行跟踪，其方法是：登录淘宝网，在"物流管理"栏中单击"物流工具"超链接，进入物流工具管理中心，在右侧页面单击"物流跟踪信息"选项卡，在打开的页面中填写订单编号，单击 搜索 按钮即可查看该订单的物流相关信息，如图11-19所示。

图11-19 物流跟踪

11.3.5 货物维护

在快递运输的过程中，有可能会出现货物丢失、货物破损、货物滞留等情况。此时，卖家必须及时了解货物的物流情况，与物流方取得联系，并快速实施相应的解决方案。

1. 货物丢失

货物丢失属于物流中比较严重的问题，出现货物丢失的情况时，卖家一定要与物流方沟通，及时对货物丢失的详细情况进行了解。一般来说，货物丢失分为人为丢失和非人为丢失两种情况，如果是人为原因造成的货物丢失，则需追究相关人的责任。为了防止这种情况的发生，卖家在进行商品包装时，特别是包装电子商品等贵重商品时，一定要做好防拆措施，并提醒买家先验收再签字，将风险降至最低。如果是非人为原因造成的货物丢失，卖家可以要求快递公司对商品的物流信息进行详细排查，检查是否遗漏在某个网点，如果确实找不到了，可以追究快递公司的责任。

不管是何种原因造成的货物丢失，都可能延长买家收到货物的时间，为了避免纠纷，在商品出现丢失情况时，卖家应该告知买家，并与之协商好处理办法。如果买家不接受该情况，卖家则要尽快重新发货。

2. 货物破损

货物破损是一种非常影响买家好感度的情况，商品包装不当、快递运输不当等都可能导致货物破损情况的发生。为了预防这一情况，卖家在包装商品时一定要仔细严谨，选择合适的包装材料，保证货物在运输过程中的安全。如果是运输不当引起的货物破损，则需要追究快递公司的责任。

对于买家而言，收到破损商品是一件非常影响心情的事情，这可能直接导致差评的产生。因此卖家一定要重视商品的合理包装，如果是易碎、易坏商品，则要告知快递员小心寄送，并在包装箱上做出标识。

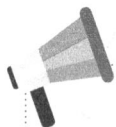

经验之谈：

货物丢失和破损不仅会影响物流质量，还会造成买家、卖家、快递公司等多方损失，处理起来既耗时又烦琐，卖家一定要注意避免，可以选择服务质量更好的快递公司，并确保商品包装的安全。

3. 货物滞留

货物滞留是指货物长时间停留在某个地方，迟迟未进行派送。货物滞留的原因分为人为滞留和非人为滞留两种情况，其中人为滞留多由派送遗漏、派送延误等问题引起，非人为滞留则多由天气等客观原因造成。如果是人为原因造成的货物滞留，则需要卖家联系物流方了解滞留原因，催促快递公司及时派送。如果是非人为原因造成的货物滞留，则卖家应该及时与买家联系，告知物流滞留原因，并请求买家理解。

经验之谈：

物流配送质量是商品好评中非常重要的一个因素，为了保证货物的及时配送，卖家可以跟快递员拉近关系，让快递员优先配送。

11.4 疑难解答

物流管理和仓储管理是电子商务中比较重要的一部分，作为一名网店经营者，必须对其有大致的了解。下面将主要对电子商务中仓储管理的一些疑难问题进行介绍。

1. 不同类型的商品要如何包装？

答：一般来说，根据商品的不同，其包装技巧也不一样。下面分别对不同类型的商品包装技巧进行简单介绍。

- **服饰类商品**：服饰类的商品在包装时一般需要折叠，多用包装袋进行包装。为了防止商品起皱，可用一些小别针来固定服饰，或使用硬纸板来支撑；为了防水，还可在服饰外包装一层塑料膜。

- **首饰类商品**：首饰类商品一般直接用大小合适的首饰盒进行包装，如果是易碎、易刮花的首饰，还应使用一些保护材料对首饰单独包裹。

- **液体类商品**：化妆品、酒水等液体类商品都属于易碎品，必须非常注意防震和防漏，必须严格检查商品的包装质量。在包装这类商品时，可使用塑料袋或胶带封住瓶口防止液体泄漏，用气泡膜包裹液体瓶子或在瓶子与原包装之间进行填充，在外包装纸与商品的间隙中也需填充泡沫等材料。

- **数码类商品**：数码产品一般价格比较昂贵，因此一定要注意包装安全，一般需要使用气泡膜、珍珠棉、海绵等对商品进行包裹，同时还需使用抗压性较好的包装盒进行包装，避免运输过程中商品被挤压损坏。建议对数码商品进行保价，并提醒买家验货后再确认签收。

- **食品类商品**：食品类包装必须注意包装材料的安全，即包装袋和包装盒必须清洁、干净、无毒。部分食品保质期时间较短，对温度要求也较高，包装这类商品时要注意包装的密封性等。此外，卖家收到订单后应尽快发货，尽量减少物流时间。

- **书籍类商品**：书籍类商品的防震性、防压性都比较好，主要需注意防水、防潮的处理。一般可使用包装袋或气泡袋进行封装，再使用牛皮纸或纸箱打包。

2. 贵重物品的快递技巧有哪些？

答：贵重物品若出现物流问题通常都会为卖家带来很大的损失，因此一定要格外注意。一般来说，寄送贵重物品时可以遵循以下几点。

- **挑选快递公司**：寄送贵重物品应该挑选信誉较好、服务质量较好的快递公司，不建议选择知名快递公司的代理公司。

- **运单填写**：在填写贵重物品的快递单时，货物描述中建议不写货物的具体名称，如珠宝类商品，可以填写为饰品。

- **包装标识**：为了防止快递包装被私自拆开，可以在外包装上做一些标识，如在箱子底部贴一些与商品或店铺有关的小贴士等。

- **包装**：贵重物品一定要注意防震、防刮、防水、防压，一般需要将包装盒中的空间填满，防止商品在运输过程中晃动。

- **保价**：贵重商品建议一定要保价，保价时应了解清楚保费、赔偿以及保险公司等信息。

- **先验收再签字**：售出贵重物品时，卖家一定要提醒买家先验收再签字，否则如果出现商品损坏的情况，非常容易引起耗时耗力的纠纷。

11.5 课后实训

↘ 11.5.1 实训一：开通快递服务

【实训目标】

本实训要求登录淘宝卖家中心，进入物流工具管理中心，根据了解到的快递公司信息选择并开通相应的快递服务。

【实训思路】

根据实训目标其具体步骤可分为两步，第一步为查询并选择店铺需要用到的快递公司；第二步为进入物流工具管理中心并开通相应的快递公司服务。

【步骤提示】

STEP 01 查询并选择快递公司。收集各个快递公司的服务质量、物流速度、价格、安全性等信息，并分析它们的优缺点。

STEP 02 开通相应的快递公司服务。进入物流工具管理中心，在该页面中查看现在主流的物流服务商，单击选中需要开通的服务商前的单选项，然后单击其后的 开通服务商 按钮即可。

↘ 11.5.2 实训二：新建运费模板并编辑地址库

【实训目标】

本实训要求在淘宝后台系统中的物流工具管理中心新建运费模板，模板名称为"通用免邮"。设置新疆、西藏地区的运费为10元，其他地区免邮，再在物流工具管理中心编辑地址库，填写地址、联系方式、联系人、邮政编码等信息。

【实训思路】

根据实训目标，需要先在物流工具管理中心新建名为"通用免邮"的运费模板，再为指定地区城市设置运费，最后在物流工具管理中心编辑地址库。

【步骤提示】

STEP 01 新建运费模板。进入物流工具管理中心，在右侧页面单击"运费模板设置"选项卡，在该页面中单击 新增运费模板 按钮，打开"新增运费模板"编辑页面，设置模板名称、宝贝地址、发货时间、相关运费信息。

STEP 02 为指定地区城市设置运费。单击"为指定地区城市设置运费"超链接，设置新疆、西藏地区的运费为10元。

STEP 03 编辑地址库。进入物流工具管理中心，在右侧页面中单击"地址库"选项卡，在打开的页面中填写地址、联系方式、联系人、邮政编码等信息。

12 网店客服与售后服务

商品的售后服务是营销中非常重要的环节，不论是线下实体店还是网上商店，都对客服的质量要求非常严格。客服的质量好坏直接影响着消费者的消费体验和消费行为，与商店的营销业绩和长远发展息息相关。本章将主要针对客户服务、客户服务流程、顾客投诉处理、客户关系管理、客服人员管理等网店经营中常见的客服知识进行介绍。通过本章的学习，读者可以了解和掌握网店客户服务的基本内容和客服管理方式。

- 了解客户服务
- 售前服务
- 售中服务
- 售后服务
- 客户关系管理
- 客服人员管理

本章要点

不从买家身上找原因

每次一赶上促销活动，罗云的店铺就忙得不可开交。每次一忙，就要出点让她比较头疼的事情，如鞋子不合脚要换货、颜色不正要退货、鞋子味道不好要退货等，稍微回复不及时对方就觉得卖家想"赖账"，脾气不好的人可能直接就开骂了。越忙这种事情就越多，这经常让罗云恨不得关掉计算机求个清净。

但是客服怎么能跟买家生气呢？不仅不能生气，还要忍着性子好言好语地解释、安抚，就跟哄小孩子一样，哄完了还要立马解决问题。买家说对货不满意要退货，罗云不问原因就答应了，并将退货地址和退货注意事项仔仔细细地发过去。买家说货不合适要换，罗云不等买家的货寄到，只要看到了快递单号，立刻就把要换的商品发过去了。有些同行很奇怪，罗云退换货这么爽快，就不怕吃亏吗？

罗云怕吗？还是有点怕的。万一被退回来的商品已经被买家损坏了怎么办？万一已经退款但是商品没寄回来怎么办？罗云也考虑过这些情况，但是没办法，谁让消费者是"上帝"呢！

其实罗云已经吃过"退换货"的亏了，之前买家说要换货的时候，罗云为防万一，仔细地询问了商品的情况。可问了两句就把买家问得不耐烦了，结果买家货也不换了，直接给了罗云的店铺一个语气严厉的差评。

网络世界这么大，买家的类型各种各样，遇到脾气好的买家就算了，遇到脾气不好的买家，什么事情都能闹出来，简直得不偿失。罗云说："还不如不问原因，直接给买家退换货，这样买家觉得卖家耿直，值得信任，说不定下次还光顾呢！总之啊，不管是不是买家的问题，我们都不能从买家身上找原因，首先解决好他们的问题，这才是最重要的。"

【案例思考】

当遇到挑剔的买家时，卖家该怎么与其进行有效的沟通呢？当自己被买家给予中差评甚至被投诉时，该如何处理，才能将店铺损失降到最低呢？

12.1 了解客户服务

客户服务作为销售过程中必不可少的一个环节，是网店利润的直接转化因素之一，在网店权重中所处的位置也十分重要。因此，在网店经营过程中，卖家必须对网店客户服务有一个充分的了解。

↘ 12.1.1 客户服务的意义

客服是买家了解商品信息和店铺信息的主要途径之一，优秀的客户服务不仅可以提高交易成功率，留住买家并发展更多的老顾客，还能为店铺树立良好的形象，扩大店铺的影响力和知名度。

1. 提高成交率

客户服务体现在交易的整个过程中，商品的交易在发生前、发生中和发生后都可能需要客户服务，这需要客服人员根据不同情况采取不同的处理措施。

- 当买家为了了解商品的价格、颜色、尺寸或物流等信息，在交易前与店铺客服人员沟通时，如果在线客服人员具备良好的客服技能和素养，能够快速、准确地回复买家的疑问，让买家及时了解想要知道的内容，就更容易促进交易的成功，如图12-1所示。

● 当买家选择不定、犹豫不决时，优秀的客服人员也可以通过娴熟的销售技能帮助买家选择更适合的商品，从而促进买家的购买行为。

● 当买家提交了订单但迟迟未付款时，客服人员需要主动与买家联系，以温和的方式催付，如主动向买家确定收货地址、联系方式、商品信息等，促进交易的进程。

● 当买家在使用商品的过程中出现了问题向店铺提出投诉时，客服人员需要及时提出解决方案，安抚买家情绪，挽回差评，提高店铺动态评分。

图12-1 交易之前的客户服务

2. 提高客户回头率

良好的购物体验是决定买家是否重复购买的重要因素之一，当买家在店铺中有了一次购物体验，对店铺的服务态度、商品、质量、物流、速度和售后服务等有了不错的评价后，就可能收藏店铺，成为回头客。当买家收藏了店铺后，此后在购买相同商品时就会优先选择收藏的店铺，同时还能带动店铺中其他商品的销量，增加店铺的总体销售额。对于没有收藏店铺习惯的买家，当再次搜索相关商品时，淘宝网也会优先显示已购买的店铺，如果买家在该店铺的购物体验良好，也会再次选择已购买过的店铺，而不会花费更多时间重新选择，如图12-2所示。

图12-2 购买过的店铺

3. 塑造店铺形象

网店与实体店不同，在网店中购物，买家在收到商品之前无法切实地触摸到商品，因此很容易产生顾虑，特别是在购买价值较高的商品时，其顾虑会更重。当买家对商品存在顾虑时，卖家便可以通过客服人员与其交流，使其感受卖家的态度和诚意。通过客服人员对商品的专业讲解和相关售后保证来建立买家的信任感，消除买家心中的疑虑，使买家感觉安全可靠，从而树立起店铺在买家心中的形象。随着顾客对服务要求的逐渐增加，服务质量和售后质量在交易活动中所占的地位越来越重，优秀、别致和贴心的客户服务甚至成为了店铺的标志之一，非常利于扩大店铺的影响力。

12.1.2　客户服务的沟通原则

客户的类型虽然多种多样，但在与不同类型的客户进行沟通的过程中，需要遵循的一些基本沟通原则是类似的，一般以避免与客户发生冲突、不消极对待交易对象和过程为最基本的准则。下面针对客服人员应该掌握的基本沟通原则进行介绍。

1. 提供礼貌热情的服务

任何服务行业都遵循着一个相同的共识"顾客是上帝"。"微笑服务"不仅是实体店的客服礼仪，在网店中也尤其重要，一个优秀的网店客服人员必须让顾客在交流过程中能感受到良好的礼仪和热情的态度。

- 礼貌用语：对于网店客服而言，礼貌的用语不仅是指语言上的温和、亲切和有礼貌，还必须将热情的服务态度也展现出来。一般对主动咨询的买家，不宜采用"你要买什么""什么事"等冷硬的用语，善用"您好""请"等常见礼貌用语，拉近与买家的距离，使买家感到亲切，这样更容易与买家建立起和谐友好的氛围，优化购买过程。
- 善用表情和图片：表情和图片是聊天中非常常见的一种表达方式，非常利于活跃气氛、表达情绪。在交流过程中使用笑脸、玫瑰、害羞、飞吻等表情，可以适当地调节气氛，让买卖双方的沟通变得更轻松愉快，如图12-3所示。

经验之谈：

交易是由买卖双方共同完成的，优秀的客户服务在交易过程中可以为买卖双方都带来便利，即不仅为店铺带来良好的收益和影响力，还方便了顾客的购买过程，是"双赢"的一种体现。

图12-3　交流用语和善用表情

2. 换位思考

换位思考是指客服在与买家的沟通交流中，应该设身处地站在买家的立场上来考虑问题，将买家当作自己的朋友，思考和理解买家的实际需求，不要将自己摆在"我是卖家"的位置上，提出不适合买家的建议。

与买家交流时，客服人员可能会遇到各种问题，如不愿意自己查看商品描述而直接进行咨询，遇到一点操作上的问题就迫不及待地咨询，或者并没有购买行为却重复咨询商品信息等。不管遇到什么咨询问题，客服人员都应该抱以耐心宽容的态度，不对买家的问题提出质疑和偏见，再简单的问题也需认真解答，并表达出自己非常乐意随时为其提供咨询服务的态度。

3. 技巧性地应对各种类型的买家

不同类型的买家，购买方式和交流方式都不一样，客服人员要善于从买家的语言中推测他们的消费心理，然后根据其消费特点，选择最合适的方式，促成交易的完成。

从心理学的角度出发，顾客购买商品的心理需求主要可以分为求实、求美、求名、求速、求廉、求同、求惯和求安8个方面。客服在与买家交流时，要根据对买家的心理分析来调整自己的沟通和营销方式，以便最大化地满足买家的需求并售出商品。例如，针对求美的买家，客服人员在介绍商品时可以突出介绍商品的外观；对于求同的买家，客服人员可以用商品的热销程度来说明购买人数很多，值得信任。

4. 尊重与信任买家

一名合格的客服人员必须懂得基本的交谈礼仪，尊重买家是对客服人员的基本要求之一，在与买家沟通时，客服人员要耐心等待客户，如果买家话未说完，不要急于去打断对方。对于买家的问题，客服人员要及时准确地回答，表现出对买家的充分尊重和重视，使买家产生好感，这样买家才会更加愿意接纳卖家的意见，更容易被说服。

5. 聆听买家的问题和需求

作为一名客服人员，一定要善于聆听买家的问题和要求。聆听是沟通的的基本条件之一。在与买家交流时，客服人员要通过聆听分析买家的心理，寻找与买家沟通中的关键词，抓住买家想表达的主旨，从而快速做出正确的反应，给出令买家满意的答复。同时，聆听也可以让买家感觉卖家对话题很关注、很重视，觉得卖家值得信任。为了更加了解买家，在聆听的过程中，客服人员也可以查看买家的信用评价及发布的帖子，通过这些来了解买家的性格特征，从而准确抓住买家的购物心理，有针对性地做出反应并提供服务。

6. 理性对待买家的问题

对于客流量多的网店而言，客服人员每天都要与各种各样的买家打交道。由于买家的性格、兴趣、素质等存在差异，导致有些沟通非常轻松，而有些沟通则非常烦琐。不管遇到什么买家，客服人员都应保持理性，快速妥善地解决问题。

- 善于控制自己的情绪：当遇到挑剔、咄咄逼人等比较难缠的买家时，客服人员首先要保持理性与冷静，要善于控制自己的情绪，切忌与买家争执，应该通过和平的途径来解决问题。
- 积累交流技巧：作为一名优秀的客服人员，应该提前了解面对不同买家时的交流方法，多积累各种处理技巧，模拟面对不同买家时的处理方式，提高自己的承受能力和应变能力。
- 不要草率做出决定：如果买家在交流的过程中情绪比较激动，不要草率采取强硬的态度和手段来加剧彼此的矛盾，客服人员应该始终以心平气和的态度进行沟通，这样才有可能解除误会或者挽回损失。

7. 接受对方的观点

在进行交易的过程中，客服人员如果与买家存在不同的看法，可以委婉地进行解释和建议，尝试改变买家的想法，不能强势地将自己的建议强加给买家。当买家对商品的理解有误时，客服人员要温和地讲解，传达正确的观点。当买家对商品有不好的看法与感受时，客服人员依然要尊重买家的观点，尊重买家的想法，心平气和地解释，如果买家依然不接受，就要选择其他的途径解决。如果意见发生分歧，客服人员不要刻意地去和买家发生激烈的争论，对自己的言行应抱有谨慎的态度，不恶语伤人，要勇于承认错误，努力弥补买家的损失等。

12.1.3 客户服务流程

客户服务是网店必须设置的一个岗位，大中型网店由于订单繁多、咨询量大、售后内容多，对客服的分工要求更加严格，通常有一个专门的流程化的客服系统和模式。一般来说，客户服务可以分为售前服务、售中服务和售后服务3种类型，如图12-4所示。

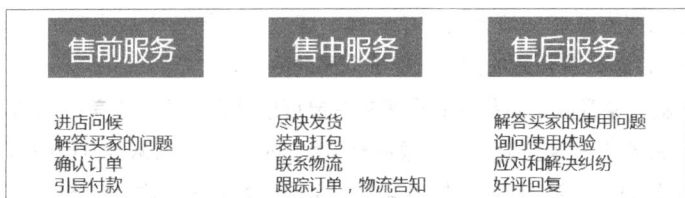

图12-4 客户服务流程

12.2 售前服务

网店客服的售前服务主要是一种引导性的服务，当买家对产品抱有疑虑时，即需要客服人员提供售前服务，从买家进店到付款的整个过程都属于售前服务的范畴，包括客户咨询、客服应答、了解和解决问题、达成订单、确定订单并引导买家付款、引导买家收藏店铺、感谢买家光顾等内容。在售前沟通的过程中，作为网店的客服人员，主要需要掌握的客服知识通常为商品的详细信息、商品推荐、与不同类型的买家沟通等。

12.2.1 介绍商品

一名专业的网店客服必须具有基本的专业性，即必须掌握商品的专业性知识和周边知识，了解同类商品信息和网店促销方案。

- **商品专业知识**：商品专业知识主要包括商品质量、商品性能、商品寿命、商品安全性、商品尺寸规格、商品使用注意事项等内容。
- **商品周边知识**：商品周边知识主要是指与商品相关的其他信息，如与同类商品的区分、商品的附加值和附加信息等。这类信息有利于提高商品的价值，能使买家更加认同商品。
- **同类商品信息**：同类商品是指市场上性质相同、外观相似的商品，由于市场同质化现象十分严重，买家会面临很多相同的选择，但是质量是顾客选择的最稳定的因素。因此客服人员需要了解自己商品的劣势，突出自己的优势，以质量比较、货源比价、价格比较等方式稳固买家。
- **促销方案**：网上商店通常会推出很多促销方案，客服人员需要熟悉自己店内的各种促销方案，了解每种促销方案所针对的顾客群体，再根据买家的类型针对性地进行推荐。

12.2.2 商品推荐

当客服了解了商品信息后，就可游刃有余地对商品进行推荐。对于网上商店而言，商品推荐包括商品本身的推荐和商品搭配推荐两个方面。

- **商品推荐**：商品的推荐需要因人而异，客户的需求、商品使用对象等不同，推荐的方式和类型也会有所不同。例如，买家购买自用商品，则商品的实用性、美观性、适用性等就是首要推荐点，如果买家购买商品是为了赠送他人，则商品的包装、品牌、实用性、美观性等都需要同时考虑。
- **搭配推荐**：商品的搭配主要包括色彩搭配、风格搭配、效果搭配等。客服人员在推荐搭配时，可以店内模特、流行元素等为例。

12.2.3 与不同的买家沟通

一般来说，常见的买家主要有以下几种类型。

- 便利型：这类买家的网上购物行为多以省时、快捷和方便为，特别是对于没有充足的时间逛街购物的人来说，他们更愿意选择网上购物平台满足自己的需求，他们也是网络消费的一大群体。这部分消费者一般对网上购物的流程比较熟悉，且购物行为比较果断、快速，目的性较强。与这类买家交谈时，卖家只需提供优质的商品和良好的服务态度，注意倾听他们的需求并尽可能提供帮助即可得到认可。

- 求廉型：这类买家大都喜欢价格便宜的商品，同时对质量的要求也不低，他们在购物时比较喜欢讨价还价。在应对他们时，客服人员首先应该以亲切热情的用语表达自己的态度，并透露出他们购买商品的价格已经足够低廉，若买家不依不饶，一定要求店家降低价格，可在不造成自己损失的前提下，适当迎合买家的心理，如略微降低价格或赠送其他赠品等，以促成交易。

- 随和型：这类买家一般性格较为开朗，容易相处，与他们交谈时要保有足够的亲和和诚意。他们一般很好打交道，客服人员只要站在他们的角度尽可能地满足他们的需求，即可促成交易。

- 犹豫不决型：这类买家一般会在店铺浏览很长时间，花较长的时间选购商品，并且在客服人员的详细解说下，仍然犹豫不决，迟迟不会下单。与这类买家交谈时，耐心非常重要，就算买家一再询问重复的，或者已经解释多遍的问题，客服人员也要耐心详细地进行说明，做到有理、有据，用事实说服买家进行购买。

- 心直口快型：这类买家下单比较果断，看好了想要购买的商品后就会立刻下单，对于不喜欢的则直接拒绝。在与这类买家交谈时，客服人员应尽量快速而准确地回复买家的问题，表现出自己的专业素养，尽量用语亲切，以买家的立场来进行说服，这样可增加交易的成功率。

- 沉稳型：这类买家较为精明，做决定时一般会仔细考量，缜密应对。他们的个性沉稳且不急躁，要说服这类买家，客服人员需要迎合他们的思路来进行沟通，让他们自己说服自己的购买行为。

- 慢性子型：这类买家一般会花上较多的时间来查看商品，可能会同时查看很多商品，并重复进行查看和比较。与他们沟通时，客服人员一定要有耐心，并详细回答他们提出的问题。

- 挑剔型：这类买家很多都会对网上购物持不信任和怀疑的态度，认为商品描述都言过其实，并会针对商品提出各种刁钻问题。与这类买家沟通时，客服人员首先要仔细说明商品的详细情况，消除他们的不信任感，然后积极解决他们提出的各种问题，并适当给予一些优惠和赠品，促进其购买行为。

12.3　售中服务

售中服务是指商品交易过程中为买家提供的服务，主要集中在买家付款后到订单签收这个阶段，包括尽快发货、装配打包、物流配送、订单跟踪等内容。

- 尽快发货：买家付款并确认信息后，客服人员应该尽快为买家发货，保证买家在最短的时间内收到购买的商品。

- 装配打包：商品在寄出之前需要对其打包，如果买家提出了特殊的包装要求，客服人员也要根据具体情况予以满足。

- 物流配送：物流配送是指联系物流公司进行揽件并开始配送，注意物流信息要填写正确和完整。

- 订单跟踪：订单跟踪是指随时跟踪订单的情况，并告知买家。

12.4　售后服务

售后服务是指买家在签收商品之后，客服人员针对商品的使用、维护等提供的服务。售后服务的质量是店铺服务质量中很重要的一个方面，好的售后服务不仅可以提高店铺的动态评分，还能吸引更多新顾客，留住更多老顾客。网店售后服务所包含的内容非常多，商品使用解答、商品维护解答、退换货处理、中差评处理等都属于售后服务的范畴，其中退换货处理和中差评处理是问题比较集中的两个方面。此外，完善的售后服务还包括主动询问买家的使用情况，根据买家反馈信息及时调整，引导买家好评，好评回复，引导买家收藏店铺等。

12.4.1 售后客服注意事项

售后服务是交易过程中的重点环节之一，好的售后服务会给顾客带来非常好的购物体验，因此客服在处理售后问题时要特别注意。

- 态度端正：热情、耐心、礼貌、尊重是客服人员应该具备的最基本的素质，这一点在售后服务中也体现得非常明显，客服人员要耐心温和地处理各种售后问题，满足客户的合理要求。
- 回应买家的投诉与抱怨：买家收到商品后，如果对商品的质量、性能或服务不满意，会有各种各样的投诉与抱怨。此时，客服人员要积极面对买家的投诉或抱怨，不能回避问题或消极处理。
- 避免与买家发生争执：少部分买家如果对商品不满意，态度会十分恶劣。客服人员在遇到这类买家时，一定要避免与其发生争执，防止事态恶化，应该尽快提出切实可行的解决方法安抚买家并解决问题。
- 留住回头客：当买家在使用了商品并有比较积极的反应时，客服人员要抓住机会，将其发展为老客户。
- 引导买家的好评和收藏：好评和店铺收藏对于店铺的发展非常重要，一个优秀的客服人员应该善于引导买家做出好评和收藏店铺。

12.4.2 对待买家的中评和差评

当店铺的信用和规模不断扩大之后，其成交量也会随之增加，随之而来的中差评也可能会不断增加。中评和差评对店铺的影响非常大，因此客服人员需要对中差评进行处理。

1. 应对投诉的原则和方法

买家投诉可能是店铺经常会遇到的问题，在应对买家投诉时，客服人员应该在遵循一定准则的基础上进行处理。

- 及时道歉：当买家所投诉内容属实时，客服人员首先应该主动道歉，表达出卖家诚恳的态度。若是买家投诉不属实，客服人员应该委婉温和地详细解释，解除误解。
- 耐心倾听：当买家抱怨发泄时，客服人员要耐心倾听，态度良好，理解买家的抱怨，认真对待和判断买家的问题。
- 及时处理：买家之所以投诉，一般都是想尽快解决问题。因此客服人员在处理投诉时要迅速及时，切忌拖延。
- 提出完善的解决方案：买家之所以投诉，基本都是想解决问题、挽回损失。客服人员应该针对买家这种心理迅速提出让客户满意的解决方案，如更换商品、退货、赠送赠品等。

2. 对待买家的中评和差评

网店在经营的过程中，会遇到各种各样的买家，当遇到比较挑剔的买家时，很小的一个失误都可能造成中差评的出现，如不满意物流速度，收货时间较长；未及时回答自己的问题；服务态度不够好，或对售后服务不满意；对商品的颜色、质量、大小、外观、价格等不满意；收到的商品有损坏等。网店的客服人员不能对买家的中差评表达不满，而应该将中差评看作提升商品和服务质量的机会，认真对待，及时解决。

遇到不同的问题，需要提出不同的解决方式，如买家对商品本身不满意，卖家可以为其退货或换货等。

3. 避免买家的中评和差评

好评率是影响网店发展的一个重要因素，会对买家的购买行为产生直接影响。差评不仅会影响好评率，还会扣掉网店信用，因此卖家要尽量避免买家的中差评，而在避免中差评之前，应该先分析产生中差评的原因，并有针对性地进行解决。下面对一些常见的避免中差评的方法进行介绍。

- 做好售前商品介绍：在进行售前的商品介绍时，客服人员要主动对一些重要问题和细节问题进行提醒，如商品尺码、颜色偏差等，并说明原因，有特别需要注意的问题也要进行标识和说明。
- 质量把关：质量是商品的首要品质，因此质量问题一定不能忽视。卖家在进货时要注意亲自对质量进行甄选和对比，发货前也要仔细检查商品是否破损或存在缺陷。
- 解释色差：有色差是网上商品很难避免的一个问题，使商品存在色差的原因有很多，光线、显示器分辨率等都可能形成色差。因此卖家可以对色差问题做出适当的提醒。
- 包装：包装也是商品的卖点之一，好的包装可以让买家感觉更超值。卖家可以在包装上做一点小创新，博取买家的好感。
- 完善的售后：售后服务是避免和挽回中差评的一个关键，完善的售后服务甚至能弥补商品质量上的细小缺陷。
- 热情的服务：服务质量很大程度上决定着买家对整个店铺的评价，如果买家对店铺的印象好，中差评的概率就会更低。
- 面对买家评价：收到买家的中差评后，卖家应该诚恳地面对评价，虚心接受买家的批评，并表达自己立即更改的态度，从而说服买家更改评论。

4. 引导买家修改中差评

中差评的出现是不可避免的，很多中差评产生的原因都不算严重，可以通过与买家沟通得到解决。作为一名合格的客服人员，应该具备合理地引导买家修改中差评的能力，其过程一般如下。

- 及时联系买家：当收到买家的中差评之后，客服人员首先要及时联系买家，了解产生中差评的原因，并分析原因。
- 进行沟通：了解了中差评的原因之后，客服人员要耐心与买家进行沟通，恳请买家修改中差评。如果出现中差评的原因在于卖家，客服人员则要主动承认错误，为买家换货，进行补偿。如果出现中差评的原因在于买家，客服人员也可通过一定的补偿措施恳请买家修改中差评。

12.4.3 退换货处理

退换货处理在网店中十分常见，当买家对商品不满意或者商品尺码不合适时，都会申请退换货服务，客服人员应该根据实际情况快速做出相应处理。一般来说，在买家申请退换货时，客服人员主要有退货、折价、换货3种处理方式。

- 退货：当买家对收到的商品不满意时，即可申请退货。在买家申请退货时，卖家应该先了解退货原因，以及是否符合退货要求，确认之后再将卖家的退货地址告知买家并请买家告知物流凭证，收到货物后尽快给买家退款。目前买家在淘宝网申请退货时，淘宝网会根据买家的信用等级直接退还货款。
- 折价：当买家对商品不满意或商品存在细微瑕疵时，会向卖家反映。此时客服人员可以要求买家以拍照的方式反馈商品问题，再根据商品的具体情况判断是否折价、折价多少等，选择折价后再退还相应款项即可。
- 换货：当买家觉得尺码、颜色等不合适时，即会申请换货。卖家首先需要判断商品是否符合换货要求，如果符合换货要求，则告知换货地址并请买家告知物流凭证，收到货物后再换货发回。

12.5 客户关系管理

客户关系管理是一个不断与客户交流，了解客户的需求，从而为客户提供更完善的商品和服务的过程。客户关系管理不仅可以使卖家更了解自己的客户群，制订出更合适的营销方案，还可以通过管理不断发展客户，培养客户忠诚度。

12.5.1 新客户的寻找和邀请

淘宝网上的店铺数目非常多，要想让"游客"发现你的店并成为常驻客户，是一个需要投入很多精力的过程。一般来说，新客户的发展比老客户的维护更难，且需要花费更多的时间、金钱、精力等，但新客户是网店客户群中必须发展的对象，一个成功的网店必须懂得如何寻找和邀请新客户。

- 利用淘宝增值服务：淘宝网提供的直通车、淘宝客、智钻等增值服务，可以帮助卖家将客流量引导至店铺。好好把握这些客流量，即可使他们成为新客户。
- 做好店铺推广：电子商务时代，大部分信息传播都是通过网络进行的，卖家可以好好利用自媒体、论坛、网站等渠道对自己的店铺进行宣传，吸引新客户。
- 做好关键词：买家在淘宝购物时，大多是通过关键词搜索的方式寻找自己需要的商品，只有做好了商品关键词，才能让更多人找到店铺。
- 打响店铺名号：知名的店铺更容易吸引新客户。
- 好看的店铺装修：店铺装修是否美观也是能否吸引买家的一个重要原因。美观的店铺装修更容易赢得买家的青睐。

12.5.2 影响客户回头率的因素

客户关系维护对网店的影响非常大，卖家要想使网店发展得更好，不仅需要发展新客户，还需要维护老客户，让他们能够留在店里固定消费。为了实现这一点，卖家首先要了解会对客户回头率产生影响的主要因素。

- 商品：商品性价比是买家非常关注的一个问题，也是影响客户回头率的非常重要的因素。商品的性价比越高，对老客户的维护越有利。
- 品牌：店铺品牌和商品品牌在很大程度上影响着买家的回头率和忠诚度，因此要做好品牌定位。
- 服务：买家是否选择再次在店内消费，服务质量的好坏至关重要，良好的服务品质和购物体验非常有可能将新客户发展为老客户。
- 促销：不断变化且能吸引买家的促销手段，也会刺激客户再次购买。卖家在开展促销活动时，可以通过短信、旺旺、网站宣传等方式提前告知买家。
- 会员：会员折扣、会员积分等优惠政策，可以维护更多的老客户。
- 回访：卖家不定期地通过短信、旺旺、邮件等形式回访买家，可以增加买家的印象，使其在选购该类商品时首先想到和选择熟悉的店铺，提高买家的回头率。

12.5.3 老客户的发展与维护

网店的新客户来之不易，因此一定要做好新客户的发展工作。在将新客户发展为老客户之后，卖家也要懂得对老客户进行维护。

- 为买家着想：做好售前、售中和售后服务，可以使买家对店铺产生好感。而站在买家的角度考虑问题，分析和考虑他们的需求并予以满足，可以让买家觉得卖家值得信任，更容易交流，这不仅可以减少交易纠纷，还可以让买家对店铺的态度更宽容。

- 推荐合适的商品：如果卖家为买家推荐的商品不够好，买家则会对卖家产生不信任感。如果卖家为买家推荐的商品质量、价格等都能使买家满意，就能使买家再次光顾店铺。
- 建立买家的信任度：买家在进行网上购物时，都希望获取的信息是真实准确的，因此卖家如果证明了自己商品信息的真实性，就能在一定程度上获得买家的信任。销量、好评等都是获取买家信任度的一种方式。
- 建立会员制度：建立会员制度能帮助卖家更好地维护老客户，防止买家流失。会员制度的消费奖励额度一般根据店内商品的价格而定，最好保持在既能抓住客户又能保证经济效益的程度上。会员制度可以分为不同等级，如普通会员、高级会员、VIP会员等，卖家可针对不同消费能力或消费总额的客户，给出对应的优惠。
- 定期举办促销活动：目前，各大网络购物平台，以不同的名义衍生出了节日、店庆、回馈等各种促销活动，好的优惠活动可以为店铺带来非常大的经济效益。在策划促销活动时，卖家一定要提前对活动进行宣传。促销活动必须有时间限制，不然容易让买家产生倦怠感。促销活动推荐的商品一般为畅销商品，但是需要适当地搭配滞销商品，带动其他商品的销量。
- 老客户回馈：回馈老客户是一种比较常见的老客户维护方法，如果店铺值得信任、商品性价比高、服务质量好，就很容易赢得回头客。在淘宝的客户关系管理系统中，显示了光临店铺的客户的基本信息和光顾次数，通过这个功能，卖家可以对已有客户进行分类，并通过短信、旺旺等方式定期向老客户推荐优惠活动。还可以通过以往的交易信息对客户数据进行分析，针对不同的买家进行分层营销。

12.5.4　客户关系管理工具

客户关系管理工具是专门用于整理和管理客户的工具，客户关系管理工具可以使客户管理工作更加事半功倍。下面对一些常用的客户关系管理工具进行介绍。

- 淘宝网后台会员关系管理：淘宝网后台的会员关系管理系统是十分常用的会员关系管理工具，可以对网店所有客户进行管理，如制定营销活动、设置会员等级、客户分析等。图12-5所示为淘宝网后台的会员关系管理页面。
- 淘宝网开放平台的客户关系管理软件：除了淘宝网提供的会员关系管理功能之外，其他的软件服务商也开发了很多客户关系管理软件，卖家可以直接在淘宝网中进行选择和购买，如图12-6所示。

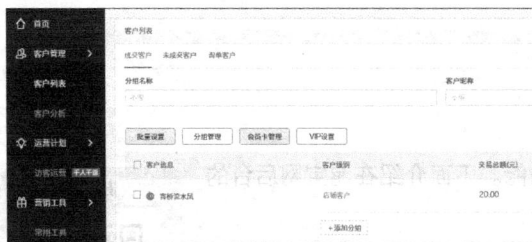

图12-5　淘宝网后台的会员关系管理页面

图12-6　客户关系管理软件

12.5.5　客户关系管理的内容

使用客户关系管理工具管理客户是网店中非常重要的一项工作。客户关系管理的内容一般包括数据收集、客户分组、客户等级设置等。

1. 收集客户数据

客户数据是客户关系管理的基础，卖家可通过网店后台查看客户的手机、邮箱、地址等信息，当然卖家在与客户交流过程中收集的其他信息也可存放在该会员管理系统中。下面介绍在淘宝网后台的会员管理系统中收集和整理数据的方法，其具体操作如下。

STEP 01 登录淘宝卖家中心，在"营销中心"栏中单击"客户运营平台"超链接，进入客户运营平台，如图12-7所示。

STEP 02 在左侧的"客户管理"列表下选择"客户列表"选项，进入客户列表界面，在需要查看数据的客户名后单击"详情"超链接，如图12-8所示。

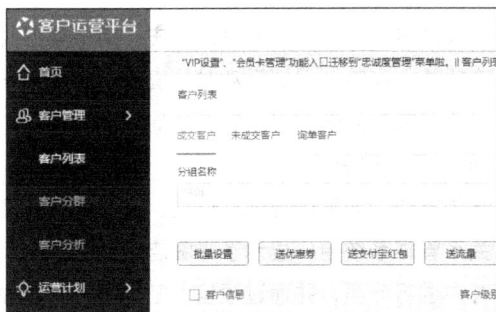

图12-7　客户运营平台

图12-8　进入客户列表界面

STEP 03 在打开的页面中将显示该客户的具体信息，单击页面右上方的 编辑 按钮，可对客户信息进行编辑和补充，如图12-9所示。编辑完成后单击 保存 按钮完成保存即可。

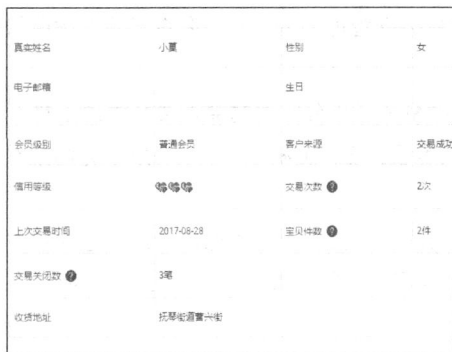

图12-9　编辑客户信息

新手试练

登录淘宝卖家中心，在客户运营平台的"客户列表"页面中查看老客户的客户资料。

2. 设置会员等级

淘宝网后台的会员管理系统提供了设置会员等级的功能。下面介绍在淘宝网后台的客户管理页面设置会员等级的方法，其具体操作如下。

STEP 01 登录淘宝卖家中心的会员关系管理页面，展开"客户列表"选项，进入客户列表界面，在需要更改会员等级的客户名后单击"详情"超链接，打开客户信息页面，单击页面右上方的 编辑 按钮，单击"会员级别"栏右侧的下拉按钮，在打开的下拉列表中选择会员等级即可，如图12-10所示。

STEP 02 单击"会员状态"栏右侧的下拉按钮，在打开的下拉列表中可设置该会员是否享受折扣，如

图12-11所示。

图12-10 设置会员等级

图12-11 设置会员状态

经验之谈：

在"客户列表"页面的下方单击 +添加备注 按钮，在打开的页面中可以填写客户的详细信息，或者对客户的喜好、习惯、参与活动情况等信息进行备注。

3. 设置VIP

淘宝网后台的会员管理系统将会员分为普通会员、高级会员、VIP会员和至尊VIP会员4个等级，购买商品并完成交易的客户即可自动变成普通会员，而要成为高级会员、VIP会员和至尊VIP会员，则要满足店内指定的消费条件。下面介绍设置VIP会员条件的方法，其具体操作如下。

STEP 01 登录淘宝卖家中心的会员关系管理页面，展开"忠诚度管理"选项，如图12-12所示。

STEP 02 在打开的"VIP"栏中单击 修改设置 按钮，在打开的页面中单击"会员级别"右上角的"设置"超链接，如需要设置高级会员，需先在高级会员栏右上方单击"设置"超链接，开启高级会员，设置交易额、交易次数、折扣等信息，如图12-13所示。设置完成后单击"保存"超链接。

图12-12 VIP设置

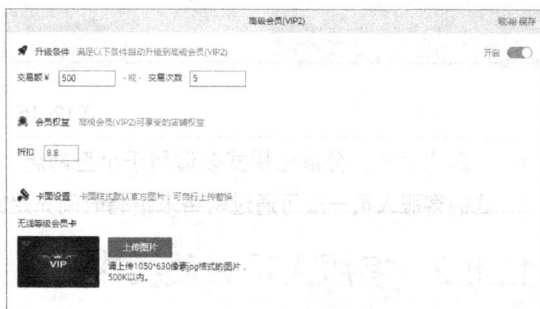

图12-13 设置高级会员条件

4. 客户分组

设置了会员等级的消费条件后，系统会自动将满足条件的买家提升到相应的等级，拥有相应的优惠或折扣。除此之外，也可以手动对客户进行分组，其方法为：登录淘宝卖家中心的会员关系管理页面，展开"客户列表"选项，单击右侧的 分组管理 按钮，进入分组管理页面，单击 新增分组 按钮，在"分组名称"文本框中输入组名称，单击 [确定] 按钮即可完成创建，如图12-14所示。建立好分组之后，进入客户的详细资料页面，单击 [+添加分组] 按钮，在打开的下拉列表中即可为客户设置分组。

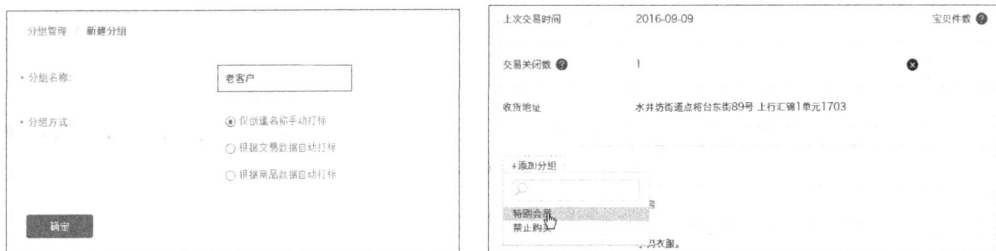

图12-14　客户分组

12.6　客服人员管理

客服人员对网店非常重要，网店想要获得良好的发展，对客服人员的数量和质量都有一定的要求。因此，网店经营者需要了解客服人员的招聘和管理方法。

12.6.1　客服人员的招聘和选择

网店中的客服根据网店的规模和经营方式不同，其工作模式也不一样。一般来说，主要有集中化工作模式和分散化工作模式两种，不同的工作模式，客服的招聘和选择方式也不一样。其中，集中化工作模式是指网店拥有自己专门的客服团队和工作地点，实行统一管理。分散化工作模式是指以远程的方式建立起来的团队管理模式，客服人员分散各地，只通过同一个平台联系和共事。

- 集中化工作模式：集中化工作模式对客服的要求更高，在数量和质量上都更严格，对客服人员的任职标准也有一定的要求。招聘这种客服人员时，一般可以通过招聘会、网络平台等发布招聘信息，通过笔试和面试等方式进行选择。其招聘流程大致如图12-15所示。

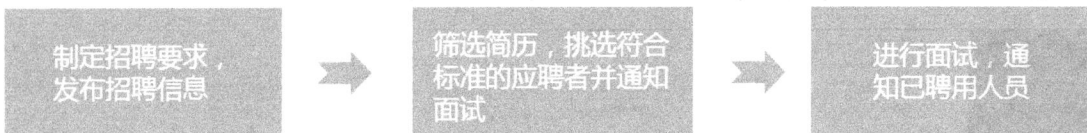

图12-15　招聘流程

- 分散化模式：分散化模式多适用于小型网店，成本较低，对客服人员的要求也相应较低。分散化模式的客服人员一般可通过网络来招聘时间充足的人员，通过远程的方式对其进行指导和监督。

12.6.2　客服人员素质要求

客服人员是网店职能部门中非常重要的一个组成部分，一名合格的客服人员必须在心理素质和技能素质方面都能均衡达标。

1. 心理素质

由于顾客的类型多种多样，在为客户服务的过程中，客服人员会承受各种压力，因此必须具备良好的心理素质。

- **处变不惊**：不管遇到任何问题，客服人员都要稳定沉着地安抚顾客的情绪，不能自乱阵脚。
- **承受能力**：当面对客人的责问和埋怨时，客服人员要保持良好的心态，虚心接受并积极处理顾客的问题，不与顾客发生争执和争吵。
- **情绪的自我调节**：当客服人员在与顾客的沟通中产生负面情绪时，要注意情绪的自我调整，提高抗挫折打击的能力。
- **真诚付出的心态**：客服人员在对待顾客时，要热情真诚；客服人员在对待店铺方面，要敬业负责。
- **积极进取**：客服人员的能力直接与店铺的销售额产生联系，为了提高店铺的销售额，客服人员应该积极进取，努力提高自己的业务能力。

2. 技能素质

技能素质即客服人员的专业素质，主要包括商品熟悉度、交流能力、消费者心理分析能力、网站规则熟悉度、计算机和网络知识等。

- **商品熟悉度**：商品熟悉度是客服人员必须具备的基本知识，一名合格的客服人员，必须了解商品的用途、功能、颜色款式、尺码大小、销量、库存、评价等多个方面的知识。当顾客询问时，可以做到游刃有余地进行回答，这不仅可以节约销售时间，还能体现店铺的专业性。
- **交流能力**：对于销售客服而言，交流即是一种话术，在销售的过程中，需要通过语言中的销售技巧来说服顾客。对于售后客服而言，需要通过语言拉近与顾客的距离，安抚顾客的情绪，赢得顾客的好感。
- **消费者心理分析能力**：在网店销售中，顾客的需求一般都是通过文字反映出来的。因此客服人员必须在文字中寻找和分析顾客的需求，然后投其所好。
- **网站规则熟悉度**：每个电子商务平台都制定了规则，对买卖双方的交易行为、交易程序等进行了规范，客服人员需要站在商家的立场上详细了解这些规则，把握交易尺度。除此之外，当消费者不了解规则时，客服人员需要对某进行一定的指导。
- **计算机和网络知识**：电子商务建立于网络之上，依靠网络开始和发展，因此客服人员必须了解基本的计算机和网络操作知识，了解收发文件、资料的上传和下载、浏览的使用、办公软件的使用等知识，且具备一定的打字速度。此外，还需熟练掌握淘宝网的基本操作。

↘ 12.6.3 客服人员激励方法

为了使客服人员保持积极向上的工作态度，使客服团队获得良性的可持续发展，网店必须对客服人员进行必要的激励。常用的客服人员激励方法主要有奖惩激励、晋升激励、竞争激励、监督激励等。

1. 奖惩激励

奖惩激励是指通过制定奖励和惩罚条款对客服团队进行激励，鞭策和鼓励整个团队向更好的方向发展。

（1）奖励机制

网店一般可以采取精神奖励和物质奖励两种方式来激励客服，奖励机制可以有效地调动客服人员的积极性，优化整个客服团队的风气。

- **精神奖励**：精神奖励是一种以满足精神需要为主的奖励形式，精神奖励可以激发员工的荣誉感、进取心和责任心。网店可以根据自己的实际情况来制定精神奖励的标准，将奖项设置为新人奖、季度优秀服务奖、年度优秀服务奖，或C级服务奖、B级服务奖、A级服务奖等，并对不同等级的客服颁发相应的荣誉勋章等。

● **物质奖励**：物质奖励主要表现为薪资福利奖励，对调动客服人员的积极性非常有效。网店可以根据实际要求和标准制定不同的奖励等级，为满足标准的员工发放相应奖励。

（2）惩罚机制

惩罚机制是指网店制定专门的惩罚条例，对表现不好、不合格或犯错违规的客服人员施以相应的惩罚，其主要目的是鞭策员工积极向上，保持团队的专业性和责任感，也是对员工行为的一种规范。惩罚形式一般以警告、批评、扣除奖金为主，情节严重者也可淘汰。

2. 晋升激励

晋升激励是指为客服部门划分不同的层级职位，对员工的工作能力进行考察，能力优秀者则可获得晋升的平台和空间。晋升激励可以充分调动员工的主动性和积极性，打造和谐、卓越的客服团队，同时为每位客服人员实现自我价值提供机会。

一般来说，客服部门可以划分为客服人员、客服组长、客服主管和客服经理等层级。但在使用晋升机制激励员工的同时，网店必须为客服人员制订相应的培训计划，制定相应的选拔和任用制度，树立员工的学习标杆，引导其他员工不断学习和改进，才能使晋升机制真正发挥出良好的效果。

3. 竞争激励

营造积极良性的竞争氛围是网店经营者科学管理客服团队的有效手段。良性竞争不仅可以促使员工之间互相学习，发现并弥补自身的不足，还可以使整个团队在一种积极向上的环境里持续提高。

科学良性的竞争机制一般可以借助数据为支撑，清晰明确的数据可以让员工清楚看到自身的不足，以及对手的优点，从而激励员工不断督促自己取得更好的成绩。

4. 监督激励

监督激励是指管理者根据对客服人员的工作态度、工作成绩、顾客满意度、员工认可度等进行跟踪督察，来督促和管理员工，使其工作效果达到预期目标。通过对客服工作进行监督，还可以评估出客服人员的工作效率，将其作为客服考核的指标之一。监督方法主要包括管理者评价、问卷调查等方式。

12.6.4　客服人员绩效考核

网店的客服考核一般以关键绩效指标考核法（KPI）为主，即将员工需要完成的工作标准以指标的形式罗列出来，根据指标对员工进行评价，引导员工关注公司整体绩效指标和主要考核方向，不断完善和提升自己。表12-1所示为淘宝某店铺KPI考核表格。

表12-1　店铺KPI考核表

考核年月：＿＿＿年＿＿＿月			被考核客服：＿＿＿＿		被考核人签字：＿＿＿＿		
序号	KPI指标	权重	详细描述	标准	分值	得分
1	询单转化率（X）	40%	最终支付人数 / 询单人数	x ≥ 65%	100	
				65% > X ≥ 60%	90	
				60% > X ≥ 55%	80	
				55% > X ≥ 45%	75	
				X < 45%	65	
2	支付宝（F）	25%	支付宝成交笔数 / 拍下笔数	F ≥ 95%	100	
				95% > F ≥ 90%	90	
				90% > F ≥ 85%	80	
				85% > F ≥ 80%	60	
				F < 80%	0	

序号	KPI 指标	权重	详细描述	标准	分值	得分
3	落实客单价（Y）	5%	客服落实客单价／店铺客单价	Y ≥ 1.18	100	
				1.18 > Y ≥ 1.14	90	
				1.14 > Y ≥ 1.12	80	
				1.12 > Y ≥ 1.1	60	
				Y < 1.1	0	
4	首次响应时间（ST）	10%	首次响应时间（秒）	ST ≤ 15	100	
				15 < ST ≤ 20	90	
				20 < ST ≤ 25	80	
				25 < ST ≤ 30	60	
				ST > 30	0	
5	平均响应时间（PT）	10%	平均响应时间（秒）	PT ≤ 30	100	
				30 < PT ≤ 35	90	
				35 < PT ≤ 45	80	
				45 < PT ≤ 55	60	
				PT > 55	0	
6	其他	10%	日常工作完成度		100	
7	总得分	100%				
	评　级		差评处理情况			
	业绩奖金		差评奖金		总奖金	

12.7 疑难解答

客服工作是一个需要进行长期实践和总结，并不断完善的工作。下面将对客服工作过程中的一些疑难问题进行简单解答。

1. 客服人员应该如何消除买家的疑虑？

答：在网店中销售商品，买家可能经常会对商品品牌、材质和价格等产生疑虑。客服人员要想打消买家的疑虑，首先需要思考买家产生疑虑的原因。一般来说，买家最容易对商品的真伪、质量、颜色等产生疑虑，因此客服人员在向买家介绍商品时，应客观详细地向买家解释并做出推荐，突出商品的优点，侧重商品的价值，展示商品的性价比，耐心、真心、诚心、热心地为买家服务，用自己的专业知识让买家放心。

2. 客服人员获取商品信息的渠道有哪些？

答：在介绍商品给买家前，客服人员必须详细了解商品的信息，做好充分的准备，而客服人员了解商品信息的途径主要有查看已有的商品资料、询问厂商和批发商处的营业人员或资深人员、阅读报纸和专业杂志等获取相关信息、通过网络等媒体收集相关信息等。

3. 怎样与要求不同的买家进行沟通？

答：买家的类型各种各样，其要求也不一而足。客服员在与对价格要求不同的买家交流时，如果对方是爽快直接的买家，需要适当表达感谢，或赠送一些小礼品，让买家感觉物超所值，培养买家的忠诚度；如果对方是讨价还价的买家，可以提供适当优惠，或者温和诚恳地表示这已经是物超所值的价格了，也可以推荐他们看一下其他价格更便宜的商品。客服人员在与对商品质量要求不同的买家交流时，如果对方是对质量要求严格的买家，则客服需要实事求是地介绍商品，把可能存在的问题都说出来，让买家对商品有一个大概的认知，引导买家对质量做出客观的取舍，或者推荐其购买质量更好的商品。

12.8 课后实训

↘ 12.8.1 实训一：熟悉客服的基本流程

【实训目标】

本实训要求了解和熟悉客服的基本流程。

【实训思路】

根据实训目标，客户服务可以分为售前服务、售中服务、售后服务3个环节。

【步骤提示】

STEP 01 售前服务。在售前沟通的过程中，作为网店的客服人员，需要掌握的客服知识通常为介绍商品、推荐商品、与不同类型的买家沟通等。

STEP 02 售中服务。售中服务是指商品交易过程中为买家提供的服务，主要集中在买家付款后到订单签收这个阶段，包括及时发货、装配打包、物流配送、订单跟踪等内容。

STEP 03 售后服务。售后服务是指买家在签收商品之后，客服针对商品的使用、维护等进行的服务。网店售后服务所包含的内容非常多，包括商品使用解答、商品维护解答、退换货处理、中差评处理、根据买家反馈信息及时调整、引导买家好评、好评回复、引导买家收藏店铺等。

↘ 12.8.2 实训二：管理客户关系

【实训目标】

本实训要求收集客户数据，使用淘宝后台的会员管理工具为店铺的买家分组，丰富买家的资料，并设置其会员等级。

【实训思路】

根据实训目标，本实训可分为收集与编辑客户数据、设置会员等级、客户分组3个环节。

【步骤提示】

STEP 01 收集与编辑客户数据。在"营销中心"栏中单击"客户运营平台"超链接，进入客户运营平台，在左侧的"客户管理"列表下选择"客户列表"选项，单击客户名后的"详情"超链接对客户信息进行编辑与补充。

STEP 02 设置会员等级。在需要更改会员等级的客户名后单击"详情"超链接，在编辑客户信息页面设置"会员级别"。

STEP 03 客户分组。展开"客户列表"选项，单击右侧的 分组管理 按钮，进入分组管理页面，创建分组，然后在编辑客户信息页面单击 +添加分组 按钮，在打开的下拉列表中即可为客户设置分组。